国家社科基金
后期资助项目

《周易》的观念形态论

A Study on the ideology based on *the Book of Changes*

李笑野 著

上海古籍出版社

2014年度国家社科基金后期资助项目（14FZW001）

国家社科基金后期资助项目
出版说明

后期资助项目是国家社科基金项目主要类别之一,旨在鼓励广大人文社会科学工作者潜心治学,扎实研究,多出优秀成果,进一步发挥国家社科基金在繁荣发展哲学社会科学中的示范引导作用。后期资助项目主要资助已基本完成且尚未出版的人文社会科学基础研究的优秀学术成果,以资助学术专著为主,也资助少量学术价值较高的资料汇编和学术含量较高的工具书。为扩大后期资助项目的学术影响,促进成果转化,全国哲学社会科学规划办公室按照"统一设计、统一标识、统一版式、形成系列"的总体要求,组织出版国家社科基金后期资助项目成果。

全国哲学社会科学规划办公室

序

与笑野兄由相识而相知,积数十年。长期以来,或动问起居,嘘寒问暖;或促膝谈心,交流读书心得,相互切磋学问,已经成了彼此的生活惯性而从未间断。古人有云:"平生风谊兼师友。"以此比拟吾辈师生关系,很是妥帖。

忆昔笑野远自关外负笈游于复旦燕园之时,衣冠朴素,但却意诚志笃,英姿勃发。其读书学习,有勤奋刻苦之容,而无哗众媚俗之态,确是璞玉可琢之材。而今经历漫长时日的霜染,忽忽鬓生二毛而年近耳顺,早已成为一个满腹诗书文章而较为成熟的学林之英。在感慨时光流逝的同时,我更为学界高兴。

先秦经典,如《周易》、《左传》、《诗经》、《楚辞》、《尚书》、《国语》、《战国策》及先秦诸子等,无一不是垂世不朽之作,它们共同构成了三千余年中华民族传统文化的辉煌开篇。因此,要理解中国传统文化的民族特征及其本质,就必须探本溯源于先秦学术。但就我所知,我国高校的文学院或中文系等传统国学基地,大多深感先秦阶段的师资和科研人才的匮乏。为什么?究其原因,当与现在的功利冲击密切相关。首先,读先秦文献典籍必先过语言文字关。文学是语言艺术,不识古书语言文字而望文成义,读来疙里疙瘩,怎能正确理解而产生审美意趣呢?这语言文字的第一关跨不过去,又怎能入门学习研究呢?金文、甲骨文暂时不提,就是《尚书》、《诗经》和《左传》,要读懂它也必先过语言文字关,然后才能谈其他问题。不仅如此,学习和研究先秦学术,因上古文史哲不分家,还必须广泛涉及考古、辨伪、礼乐制度、民族学、民俗学、神话学、历史地理与人文地理诸学,这些学问,也成了拦阻人们迅速跨进学术殿堂的一道道障碍。因此,有志于先秦文化学术者,就需要付出更多的时间与心血,才能取得迈过先秦门槛的通行证。在"时间就是金钱"的现代人看来,岂不是效益不佳而得不偿失吗?因此,有志于先秦学术者,当然就会相对成了"珍稀"人类了。

不过,这一巨大的学术功利冲击波,却被笑野兄以其深厚的"内功"化解于无形。对于读书做学问,他从来只问自己的志向和兴趣,而不计其功拙利害,取的是超功利的态度。笑野论著,出手较慢,对于选题,只要自己经过反复考虑后,认为有兴趣、有意义,是富有学术含量的矿藏,值得深入挖掘,就义无反顾地深入进去,长期钻研而不问时日之多寡,直到认为提出的问题已经获得自己较为满意的答案,方才会划上最后的句号。他的《〈周易〉的观念形态论》,就是十数年读《易》清心而有所得的超功利思想之结晶,是其学术成熟的又一标志。他从提出一个个专题,到解决问题,必须从正、反、侧多方面来观察思考,反复论证,不断修改,其学术态度之诚恳,于此见其一斑。对于书中提出的诸多问题和思考,大家可以继续深入探讨,但其严肃认真的学术态度,却不能不令人敬佩。

详读《〈周易〉的观念形态论》后,细加回味,感到很有学术个性,值得学习借鉴。

首先,选题很有意义,具开拓性。从古至今,《易》学论著汗牛充栋,但专从观念形态方面来加以思考探索和理论总结者,则不多见。《周易》原是殷周之际古人的一部卜筮之书。但古人为什么问神求卜呢？就是企望了解并回答天人之际的诸多奥秘,这就实际触及了人与自然、人与社会,以及人与人之间关系的认识和思考,这不是思想观念又是什么？《周易》之"象",以直观体悟世界的思维方式,来承载其思想认识的成果。如笑野兄指出,在周人眼里,《周易》"已经在神秘的原始宗教惯性下,抽绎出了理性精神。……《周易》不再仅是占问鬼神之用的工具,而是一部同时载有人的认识成果、具有指导人的社会实践作用的文化经典"。透过巫师占卜固有的象数帷幕,还原了古代《易》象的原始精神,具体说明了周人的观念认识,这一义理剖析,就更加合乎古代的思想实际,而不是什么后人附加上去的现代拔高的理念抽象。比如《周易》所强调的无所不在的君子人格精神,它比盲目的上帝崇拜、神鬼依赖更切实、更有力量,保持这种人格理想,不仅需要为政的统治者具有高度自持、自律的内在修养,而且需要在广大民众的瞻仰中自我警策、自我完善,这样才能保持社会的上下感通和高度和谐,从而收到长治久安的效果。周朝江山绵延长达八百年,是中国历代王朝之最,原因很多,但与《周易》的君子人格之教也不无关系。这不仅在古代,而且直至现代,是否仍然具有某种借鉴与启迪意义呢？又如教育观念,现在的"虎爸""虎妈"式的家长,恨不得掀开子女的脑壳来个满堂灌。但《周易》中的《蒙》卦不然,它也讲教育蒙童,其卦辞的说法却与今人相反,云:"匪(非)我求童蒙,童蒙求我。初筮告,再三渎,渎则不告。利贞。"要求学生的学习,必须经过自己脑子的思考,所以后来孔子就概括为"不愤不启,不悱不发。举一隅不以三隅反,则不复也"(《论语·述而》)。宋代苏轼则更明白地发挥为"自得、自悟、自胜、自达"的自觉学习精神(见《东坡易传》)。古今相较,周人的教育方法与思想观念,是否有其优长之处而予后人以有益启迪呢?回答是肯定的。又如《周易》中的《讼》卦,强调作事谋始,从根源上加以防微杜渐来达到止讼息争的目的。这与现代西方世界的法律诉讼观念很不相同,显示中华古人独特的刑讼观念。今日西方世界,法律苛细,难以尽读,因而律师法官很吃香,几乎无所不讼。表面公正,实际不然。法律是谁制定的?当然主要维护的是制定法律的统治阶级及其利益集团。然而这与中国封建社会中"朕即法律"的专制观念相比,不管西方是真民主也罢、假民主也罢,总比封建律法观念有所进步。再回头观察上古《周易》"止讼息争"的观念,在当时虽是无法实现的乌托邦,可其前瞻性和超前意识,却并非一无是处,而足以带来启发。这就表现了中、西文明观念的不同特点。又如《周易》中的《师》卦,认为应该蓄兵于民而止戈为武,反对穷兵黩武,强调仁义之师的以杀止杀,以不战而屈人之兵为兵家高境。此所谓"自古兵家非好战"也。这也与现代西方军事家的理论观念大不相同。今天美国的战争手段与致命武器,已发展到能在一二个小时之内可以打击全球任何地方的能力,你让它"止戈为武",岂非呓语梦幻?但春秋时的《孙子兵法》所发挥的就是《周易·师卦》的军事观念,高度强调了"不战而屈人之兵"的重要。《孙子兵法》现在已成西方军事的重要参考与借鉴之作。于此可见,《孙子兵法》所肇源的《周易》军事观念,至今仍然有其参考价值和思想闪光之点,国人不可在强大的西方军事理论面前妄自菲薄。

《周易》的有益观念启迪,难以尽述,以上不过举隅说明而已。笑野大著除了绪言、结语外,共分十五章论述,读者可细加考量。在儒家十三经中,《易》居其首,并非偶然,一来它是我国现存的最古老的历史文献之一,二来更因其思想观念对后人的影响与力量。我的下半生读《易》数十年,受益匪浅。影响最大的是《易》中的阴阳矛盾观及其原始而朴素的辩证思想,让我终生受益无穷。古人云,读《易》可以清心,也即荡涤心中污垢,纯净思想,臻于人生高境。世界万物,由阴阳两面组成,因而矛盾无处不在,避凶趋吉是人们的正常心态,关键在于正确对待。《易》六十四卦中有《泰》《否》二卦,其上下卦形颠倒,阴阳六爻全然相反,故俗话有"泰极否来"而乐极生悲之言,又有"否极泰来"消灾化吉之说,都是合乎实际的经验之谈。吉与凶是一对矛盾,在一定的条件下是有可能实现阴阳矛盾的自然转换的。大自然的规律是客观存在的,老天对待世界万物是公平的,这面给多了,那面就会压少一点,以求其内在阴阳运行之平衡。比如追名逐利者,终生汲汲,"奋斗"不止,拼命爬升,但总有一天,如《乾》卦中无限腾飞的巨龙,也必然因其利欲熏心而超其能力极限,终于受到老天的无情惩罚,摔下九天而粉身碎骨,成了追悔莫及的"亢龙"。这一教训很深刻,可惜注意到的人不多,故而重蹈覆辙者比比皆是。又如《易》六十四卦中,序列最后的是《既济》和《未济》二卦,这也完全符合于自然辩证法。既济者,已经成功渡过了河,应该是达到了事业的顶峰,但作《易》者却常存忧患意识,既济只是象征事业成功告一阶段,并非事物发展的终点,因此,它又标志了一个全新的开始,犹如万里长征到达之后,又必须重新进行更高一层的新征途,此所以《未济》卦作殿军也。这是天道自然之理,合乎人类生活的辩证法,沾溉千秋万代。广大读者如果详读笑野兄大著,一定会有其启悟而有所收益的。

其次,笑野大著,所论虽偏观念形态之理论研究,但在理论分析的过程中,却可见近现代以考古实物为重要材料而建立的新史学的影响,因而特别重视实事求是的精神,尤其是借重于考古学的新发现与具体的历史考察,因此,其所谓"观念"并非完全抽象,而是具体可把握的客观实践理性之存在。在这里,作者受王国维"二重证据研究法"的启发,即以现存之历史文献,与地下出土的考古文物新发现相互印证,以便作深入而有根有据的分析研究,所论娓娓道来,无不持之有故而令人信服。比如,《绪言》谈易经八卦溯源时,就提到1979年江苏海安青墩遗址的发掘成果,从出土骨角上有易卦刻纹八个,来证明距今近六千年的新石器时代,在长江下游已有易卦文化的萌芽。这就不仅是推测,而是有实物为证的历史事实。又如第六章在分析殷、周思想观念之渊源及其异同时,就曾引用1980年发表的《殷墟妇好墓》最新考古成果。妇好是殷高宗武丁的夫人,同时也是多次统兵征战的女将军,其墓葬出土了大型铜钺,"两面靠肩处均饰虎扑人头纹,……作吞噬状,以雷纹为地",可见殷人是以雷霆来象征猛虎噬人之威势。但周人讲述老天惩罚之时,不仅有雷,同时有电,故《周易》专讲刑罚的有《噬嗑》卦(☲☳),卦象是下震雷而上离电,既见雷霆之威又兼离电(火)之明,明察是非而免误伤滥杀。这就有力地说明了周人既继承了殷人观念,但又向文明方面跨进了一步,故殷人征战,大多迷恋鬼神残酷之诛,而周人打仗,则如《周易》中《师》卦所称,更强调"丈人"率师。"丈人"者,君子也,其统兵不仅具雷霆之威,同时还有止戈为武而行仁义之师的另一面。两两相较,具体说明了殷、周观念之间有继承、有发展、有进步,于此可见,作者较为熟练地运用了"二重证据研究法"。现仅以其第六章征引近现代考古成果书目为例,就有中科院考古所《偃师二里头遗址新发现的铜器和玉器》、邹衡《夏商周考古学论文集》、岛邦男《殷墟卜辞研究》、王宇信、杨升南主编《甲骨学一百年》、陈梦家《殷墟卜辞综述》、胡厚宣编《甲骨探史录》、朱凤瀚《商周家族形态研究》、丁山《甲骨文所见氏族及其制度》、中科院考古所《殷墟妇好墓》、罗君惕《秦刻十碣考释》、肖楠《试论卜辞中的师和旅》、唐兰《西周青铜器铭文分代史征》、张震泽校理《孙膑兵法校理》等十余种论著，涉猎之广，讨论之深，令人佩服。总之，作者驾轻就熟地运用了古今考古成果来帮助其《周易》研究，化理论观念的抽象论述，为具体可感的历史图景，用考古实物之铁证来描述凝结在时间历史中的观念形态，所论生动而具体，而非泛泛无根游谈，因言之有故，也就更具说服人的力量。

再次，作者力求站在贯穿古今、会通中西的时代交叉点上，在中西理论思潮冲突碰撞的大潮中，积极汲取古今中外有益的理论营养，开阔视野，拓宽思路，因而所论思维辩证灵活，合乎历史实际，具有思辨性，理论性强。书中所论十余专题，无不显示了作者在古今中外思想哲学方面具有较为深厚的涵养。因此，其所论述虽然常是《易》卦中的具体问题，但却透过了个别的具体剖析，进一步阐明并揭示其普遍的理论意义。这也是该书值得一读的地方。

《〈周易〉的观念形态论》一书，精光卓识之见颇多而难以尽述，这里只能以一斑窥豹。因书中讨论的问题很多，涉及了上古历史文化传统的方方面面，故而难以兼顾周全，也是可以理解的。当然还应该继续深入探讨，这也实属自然之事。但只要方向正确，又能持之以恒，那就是在通往学术殿堂的道路上迈出了坚实的脚步，与理想目标虽仍有距离，却并非不可企盼。最后，在我搁笔终篇之际，回顾自己的学术之路，思绪联翩，所想甚多，实现寥寥，不禁感慨系之，而只能寄希望于后来才俊。

人生有限，学海无涯，求真、求是、求正是学人追求的宏伟理想，但要攀登这一学术之巅，却必须克服种种难以跨越的障碍。客观环境当然很重要，而对学人来说，更重要的是需战胜自我内在的心魔，以佛陀菩萨献身的无私无畏精神，投身学海而勇渡彼岸。愿以此与笑野兄及广大读者共勉。

蒋　凡
2014年5月序于上海望珠楼半万斋

目 录

序 ························· 蒋 凡 1

绪言 ································ 1
  一、作为长久而独特的文化积淀的思想成果 ············ 1
  二、作为意识形态的周人治理天下的法宝 ············· 4
  三、《周易》观念形态的基本内涵 ················· 7

第一章 《周易》的思维方式 ····················· 10
  第一节 《周易》思维方式的渊源 ················ 10
  第二节 《周易》对世界观照与把握的特点 ··········· 15
  第三节 观物取象 ························ 18
  第四节 阴阳辩证 ························ 23
    一、阴阳,变易 ························ 23
    二、时与位 ·························· 25
    三、中与正 ·························· 31
    四、乘、承、比、应 ······················ 32
  小结 《周易》朴素而鲜明的辩证法思想 ············· 39

第二章 《周易》的君子政治理想 ·················· 41
  第一节 由君子治理而风范天下的思想 ·············· 41
  第二节 《乾》《坤》两卦所表达的"君子"的意蕴 ········ 41
  第三节 诸卦中所指明的"君子" ················ 51
  小结 "君子"政治的境界和价值 ················· 59

第三章 《周易》崇尚教化的政治思想 ………………………… 62
第一节 《周易》的社会图景与教化思想 ………………………… 62
第二节 临民保民的政治理想 …………………………………… 64
第三节 "神道设教"与临民保民 ………………………………… 68
小结 观念力量的真实与可靠 …………………………………… 72

第四章 《周易》的教育思想 ……………………………………… 74
第一节 《周易》对教育的基本认识 ……………………………… 74
第二节 价值观念的塑造 ………………………………………… 77
第三节 教育原则、方法的提示 …………………………………… 80
小结 教育是社会治理的重要组成部分 ………………………… 84

第五章 《周易》教、罚并行的刑讼观念 ………………………… 86
第一节 殷末周初的刑、讼理念 …………………………………… 86
第二节 《周易》明德慎罚的刑罚观 ……………………………… 88
第三节 《周易》止讼、息讼的狱讼观 …………………………… 92
小结 表现理性精神的刑、讼之道德与文明 …………………… 96

第六章 《周易》的财富观 ………………………………………… 98
第一节 关于《周易》的财富观念 ………………………………… 98
第二节 《易经》的财富观 ………………………………………… 99
第三节 《易传》的财富观、利益观 ……………………………… 107
小结 以财聚人,普利社会 ……………………………………… 117

第七章 《周易》的军事思想 ……………………………………… 119
第一节 产生《周易》军事思想的历史基础 …………………… 119
第二节 军事的人道原则 ………………………………………… 125
第三节 田猎习武的军训观 ……………………………………… 131
第四节 严肃纪律的治军观 ……………………………………… 137
第五节 崇尚智慧的军事斗争观 ………………………………… 141
小结 崇尚理性、人道的相对完整而有机的思想成果 ………… 146

第八章 《周易》之"贞"辨说 … 148
- 第一节 作为《周易》重要概念的"贞" … 148
- 第二节 "贞"借"鼎"为"正"的辨析 … 150
- 第三节 "贞"同源词为"正"的辨析 … 154
- 小结 《周易》"贞"之义为"正" … 157

第九章 人格结构的基本要素——贞 … 159
- 第一节 刚坚稳固的人格之本 … 159
- 第二节 刚柔相济的人格之要 … 162
- 第三节 慎守贞正的人格品性 … 165
- 第四节 "贞"的价值与功用 … 169
- 小结 "贞"使人能自觉、理性地把握自己 … 172

第十章 《周易》人格结构的基本要素——孚 … 173
- 第一节 发信于中的"孚"的内涵 … 173
- 第二节 彻底的诚信——信及人、神 … 175
- 第三节 "孚"之现实的实用性 … 178
- 第四节 建树威信,领袖群伦之本 … 181
- 小结 孚承载的是天之道 … 184

第十一章 《周易》人格结构的基本要素——谦 … 185
- 第一节 谦德是对天、人规律的敬畏 … 185
- 第二节 谦德崇尚智慧、崇尚进取 … 188
- 第三节 "扐谦,无不利"的谦德之用 … 192
- 小结 谦的地位——"德之柄" … 195

第十二章 《周易》隐逸思想 … 196
- 第一节 关于隐逸思想 … 196
- 第二节 隐逸思想的历史成因 … 198
- 第三节 察吉凶于微眇的"知几"之智 … 199
- 第四节 独立自由的人格精神 … 203
- 第五节 豁达从容的精神境界 … 207

小结　隐逸思想是一种自觉的理性精神 ……………………… 210

第十三章　《周易》的情爱观 ……………………………………… 214
　　第一节　在天人之思整体背景下的认识 ……………………… 214
　　第二节　作为自然规律的男女之情 …………………………… 215
　　第三节　作为社会理性的情感之止、情感之节 ……………… 220
　　小结　思想史中对情爱问题认识上的价值内核 ……………… 225

第十四章　《周易》的婚姻、家庭观 ……………………………… 227
　　第一节　作为历史发展产物的婚姻、家庭观 ………………… 227
　　第二节　《周易》产生之前的婚姻、家庭观念 ……………… 228
　　　　一、夏代文物制度所透露的对血缘、婚姻的认识 ……… 228
　　　　二、商代的家族形态及其观念 …………………………… 231
　　第三节　《周易》的婚姻家庭观念 …………………………… 235
　　　　一、《周易》的婚姻家庭观念概观 ……………………… 235
　　　　二、娶妻、娶妾的观念 …………………………………… 238
　　　　三、关于家庭的观念 ……………………………………… 255
　　小结　中国传统文化中关于婚姻、家庭的重要价值理念 …… 262

第十五章　《周易》崇尚素朴的审美观 ………………………… 264
　　第一节　天地大美，绚烂至极 ………………………………… 264
　　第二节　尚质的贲饰，当保永贞之吉 ………………………… 268
　　第三节　白贲尚质，因敦本而见出素朴的意义 ……………… 272
　　第四节　《周易》崇尚素朴之审美观的影响 ………………… 276
　　小结　《周易》崇尚素朴之审美态度的价值 ………………… 278

结语——以人道为核心的《周易》精神 ………………………… 280

主要参考文献 ……………………………………………………… 285

后记 ………………………………………………………………… 288

绪　　言

一、作为长久而独特的文化积淀的思想成果

《周易》作为群经之首，的确有着自己独具的思想和丰富的文化含量，接触过这部巨著的人都熟悉并且认可《四库全书总目》的评说："《易》道广大，无所不包，旁及天文、地理、乐律、兵法、韵学、算术，以逮方外之炉火，皆可援《易》以为说。"它是先民对人类自身思想、文化探索的结晶，而以卜筮的形式独具面貌。如果拨开其卜筮的外罩，我们便立刻看到了跃动着的观念形态，看到了中华先人对自己认识的思想成果，这些成果大都作为传统思想、文化的内核而具有稳定性和持久性，深深地影响着我们民族文化的发展历史。

《周易》之所以具有这样广泛的涉猎和概括，具有这样成熟样态的思想观念，正是在它之前，我们的先民在长久而宏阔的社会实践中不断探索、不断积淀的结果。对《周易》的产生年代，这里采取黄寿祺、张善文先生综览诸家说法后提出的意见："较有影响的看法是卦爻辞作于周初，《易传》作于春秋战国间，经传作者均非一人，当是经过多人多时加工编纂而成的。""《周易》经传的创作经历了远古时代至春秋战国之间的漫长过程，是'人更多手，时历多世'的集体撰成的作品。"[①]

就《周易》产生的文化背景而言，到目前为止，中国的考古成就已经证明了，在这部巨著产生之前，我们的文化与文明的探索就已经具有相当长久的历史和自身的特色。就其特色而言，考古学家曾有明确的论述：中国文化所处的地理背景独特，"中国本身乃是一个巨大的地理单元，它同外部世界处于一种相对隔离或半隔离的状态。这就决定了中国史前文化起源的土著性，决定了它在很长时期都基本上走着独立发展的道路"。"中国文化同外

---

① 黄寿祺、张善文：《周易译注》，上海古籍出版社，1989年版，第12、14页。

国文化的交流,是在古代文明已经完全形成以后的汉代才开始的。"①用它来观察《周易》,则可感知《周易》思想之纯粹的民族性特色,它是我们先民自己的发现、发明与创造。就中国文化与文明的长久性而言,则远在八千到七千年前的黄河流域就有慈山文化留下来的10万斤以上的黍的遗存;长江流域,有七千到六千多年以前的河姆渡文化10万斤以上稻谷的遗存②。众所周知,在史前文明中与农业一道出现的有养畜、制陶,同时还保留着采集、渔猎等,这些不断丰富起来的社会实践,拓展了人们的视野,加深了人们对自然、社会和自身的认识,而能够具有10万斤以上谷物贮存的种植能力,正说明了人们管理社会、组织生产、料理生活的能力,这同时也就是人们对相关问题认识能力的说明。当人们进入关系更为复杂的文明社会时,认识的界域又远非原始社会可比,考古学上河南偃师二里头文化,证明了史籍所记夏王朝的存在,也就是早在四千年前就进入了阶级社会③。考古发掘的实物,不仅证明了生产的空前发展,而且也证明着社会组织的发达,出现了王权所具有的宫殿、青铜玉石礼器、兵器、严肃等级的墓葬。商代的考古更加印证着古籍的记载,在那里,不仅社会文化丰富、发达,更引人注目的还有频繁的祭祀、占卜和甲骨卜辞记录的商人的各类活动。商代晚期崛起的"三分天下有其二"的周人,继承了商人遗产,并有自己的开拓和认识。这样长久、广阔、丰富的社会文明实践,是造就《周易》产生其观念形态的真实基础,马克思说:"观念的东西不外是移入人的头脑并在人的头脑中改造过的物质的东西而已。"④《周易》的观念,就是在那漫长的文化与文明创造的条件下形成的。在本书各章,分析具体观念之产生背景的时候,笔者特别注意了考古、文献给我们提供的社会——物质的资料,以期让《周易》中的观念有着更为鲜活的真实印证。

另需说明的现象是我们所见到的《周易》记录人们观念的特有形式——卜筮,这在当时是观念凭借巫术的权威而存立的标志。巫术的文化史意义,中外学者的著作已经做出了很多的论证,在切实的考古资料的认识中,我注意到张光直先生的《仰韶文化的巫觋资料》,文中剖析了仰韶文物留下来的巫觋记录,说明了巫觋通天地、人神的特殊意义⑤。至于巫术活动的占卜,

---

① 严文明:《史前考古论文集》,科学出版社,1998年版,第2页。
② 严文明:《史前考古论文集》,科学出版社,1998年版,第17页。
③ 关于河南偃师二里头遗址的断年至今说法不一,本文依邹衡先生《夏商周考古学论文集·试论夏文化》所据的说法:"夏文化(二里头型)早期第一段的树轮校正年代或为公元前1915±115年。"文物出版社,1980年版,第138页。
④ 《资本论》第一卷,人民出版社,1995年版,第24页。
⑤ 张光直:《中国考古学论文集》,生活·读书·新知三联书店,1999年版,第136页。

早在距今六千年的河南淅村下王岗仰韶文化三期遗址中就有卜骨遗存,一直延及原始社会晚期的龙山文化,占俗愈演愈繁,期间都有占卜用的甲骨出土①,这种占卜到商王朝而登峰造极。与龟甲占卜相伴而出现的有占筮。这其中,属于《周易》表达形式的八卦,目前发现的有江苏海安青墩遗址的重卦,距今接近六千年,说明八卦出现之早②。其后有距今五千年的安徽含山凌家滩遗址出现的玉版八卦图③。成中英先生对占筮理路曾有推断:人们对客观事物的认识首先是观而得其象——"人因经验和直觉而得现象",然后对现象、经验进行分类把握而符号化产生卦象,进一步想要探究事物发展而有自己的决策,就需要依据既得经验而推演,这就是易卜与易筮,"易"的象、数、义、理实乃一体同源④。若依据这种推论,则考古的实物便具有印证古籍中那些说法的不虚妄的意义——"太卜掌《三易》之法,一曰《连山》,二曰《归藏》,三曰《周易》,其经皆八,其别皆六十有四。"(《周礼》)"夏曰《连山》,殷曰《归藏》,周曰《周易》。"(《周易正义序》引郑玄《易赞》说)在传世典籍不能求证这些占筮之作具体状态的情况下,考古资料与依据科学思维的推断就具有非常现实的意义。那么,本着这样的理解我们便看到,伴随着中华远古文化的延展,巫术、占卜从来没有间断过,就在神的名义下,在权威的标志中,可以不同其称谓,但却没有间断地演绎着八卦形式的卜筮,就在这卜筮里,传递着、存藏着人们对世界的认识。

前述种种,在说明着《周易》是漫长的文明发展中人的认识成果在卜筮的特殊形式中的留存。这里面既有我们民族长久发展历史中认识的积淀,也有周人自身的探索,在《周易》之成功的编撰中,保留了至《周易》诞生之时为止的中华思想、文化的成果。在编撰中,在继承的同时,也注入了周人当时的现代价值取向,采取了为周人所认可的思想资料,因而成为了周人的经典。

总之,《周易》的成书"人更多手,时历多世",是包括周人的创造在内的整个古代中华文化的伟大成果所积淀下的巨著。

---

① 参见崔波《甲骨占卜源流探索》,中国文史出版社,2003 年版。
② 参见《江苏海安青墩遗址》,南京博物院《考古学报》1983 年第 2 期;《试析周初青铜器铭文的易卦》张政烺:"1979 年江苏海安青墩遗址发掘,出土骨角栖和鹿角枝上有易卦刻纹八个。……这是长江下游新石器时代文化,无论其绝对年代早晚如何,在易卦发展史上应属早期形式,可以据此探寻易卦起源地点问题。"《考古学报》1980 年第 4 期;《八卦起源》汪宁生《考古》1976 年第 4 期。
③ 《含山出土玉片图形试考》,《文物》1989 年第 4 期。
④ 成中英:《易学本体论》,北京大学出版社,2006 年版,第 58 页及《"易"的象数义理一体同源论》一章。

二、作为意识形态的周人治理天下的法宝

周人作《周易》是站在历史转折的当口，他们面对的不仅是一个远大的新王朝的未来，更紧要的是夏、殷王朝留下的沉痛教训，新的周人政权如有疏失，就会重蹈覆亡之辙，所以充满于周人胸臆的是冷静的兢兢忧畏的忧患意识。

《史记·周本纪》载，周公作《召诰》，其辞典型地表达了当时周人的心境："我不可不鉴于有夏，亦不可不鉴于有殷，……不其诞（长久）惟不敬厥德，乃早坠（失去）厥命。"①《周易·系辞下传》说："《易》之兴也，其当殷之末世，周之盛德邪？当文王与纣之事邪？""《易》之兴也，其于中古乎？作《易》者其有忧患乎？"周人没有，也不可能放下天命的旗号，但却能够冷静地总结人自身的历史经验教训，理性地面对他们所面临的一切。《周易》就带着历史积淀下的思想成果，带着周人世代的实践，尤其是"三分天下有其二"的政治治理的实践认识，也带着周人兢兢忧畏的理性精神，以卜筮的形式传递着思想、智慧和意欲葆有王朝长久生存的忧患意识。它用特殊的语言——"象"来述说一切，而"象"本身就是理性凝集的感性叙说——"圣人有以见天下之赜，而拟诸其形容，象其物宜，是故谓之象"（《周易·系辞下传》）。就是说，易象作为"人心营构之象"（《文史通义·易教下》），是将天下幽深难见的道理形象化地构拟成"象"，并以此作为载体来承载人们实践的认识成果，来教导、启发后人，使人们能够理解、把握万事万物之变化规律，通乎变而立于不败之地。"天地设位，圣人成能；人谋鬼谋，百姓与能。"（《系辞下传》）天地设立了刚柔尊卑的位置，圣人依此创成《周易》而广施功用——"人谋"，把人的理性认识、对规律的把握与卜筮问鬼神——"鬼谋"的权威结合起来，以这种新的沟通人鬼的做法而直接叩问长治久安之策。问题的实质很清楚：周人就是借助人类自身的思想能力、思想成果与借助鬼神的权威相结合，来调和天人之间的矛盾，揭示世界的秘密，从而求取一个长治天下解决忧患的良策。后者是我们长久文化传统的一贯为人们所认可的权威做法，那就是对神明的无条件的信赖；而前者则是周人的创制，它扬弃了夏、殷政权刚暴蛮武、滥施杀伐的非理性的蛮横做法，通过新的施政策略——以"德"治为标识，用教化灌输周人的价值观念而整齐天下。

以"德"治为标识，用教化征服天下，正是周人的治国良策。"人是意识

---

① 清孙星衍：《尚书今古文注疏》，中华书局，1986年版，第398、399页。

形态的动物"①,社会生活中的人,"意识形态才是他真正的主人,而他不过是装满了意识形态液体的容器,不过是自己已然接受的种种观念的奴仆而已。……真正的主体乃是人们已然接受并内化为心中权威的意识形态"②。"德"治的感召,教化的力量,观念的征服,比之于鬼神统治、武力征服来得更为深入、更为持久、更为可靠。而《周易》的观念并非是周人的一时创制、一厢情愿,它是凝固了我们文化史中的成功经验、合理的认识成果,也就是人们共同认可的价值,然后周人进一步按照规律和自己愿望的再加工、再创造,这就有了《周易》承载的种种观念,并让这些观念成为了一个系统的观念形态,成为了一个观念之网而笼罩天下。这种观念的征服力量就不仅仅是来自周人的想法、愿望,而是带有着人们一贯的认识和共同的价值确认。也就是说,周人的进步,是成功地改造并继承了文化传统而使天下的治理具有了鲜明的理性精神,具有了"郁郁乎文哉"的文明色彩,具有了比之于以往绝大不同的对人自身的关注。这才是周人所掌握的治理天下、解决忧患的比武力征伐更为强大的武器。

王国维先生著名的《殷周制度论》,揭示了殷、周间大变革之真相:"殷周间之大变革,自其表言之,不过一姓一家之兴亡与都邑之移转。自其里言之,则旧制度废而新制度兴,旧文化废而新文化兴。又自其表言之,则古圣人之所以取天下及守之者,若无以异于后世之帝王,而自其里言之,则制度文物与立制之本意,乃出于万世治安之大计,其心术与规摹,迥非后世帝王所能梦见也。"周人这种深刻的用心,在于纠正前王朝的致命之失、稳固自己的新生政权,这种稳固的措施"其旨则在纳上下于道德,而合天子、诸侯、卿大夫、士、庶民以成一道德之团体,周公制作之本意实在于此"。王国维先生历数前代事实,证明了新制度的大端,从周人立子立嫡之制、庙数之制、同姓不婚之制的角度,阐释了周人变革前朝的政治举措,以避争位之乱,确保政权之稳固。说明了纳上下为一道德团体的制度建设是根本,而这种政治之法是周人所得到的为政之精髓。"古之所谓国家者,非徒政治之枢机,亦道德之枢机也。使天子、诸侯、大夫、士各奉其制度典礼,以亲亲、尊尊、贤贤明男女之别于上,而民风化于下。此之谓治。反是则谓之乱。是故天子、诸侯、大夫、士者,民之表也;制度、典礼者,道德之器也。周人为政之精髓,实存于此"③。周人通过制度所孕育的精神,正是文化的精髓。制度是人们将

---

① 俞吾金:《意识形态论》,人民出版社,2009年版,第152页。
② 俞吾金:《意识形态论》,人民出版社,2009年版,第81页。
③ 王国维:《观堂集林》,中华书局,1959年版,第453、454、475页。

自己对客观世界的认识固定化为自我约束的章程,其骨子里还是人们的思想、意识。周人的制度就是其总结历史经验教训,展望未来而得出的合理结论的一种表达形式。这是周人善于总结历史,吸收文化精髓之优长的明显表现。陈梦家、胡厚宣等先生曾指出王国维先生认准周人制度为周公所始创的失误,在对王国维先生的意见提出不同看法的同时,他们恰又证明了周人制度的来历。周人制度不是他们一时的发明,不是周公的独创,而是其继承历史文化的合理因素的结果。胡厚宣先生说"周初文化制度,不特非周公一人所独创,且亦非周代所特有,举凡周初之一切,苟非后世有意之附会,皆可于殷代得其前身。"(见《甲骨学商史论丛初集·殷代封建制度考》)诸先生通过研究甲骨学商代史而得出的论断是准确的,然而,我们如果不计周公发明制度之说这些细节,而从其古史研究意义的角度看待王国维先生的论断,则其论断仍不失为是振聋发聩的令人耳目一新的古史学研究的卓越见识,那就是通过制度而发现了人——发现了周人更多的是把目光投向了人而不是鬼神,这便是殷、周间大变革之中周人的卓越之处。而这卓越之处,展现了文化传统的强大惯性,不过是周人率先全力正视它、发扬了它而已。

王国维先生研究周王朝的文化变革,着眼于制度来论列"道德之机枢",将制度作为"道德之器",作为"纳上下于道德"的工具而治理天下,无疑是深刻的。在今天,我们还看到,在周人的这个工具里还包含着更丰富的内容,那就是和制度一道代表着统治阶级根本利益,代表其情感、意愿的观念形态,这就是保留在《周易》中,被作为另一个更强有力的工具的观念形态的存在。从这个意义上说,作为刚性的制度与作为柔性的观念,刚柔兼济同是必不可少的至关紧要的治理天下的工具。它们合在一起,成为周人教化的工具和内容,换句话说,周人关注并自觉地使用了意识形态的有效工具来实施自己的统治,意识形态成为了周人的法宝。这些正是殷、周间大变革的真实内容,表达着这一变革的丰富内涵,所以周人的文化建设才成为了中国文化史上的重大转折,开启了"郁郁乎文哉"的新面貌,对后世发生了本质意义的影响,在相同的以农耕文明为基础的历朝社会中,《周易》所奠定的观念,周人所立的制度都成为了人们所奉行不渝的准则。我们看到,《周易》的观念与周人的制度具有同等重要的历史意义,因而,《周易》的观念形态同样应当受到我们文化史研究的关注。

产生于宗法制度成熟之际的《周易》,它承载的是以往优秀的历史文化,奠定的是宗法制社会意识形态的思维工具与理念法宝。这种历史文化、这一法宝在维持宗法社会的存立与发展中起了巨大的作用。本书就是从这一意义上挖掘《周易》的观念形态的——周人的制度与《周易》的观念,它们都承载着人们在实践过程中的发现、发明,都是文化的积淀,都是我们文化史中具有本质意义的发生着深刻影响的思想成果。

三、《周易》观念形态的基本内涵

《周易》虽为卜筮之书,但它并没有将一切都委之于鬼神,而是将天道自然之理与人之道统合起来考虑,所谓"《易》之为书也,广大悉备,有天道焉,有地道焉,有人道焉"(《系辞下传》)。"昔者圣人之作《易》也,将以顺性命之理。是以立天之道曰阴与阳,立地之道曰柔与刚,立人之道曰仁与义"(《说卦传》)。它兼顾着天道、地道与人道,是这些事物之客观存在所表现出的"道",是人自身对这些事物之"道"的认识,从这个意义上看,《周易》在卜筮的形式下,在六十四卦象、卦爻辞当中,更多的为人自身留出了空间,体现了人的存在和价值。

马克思说:"自由自觉的活动恰恰就是人的类的特性","人则把自己的生命活动本身变成自己的意志和意识的对象。他的生命活动是有意识的。"[1]《周易》的诸观念体现了人的活动的自觉自由的特性,体现了人生命活动的意识。它不仅提供了由人自身实践史所积累的经验中提炼出的若干规律性的认识,以判断各类事物发展的必然趋向,使之作为指导人自身实践活动的原则性意见,而且提供了由必然走向自由的信心、热情和力量。在《周易》这里,人已经不是如同殷商史料所告诉我们的绝对的上帝、天、天命观念的天命决定论,不是"率民以事神"的对鬼神世界的迷信与绝对依赖,相反,它是在神秘的衣装下,述说了人自身的认识成果,自己能动地把握自己的理性。如《系辞上传》所言"《易》与天地准,故能弥纶天地之道"——用《易》来普遍包涵天地间的道理——人所认识的道理,而不是彻底的鬼神的意志。"夫《易》开物成务,冒天下之道,如斯而已者也。是故圣人以通天下之志,以定天下之业,以断天下之疑。"开启物智,成就事业,包容天下的道理,用《周易》的理论会同天下的心志,确定天下的事业,决断天下的疑难[2]——这就是《周易》,是人的能动作用,是在过去殷商鬼神世界笼罩之下解放出来的人的意识自觉。在此,它分解了宗教、神的绝对、一元的存在,在占卜筮算的神秘光环掩蔽下,开始了对人自身的确证和张扬的历程。

对于人自身,《周易》"把自己的生命活动本身变成自己的意志和意识

---

[1] 马克思著,刘丕坤译:《1844年经济学—哲学手稿》,人民出版社,1979年版,第50页。
[2] 黄寿祺、张善文:《周易译注》,上海古籍出版社,1989年版,第535、556、557页。

的对象",它认识着作为个体人的存在及其意义,与以往相比较,它奠定了以人为主体的新的世界观。这种人的主体意识,又不同于西方哲学,不是以人为主宰的世界存在,而是人、社会、自然的有机的整体的共生。人作为人的有意识的生命活动,既需要认识他所存在的环境——自然的、社会的,人是在自然与社会中的存在,人必须面对自然、面对社会才有可能存在,而不是完全委命于神灵,同时,人面对自然、面对社会,也需要有自身的人格意识、人格修养。立人是解决忧患、规避风险,使王朝、社会长持久存的根本。因而,《周易》用为数不少的卦象,多角度地广泛专门涉及人格本身,它的人格论本身就是人的自我意识的结果。在这里,《周易》揭示了合理人格的若干要素,它是个体人自身在社会之中存立与发展所必不可免的规则。守此规则,个体人就存立与发展,反之则将被社会、群类所否定,在社会人生中寸步难行。《周易》的人格论不仅在当时具有指导人们安身立命、从容发展的作用,而且作为一种对人自身深刻省悟的成果,它一直贯穿在后来的文化史之中,被古代士大夫视为人格追求的范型。不仅如此,我们还同时看到,《周易》的人格理想就是在今天,其中那些合理性的精华依旧熠熠闪光,成为我们民族文化中的一种积极的价值取向和为人准则。

正因为人格建树是《周易》发现、强调人本身价值的观念之核心,所以其不仅如上述,开列卦象专门论及人格,而且散布在诸卦之中,在述及社会诸事物的时候,更是几乎无处不见人格的述说、意义的指点。也就是说,这一现象,使著者在梳理《周易》观念形态的时候,既要专门整理其完整的人格观念,以之作为一个类而述论,同时也无法回避其浸润于各观念领域的人格提示,就这一经典的面貌而言,整部《周易》都贯穿着一个人格论的系统。这也恰突出了其本质意义——"人谋"——为人所创造、替人而谋划的思想特点。

对于人所依赖而生存的社会,《周易》从教化、教育、婚恋家庭、政治、法律等方面去剖析探讨,诠释了社会对于个体人的意义、社会本身的存在方式。这里也是理性地发掘了人。"正像社会本身创造着作为人的人一样,人也创造着社会"①。人在社会中直观自身,自身参与着社会的活动。在这里,《周易》通过对那种完善的社会的期许,而分别提出了构成社会实质内容的各方面的理想。同样,在对社会的认识过程中,《周易》也将人的社会活动与神分离开来,而突出了人的意志,突出了社会为人的存在,那就是至今仍然被述说的人道精神。它强调了社会对人的关怀的基本理想,让人成为社会的人,企望社会成为关怀人的社会。散在社会问题各方面的言说中,无不

---

① 马克思著,刘丕坤译:《1844年经济学—哲学手稿》,人民出版社,1979年版,第75页。

凸显着《周易》的理性、情怀和进步的思想、观念的痕迹,它们又都成为了后来文化史中基本的价值导向,成为后世意识形态构造中的主体内容。

对于社会的另一力量,战争、财富,《周易》也有其着意的观照,形成了自己的若干观念,给予人们以若干原则性的意见。反对穷兵黩武、滥施杀伐的具有古朴人道精神的战争观,以诚孚而致富以推动人的社会事业的财富观。这些观念同样具有某种合于社会发展需求的合理性的一面,因而也为历代所崇尚。

《周易》的思维方式本身就决定了先哲们运用近乎艺术化的方法去观察、体悟世界,其表述方法——以"象"承载思维成果,这本身也极具艺术的意味。因而全书除掉卦象符号,还有具象的古代歌谣,同时在其观念形态中,还专门有关于超越现实功利的审美的观念以表明它对人生、社会的见解与态度。《周易》这样的风格、这样的理解,呈现出的是使人享有有意味的人生的生存理想,因而不仅与追求美直接相关的后代的中国文学、艺术史自觉地接受着《周易》的影响,就是古代士大夫的生活方式本身也深深地印记着《周易》的追求。

上述种种观念及其来源,都在说明《周易》已经在神秘的原始宗教惯性下,抽绎出了理性精神。它的观念形态,证明《周易》不再是仅为占问鬼神之用的工具,而是一部同时载有人的认识成果,具有指导人的社会实践作用的文化经典。广大的《易》道,成为了中华文化史中具有奠基意义的存在,为了追寻文化史中诸种思想观念的渊源,笔者尝试凭借《周易》之卦象、卦爻辞本身的资料,对《周易》的观念形态作出深层次的细致挖掘与探究。

最后需要说明的是本书对于《易经》与《易传》的认识与对两者关系的处理。毫无疑问,《易经》与《易传》产生于两个历史时期,所载社会、思想内涵有着各自的差异,不能将其混为一谈,对两种著作的思想观念需要谨慎鉴别与使用,但两者的联系也同样不能忽视。它们的联系是明显的。其一,《易传》是今见最早、最直接、最具权威意义的经解著述,它去经最近,能体会到旷远异代的学人所无法体会的《周易》之观念背景,同时其挖掘、发挥没有离开经典本身而自创异说,是揭示了经典本身的意蕴的,因而后世说经,基本是首重《易传》,这种做法不无道理。其二,自汉代经传合编以来,传与经几乎并重,讲《周易》,实质上是兼经、传而为说,可见传的价值,也可见传与经虽不能等同,但不能不承认它们在思想观念、精神实质中存在更多的一致性。朱熹治《易》的体会颇值得玩味:"熟读六十四卦,则觉得《系辞》之语甚为精密,是《易》之括例。"(《周易折中》引《朱子语类》)整个《易传》之精要,也与此相类。依此种种原因,本书解说《周易》观念,以《易传》为首要参考,然后采择古今易家说法,以求相对稳妥地寻绎《周易》的观念。

第一章 《周易》的思维方式

第一节 《周易》思维方式的渊源

在中国文化史中，无论就其自身所承载的丰富蕴涵看，还是从它给予我们民族思维方式所塑造的那种独特的气质与风格方面衡量，《周易》的出现都显得意义重大。它成为了一块不可摇撼的基石，给予中国传统文化以巨大的支撑。

《周易》这部经典，是以庞大的象征体系作为自己的表现形态的，它延续了中国古代神话与巫术的象征思维形式，同时注入了自觉的理性内涵，在充分张扬言意之境、象征表达的形式之下，又凝定着那种整体把握、类比推论、见微知著、通权达变的思维特质，对中国传统思维方式给予了经典意义的奠基。对这种具有自己特色的思维方式的了解，是认识《周易》首先要碰到的问题，为了方便地把握本书所论证的《周易》诸观念，这里有必要对《周易》这一特殊著作的特殊语境作以引导，因此不能不在这里提纲挈领地说明《周易》的思维方式。

观察、探讨《周易》的思维形态及其文化内涵，就有必要观察它的远源——神话与巫术的象征形态，将神话、巫术思维与《周易》思维作以系统的观察与把握，溯源及流，对它们之间的继承与发展关系，以及他们如何奠立了华夏民族思维特质的理路作以概要的说明，以此来引出关于《周易》思维方式的叙述，进而引出对《周易》观念承载形式的交代。

比之于巫术，中国上古神话资料不仅相对丰富，而且就"中国哲学的思维模式是直接承袭神话思维模式发展起来"[1]的意义上讲，我们通过对中国古代神话的探究，是可以较为从容、清晰地观察《周易》之前的思维方式的特点的，因此在这里我们侧重研究一下中国上古神话的思维方式及表现形态。

---

[1] 叶舒宪：《中国神话哲学》，中国社会科学出版社，1992年版，第3页。

中国上古神话是中华先民最初的对世界的"认识成果",是最初的成为系统的思维方式的展现。综观神话,它给我们提供的是神的长廊,而每一位神灵形象又是人们对自然、社会现象"认知结果"的表征,在其表征之中的那种结果,都有着丰富的内容,即使神话中最单纯的形象也内涵丰富,耐人寻味。对如此丰富内容的认识与表达,人们所采用的思维方式是象征的方式,因而,神话所造就的是一个纷纭多姿的象征群体,它标志着人们成为系统的思维方式的起步。

对于象征,黑格尔在其《美学》中这样说明:"象征一般是直接呈现于感性观照的一种现成的外在事物,对于这种外在事物并不直接就它本身来看,而是就它所暗示的一种较广泛、较普遍的意义来看。""象征所要使人意识到的却不应是它本身那样一个具体的个别事物,而是他所暗示的普遍性的意义。""象征在本质上是双关的或模棱两可的。"①也就是说,象征是象征符号——形象的具体性与象征意义的普遍性,及其表述的双关的或模棱两可性的统一。象征是神话创造与表达的主导方式,"后世艺术创作中的象征,不过是艺术手法的一种;而神话思维的象征,则具有主导性"②。就是说,神话是以象征思维方法为主导的产物。

中国古代神话所体现的象征思维的具体特点直接关乎到了《周易》的思维方式,其特点可以从如下几个方面作以概要的说明。

1. 近取诸身,远取诸物,由自身而及世界的认知方法

中国古代神话显著的思维特征之一,就是用近取诸身,远取诸物,由自身而及世界的认知方法,取得了认知结果,形成了象征意象。这个"自身",并不是单个的一己,而是人们群体的实践——认识,在实践中,因体悟而沟通了人与物间的联系,达于对己、物的认知,并由此而形成了、凝定下来了认识成果,这些成果就用象征的意象符号来表达,是当时人们的集体意识。

人们对时间和空间,这个世间万物最重要、最基本的存在方式的认知,就表达了神话思维的这一特点。盘古创世神话是其典型。被记录在三国吴人徐整的《五运历年记》中的盘古神话,虽说晚出,并明显借鉴了异域古神话传说,但其表达了神话特质却是毫无异议的③。

　　　　首生盘古,垂死化身。气成风云,声为雷霆,左眼为日,右眼为月,

---

① 黑格尔著,朱光潜译:《美学》第二卷,商务印书馆,1991年版,第10—12页。
② 王钟陵:《论神话的思维特征》,《中国社会科学》1992年第2期。
③ 叶舒宪:《中国神话哲学》,中国社会科学出版社,1992年版,第六章《息壤九州》。

四肢五体为四极五岳,血液为江河,筋脉为地里,肌肉为田土,发髭为星辰,皮毛为草木,齿骨为金石,精髓为珠玉,汗流为雨泽。身之诸虫,因风所感,化为黎氓。　　　　　　　　　（《绎史》卷一引《五运历年纪》）

它的产生,首先是人对自身的观察和理解,然后推己及物,将自然现象与自身特点联系起来,实施了对世界无限空间的"认知",于是就创造出了包举天地万物的神话意象。这一意象不仅具有空间的表述,也有时间的说明,万物在日月更迭、江河山川中存在,它表达了人们对时空问题的感受。

对于空间,在《淮南子》记载的女娲故事中,认为天由"四极"支撑(《览冥训》);共工故事中,共工怒触不周山,破坏撑天之柱,致使"天柱折,地维绝",天倾西北,地不满东南(《天文训》)。这一观念,乃是"近取诸身",由自己茅庐的建造而推开去联想的结果。

在神话中,象征时间的日月,是帝俊与羲和的儿子;昼夜的变化,是"烛龙"眼开眼闭的结果。时间之短长为神所管理,"有人名曰石夷,来风曰韦。处西北隅,以司日月之长短"(《山海经·大荒西经》)。还有司春之神东方勾芒、司夏之神南方祝融、司秋之神西方蓐收、司冬之神北方禺疆主持四季,到后来的《尚书·尧典》,整理为由尧之臣羲仲、羲叔、和仲、和叔统一管理四季、四方。显然,这都是人对自身、对自己社会组织的体验所得投射在时间、神国中的反响。

在上述神话里,我们明显地见出先民对这些问题的体味与思维理路的鲜明特点。

综观神话意象,无论是对周围世界的认知与把握,还是具体的神灵的创造,其显著特点之一,就是以自身为视点,将对自身的感受与对世界的感知,往复体验,最终形成认知结果——神话意象。"近取诸身,远取诸物"的思维方法就成了中国古代神话思维中的显著特点,而这一特点正是《周易》观物取象所运用方法的特色。

2. 类的集合与推衍

类的集合与推衍是神话思维中的另一特点。

上古神话中的想像虽然纷纭瑰丽,但却不是纷乱无绪的,而是有其逻辑的连类思考贯穿其中,这一点已为神话学者所揭示。[①] 这一特点的成因,正如卡西尔所说,神话还没有进入哲学思维阶段,它的思考并非超验的,而是

---

① 参见邓启耀《中国神话的思维结构》,重庆出版社,1992年版。

伴随着感性特征,离不开可见性、可听性、可触性[1]。也就是说,这里的"逻辑",其实是在体验当中去对现象作以最初的归理,由类的集合、类的推衍去表达世界,由可触及的现象的归类,到难以触及的玄虚现象的推衍说明,而这一切,都是以体验、体悟为轴心来完成的。

在《山海经》中,人们将蛇、虎、豹等类最具威慑力的动物集结在人们所理解或者所向往的威力无比、征服一切的神灵身上。

夸父"珥两黄蛇,把两黄蛇"(《大荒北经》)。
女娲"古神女而帝者,人面蛇身"(《大荒西经》郭璞注)。
西王母其状如人,豹尾虎齿而善啸,蓬发戴胜,是司天之厉及五残。(《西次山经》)

这些类的集合,表达着初民对自己经验的整合,也表达着他们较深切的情感与对客观世界较深切的体悟。蛇的难以防范与摧毁的力量,"豹尾虎齿"作为难以抗拒的杀伤利器,都深深地注入了人们的经验、情感之中,人们对之有着一种不可征服的恐惧感和企望认知的心愿,于是就把这些集结到神灵的身上,解释着人们无法科学说明的诸如力量、时空、造人(女娲)、瘟疫等现象,体认着这些现象之所以无法征服、改变的原因。通过这样类的集结与比对所产生的神话形象,使我们看到了其中对事物的认知与理解的过程,也看到了最初类的运用的特点,它将事物相通的一面联系起来观察与理解,通过体悟而扭结在一起,形成了一个统一的符号——神,这神的意象就是他们的认知结果。各类自然物的典型部位所具有的内涵的意义集合,就是其象征意义的基础,由此产生了一个具体的神的形象,这形象代表了一种相对固定的意义。

类的推衍是由已知而推向难以触及、难以把握的玄远因由,这同样是靠类的比对,这种比对是连类的推衍。如关于旱象的说明,除《山海经》中的旱魃作祟外,该书还有多种说法。

女烝之山,其上无草木,石膏水出焉,而西注于鬲水。其中多薄鱼,其状如鳣鱼而一目,其音如欧,见则天下大旱。(《东山经》)
鲜山,多金玉,无草木。鲜水出焉,而北流注于伊水。其中多鸣蛇,其状如蛇而四翼,其音如磬,见则其邑大旱。(《中山经》)

---

[1] 参见卡西尔著,黄龙宝、周振选译:《神话思维》,中国社会科学出版社,1992年版。

   令丘之山,无草木,多火。其南有谷焉,曰中谷,条风自是出。有鸟焉,其状如枭,人面四目而有耳,其名曰颙。其鸣自号也,见则天下大旱。(《南山经》)

这些现身而天下大旱的神灵,自身特点是鲜明的,有翼如鸟,像旱魃一样"走行如风",不知所从来,也不知其去向,难以预测,难以掌控;其居处之所多金石,无草木,多火,有光;旱是无水的征候,所以神灵或如鱼或蛇形,是水处之物,既能水处,也能带走水。在这神话的象征和意蕴之中,有飞动的想像,也有真实的体验。毫无疑问,这些特点都与旱象有某些"同质"性,因而神话的意象既是类的集合,也是类的推衍,他们试图通过已知推衍未知,而这推衍的依据,就是类的"同质"性。旱象的原因是玄远难以把握的,但通过这类的推衍,似乎就可以理解,由具体到玄远,再由玄远而具体,通过体验、感悟,将事类找到了"内在的联系",使玄远的因由有了答案。这为后来《周易》的思维特点留下了遗传的基因。

 3. 意与象合一的直觉感悟

 神话思维还有一个显著特点,即意与象合一的直觉感悟。

 神话认知的体验与感悟,是基于这一阶段更深层的思维特点,即在人们的认识领域中,主观世界与外物客观世界,主观体验与客观外物是浑然不别的。这一特点就决定了神话思维是真正的"天人合一"。人们将客观世界视为与自己的存在方式具有相同性,能够对其整体把握,于是就以自我为基点,以己度物,具体事物间以类相求;"近取诸身,远取诸物",无论是类的集合还是类的推衍,皆因外物与自身"同质",可以与外物往复交流,遂将主观体验之所得,用无拘无束的幻想去组合外物而形成认知结果——神话意象。这使我们看到,"从具体思维及其高级阶段——神话思维的产生、发展来看,意义和形象是同步生成的,意义是生长于形象之中的,而不是外在寻求一个吻合它的意象"[①]。意与象的合一,是当时人们的思维方式,也是其思维结果的表达形式。

 神话的意象,象征——隐喻形象的诞生,是神话创作者们以直觉感悟得来的结果。

 直觉感悟是渗透着经验、凝聚着对事物间表象与内涵联系的体悟的结果,它切近此一事物与彼一事物的某种内在联系。将物象间联系起来,使这种联系产生的新内涵相对固定,并由此而给人带来更多的启发,使人能举一

[①] 王钟陵:《论神话的思维特征》,《中国社会科学》1992年第2期。

反三连类认识,这本身就标志着一种更高级的认识水平。神话意象由早期的风神、雨师等自然现象的神灵到解释瘟疫、灾害,推原创世、诸种起源,再到反映原始社会晚期的氏族部落的融合并形成谱系的神话,诸如伏羲、太昊、帝俊、炎、黄、少昊、颛顼、尧、舜等等,它概括进了整整一部史前文化史,反映着史前文化的发展,这每一神话意象,如前文分析,都是人们通过体验、感悟而创造的。同时,这种经验的积累与提炼而形成的感悟,又并非是哪个单个人的天才发现,而是具有群体性、社会性的,是人们不断加工、创造的结果。正是基于它的这种性质,创作出来的神话才能获得人们的认同,形成集体意识,使之在原始部落间、在一代一代人中间不断地口耳相传。

以意与象合一的直觉感悟为特点的神话思维,是人们认识世界,尝试改造、征服世界,获取自由的原始人类的实践的产物,因而这样的一种思维特点里包含着实践性的因素——尽管认识结果是用"不自觉的艺术方式"所创造出的象征意象,而不是科学论断,它还不能全面的指导人们的实践活动,但其认识世界的这种直觉感悟的最初思维特点——非线性的、散点的、跳脱的、浑然整体的观照与把握方式,却为《周易》思维留下了深刻的影响。

如恩格斯说:"全部哲学的最高问题,像一切宗教一样,其根源在于蒙昧时代的狭隘而愚昧的观念。"(《路德维希·费尔巴哈和德国古典哲学的终结》)神话为后人提出了问题,提供了认识世界的思维方法。神话提出的问题,连同思维特色一起传导给了《周易》,构成了《周易》式的庞大的象征体系。

第二节 《周易》对世界观照与把握的特点

1. "近取诸身,远取诸物"的象征符号

由神话到《周易》,期间间隔了漫长的岁月,人们进入了文明社会,经历了由原始的狩猎、采集到稳定的农业文明时代,这里早已失去了神话产生的土壤,但神话留给了人们最初的思维经验。人类早期的"经验无疑是我们知性的第一个产物"[1]。依卡西尔的理解,这种有组织、有秩序的人类早期经验,表现在神话与语言的概念之中,它直接注入了人们更进化的思维历程。在思维特点上,《周易》就接受着神话的思维经验,通过产生《周易》那一期

---

[1] 卡西尔《人论》引用康德观点及卡西尔的论说,并见甘阳译《人论·科学》,上海译文出版社,1985年版,第264页。

间活跃着的巫术的纽带,承袭着神话的思维方式,在理性认知的基础上又构建了一个神话般的庞大的意象纷繁的象征体系。在这里,我们的先哲对世界有了深切的领悟,却并没有像西方哲人那样,以概念为基础,走一条逻辑的线性的思维道路,而是一仍其旧,拈来象征思维,重感悟,以散点的、跳脱的、浑然整体的观照与把握方式,创设了一套宇宙图式,由八卦推衍而为六十四卦,依赖种种意象表达哲理。

我们的先哲留下了这种记忆的痕迹,肯定着这种继承关系:

> 古者包牺(按,即伏羲)氏之王天下也,仰则观象于天,俯则观法于地,观鸟兽之文与地之宜,近取诸身,远取诸物,于是始作八卦,以通神明之德,以类万物之情。(《系辞下传》)

先哲们肯定,《周易》这个创作思路是从伏羲那里来的,其特点是以己度物,仰观天象,俯察万物,取法于自然的规律,从近处援取自身做象征,从远处援取各类物形做象征而作成了八卦这样的象征符号,通过这象征符号来揭示天地自然那种神奇的德性,来归类天下万物的情态,由此来描述、解说天地、人生。说八卦来自于伏羲——我们今天说的原始社会,貌似将《周易》神秘化,或有故意说它渊源久远之嫌,令今人有些荒诞的感觉,但如果将这种说法放到《周易》的思维路径中去观察,就会发现,那中间意象合一的象征表达方式不正是原始神话思维形式的延续吗?这确是《周易》自身的特点,和神话一样,这意象是心中所有的"人心营构之象",是对世界的认知与概括,而不仅仅是当下现象界的那个实际存在物。

然而,《周易》究竟不是神话,它自身的意象并不荒诞,它涵盖着人们经过丰富实践而得到的符合于客观实际的真实的认识成果,其含有深刻的意蕴、合理的见识,是理性思考的结晶,《周易》构建了一个严整的体系来解释宇宙、人生:

> 《易》有太极,是生两仪,两仪生四象,四象生八卦,八卦定吉凶,吉凶生大业。(《系辞上传》)

由处于混沌状态的"太极"衍生出来,有了阴阳这"两仪",又由阴阳生出少阳、老阳、少阴、老阴这些周流变化的"四象"——"四象"在《周易》中既象春夏秋冬四时,也象南北东西四方,它本身就包含着时、空、变易的万物之存在与生发,由所有这些因素生出了象征雷(震☳)、风(巽☴)、水(坎☵)、火(离

☶)、山(艮☶)、泽(兑☱)加之衍生万物的天(乾☰)、地(坤☷),共计有八卦。八卦是经,也是构成并说明天地、人生变化的要素,这些要素的运行衍生出六十四别卦,观六十四别卦的变化,就可以判定吉凶,吉凶判定,沿事物发展规律运行,就可以生成人生、社会的盛大伟业。

2. 观卦会意,感悟哲理

这个系统是严整的天地人生图式,它概括了事物的规律,人们可以用它作为认识、把握事物的工具,在观卦象而会意中,感悟哲理,指导行为。我们不难看到,在这一图式中,《周易》对世界作了整体的系统的把握。《系辞上传》说:"形而上者谓之道,形而下者谓之器,化而裁之谓之变,推而行之谓之通,举而措之天下之民谓之事业。"天道运行的规律是不可违逆的达道,是形而上者,不可触摸,只可探知意会;看得见可触及的有形事物是"器",它是天道所化,并承载着天道规律;人们可以由具体的"器"而感知"道",由所感知的"道"去指导、把握"器";倘若能够应事物的规律去裁剪变化,克服主观武断、盲目行动,把这些道理推行实施就会规避风险、阻碍,事事通达,而将这些既符合人们的主观愿望又合于天道运行规律的道理教给百姓,运用到天下民生的治理中,就叫做"事业",并且可以成就盛大的伟业。

上述这些说法,是先哲拨开《周易》中巫术的荒诞成分而洞见的包含在这一庞大体系中的"义理"——深刻的哲理,也是先哲对《周易》所构建的体系的精要剖析。那么,我们感到了包举天地万物的《易》道的广大、深邃,这深刻的《易》道所凝集、所显现的,是在漫长的岁月中,人们艰苦的实践所获得的理性思考的成就。正是这种成就,表现了由神话到《周易》的质的变化,并且在这种变化的标志性的巨著中,注入着对天人之际的卓有成就的深刻思考,揭示了世间发展变化的若干规律,从而使它具有了经典的意义和地位。《周易》不仅承载着具有经典意义的思维成果,它象征思维的方式也给予了中国传统文化以深刻的影响。

3. 意象创造与意象解读体系

《易》中的"义理"是广大而深邃的,这是《周易》意象之中的"意"。如果观察它的意象,则这个意象合一的庞大象征体系却与神话有着异质而同构的面貌。虽然在《周易》中看不到诸神的形象,而是卦象和物象,但两者的思维与创作方法却如出一辙,这就是以近取诸身、远取诸物、由自身而及世界的认知方法,以类的集合与推衍,以意与象合一的直觉感悟为特点的意象创造与意象解读的体系。

《周易》一书是"圣人立象以尽意,设卦以尽情伪,系辞焉以尽其言"(《系辞上传》)的,它通过象——卦象、爻象来承载"意",揭示事物的内在情态,通过辞——卦辞、爻辞来尽行述说真知灼见。卦象、爻象及卦辞、爻辞喻示着人们已有的经验和所悟的哲理,暗示着一种普遍意义,它并不虚无缥缈,而是具有着对实践的指导作用。但它的象征形态又让人感到了那种模棱两可性,给人们的解读带来了难于确指的困惑。曹魏时的哲学家王弼,探索了它的特性及解读方法:"夫象者,出意者也。言者,明象者也。尽意莫若象,尽象莫若言。言生于象,故可寻言以观象。象生于意,故可寻象以观意。意以象尽,象以言著。"(《周易略例·明象》)他在象、言、意三者关系中,找到了合理的解读办法。不能困惑、徘徊于象,甚至是胶着于象,而是要懂得象的象征特点,循着它的指向寻找到意,意是关键之所在,如同筌之于鱼,要得到的是鱼,筌不过是求鱼的工具,得到了鱼,筌就不那么重要了,所以要"得鱼忘筌"。象不过是喻示意的工具,寻象观言,寻言求意,得到了意,言象皆可忘却。正因《易》象是意象合一的创造物,观卦解读也便要有感悟的功夫,不然就会被"象"所困惑。

《周易》意象的创作,也采取了类的集合与推衍的方法,因而观象解读就不能不把握这一特点,王弼说:"触类可为其象,合义可为其征。"(《周易略例·明象》)由可触及的现象的归类,到难以触及的哲理的推衍说明是象的创造过程,而对其结果——象,如若解读,也需要感悟,不能执着于用来做象征工具的物类、事类本身,只要合于其类、两者间有着联系、可以表明一个义理,便成其为"象",对此举一反三、连类而及的感悟,就可以得到"意"。解读《周易》之难,得"意"之不易——它显现着空灵变易的特性,这一特性,正与它的创作方法有着必然关联,也由此带来了《周易》的神秘性,让人感到知《易》之难。

然而这并不是说,《周易》这部从来就给人以神秘感的著作会拒人于千里之外。下面,要进一步说明的,就是在了解《周易》思维方法之渊源的基础上,在前人已有的成果的基础上去说明观卦会意、解读《周易》的方法。

第三节 观 物 取 象

《周易》的思想是通过它自己的载体传达出来的,那就是它以"象""数"为本,它的一切思想和内容均寓于"象""数"之中。因此,欲明《周易》的思维观念及其辩证法思想,就必须先明其"象",我们这里深入到《周易》之"象"的具体特点去理解《周易》。

展读《周易》一书,盈乎眼前的是满目形象,有具体的器物,有生活的场景,有家务细事,有战争的惨烈,有鸟鸣唱和,有历史故事,……乍一接触,既让人感到亲切,又让人感到茫然。之所以如此,是由于它以"象"来"通神明之德,……类万物之情"。《易》的创作者们,接受前人的思想成果,又有自己广阔的观察空间,他们正是通过对自然和社会各色各类现象细致的观察、丰富的感受、深切的体会、透彻的认识来融意入象,让一般的、平易的"象"中容纳了作者们深刻的思想。作者们将其对人生、社会、自然规律的深刻把握,通过具体、直观的象表达出来,使之既"通神明之德"又"类万物之情",使人读《易》而通达感悟,得以对自然、人生、社会有着深刻的认识和理解。

《周易》的创作者们,将"象"纳入六十四卦的大系统中,使所有的"象"受制于这一系统中的时位、相互关系而有着它自己的蕴含,让"象"以自己独特的方式去"顺性命之理,尽变化之道"(朱熹《周易本义·序》),错综表现出天人之际事理变化、吉凶向度的规律。

六十四卦象表述了六十四种带有规律性的范畴,爻象表达了在此时、此位、此卦各爻的诸关系中的或吉或凶、或穷或达的状态。

1. 关于卦象

这里以《鼎》卦为例,简说卦象的取象及其意义。

《鼎》以下巽(☴)上离(☲)构成卦象"鼎"(䷰)。鼎是生活中真实的器物,卦取鼎象,并在这一具体的象中注入了一个重大的历史课题,表现了作者深刻的社会政治见解。

卦象下巽是木、是风;上离是火,《象传》说:"以木巽火。"这里木燃火旺,有以鼎主烹饪之象。鼎是上古烹饪用具,上古烹煮牲肉,先将其放进镬里煮,然后再放进鼎里,加入佐料,继续烹煮,使之五味调和。鼎有化生为熟、化寡味为美味的作用,这样它便具有了将事物调剂成新的意义。鼎又有"物象之法"(见《周易正义》),是象征权力的"法器"。夏铸九鼎,经殷商而传至周。《左传》载楚王问鼎,表现出他有图谋周室政权的野心。在这样的取象中,鼎卦就具有了深刻的含义。《彖传》揭示:"鼎,象也;以木巽火,亨饪也。圣人亨以享上帝,而大亨以养圣贤。巽而耳目聪明,柔进而上行,得中而应乎刚,是以元亨。"《彖传》首先断定,鼎是观物取象,这个象就是木顺从火,在鼎下燃烧烹饪。这既是一个自然之象——生活中所习见的现象;又是一个含有寓意的象征。朱熹解释"圣人亨以享上帝,而大亨以养圣贤"时说道:"享帝贵诚,用犊而已;养贤则饔飧牢礼,当极其盛。"(《周易本义》)鼎也用来烹煮牲肉享祀上帝。君权是受天之命,是上帝授予的,因此,对上帝就必须虔敬、小心,不然就有被革去君命、王朝覆灭的危险。商汤革夏命,周武革殷命,就是历史的成例。王朝的一切顺利吉祥都要归功于上帝,没有上天的福佑，王朝将不堪维持，天下将没有宁日，所以要享祀上帝而得以"自天祐之，吉无不利"。祭祀上帝，贵用其诚，用牛犊即可。《礼记》讲：郊天之时，用"特牲"。"特牲"即单独一个牲，用牛犊，虽然俭朴，但能突出贵其诚的意思。养贤则不同，任用贤人，要隆礼而遇之，用太牢之礼，即牛、羊、豕三牲齐备。国有贤人，贤人为国尽忠尽智，那样，就会政治稳定，国家大治，不断涤除阻碍社会运行的障碍与陈腐，使政权保持活力，革故鼎新，君权稳固。所以养贤之诚是表现在国君情意殷殷，对贤人尊位隆礼而显之。这里享上帝、养圣贤都是在说如何巩固君权。接下去，《象传》讲养贤而君臣相得，使国君能无为而成，天下稳固。"巽而耳目聪明"，是借成卦之形而言卦中之大义。下卦巽是逊顺，上卦离为明。这是说贤人获养而竭诚尽智辅其上，在上者自然就会集思广益、明察秋毫，达到耳聪目明。"柔进而上行，得中而应乎刚"，又是就卦象中的爻位所显示的意义来就象明义。卦中之第五爻位，本是君位、阳刚之位。《鼎》卦的六五之爻为阴爻，六五阴爻而居刚位、君位，这表达的是以阴柔中正之德践履刚尊之位，意欲有所作为。这一爻还有着宽宏柔中、虚怀谦和、从善如流的美德。九是阳刚之爻，二是阴柔之位，《鼎》卦九二爻，以阳刚之体、强健有力而阳居阴位，能够刚柔相济、有力而稳健。九二居臣位而辅佐六五之君，励精图治，发奋有为。六五得中又以自己的德行下应九二阳刚，宽柔纳臣，礼贤下士，两爻配合默契，相得无间，有君臣如此，国家怎能不安泰祥和、蒸蒸日上？所以卦辞讲《鼎》之卦象为"元吉，亨"——至为吉祥、亨通，国祚无碍，政权稳固。观此卦象，又要"君子"应当效法鼎器体制端正、浑实凝重之象，效法鼎器调剂成新、革故鼎新、自新新人之德，端正己位，严守使命，以免入于邪途，负了职守，坏了政权。《鼎》这一卦象，象征获得王权，又包含了如何巩固王权这一严肃而重大的历史课题。

这一卦，之所以警策动人，之所以严肃重大，除卦象本身所显现的内涵外，还因为它处在六十四卦这一大系统中的特有位置。它的前一卦是《革》，朱熹说："革，是更革之谓，到这里（按，即"革"之时）须尽翻转更变一番"，"须彻底从新铸造一番，非止补苴罅漏而已"（《朱子语类》）。如同"汤武革命"，旧王朝废，新王朝兴；陈腐败坏、阻碍世道者废，通变鼎新、顺应天理人心者兴。这是社会运行的铁的规律，所以《革》卦之后即是《鼎》。"革之大者，无过于迁九鼎之重器，以新一世之耳目；而鼎之为用，又无过于变革其旧者，咸与为新，而成调剂大功。故《鼎》承《革》卦，以相为用。若器主烹饪以养，犹其小焉者也。《大象》括以'正位凝命'四字，养德养身、治家治国之道，为有天下者所取法，皆不能出其范围"（马振彪《周易学说》）。

一个平易可感的物象，具有这样深沉而严肃的历史涵盖，这便是卦"象"

特有的表述方法。它不是一个具象的描摹,而是一种思维工具,告诉人们经验,诱导人们深思,提供一种思维方法。

2. 关于爻象

卦象如此,爻的"观物取象"也无不如此。

《大过》卦(☱)九二,爻辞云:"枯杨生稊,老夫得其女妻,无不利。"

《大过》卦九五,爻辞云:"枯杨生华,老妇得其士夫,无咎无誉"。

这两个爻象,撷取了生活中的现象。九二爻是说,枯败的杨树,看上去生命力已委顿衰尽,但又生出了嫩芽新枝(稊,通荑,树木新生的芽、枝);就像一个龙钟老汉,娶了一个少女作妻子,这没有什么不利的。九五爻是说,枯败的杨树,又开出了新花,一个龙钟老太婆找了一个健壮的青年作丈夫,这没有什么咎害,可也没有什么佳誉。这是生活中可能发生的事情,但又并不是经常习见的现象。这样的事颇有惊世骇俗的味道,让人感到新奇有趣。《周易》作者拿它来说爻义如同讲述家常,亲切可感,如在目前。然而,这平易的事象一旦处在全卦的系统中,就有了别一番道理。

《大过》卦象为(☱),下巽(☴)上兑(☱),象征"大为过甚"。阳刚称"大",卦中四阳爻皆居中排列,两阴爻分居上下末端,是刚大太过之象。卦辞云:"栋桡,利有攸往,亨。"这一卦象,有似栋梁弯曲(栋,栋梁,支撑屋脊的主要部分;桡,通"挠",曲折)。朱熹《本义》解释说:"上下二阴不胜其重,故有'栋桡'之象。"这是由于两端柔弱,敌不住中间四爻的刚强,所以难胜重压,以至于下挠曲折。但"刚过而中,巽而说行,利有攸往,乃亨"(《象传》)。这里说的"刚""中"是指九二、九五两爻阳刚居中;下卦巽有"驯顺"义,上卦兑性为说(悦),阳刚能居中调剂,使得事物沿着驯顺、和悦之道而行,那么对于阳刚太过的"栋桡"险象,就会很好地整治,利用这样的方法前往、施行下去,就会亨通。卦象告诉人们,"大过"之时,事物反常,亟待整治。程颐《周易程氏传》述此云:"如立非常之事,兴百世之大功,成绝俗之德,皆'大过'之事也。"阳刚主体过强,附属因素阴柔又极弱,"生态"失调,物象反常,极需"大过人"之举来奋力整治,这就是"大过"一卦的大背景。

在这一大背景下,九二之"枯杨生稊,老夫得其女妻,无不利",就不仅仅是对一个生活现象的叙写,而是一个具有特殊意义的象征。

处"大过"之卦,九二以"过甚"之阳得处中位,上与九五同是阳刚不能相应,于上六阴爻又远隔三阳之阻,只有下比初六,而初六之阴又以柔弱处全卦之下,只有极为敬慎承事上面阳刚才能无咎免害。这样,九二、初六两爻相与便各如所愿,阴阳相得、刚柔相济皆获其益。使刚重者减弱,使柔弱者力量增强,减轻"栋桡"险情,以成济险之功。喻之婚姻,正是"其阳过也,如杨之枯,如夫之老;其相济而有功也,如枯杨而生稊,如老夫得女妻"(《周易折中》)。

于生活常情而言,老夫得女妻固然与世俗相悖,有过于人们的理解与情感接受的范围。但上古三代父系社会,以男性为中心,则是历史的产物、社会的事实,老夫得女妻被社会视为常情。老夫少妻,以老夫之饱有生活经验、练达博通,可使稚亚少女早早成熟;以稚亚而富有活力的少女相伴生命力衰退的老夫,可使老夫焕发活力,这是以过甚(九二过刚、初六过柔)相配的道理。(说见《周易正义》,本爻王弼注:"老过则枯,少过则稚。以老分少,则稚者长;以稚分老,则枯者荣;过以相与之谓也。")于爻义而言则如前述,以过刚配过柔,刚柔相调济以治理大过之时的险情。非常之时,必须采取大过人的举措,才能成济其功。玩味这一爻象,自会使人获得深刻感悟。

九五爻与九二爻恰成对照——"枯杨生华,老妇得其士夫,无咎无誉"。

全卦九五居四阳的最上,有极刚之象,阳居阳位刚健强壮如同"士夫";上六处全卦的终极,上为阴位,六为阴爻,阴爻处上之阴位,有极阴之象,衰极之阴如同"老妇"。九五与上六亲相比,九五之下同样有三阳相阻,使之不能求取初六,只有向上与上六亲近,这样,便是"老妇得其士夫"了。九五与上六,勉力调济,阴阳和合,故有"生华"之象。但阴阳差得太悬殊,虽然竭力调济,也终究不能完满成功。九五一爻在全卦之中既不吉——本是君位,当有大作为,但没有成大功,所以不吉;但也无咎——九五终算是居中调济,使事物沿驯顺和悦之道前行,未逆"大过"之时而动,竭尽力量挽救"栋桡"之险,因而无咎。所以爻辞说"无咎无誉"。比之婚姻,这样的婚姻虽不能算作美事,但阴阳和合,也不能算作坏事。在以男性为中心的社会现实而形成的观念背景中,"老妇士夫"比"老夫女妻"更有悖常俗,更逆常情,但又无可厚非,人们对之"无咎无誉"。实际上"无誉"本身就不太妙,所以《小象传》曰:"'枯杨生华',何可久也?'老妇士夫',亦可丑也。"

九五与九二取象虽然相类,但寓义却大不相同,一个"无咎无誉",一个"无不利"。这是由于它们在全卦之中所处的地位不同,客观上对它们的要求也不同。处君位之"九五"虽然勉力,但不能成济大功;处臣位的九二下求初六,在"大过"之初即奋力济险,有努力,有功效,所以各得评判大不相同。这里说明了身份地位的不同,客观现实对其要求也不同的道理。正如同在男权社会中"老夫女妻"、"老妇士夫"所获评价不同一样。

可见,在爻辞之象——平易可感的生活现象中,寓含着《易》作者对社会现实、客观规律分析、认识所获得的深刻道理。

以上通过卦象和爻象的"观物取象",我们看到,卦象是对社会、自然中大的范畴的概括,而爻象则是在一卦的背景下,对具体过程中,人们处时、处位的具体说明,以及对其所处的具体时、位所应起的作用、所应遵循的轨迹、所获得的凶吉向度的一种深刻的理念注诉。

"观物取象"也使我们看到了《易》的思维特色。即每一个"象"的表述是一种更高层次的具体,它是对事物具体层次的剖析过程的超越,将丰富的认识过程略去,而直接以能涵盖这些过程的具体的"象"来启发人、诱导人感悟。因此,这"象"既具体,又不具体,它只是一种媒介、一种启示、一种从容的大有深义的面孔,让人们凭着它的启示去进行举一反三的深思,去感悟、诱发出人们的智慧能力,调动人们储存着的生活经验。"观物取象"的过程是一个艰苦的认识过程——对客观规律的认识,对能启发人的物象之妙手偶得的撷取,都在说明着思维过程的艰苦,同时,它也说明了《易》作者的占有经验的丰富和所获思想成就的高度。反过来,观卦象而领悟也同样需要积累、修养和艰苦的认识过程。如果仅泥于卦象、爻象的具体事象,就会令人茫茫然不知所以,就会是买椟还珠、"得筌忘鱼"。正因如此,王弼在研读《周易》时深切感受到要"得意忘象",要懂得"象"只是一种暗示、一种启发,切切不可执着于象本身。观象需要思辨,需要人们"举一反三","由此推开去"(朱熹语)。

由上述可见,《周易》以它独特的形式,表现了它的思维特色。它对客观现实的辩证思考、规律的把握都纳入"象"的形象之中。"象"是《周易》思维观念的载体、《周易》的思想成果。

第四节 阴阳辩证

一、阴阳,变易

1. 关于"阴阳"的观念

《周易》的思维方法是一个以感悟为特色,在对事物整体把握的前提下进行辩证思维的方法论体系。这一方法论体系的起点即是它的阴、阳观念。《易经》虽然在卦爻辞中没有直接提出阴阳的概念,但这个阴"- -"和阳"—"的符号本身,就已经明白无误地宣示了《易经》的阴阳观。这是《周易》认识事物、揭示事物规律的最基本或者说是带有根本性质的观点,没有它就没有六十四卦系统的存在,而六十四卦是对自然、人生、社会运行规律的认识与概括,那就是说,没有阴阳矛盾的对立统一,也就等于没有事物的存在,当然也就更谈不上对规律的认识与否了。朱熹将阴阳通俗地作了解释:"天地之间,无往而非阴阳;一动一静、一语一默皆是阴阳之理","天下的道理,只是一个包两个",事物都是"一分为二,节节如此,以至无穷"(《朱子语类·读易纲领》)。这就是阴阳,就是矛盾。由于它而构成了事物,形成了运动,演出了规律——"一阴一阳之谓道。"(《系辞上传》)它是《易经》贯穿始终的基本因素。"毫无疑问,阴阳两爻画的创造,是先人在觉察到了世间万物均具阳、阴元素矛盾对立属性之后,对于客观事物的第一次成熟的抽象思考,也是先人辩证地开展逻辑思维活动的起点。因此,阴、阳爻画的诞生,不仅具有逻辑的意义,更具有哲学意义。'一阴一阳之谓道',成为整个中国哲学的主旋律,奠定了中国传统思维模式的基调"①。

2. 关于变易的观念

在阴、阳的基础上,六十四卦进行了矛盾的对立统一、相互转化的辩证思维的展示。

《周易》的灵魂是变易——通变,《周易》在联系中看事物,以变化的观点看事物。六十四卦运动不居,三百八十四爻亦未尝有一爻不处在运动变化的系统中。《周易》在展示其错卦、综卦的同时,即说明了事物间错综复杂的联系与矛盾运动。但它的"原始反终"又绝不是循环论的论调,"'日往则月来,月往则日来',……'日月相推而明生焉',往来以后就产生了明。明天就不会是今天了。'寒往则暑来,暑往则寒来,寒暑相推而岁成焉',成岁了。今年的岁和明年的岁不一样。这与辩证法的螺旋形发展规律是一致的"②。《系辞上传》强调"生生之谓易"、"通变之谓事",这是一个生生不息的"穷则变,变则通"的格局。《周易》将风(☴)与雷(☳)这最是运动不居的一对事物拿来构成卦象(䷟),命之为"恒"。恒是恒常经久的意思,而真正能够恒常经久的,只有变化才能办到。《象传》揭示其道理说:"日月得天而能久照,四时变化而能久成,……观其所恒,而天地万物之情可见矣。"日月的东升西落,四时的相推变移,构成了大自然的永恒,天地万物之"恒"亦莫不如此。《周易》之灵魂如此,所以《程传·既济·六二传》云:"人能识时知变则可以言《易》矣。"不知变者,无从读《周易》。而《周易》谈变又绝不是无条件地变,它讲的是在事物的联系中的矛盾运动,离开了条件则不能谈《周易》之变。

---

① 周山:《易经新论》,辽宁教育出版社,1993年版,第15页。
② 金景芳讲述,吕绍纲整理:《周易讲座》,吉林大学出版社,1987年版,第252页。

二、时与位

1. 关于"时"的观念

《周易》变的最首要的条件是"时"。人能识时知变,则可以言《易》矣。《系辞下传》:"变通者,趣时者也。"离开了"时"这一基本的背景条件就无从言变。《象传》中屡屡言及某某之"时义大矣哉",就是提醒人们观卦会意别忘了"时"这一首要条件。对于"时",一是"识"——了解、把握变化的基本背景;二是"趣"——沿着这一背景所预示、所规定的事物主要转化方向,抓住时机,趋利避害。

如第五十六《旅》(䷷)卦。

> 旅:小亨,旅贞吉。
> 初六,旅琐琐,斯其所取灾。
> 六二,旅即次,怀其资,得童仆,贞。
> 九三,旅焚其次,丧其童仆;贞厉。
> 九四,旅于处,得其资斧,我心不快。
> 六五,射雉,一矢亡;终以誉命。
> 上九,鸟焚其巢,旅人先笑、后号咷;丧牛于易,凶。

《旅》前面一卦是《丰》,《程传》引《序卦传》解释它:"《旅》,《序卦》'丰者,大也。穷大者必失其居,故受之以《旅》',丰盛至于穷极,则必失其所安。《旅》所以次《丰》也。"《旅》象征行旅之时,这是一个特定的"时"的大背景。由各爻构成这一大背景,而各爻的变化、联系又都在这一背景下展开。

《象传》说:"'旅、小亨',柔得中乎外而顺乎刚,止而丽乎明,是以'小亨,旅贞吉'也。旅之时义大矣哉!"这是通过对卦的构成分析来阐释卦辞"旅:小亨,旅贞吉"之大义的。旅卦由下艮(☶)上离(☲)构成。下艮是山,上离是火。山上燃火,不停延烧,由此及彼,急急前行,如同行旅之人,晓行夜宿,匆忙赶路,所以该卦命之曰"旅"。卦象构成,离处外卦,六五柔爻而居中,上承上九阳刚,所以说"柔得中乎外而顺乎刚";下艮为山而性为止,上离为火而性为明,止与明附丽在一起构成旅卦,所以说"止而丽乎明"。前面一层,说明处旅之时没有比小心谦柔、顺从刚强更为紧要的了,然而又不能过于谦柔,要"得中"而适度。后面一层讲,在外旅行之道,审机度势,待人接物都贵于明,而明又要以止静不躁为根本。止静则明可附丽、察照一切。因而卦辞讲，用这样谦柔小心的态度就可以获得亨通，行旅之时守持正固必然能获得吉祥。最后《象传》叹美此卦大义："旅之时义大矣哉"！王弼解释说："旅者，物失其所居之时也。物失所居，咸愿有所附，岂非智者有为之时？"（《周易注》）处旅之时，是人生所不可避免的，小者由于各种各样的原因，栖栖遑遑于行旅，身羁他乡而为异客，大者"诸侯之寄寓，大夫之去乱，圣贤之周游皆是"（梁演《周易参议》）。"难处者，旅之时"，"或以旅兴，或以旅丧，所关甚大"（《周易折中》引钱一本说）"或以旅兴"者，如《左传》记录的晋文公重耳，因祸难而在外流亡十九年，经历几多诸侯国，历尽周折，终于回到晋国，得君位而图霸业，成为影响天下的春秋五霸之一。重耳之旅，是他由刚愎暴戾、贪图安逸的公子哥儿，变而为内有谋略、外有文礼的成熟政治家的过程，也是审时度势、寻求机遇的过程。重耳确乎是因旅而兴的。"或以旅丧"者，也屡见不鲜。史谓"昭王南征而不复"，就是很好的一例。周昭王之时，不慎修国政，南征游乐，渡汉水时，楚人因对他早已痛恶，便用胶粘合了一艘船进上。昭王乘之，行至江心，胶溶船解，自己也毙命于水中，不能生还。他作为国君，不当不修王政，不当行旅失位，这位君王不通达事理，结果是身败名裂，落得史家一个"王道微缺"（《史记·周本纪》）的评价。昭王因旅而丧命，确乎是"以旅丧"。上述可见，小而个人行旅，大而得国行政，都是旅之时，都是"智者有为之时"。旅之时就是从行旅的角度，概括进了人生、社会这一方面的内容与意义，让观卦者从"旅"的角度首先识时务，让变易与通变的道理在这一大背景下展现，使卦中六爻的变化与"趣时"通变有了依据，因而才见出其时义所关甚大。

就《旅》卦的各爻来说：初六在旅之初时，以阴柔而最处卦下，犹如在行旅困顿之初，志意卑下穷迫，行动猥琐，计较小节，虽然有九四阳刚相应，可以援助，但有初六这样的才质，纵然应援也无济于事，必然自取其灾祸。

六二在行旅之时，以柔居阴位，处中得位，柔顺稳妥，这样就能"即次"——得到住所，求取安顿。它又上承怀刚实之才的九三，犹如得到行旅所用的资财，下乘柔弱的初六，好比得到童仆。既有资财，又有童仆，还能守持贞正，行旅自然顺利。该爻柔顺、得中，完全顺乎"旅"之时的特定条件，因而尽占行旅之时的所有便利，为行旅顺遂之爻。

九三阳刚，在下卦之上，处位不中，刚亢高傲，而"处旅之道，以柔顺为先"（《周易程氏传》）。这一爻与旅之时应采取的态度大相悖逆，所以遭致"焚其次"——住处被烧，"丧其童仆"——童仆也丢失，弄得自己孑然一身，无处安栖。因此，爻辞特戒其守"贞"防"厉"，也就是说，处旅之道，稍有不慎，就会危及自身。

九四位居上卦之下,以阳刚居阴位,不得其所,下艮是山,路不平坦,九四是暂时走到一个栖息之处,(但并不是"次"——住所)得以用利斧斩除荆棘而露宿,它居而不得其所,不得其位,自然心境不佳。这爻充分揭示了"旅而无所容"(《序卦传》)的道理。

六五当旅之时,以阴柔处得中位,上顺阳刚,有得中道之象。上离象征文明,故爻辞以色彩斑斓的野鸡(雉)象之,"射雉,一矢亡",虽然处于旅道小有损失,但以其得柔、得中之德,终究会得到美誉、爵命。六五是一卦之主,在这里集中而充分体现了处旅之时人们所当采取的态度。

上九,阳刚处高亢之位,倔强傲慢,当旅之时,取这种态度,先自以为得意,但就像高枝鸟巢被焚而终失其居一样,接下来就是无处栖止的悲剧,只有号咷痛哭而已。刚亢位极,一旦失所,无人能救援,如同殷王亥旅居有易国,丧失其牛群而被杀一样,谁能救助呢?

六十四卦从不同侧面总结、揭示自然、人生的运行规律。事物的每一方面、事物发展的不同阶段,都具有自己的特殊性。对事物不同侧面、不同发展阶段所表现出的特殊性,《易经》将其塑造出六十四个特定的"时"的背景。这里的"旅"之时——行旅之时,自然也有它自己的特殊性。行旅之时的特殊性就在于"是物失其所居之时",人们首先要识得其"时",把握住这一事物的特殊性,才能"趣时"通变。"趣时"者自得其吉,如卦中二、五两爻;不识"时"者,则受到客观规律的惩罚,如三、上两爻。"凡卦爻阳刚皆胜阴柔,惟《旅》卦不然。二、五皆以柔顺得吉,三、上皆以阳刚致凶。盖人无栖身之地,不得已而依于他人,岂得恃其刚明?""六爻,六五最善,二次之,上九最凶,三次之。九四虽得其处,姑足以安其身而已。"(蒋悌生《五经蠡测》)就六十四卦的一般情形而言,阳刚大多胜阴柔,但"旅"之时则不同,情况变了,和其他事物相比,旅之时有它的特殊性,这时过刚不行,而要用柔,柔顺而不失中道,道路才能通畅顺利。所以,六爻之中二、五得吉,三、上两个阳刚皆凶,顺时以行,逆时而动,其结果迥然不同。于此,可见"时义甚大",这是识其变、通其变的首要条件。《周易程氏传》一再强调"知'时'识'势'。学《易》之大方也",就是这个道理。

2. 关于"位"的观念

在六十四卦所展示的变化中,"时"是特定的背景。在这一背景下获得变化的特定条件,对变化运动,吉凶祸福结果的形成,发生主要影响的有"位"。"位"的观念也是人们对客观现实长久认识的结果,而对"位"这一观念的确立,发生直接影响的还是社会本身的发展、组织系统的严密,使得人们对"位"的认识更加清晰和深刻,因而也就更加坚确不移。在夏、殷日趋严密的社会组织中,人所处的等级地位,是构成人本身的价值因素,是促进或者限制其才能发挥的重要根据。等级、地位、身份是严峻的现实,因而《周易》中的"位"也反映着现实社会的运行规律。同时,"位"也是世界万事万物发生、成长、衰歇、转化这一规律的反映。正因如此,一卦之中,每爻处位不同,其自身特色和变化向度也就会因"位"而异。

以下即是"位"这一变化的特定条件在"变易"中的意义,以及因此而反映出的《周易》中"位"的思维观念。

六十四卦每一卦中的爻位是从下向上的一种递进的排列顺序。就事物发展的规律看,爻位排列是对事物发生—成长—衰歇—转化,由简单低级向复杂高级、由生发到衰歇之发展过程的概括。由初到上,表明了事物的发展历程,也表明了事物当前的自身价值,即《系辞上传》所谓"卑高以陈,贵贱位矣","列贵贱者存乎位"。

如《乾》(䷀)卦,卦中每爻的处位,不但说明了事物发展过程的不同阶段,也表明着因其所处的现实地位而自应采取的正确态度。

初爻"潜龙",是事物的发端,位卑力微,纵使是龙,在这一阶段也无力搏击,所以爻辞戒以"勿用"。

二爻"见龙",是阳刚渐增,发展到崭露头角的程度,但离开大功告成尚远,所以也不能逞强斗胜。爻称"在田",是能进则进,时不利则退的意思。

三爻戒以"乾乾""惕若",意在说明,处此阶段虽小有成功,看似成熟,但仍有待于发展和最后的拼搏,如不戒惧可能会前功尽弃,所以要"终日乾乾,夕惕若"。

四爻,"或跃在渊",是事物新进到高层,有着不可限量的潜在力量。但要警惧审时,度德量力,所以或腾越或在渊,以知机而动为最明智,这也是《周易程氏传》强调的"知时识势"。

五爻,"飞龙在天",圆满成功,是事物发展的成熟、鼎盛时期。

上爻"亢龙有悔",事物发展到了尽头,穷极必反。

这里全卦由初到上,由低位到高位,层层推进,对事物的发展变化作了形象的概括与推演分析。事物所处的发展阶段不同,它们表现出的特点也各不相同。从事物发展过程的整体联系看,某"位"所应采取的态度也自有其特殊性。它告诉人们,应当在事物的复杂联系中,用发展和辩证的观点看问题,时刻保持清醒头脑,这样才会"无悔""无咎"。

六十四卦,在由下到上不断进展的推演中,透露出作者们的积极思辨,使每一个进程都含有丰富的哲理,给人以启发,促进人思考。《周易乾凿度》说"《易》气从下生",它表明了事物生长变化规律,体现出事物从简单低级向复杂高级、由生成至于衰歇的渐次进展过程。

"位"除掉它的递次上升的事物阶段性的摆列顺序,还有"当位""不当位"的问题。

"当位"与"不当位"是预示"吉""凶"的重要条件,但它又不是判断吉凶利弊的绝对标准。在每卦所处不同的"时"的特殊背景下,在爻与爻复杂关系中,当位与否都处于运动、变化的状态,当位是正的爻有转向不正的可能,不当位的爻也有转向正的可能。当位者守正防凶,不当位者趋正求吉,具体情形都因处卦的条件而异。

先看当位得正例。

《家人》下卦诸爻全部当位得正。

初九,闲有家,悔亡。
六二,无攸遂,在中馈,贞吉。
九三,家人嗃嗃,悔厉,吉;妇子嘻嘻,终吝。

初九阳居阳位,象征以严刚正气治家。处治家之始,即严防邪僻,使家风严正,这样才不致有"悔"。

六二阴居阴位,得正居中,象征家庭主妇温柔顺良,既有柔顺中正的美德,又善理家事。有这样的主妇,家道自然顺遂祯祥。

九三阳居阳位,在下卦之上,象征一家之长。这爻居上位而过刚,有治家过严之象。治家过严,家中人有些不堪忍受,爻辞讲"家人嗃嗃,悔厉,吉",家中人愁怨嗷嗷,但尽管有悔厉,最终还是吉祥的。因为虽有失过严,但终究会防止因宽纵妇子"嘻嘻"笑闹而发生有辱家门事情发生的憾惜。

上述三例皆当位得正,它们所处的地位,顺乎情理,能充分发挥其才能,使事物发展获得了成功的条件,因此皆以吉而终。

再看不当位的情况。

《坎》卦下卦诸爻皆不当位,所以卦中险象横生。

初六,习坎,入于坎窞,凶。
九二,坎有险,求小得。
六三,来之坎坎,险且枕,入于坎窞,勿用。

初六阴居阳位,又在一卦之下,象征陷于坎险之中,"坎中更有坎",因为自身柔弱失正,所以难以化险为夷。

九二，阳居阴位，象征失正而遭险境，但因其居中，所以谋求脱险"小有得"。

六三，阴爻居阳位，同样居位失正，上下都是险象，不管它上去还是下来，都难逃险境，居处难安，无奈只有深陷险穴，不得施展才能。

这里三爻，都居位失正，逆自然规律而动，所以都遭致了凶咎的后果。从居位得正与否所导致的结果看，《周易》强调了顺乎自然、合于规律的处事方法，告诉人们合于规律则顺遂吉祥，不合规律必遭惩创。

但当位与否和最终应当得到的结果又不绝对一致。当位不一定全吉，不当位也不一定皆凶，这和该爻所处卦的复杂关系密切相关。

如《离》卦九三当位反而"凶"；上九不当位却"无咎"。

《离》九三"日昃之离，不鼓缶而歌，则大耋之嗟，凶。"

《离》(☲)卦象是两轮红日相叠，太阳附丽于天上，所以该卦象征"附丽"。处下卦之上的九三虽阳爻当位，但在卦中，它却处在太阳将落的位置，像夕阳垂垂附丽在西天。这时阳极将衰，不能长久地"附丽"于物。喻年老体衰之人，如果不识时务，仍要进取而不及时击缶作乐、逸娱休息，就会因为老迈亢进而致凶。这爻虽当位，但稍一过分就会遭到凶的后果。

上九"王用出征，有嘉折首，获匪其丑，无咎。"

上九阳刚居阴位，是不当位的爻。但处"离"之时，上九为光明的极点，能明察一切。其时"离"道大成，如果有少数非类不附，则以上九之明而准确判察，以其阳刚果断惩治凶顽。上九阳刚居阴位，既坚毅果断，又以刚济柔，处理事物有分寸，所以虽阳刚居高位，却并不滥杀无辜，而是惩治首恶，对于同党附从则不予深究，以怀柔抚民。正因如此，上九虽居位不正，但可获"无咎"。

六十四卦中，《既济》(䷾)一卦各爻全部当位得正。但卦象却不全吉。《既济》象征事已成功。卦辞云："亨小，利贞；初吉终乱。"这是说，当"既济"之时，不但刚大者获得亨通，连柔小者也均获亨通。这时，利于贞正，否则，起初吉祥，是因为柔小者也像刚大者一样能持中不偏，"终止则乱"是说成功之后，各得其所，不再有奋发进取、运动变迁的活力，其道已致困穷。成事终止，步入僵化格局，必致危乱；物极则反，这是难以违背的法则。所以，全卦虽各爻得正，却不全吉祥。

上述可见，"位"在《周易》的思维观念中占有极重要的位置。通过"位"的观念，《周易》进一步具体揭示了顺应自然规律得吉、悖逆自然规律致凶这一具有普遍意义的道理。同时，在对"位"的辩证思考过程中，《周易》也揭示了在事物的复杂关系背景下，对当位与否所获的吉凶结果应作具体分析。

《周易》在这里启示人们的是要在联系中看事物,条件的不同,事物的转化方向也将改变。事物的发生、发展既受到一般的普遍规律的制约,在不同条件下又有它自己的特殊性。观象会意,贵在思辨。

三、中与正

关于"中""正"的观念

与"位"这一观念紧密相关的,还有"中""正"这一对概念。这也是《易经》所强调的重要观念之一。就一般情形而言,居中得正的爻一定是吉祥的,纵使整个卦的发展趋势不吉,而居中得正的爻也会小有转机。有时,一卦当中因二爻的居中得正而使全卦沉着稳便,预示着吉祥。

如前面说到的《旅》卦,六二居下卦之中,六五居上卦之中。六二阴处阴位,既中且正,顺势应时,所以在全卦中这是最吉祥的一爻。在行旅困顿中,它既得居所获安,又得资财相助,还有童仆相随,这是处行旅之时至善至美的好事情。六五,阴居阳位,虽不正,但得中,所以虽小有损失,却"终以誉命"。

又如《屯》卦(䷂),虽处充满生的艰难的屯难之时,但因为有二、五居中得正,在这"天造草昧"整理天下而"利建侯"的过程中,六二主动与九五相应,矢志不渝,追随、辅佐九五,九五下应六二,克服屯难之困,将施惠于下,并且自己努力守正防凶。有此二爻的和谐,虽处屯难之时,仍预示着君子能够奋发有为,努力经纶天下,把握正确的规律,打通初创屯难的艰难局面。

有时,在卦中,二、五爻即使居位不正,但能得"中",这一爻也吉多凶少。

如《坎》卦(䷜)九二。从全卦背景说,还是处坎险之时,整个卦象凶多吉少,九二爻又处位不正,以阳爻居阴位,然而因其得"中",虽在陷穴中遭遇困窘险难,但从小处谋求脱险,却必有所得,令该爻居中处险而小有转机。

又如《震》(䷲)卦六五。这一爻处位不正,阴居阳位。下面是一个阳刚,以阴柔而凌驾于阳刚之上,危厉不安。它的上一爻又是阴爻,两阴不能和谐,如同遇到了仇敌。由此可见,六五一爻十分不利,处在进退维谷的险境,但是因为它居上卦之中,得柔中美德,能以危惧之心慎守中道,不贸然往来,将自己把握得极有分寸,所以无失。爻辞说:"震往来,厉;亿无丧,有事。"今译过来:六五,当震而雷动之时,无论上下交通往来,皆危险非常;但若坚守其谦柔中道,则无所丧失而能保其宗庙祭祀。

通过以上诸例,我们看到了"中""正"在《易》卦中显示的重要位置,看到了《易》所特别强调的重要观念。

"中",从思维观念的角度看,实际上它是涉及了一个"度"的问题。《周易》作者把对这个问题的深刻见解通过爻位的形式,通过阴阳关系着意地表述出来。事物发展的规律即是如此,一旦事物超越了一定的"度",它就向另外的甚至是相反的方向转化,由量变而达于质变,而没有达到"度",此一事物则又并不成立。守中即是说"过犹不及也",不过,无不及,就是准确地把握了事物发展的"度"。从观卦会意的角度看,能够体会、把握这种适度的不偏不倚的尺度,认清这种时机,就需要一种十分难能的见微知机的智慧力量。这一观念强调了人们在认识与把握客观事物时那种积极能动的作用,同时也启发了人们识机知微的智慧。"正"要求人们坚持正道,守正无邪,并以此精神坚定不移地把握中道。用正的人格力量去调动人的智慧力量,使人格力与智慧力完满结合,则既能坚持正道,又有识机之智,就自然可以摆脱窘境,趋吉避凶。

程颐在"中"与"正"之间更强调"中"。他多次提到:"以中为贵,得中则正矣,正不能尽中也。"(见《程传·节·九五》)"所以中为贵也,诸卦二五虽不当位,多以中为美。三、四虽当位,或以不中为过,中常重于正也。盖中则不违于正,正不必中也。天下之理莫善于中。"(《程传·震·六五》)"正未必中,中则无不正也。六爻当位者未必皆吉,而二、五之中,则吉者独多,以此故尔。"(《周易折中》引程颐语)他这里强调的实际上还是一个"度"的问题。当位得正,未必都适度,三当位却处在事物过程中的转化阶段;四则又处于上卦之下,在新的一个阶段上向前运动发展还未达到"度"。《系辞下传》说"四多惧""三多凶",这种状态,不止是四近君位,三处下卦之极,如前面所论的观念,其未得以适度恐怕也是一个重要原因。所以,单单得正而不能识机,并不能获吉。从总体上看,《周易》一书的主导方面是在其智慧的展现,教人一种思维方法,在这一点上,程颐的强调凸显了《周易》的精髓,使人们在认识《周易》时获得许多有益的启示。从程颐的强调中也可见"中"的观念在《周易》中占有的重要位置。

四、乘、承、比、应

关于"乘""承""比""应"的观念

在前面谈到的"时""位"这些重要观念里都含有丰富而深刻的思辨精神,但在普遍联系的过程中,《周易》又有"乘、承、比、应"这一系列观念将事物的对立、统一、联系揭示出来,它是将时、位等相对具体的东西勾连起来,展示出一种通盘考虑、综合思辨的思维方法。

由八经卦相叠而成六十四别卦时,每一卦的下(内)上(外)二体的组合都有特殊的联系,构成其特殊的内涵。前面说到的《鼎》卦,由下巽(木)、上离(火)组合成一卦,该卦取名曰"鼎",有烹物成新、革故换新的涵义。《旅》由下艮(山)、上离(火)组成一卦,取名曰"旅",火延烧不居,有行旅之意。在这样两大部类联系中产生新的意义,这是大体的联系。具体的联系,就是由"乘、承、比、应"起作用在这一组组大的结合中,将爻与爻的具体关系关联起来,由具体而整体,构成了一个整体思维系统。

这里,我们将"乘、承、比、应"从思维观念的角度来加以分析,以期通过具体的分析,见出《周易》整体思维的特色。

1. 关于"乘"的观念

《易经》一个很鲜明的基本观念就是阳刚强健、阴柔温顺,事物的顺利与否很大程度上取决于阳—阴、刚—柔、健—顺,这样一种合理的统一,若违背了这种合理统一,事物中矛盾的双方将构成严重的对立。这种严重对立,《易经》采用"乘"的观念来进行反映。"乘"揭示的是矛盾的阴柔一方,违反客观规律,不守阴柔本分,凌驾于阳刚之上而自取其咎,遭遇客观规律的惩罚。在一般情况下,乘刚之阴凶多吉少,但因其处位和周围环境条件的差异,乘刚之阴的结果也呈现着多种形态。

处三位的乘刚之阴,大体上凶多吉少。本来三位就有"三多凶"的特点,阴柔处三失位而又乘刚,自然少有吉兆。

如《解》卦(䷧)六三:"负且乘,致寇至;贞吝。"六三,处解(舒解险难)之时,阴柔失位,下乘九二阳刚,上攀附九四以柔邪自媚。这一爻象征德不称位的小人。以小人德性乘贵人所用之具,还背着大包袱站在车上,盗见其不像君子,自然要下手抢夺。六三咎由自取。孔子曾评价此爻:"负也者,小人之事也;乘也者,君子之器也。小人而乘君子之器,盗思夺之矣!上慢下暴,盗思伐之矣!慢藏诲盗,冶容诲淫。《易》曰:'负且乘,致寇至。'盗之招也。"(《系辞上传》引),这说明强盗之来,祸患之至,完全是六三这一窃据高位的小人自招的。在全卦处解之时的背景中,这一六三小人是危险的隐患,是破坏安稳局面的祸根。所以爻辞戒以"贞吝"(守正持正固以防憾惜)。

《困》卦(䷮)六三就更其凶险。"困于石,据于蒺藜;入于其宫,不见其妻,凶。""石"谓九四。六三欲配九四为妻,九四已应初六,阴阳和谐,所以志坚不为六三之求所动,六三上求不得犹如被坚牢的大石所困。"蒺藜"谓九二。六三凌乘九二,又阴居刚位,有"刚武"之志,以此求配于九二,九二刚强不可凭依。这样六三如同下践于满是棘刺的蒺藜,上迫于坚硬顽石,其凶险昭然明晰。孔子释此爻义云:"非所困而困焉,名必辱;非所据而据焉,身必危。既辱且危,死期将至,妻其可得见耶?"(《系辞上传》引)可见这一爻的凶险。

六四虽阴居阴位,处位得正,但在乘刚之时亦有险难。

如《蹇》卦(䷦)六四:"往蹇,来连。"六四处蹇(事业艰难之时),与初六无应,又凌乘九三之刚,所以往前走艰难,退回来也是艰难。王弼注此云:"往则无应,来则乘刚,往来皆难,故曰'往蹇,来连'。"这里六四虽处位得正,但因上下环境不利,又凌乘阳刚所以遭逢险难。

六四乘刚如处背景有利,可以化险为夷。如《谦》卦(䷎)六四:"无不利,捣谦。"六四处"谦"之时,下乘九三阳刚,可它时时警惧自修;其"阴爻阴位得正,又在上卦的最下位,象征谦卑"①,在这样的环境下,六四能得到无所不利的结果,便于发挥扩散自己的美德,因此它虽乘刚而处"多惧"的险恶之地,却能化险为夷,获得吉祥。

上六乘刚,因所处环境不同,有凶有吉。

如《夬》(䷪)卦之上六,以阴柔小人而凌乘众阳刚,是阳刚共同诛讨的对象,所以它至为凶险。爻辞云:"无号,终有凶。"——不必哭号,终究难逃凶险。《困》的上六则有所不同。爻辞云:"困于葛藟,于臲卼;曰动悔有悔,征吉。"葛藟,《周易正义》:"引蔓缠绕之草。""困于葛藟"是被葛藟缠绕,如重重绑缚。臲卼,《周易正义》:"动摇不安之辞。""于臲卼",是说上六居困终极,摇摇不安,濒临危坠。"曰动悔有悔,征吉"是说:思谋一番,既然动辄有悔,则当赶紧悔悟,这样向前进发,必获吉祥。上六处困之终极,下无应援,上临颠危,穷厄险极无过如此。但"凡物穷则思变,困则谋通。处至困之地,用谋之时也"(王弼《周易注》)。这时,上六顺应物极必反的规律,勉力征行,就可以获得吉祥了。这是所处时位不同,矛盾的转化方向也不同的缘故。同是上六乘刚,《夬》凶《困》吉,可见其所处环境条件的作用。

《周易》卦中,二、五爻位的阴柔乘刚大致可以化险为夷,如《噬嗑》(䷔)六二:"噬肤,灭鼻,无咎。"在利用刑法的"噬嗑"之时,六二虽下乘初九阳刚,但它有柔中美德,这样乘刚而可以刚柔相济,施用刑法。像咬啮柔软皮肤一样顺利,伤残了犯人的鼻梁,刑中其要害,虽用刑稍过,但达到了惩戒犯人的目的,所以"无咎"。六五乘刚,如前面说到的《震》六五、《旅》六五都是以吉而终。二、五乘刚无险,皆是以其居中识机,准确把握事物变化分寸的缘故。

2. 关于"承"的观念

"承"是上承,揭示的是事物运动中,阴柔的一方主动依附于阳刚的一方,一刚一柔,刚者强柔者顺,构成矛盾的统一和谐,使事物发生转机,发展

---

① 李振声:《周易入门》,文化艺术出版社,1988年版,第146页。

趋向顺利。"承"在一般情况下具有吉祥、无咎的趋势,但因条件背景的不同,也有承阳而不吉的。"承"同样表现着它多样的形态。

如《升》卦(䷭)初六,当"升"之时,初六处卦最下,阴柔弱小,但它上承二阳,有二阳强有力的扶助,所以"允升,大吉"。又如《涣》卦(䷺)初六处"涣散"之初,以其柔弱之质拯救涣散是力所不及的,但上承阳刚,便显出吉祥而有力——"用拯马壮,吉"。初六如同借助健壮的良马,力拯涣散获得吉祥。朱熹《周易本义》对此分析最为精到:"居卦之初,'涣'之始也。始涣而拯之,为力既易,又有壮马,其吉可知。初六非有济涣之才,但能顺乎九二,故其象占如此。"初六最弱,有阳刚相携,能变弱质而为有力。但也有初六近承二阳并未得到改善的,如《井》(䷯)之初六:"井泥不食,旧井无禽。"(井底污泥沉滞而致井水不能食用,年久未修的旧井连禽鸟也不啄饮。)该爻上承九二、九三二阳,与六四无应。这与《升》之初六的处卦形态相同(都上承二阳与六四无应),但"时"的条件变了,《升》"大吉",而《井》初六则并不吉祥。"升"是升进之时,而"井"之为德,是以被人汲用才有价值。"井"的初六处位最下,犹如沉滞污泥的旧井,井水不能为人使用。蔡清《易经蒙引》说:"井以阳刚为泉,而初六则阴柔也,故为'井泥'为'旧井';井以上出为功,而初六则居下,故为'不食'为'无禽'。"初六在这时是违逆了井的德性的,所以上面二阳非但不能携引它,反而成笼罩在其上的阴影。可见,同处初六,呈现同样卦形,"升""井"之时不同,结果也大异其趣。也可见一爻之得失,受多方面条件影响。"承"而得正一般都获吉祥。如《谦》(䷎)六二"贞吉",《噬嗑》(䷔)六二"小咎,无咎",《革》(䷰)六二"征吉,无咎",《小畜》(䷈)六四"无咎",《节》(䷻)六四"亨",《益》(䷩)六四结果最佳。"承"不以正则不容易获得吉祥。如《否》(䷋)六三"包羞"。这一爻承九四,为九四所包容,六三一面怀诐奉承于九四,一面妄作非为,终致羞惭。承不以正,结果不佳。又如上面提到的《困》(䷮)六三则更是承不以正,自取其凶险。六五以其居中,虽位不正但多获吉祥,或逢凶化吉。《大有》(䷍)六五"吉",《贲》(䷕)六五始"咎"而"终吉"。《剥》(䷖)六五,处小人道长的剥落不吉之时,仍然能"无不利"。

3. 关于"比"的观念

"比"揭示的是在紧邻的上下爻之间构成的亲密比邻关系,它也是对矛盾的对立统一和矛盾转化的一种认识方法。同样,如果比邻之爻阴阳和谐,则阴阳两爻都大获益处,如果比之匪人,不能和谐则有凶咎之险。

如《复》(䷗)六二:"休复,吉。"六二处阳气复返之时。卦中只初九一阳,象征阳气升进、回复正道。这一阳是仁、善的象征。六二居这一阳刚之上不为凌乘,反而是向下紧比,亲仁善邻,俯就正道。这样六二就有"美好的回复"(休复)之象,得阳之助,尽阴之德,所以"吉"。朱熹观此爻象认为"学莫便于近乎仁。既得仁者而亲之,资其善以自益,则力不劳而学美矣"(《朱子语类》)。又如《贲》(䷕)六二:"贲其须。"贲卦之中,六二与九三都是处得其位而无应,这样两爻紧相亲比。六二专意承九三,好像文饰尊者的美须。而九三则"贲如,濡如,永贞吉"(文饰如此俊美,又频频施惠泽于人,永久守持正固可以获得吉祥)。九三被六二所文饰又施润泽于六二,两相亲比,相得益彰。在六二是"阴随阳而动,文附质而行","刚为质,柔为文,文不附质,焉得为文?"(刘沅《周易恒解》)在九三则是"处下体之极,居得其位,与二相比,俱履其正,和合相润以成文"(王弼《周易注》)。这正是阴阳和谐,达到完美的统一而呈现出的祥和气象。阴阳和谐自有吉祥。但若比之匪人则是另外一番情形。如《萃》(䷬)六三"萃如嗟如,无攸利;往无咎,小吝。""萃,聚也,聚集之义;能招民聚物,使物归而聚已,故名为'萃'也"(《周易正义》)。这是说六三处萃聚之时,心急求聚,但与九五不能构成应的关系,求聚不得,自己又阴处阳位,失位无应,所以"萃如嗟如"叹息咨嗟,而"无攸利"。六三求五不应,只有近比九四,九四阳处阴位也是处位不正,六三、九四虽是阴阳相轇,但终因九四不正,六三往比之仅得"无咎",终有"小吝"。六三因比之不正,所往聚非其人,故不能不以"小吝"而憾惜。《比》卦(䷇)六三"比之匪人"结果更是可悲的。处亲密比辅之时,六三失位盲动,上又无应,只好与二、四两阴相比,"阴柔不中正,承乘皆阴,所比皆非其人之象。其占大凶,不言可知。"(《周易本义》)所以《小象传》说:"'比之匪人',不亦伤乎?"刘沅发挥这一爻内容说:"凡居者之邻,学者之友,仕者之同僚,皆当戒'匪人'之伤焉。"(《周易学说》引)在这里,《易》作者突出了所"比"两阳相斥、两阴相斥的观念,只有阴阳这一对矛盾合理统一,才构成事物的正常形态,趋向吉祥。即使像《萃》的六三所比两方皆处位不正,因是一阴一阳而只得"小吝",终无大凶。如果一旦失去了阴阳的对立统一,事物就向相反的方向转化,构成凶险不吉。

4. 关于"应"的观念

阴阳统一,阴阳相遇则事物顺遂是《周易》贯穿始终的一个基本思维观念,也是《周易》辩证认识事物的基本方法。这点在前面的叙述中我们时时遇到,在"应"的思维方法中它更是表现突出。"应"更侧重揭示矛盾双方的"交感""对应"。强调事物在对应中达到了矛盾运动的合理性。同样的,矛盾在一阴一阳的对应和同一性质的不能对应中构成了事物明显不同的转化趋向。

如《咸》卦(䷞)。《咸》本身就象征着阴阳的对应交感,是一个比较典型的展示"应"这一思维方法的卦。其下卦艮(☶)是阳刚少男,上卦兑(☱)是阴柔少女,在运动着的卦象中,它象征着阴柔往上而阳刚来下,阴阳二气交感互应,沟通无碍,两相亲和。所以卦辞总论该卦为"咸:亨,利贞;取女吉"。

在卦中,初六与九四应,六二与九五应,九三与上六应,构成一种和谐的阴阳交感。

初六"咸其拇"。拇是"足大指也"(《释文》)。初六与九四相就,有所感而动。有如《诗·大雅·生民》姜嫄履大人迹而有所感应:"履帝武敏歆,攸介攸止。"虽所感尚浅,但已构成了一种沟通。九四:"贞吉,悔亡;憧憧往来,朋从尔思。"初六有所感而由内卦向外追求,九四处外卦之始,阳居阴位,本有"失正"之悔,但阳居阴位心怀谦逊,可以趋正自守,以其诚等待初六,期望着最终沟通和谐,所以"贞吉,悔亡"。"憧憧往来",则进一步说明了九四对初六那种"求之不得,辗转反侧"的思念,以及终于相谐"朋从尔思"的完满结果。

六二"咸其腓,凶;居吉"。六二所感在腿肚(腓),如果躁动必致凶险,贞正静守可获吉祥。虽有感应,仍当以守正不躁动为根本,躁动妄求难以吉终。九五"咸其脢,无悔"。九五所感在脊背肉(脢)上,虽未深深感动于心,但也可以说是阴阳交感了,所以"无悔"。九五阳刚居尊,却只感于脢而不能通感,有寡情之象,所以六二以守正不躁动为吉。两相交感不是无限度的,感也要守正知中,虽在动情之时,仍须用理性智慧为之识机节度。

九三"感其股,执其随,往吝"。九三所感在大腿(股),大腿随足而动,没有定见,如果盲目随从,向前必有憾惜。上六"感其辅颊舌"。上六所感在口头上(辅颊舌),仅限于言辞,有虚伪不诚之象。上六处咸终极,"'咸'道转末,故在口舌言语而已"(王弼《周易注》)。上六德行态度如此,九四盲目随从,执意与上六应感,显然会自取憾惜。九四、上六也是阴阳相应,但一处内卦之上,阳刚亢燥;一处外卦之极,感道转末,这样两相感应,其结果并不完满。

《咸》卦递次展示了应的不同情形。这一卦表面是讲男女相感,骨子里诚如《象传》论断:"观其所感,而天地万物之情可见矣。"它讲的是相感相通的一般道理。它告诉人们,阴阳相应,总会有不同程度的亲和协调,终不至于有凶险结果,但阴阳相应又并不绝对都大获吉祥。要根据当时的背景、条件去具体问题、具体分析,而且,即使是在阴阳应和过程中也要守正知机,不可超越尺度,盲目乐观。

在特殊情况下,有时阴阳相应反而促成事物的恶果。如《鼎》(䷱)九四:"鼎折足,覆公䫢,其形渥,凶。"九四与初六的鼎足相应。九四处上卦之始,上承六五,已有难承重任之象,自己又处位不正,不自量力;下与初六相应,拿出气力予以照应,这样使得鼎器难承重荷,导致"鼎折足",鼎中的美肴倾覆出来,自己也淋漓了一身龌龊,凶险之生,是九四的不知时机,不自量力而自取凶咎。

可见,同是相应,也不能一概而论,在这一方面《周易》同样强调辩证看问题的重要性,强调具体事物具体分析的重要性。

阴阳相应,矛盾协调统一,事物的发展趋向是吉多凶少。反之,如若同一性质的两爻处在对应位置上,上下便不能相应,构不成一种谐调,这时,事物便多呈现出凶多吉少的趋向。

如《剥》卦(䷖)初六和六四,就两爻的处位看,它们已构成了应感关系,但两爻俱阴,同性相斥,不能和谐统一,于是就出现凶兆。

《剥》初六,"剥床以足,蔑,贞凶"。所在阴剥阳、阴气盛长之时,初六处全卦最下,犹如从床的基部开始剥蚀床,床足必致灭蚀。不言而喻,这是一个凶险的征兆,所以卦辞戒以守正防凶。《剥》六四,"剥床以肤,凶"。六四处上卦之初,犹如床面,所以卦辞说,剥蚀大床已达到了床面(肤)有凶险。初六与六四不应,在"剥"之时,不能和谐防凶,所以凶险势头不能遏止。

又如《萃》卦(䷬)六三"萃如嗟如,无攸利;往无咎,小吝"。六三与上六俱为阴爻,不能感应,又与九五卦主不当应位,所以它求聚不得,落下"小吝"之憾。再如《夬》(䷪)之初九:"壮于前趾,往不胜为咎。"初九阳刚居阳位,处果断共决小人之时,如同前趾有力,急躁亢进,而这时它又与九四两阳相斥不能感应,构不成和谐,所以冒进前往,不会取胜反而遭到咎害。

上述可见,在构不成相应相感关系的情况下,事物大多是向凶咎方面转化。

《周易》通过"应"的这一思维方法告诉人们,要重视事物中矛盾双方的应与不应,它是规定事物发展趋向的极为重要的因素,它给观测事物的发展向度提供了极为重要的思维方式的参照。

在上述对"乘、承、比、应"诸思维方法的分析过程中,我们看到,"乘、承"更多的是强调了阳刚阴柔、阳大阴小、阴顺于阳这一观念。事物发展如具备了阴从阳、柔从刚的条件,事物就呈现吉祥,否则便有凶咎。而"比、应"则更多地强调了阴阳和谐,一阴一阳对立统一,促成事物向好的方向发展;阴阳不谐,事物则向凶咎方向转化。同时,这四种思维方法又包含对具体事物进行具体分析的因素,离开了对具体条件的理解,便不可能准确把握事的变化。

"乘、承、比、应"是在时、位大背景下,具体分析事物的思维工具。它不但对矛盾的对立统一关系进行了进一步的揭示,而且对怎样认识这种关系、把握这种关系提出了具体的方法。上述这些例证都表明了人们对客观事物观察、认识的深入细致,以及由此而总结出的思维方法。

小结 《周易》朴素而鲜明的辩证法思想

列宁在总结辩证法这一思维规律时,曾将其归纳出十六条要素[1],其中有如下几项:这个事物对其他事物的多种多样的关系的全部总和。这个事物(或现象)的发展,它自身的运动、它自身的生命。这个事物中的内在矛盾的倾向(和方面)。事物(现象等等)是对立面的总和与统一。这些对立面、矛盾的倾向的斗争或展开。每个事物(现象等等)的关系不仅是多种多样的,而且是一般的、普遍的。每个事物(现象、过程等等)是和其他的每个事物联系着的。不仅是对立面的统一,而且是每个规定、质、特征、方面、特性向每个他者[向自己的对立面]的转化。仿佛是向旧的东西的复归(否定的否定)。

准此,我们可以将前述对《周易》思维方法的全部分析作一个总结。

首先,《周易》是在普遍联系中看事物,它将"这个事物对其他事物的多种多样的关系的全部总和"揭示出来。六十四卦是一个整体,它以阴阳这一矛盾的对立统一为核心,通过六十四范畴错综复杂的普遍联系,将自然、人生中一切事物的发展规律作了深刻揭示。它又通过时、位、乘、承、比、应这些具体的认识事物的方法,将事物间的多种多样的关系的全部总和进一步深入微妙地加以强调、作以分析。它告诉人们事物间矛盾运动的本来状貌,给人分析这一状貌提供着思维工具。《周易》更强调事物的运动变化,揭示的是"这个事物(或现象)的发展,它自身的运动,它自身的生命"。可以说,离开了变化就没有《周易》,《周易》正是以它诉注于人们理念中的自觉的变化的观念作为前提,来展开对事物认识、分析、把握的。每一卦、每一爻无时不处在变化之中,所以说"人能识时变则可以言《易》矣"。《周易》的基础是建立在一阴一阳这一事物的内在矛盾基础上,揭示着"这个事物中的内在矛盾的倾向(或方面)"。六十四卦中每一爻都处在矛盾之中。它们在对立中

---

[1] 列宁:《哲学笔记》,人民出版社,1957年版,第209—210页。

求统一、又在统一中发生变化,这是事物的内在矛盾性构成了事物的存在、构成了事物的生命。没有矛盾,没有矛盾的转化,也就没有了六十四卦。《周易》是对"事物(现象等等)是对立面的总和与统一"的通体把握。阴阳是对立的,又是统一的,错卦综卦是对立的或互足的也同样是统一的。六十四卦就是爻与爻之间矛盾的对立面的总和与统一。《周易》所揭示的是"这些对立面、矛盾的倾向等等的斗争或展开"。阴阳之间的斗争,《周易》用"乘、承、比、应"的思维方法把它们揭示出来,使人们在观察、分析事物时,建筑起事物的对立面的斗争这样一种观念,以便清醒地把握事物的发展方向,这一方向用《周易》的特殊语言来说,就是"吉、凶、咎、悔、吝"等。通过前面的分析,我们看到,《周易》的触角已深入到事物内部的发展规律,并将这些规律用自己的独特表达方式——阴阳八卦来作了揭示,让人们观卦感悟,塑造了中国人的思维方式,构成了中国人的思维方法。

恩格斯说:"辩证法的规律是从自然界和人类社会的历史中抽引出来的"(《自然辩证法》)中国古代长久的生产实践所获得的对自然认识的积累,以及高度发达的殷周社会文明是《周易》得以抽引出辩证法规律的积蕴丰厚的基础。《周易》以这样的思想成就而照耀着它以后的中国文明史,这丝毫也不奇怪。我们不能否认《周易》的辩证法思想,只能认识、总结、承接这一丰富的遗产。

第二章 《周易》的君子政治理想

第一节 由君子治理而风范天下的思想

在周人的政治理想中,由君子治理而风范天下的思想,具有其开拓性的全新意义和浓厚的人道精神。这一思想最早、最完整的提出是在《周易》中以其特有的形式呈现的。

"君子"一词在《周易》有限简短的经文当中,于十五卦,凡二十处出现。其所呈现出的,是一个相当稳定、相当成熟的观念,这一观念抽绎、概括出了周人的为政理想。在殷末周初展现出这样的观念、这样的政治态度,正标志着那场为政观念的深刻变革,反映出周人清醒地总结历史经验教训、理性地面对历史发展,从而领悟到具有人道精神的新的政治追求、建树的新的文化理想;这一追求与建树,同时又影响了后来长久的中国文化史中政治理想的走向。

正因如此,研讨《周易》中的"君子"意蕴及其在周人为政理想中的地位,便是一个十分有意义的问题,所以,这里以《周易》经文中的"君子"为切入点,来剖析周人的"君子"政治观,并以此来观察殷末周初之大变革的真实内涵,领略殷周之际变革的深刻意义,透视后来长久的中国文化史中政治理想走向的远因。

第二节 《乾》《坤》两卦所表达的"君子"的意蕴

《周易》的"君子"概念,首先出现在《乾》《坤》两卦之中。而"乾""坤"是《周易》的"门户",它蕴含着《周易》精神的实质,那么,"乾""坤"中的"君子"便揭橥了一种本质意义的精神,它有着精髓的地位,代表了整部《周易》的"君子"观念,因而我们必须剖析这里标示的"君子"概念的意蕴。

"乾"象天，"坤"象地；"乾"以法天，"坤"以法地，"乾""坤"法天道自然。在表述上，《周易》将其拟人化，抽绎出天地之品格、性情而赋予到它所期望的"君子"身上，于是就形成了非同一般的"君子"期许。

"君子"，《乾》卦经文出现一次，"君子终日乾乾，夕惕若，厉无咎"（《乾·九三》）；《坤》卦经文出现一次，《坤》卦辞："君子有攸往，先迷，后得主，利。"

两卦虽都只有一处提及"君子"，但如果顾见全卦的特点，我们就可以从如下情形完整地加以理解。

《乾》的特点是取"龙"为象，诸爻皆为龙，因为三于卦的三才之中为人道，所以指为"君子"，直说人的品格。其实这里包含的是一个总体象征：《乾》全卦比德于龙，使令诸爻都具有了龙的特点①。表面看，九三不在五之君位，似乎是在讲述具体爻位的一般人的品格，其实它讲到的是诸爻都应具备的基本品质。不仅如此，六爻互见、互补，从不同的角度、居不同的地位来观察，它们所呈现的都是性格不同的侧面，诸侧面合起来才是"乾"德所必备的完整品质。就是所谓"大明终始，六位时成，时乘六龙以御天"（《乾·彖传》）、"六爻发挥，旁通情也"（《乾·文言》），具体的爻位、爻的品格不过是因时、因地变化的阶段而暂居于此罢了，因而，在把握每一具体的爻义的时候，都应当顾及全局，懂得它是全卦整体意义的一个侧面。这样看，就《乾》卦而言，"九三"未能在君位，但指称的却是包括君在内的具有领袖群伦品质的人。它表明，《乾》所表达的实质上是对影响、引领群类之人的人格期许，而不是对一般人的一般期望。《周易正义》说得很清楚："云'君子'者，但易之为道，广为垂法，若局限于圣人（按，此圣人指的是"君"），恐不逮余下，故总云'君子'，使诸侯公卿之等，悉皆行之。"九三如此，诸爻都是如此。

《坤》为从者，"地道也、臣道也、妻道也"（《坤·文言》），与《乾》合其德，才能成就天地自然之道，它是与《乾》合璧的辅助者。虽居于辅助地位，其道仍然重大，仍然必须具有影响、引领群类的品格、能力，团结群类一道，成就《乾》之引领，所以《坤》道从辅弼的角度，说明了具有辅弼职责的人所必备的人格，这一人格在其卦辞中，开宗明义，直接称为"君子"，而这一"君子"的大义实可涵盖卦中六爻。

综观于此，可见《乾》《坤》所言"君子"，是对引领群类者的人格期望，而

---

① 王弼《周易注》："统而举之，《乾》体皆龙；别而叙之，各随其义。"见《周易正义·乾·九三》，中华书局，1980年影印本。

假象于天与地、龙与牝马(坤象)来综合述说。换句话说,从这一角度看,《乾》《坤》述说的是《周易》——也就是周人对引领群类的君子精神的理解,进而是周人对自己所奠定的新的政治治理精神的表白。理解这些,当是理解《乾》《坤》"君子"之说的前提。

"君子"人格展现在《乾》《坤》两卦的各个爻位和爻义当中,两卦就是《周易》"君子"人格的概括表述。前面是总体说明,接下来,就将两卦所展示的不同侧面作以一一的剖析,从而更清晰地见出《乾》《坤》所综合述说的"君子"的人格品质。

1. 君子当法天地生生之大德而成其德

《乾》《坤》作为《易》之门户、奠基,它们合其德所体现的基本精神,就是以生生不息为标志的天地、天道自然的品性。

《乾》为天,天的特性是"生",《周易集解》引虞翻说:"天何言哉,四时行焉,百物生焉,故利大者也。"《周易》之前,曾经历了长久的以农耕为主要生产方式、生活方式的社会,农耕文明在当时生产力条件下只能依赖于天,因而人们对天地自然之道感受特别直接、亲切。其所感悟之最显著者,就是天的生机,四时行焉,无言而催生万物,这既是天给人的结果,也是天给人的希望与方向,是对人最大的感召,所给予人的最生动的力量,因此《乾》的卦辞就是对天之生的全面概括:"乾:元,亨,利,贞。"《周易正义》:"《子夏传》云:'元,始也;亨,通也;利,和也;贞,正也。'言此卦之德,有纯阳之性,自然能以阳气始生万物,而得原始、亨通,能使物性和谐各有其利,又能使物坚固贞正得终。"今天所见,最早注意《乾》——天的这一特性,并给予特别揭示的是《周易大传》诸篇。《象传》概《乾》卦特性时说:"大哉乾元,万物资始,乃统天。云行雨施,品物流行。大明终始,六位时成,时乘六龙以御天。乾道变化,各正性命,保和太和,乃利贞,首出庶物,万国咸宁。"其后,《乾·文言》以及《大传》各篇凡涉及《乾》,说法大多如此,它们说的就是"乾道"生生的鲜明特性,"乾"不仅引领万物萌生、成熟,而且永不止息,其特点、大德,就是生而又生、周而复始,因生而使得"万国咸宁"。这些概括、说明,不论先出后出,都揭示了《乾》的本义,揭示了人们在那样的生产方式、生活方式下对天的基本理解。《周易》首《乾》《坤》,正是周人这种理解的清晰表达,所以按《周易》的说法,《坤》——地的基本特性也是如此:"坤:元,亨,利牝马之贞。"《周易正义》:"盖'乾''坤'合体之物,故《乾》后次《坤》。言地之为体,亦能始生万物,各得亨通,故云'元,亨',与《乾》同也。"《象传》进一步揭示这种特性:"至哉坤元,万物资生,乃顺承天。坤厚载物,德合无疆;含弘光大,品物咸亨。"这些解释在说明,"坤"承接天之所施,以自己的宽厚含弘而成就天的生气,使万物亨通畅达,流布于四方,令"乾"之生机德行广博无疆、长久无疆。没有"坤","乾"之生机大德将无从表达,无法实现,"'乾''坤'合体之物",相辅而相成,共同表达其最大、最基本的德性——"生"。《乾》《坤》的德性注入于其后的六十二卦之中,演绎着百折不挠、生生不息的天道自然,以及周人法天地之道而提出的社会政治理想。

上述这些,拟诸"君子"人格,那么,"君子"的德性在《乾》卦六爻、《坤》卦六爻的周行过程里,表达的就是这种生生精神实质的诸多具体表现,以生生为自己的人性品格,百折不挠,为社会创造、守护着生生之机,用"君子"之德,推动社会,给人们带来希望。在《周易》六十四卦系统的门户、奠基之卦中,首先明示这样的大义,它揭示了周人对"君子"所赋予的最根本意义,这也是周人为其政治理想所赋予的根本意义。这样的意义,使周人的政治愿望从根本上具有了深刻的人道精神,具有了华夏王朝政治史上前所未有的新理念、新面貌。

2. 君子务实践履、进取不息以成德

《乾》《坤》共同表达的另一个鲜明特征就是其积极的务实践履、进取不息的品质。这种践履,一是积极的自我修养,增进德、才、知,完善德性、才能,成为具有完美品格的人;二是积极践履,影响于群类,影响于社会,成为引领群伦的有所作为的人。

这里的君子之德,首先表现在积极劲健的人生态度,它是成就务实践履、进取不息之德的前提。《乾》卦为两"乾"相叠(☰),"乾"(☰)《说卦传》:"乾,天也","乾,健也"。这是说"乾"之象为"天",其义为"健",天之大义是健行不居的。两乾相叠,突出了天行健的特性,在这里所包含的君子之德,就是法天道而健行不息。《大象传》揭示其大义:"天行健,君子以自强不息。"《乾·九三》爻辞"君子终日乾乾",都在说明《周易》所述说的君子之德是将天之德内化为自己的品格德性,法天的自强行健而成为自身的人生动力,推动自己。有此劲健的动力、持久的恒常的动力,才会积极践履、有所作为,才会有自身价值的发挥、实现。在《乾》卦,以龙象天。龙为阳刚之物,与天同德,体现于卦中,其能飞能潜,识时务知变化,百折不挠,君子比德于龙,与天、与龙同质,同样是乾德之刚健。《周易折中》引林希元说:"乾德刚健,刚以体言,健兼用言。刚则有立,健则有为。人而有立有为,则志气至。本立道生,事无不至,功无不成。"这是对"乾"——"龙"之为德意义的中肯的解说,这种精神气质是保证君子成就其德、成就其功业的前提,也是法天而立的君子之德的基本表征——有刚之体,有健之用,成事之功。

在阳刚健行的前提之下,便是修己、修人的积极的人生、社会践履。

君子之德性必须具有修己的作为。《乾·初九》："潜龙勿用。"在初生、初始之时，纵是阳刚劲健的龙，也潜隐而"勿用"。六爻之初位，象征事物的初始，柔弱而条件有限，这时不是不作为，而是尚无能力作用于环境。当此之时，无法修人——"勿用"，但却隐而不显地积极修持自身。《乾·文言》体会全卦的特点而解释此爻为："君子以成德为行，日可见之行也。'潜'之为言也，隐而未见，行而未成，是以君子弗用也。"柔弱而条件没有成熟之时，离世而隐，修持自己——端正、积极，不苟且人生，为有所作为准备条件。《周易集解》引干宝说明此义："君子之行，动静可观，进退可度，动以成德，无所苟行也。"《乾·九三》："君子终日乾乾，夕惕若，厉无咎。"《周易正义》："乾乾，犹言'健而又健'。"惕若，惕是警惕、戒惧；若为语助词。朝而乾乾，夕而反省自己，慎之又慎，警惕过愆。这里就阐发了君子终日乾乾、修持自己的意义。《乾·文言》揭示其中的要义："君子修德进业。忠信，所以进德也；修辞立诚，所以居业也。知至至之，可与言几也；知终终之，可与存义也。"君子无所苟行，乾乾终日，修德进业。《周易正义》说这里的意义："九三所以终日乾乾者，欲进益道德，修营功业，故终日乾乾匪懈也。"修养德性、历练才干、增长智慧、心存道义是君子立身、立业的基础，所以在这里着意显现君子之德的重要方面，即必须勤勤恳恳、踏踏实实、朝夕匪懈地修养自己，以完善的人格立于社会，这样才能有所作为。

　　修持自己是君子积极的人生践履的一个方面，其另一方面，也是修持自己的重要社会意义，就是积极作为而影响于群类、影响于社会，为社会的完善起到应有的作用。

　　《乾·九二》："见龙在田，利见大人。""见"即"现"；二于三才为地道，地上即田，所以说"在田"。王弼《周易注》解释："出潜离隐，故曰见龙；处于地上，故曰在田。"九二修养渐善，阳刚渐增，出潜离隐，崭露头角。具有龙德之君子，一旦现于社会就有所施为，影响于环境。《乾·文言》说它"善世而不伐，德博而化。""君子学以聚之，问以辩之，宽以居之，仁以行之。"君子为善于世而不自夸，德能广博而感化天下，用自己的学养美德行于世间，居则为社会的美善因素，行则感召群类，共同营造美好的环境，使社会向善美好。君子并非独善其身，而是以其善德、善行影响于社会。《坤·六二》："直方大，不习，无不利。"《周易正义》："生物不邪谓之'直'也，地体安静是其'方'也，无物不载是其'大'也。"《坤·文言》说："'直'其正也，'方'其义也。君子敬以直内，义以方外。敬义立而德不孤。"《周易正义》："身有敬、义以接于人，则人亦敬、义以应之，是'德不孤'也。"这都是说，君子之德无法孤存，其人其德的存在，必定不由自主地流布，并且为人所响应，它会感召群类,引领群伦;群类由是而向善,社会由是而善俗,这些都是君子积极的道德、人格践履的必然结果。《乾·文言》在揭示九四爻辞"或跃在渊"之大义时说:"上下无常,非为邪也;进退无恒,非离群也。君子修德进业,欲及时也。"就强调了君子个体与群类的关系。在个体,是不论在世处位之上下,境遇之善否,终不为邪;对群类,是不论进退隐显都自觉心系之而不离不弃。这就是君子自身的价值和由君子而影响群体所带来的群类美善面貌。由此可见,君子影响群类、引领群伦,使社会走向完善的积极的社会践履。

《乾》卦六爻的精神,都是龙的不息之行;《坤》卦六爻的精神是大地沉静地承载,也是不息于行的。综前所述,《乾》《坤》的精神成为君子的人格修养,那就是务实践履、进取不息,既讲求完善自身,又积极影响于社会,君子的存在成为了社会美善的鲜明标志。

《周易》从这一角度,反映了周人政治理想的新鲜与活力。

3. 君子当法天地而成就"黄中通理"之文德

君子法天地之道,将其内化为自己的道德修养,其努力践履所要成就的品格之重要内质就是文德,以这种德行影响于社会,从而使社会向善,并具有文明的社会面貌。

天之道健行不息,君子法之,成就具有"文明"内质的德行。《乾·九二》:"见龙在田,利见大人。"《小象传》彰显其义:"'见龙在田',德施普也。"《周易正义》说是:"道德恩施能普遍也。"这种"恩施"的"普遍"之表达,依《乾·文言》的进一步揭示就是"'见龙在田',天下文明"——九二阳气发出地面,天下百草萌芽,万物焕发光彩。可见,这种品格、道德的"恩施",就是出现一个富有生气特点的那种"天下文明"的社会面貌。

地之道柔顺温文,本身就具有文的气质品性,君子法之以成文德。《坤·六五》:"黄裳,元吉。"《周易正义》谓:"黄是中之色,裳是下之饰。坤是臣道,五居君位,是臣之极贵者也;能以中和通于物理,居于臣职。故云'黄裳,元吉'。元,大也;以其德能如此,故得大吉也。"是说六五得中而能够居谦退之道,通达于事物之理。以事物之理为自己的行为指导并且把握适度,这是以理性主宰自己,以事理规则来文饰自己,免除非理性的莽撞而具有文德之质的超拔。这正是人所追求的对自己作为自然存在物的那些本能东西的超越,使之具有社会自觉性,塑造具有社会积极因素的品质,成为真正意义上的人,具有卓越品质的人,也就是君子,所以,君子必然具有文德,没有文德不足以为君子。《小象传》:"'黄裳元吉',文在中也。"指出了《坤·六五》一爻的完美、"元吉",其根本原因,在于"文在中也",这正揭示了事物的要害。《坤·文言》则引申张大了这一意义,使之更为清晰、明了:

"君子黄中通理,正位居体,美在其中,而畅于四支,发于事业:美之至也!"《周易尚氏学》:"《玉篇》'理,文也';坤为文,故曰'理'。'黄中通理'者,言由中发外,有文理可见也。"可见,《坤·文言》强调了"文",着重揭示了《坤·六五》爻所表达的"文"的意义。有"文",而能身居正确的位置,才成就了美,并认为,能将这种道理坚持下来,"畅于四支,发于事业",便成就了人之为人的至美境界。可见,《周易》之《坤》是从"地道"的角度,申示了君子品格中的重要内质——文德,而具有文德,在自己是达于自我超越,对社会便是引领社会环境达于文明,使群类因此而得到普遍的益处。

如果合《乾》与《坤》的共同申示,则《周易》所注重的君子之文德气质就更清楚了。《周易折中》会通两卦义说明:"《乾》之爻言学者二,于九二则曰'言信行谨'、'闲邪存诚'也,于九三则曰'忠信以进德'、'修辞立诚以居业'也;《坤》爻之言学者二,于六二则曰'敬以直内,义以方外'也,于六五则曰'黄中通理,正位居体'也。"它说明了,其实于《乾》卦九二、九三之中,已经强调了以对"言信行谨"、"闲邪存诚"、"忠信以进德"、"修辞立诚以居业"等品质的修习,来通识物理、进益文德,而《坤》中又以六二、六五的强调修习来增益文德,《乾》《坤》两卦共同申明了君子之文德的修习与文德作为品格的意义。

《周易》谋于君子之修文德,目的是在以文德而使社会文明——经营社会者是文德灿然的君子,则社会必将文明。《周易》中不乏这种期望的典型说明。

《离》(☲)卦象征附丽,它期望于社会能够光明而又附丽于正道,《象传》说:"重明以丽乎正,乃化成天下。"《周易正义》:"重明,谓上下俱离;丽乎正也者,谓两阴在内。既有重明之德,又附于正道,所以化成天下也。"《离》上下两离卦均为明,所以是重明;上下卦两阴爻又都居中得正,有柔顺中正之德,所以是附丽乎正。卦的重明之德,《大象传》说明:"明两作,离;大人以继明照于四方。"这里期望于社会的,是治理者能以连续不断的光明照耀四方,使社会具有光明的品质。而能达于此境,还必须有以文德化成天下的要素。《离·六二》:"黄离,元吉。"王弼《周易注》:"居中得位,以柔处柔,履文明之盛而得其中,故曰'黄离元吉'也。"《小象传》:"'黄离元吉'得中道也。"这里的文德与《坤·六五》有相似的特点,居中而柔,谦下得道,以柔顺中正之德而附丽于物,大人君子有如此之文德而影响、治理社会,社会将具有文德之明,没有刚暴蛮武,人人自危,人附丽于这样的社会享有文明至美的环境而广受益处。

《贲》(☶)下离(☲)上艮(☶),卦辞:"《贲》:亨,小利有攸往。"该卦象征文饰。其具体意蕴《彖传》予以揭示:"贲,亨,柔来而文刚,故亨;分刚上而文柔,故小利有攸往。刚柔交错①,天文也;文明以止,人文也。观乎天文,以察时变;观乎人文,以化成天下。"前一"柔"指六二;刚,指九三。说的是,六二来居下卦而文饰九三阳刚,阴阳交互文饰,事物便得以亨通。后一"刚"指上九,柔谓六五。这是说,上九高居卦终,六五因之而获得文饰,所以利于有所前往。它说明的是,阴阳文饰,事物具有文德之质才会亨通,才可有所前往。下句讲明,刚柔交错,刚上而文柔,阴阳文饰,是天之文;上离为火、为日、为明,下艮为止,人当止于道义文德之明,而所谓道义文德之明,其外在化,就是社会所需求的礼仪文章,这些因素——文质彬彬,表达于人、表达于社会就是人之文。观察天之文彩变化,可以知道四时的运行规律;观察人的文饰状况,可以教化而成大治的天下。这种人与社会都需要文饰的观念,将人与社会都引向具有文德之质的境地的观念,正是《乾》《坤》文德观念的具体化,这种观念的推演,不仅落实于人而塑造君子品性,也落实到社会,成就社会的文明品质。

《离》《贲》两卦,不过是比较集中、比较典型地反映了《周易》由君子文德品格而影响于社会,使社会具有文明之质的观念、理想,在整部《周易》中,这种观念可说是其基本倾向,随处可见。

综合上述,我们看到了由君子之文德而引领社会,使社会达于文德之治的观念,就历史发展而言,这是周人所倡导的摆脱蛮武刚暴的统治、走向人道精神的新观念。这一观念,在后来的历史发展中一直为人们所崇尚。

4. 君子"言信行谨""闲邪存诚"以为德

《易传》说:"作《易》者,其有忧患乎?"可谓深刻而确切地体味了《周易》精神。这种忧患,体现在《周易》六十四卦的始终,尤其突出地体现在《乾》《坤》之中。对于君子,《易》诫之以忧患为怀,而《易传》则概括出的"言信行谨"、"闲邪存诚"的品质塑造。

如果分析起来看,则《易》中《乾》卦突出了慎行,《坤》卦突出了谨言。慎行谨言构成了君子品格的一个鲜明特征,它以时刻戒惧自己的忧患意识为其内在精神,这实际上是一种规避风险、追求成功的良苦用心。

《乾》卦从"初九"到"用九",刻画出了一条慎行的轨迹。龙为灵物,体现了天的纯阳之气,是极具能力的标志,尽管如此,它还是度德量力而动,在条件不足的时候,可以不惜潜隐勿用——"初九,潜龙勿用",如此审慎地对

---

① "刚柔交错",朱熹《本义》认为今本脱"刚柔交错"一句,查王弼《周易注》:"刚柔交错而成文焉,天之文也。"《周易正义》:"刚柔交错成文,是'天文'也。"原当有此句。

待环境、对待自己,宁肯委曲自己,显出了十足的慎重。"九二,见龙在田,利见大人"之现身于世,也是谨慎持重,《文言》细致地揭示,九二是"龙德而正中者也"。这时仍然"庸言之信,庸行之谨;闲邪存其诚,善世而不伐,德博而化"。庸,平常;闲,防止;伐,自夸。这是说,九二的态度是,虽具有龙德、处位正中也绝不掉以轻心,而是平日的常言也注重诚信,平日的行为一贯谨慎,时时防止邪恶而存于诚挚,为善于世而不自我夸耀,以其广博的德能使世俗风尚迁于善境,创造一个美善的社会环境。于此,可见其谨言慎行,用心深远。九三更是"终日乾乾,夕惕若,厉无咎"。具有龙德之君子,终日修行奋进不息,至夕反省自己,如此,纵有危险祸患于前,也免遭咎害。"九四,或跃在渊。"《小象传》说"进无咎也";《文言》说"自试也"。说的都是该爻忧深思远,度德而行,绝不自负、莽撞的谨慎之至的状态。"九五,飞龙在天,利见大人"——行至此时,似乎可以一畅志气,但接下来的爻辞就告诫"亢龙有悔"(上九)。《小象传》说"盈不可久也",行不能过亢,盈不能长久,这是生存与发展的辩证法,是不可回避的客观规律,通于此理,才能免遭咎害。"用九"深诫:"见群龙无首,吉。"《周易折中·旅卦》引潘梦旂说:"位愈高,刚愈亢,则祸愈深矣。"群龙并现,皆阳刚劲健、居于显位,但都不自居于首领位置,这是深通天地之规律而免遭祸患的睿智之举。可见,整个《乾》卦所突出的慎行意义——它不只是一种践履的态度,表达的更是那种深刻的智慧精神、道德精神。慎行,标志了君子超越于一般人的一贯的特有品格。

《坤》卦从"初六"到"用六",突出了君子的谨言之德。《坤》为阴、为地道,配合《乾》阳而成就万物,其主体性质是居后,这就决定了其谦退的品格,卦辞强调抢先必会迷失自我,居后随从于阳刚,才会发挥阴柔品格而得到"元,亨,利牝马之贞"的结果。《坤》卦六爻,就践履了这种谦谨的品格追求。初六是防微杜渐,为的是谨于始,善于终。爻辞,"履霜,坚冰至",《文言》说,如果疏于始必会恶于终,这是由于"辩之不早辩"的缘故,所以必须有见其萌芽而知结果的明智,这样才能立于不败之地。"六二,直、方、大,不习无不利。"这是说得体凝静地保持正直、端方、宏大的品格与态度,这种品格与态度是浸染潜修之久而酿就的内在的自觉修养,即便"不习"——见不到在学习,也"无不利"。《文言》解释说,如此,人将"不疑其所行"。取信于人是最大的资源与优势,所以不必腾口游说勉强争取,只要守持"直、方、大",就会利于所行,没有不良后果。"六三,含章可贞,或从王事,无成有终。"《文言》揭示此义:"阴虽有美,含之以从王事,弗敢成也。地道也,妻道也,臣道也。地道无成而代有终也。"该爻说明,地道含晦章美,绝不张扬自己,以从之的态度,不当其成功而替天道行事,一切归之于天道,无言而谨行。"六四,括囊,无咎无誉。"六四处位不中,时之不利,犹如束紧囊口,缄口慎行,没有咎害也没有赞誉。《小象传》说:"慎不害也。"这是一种智慧光大、彻底含晦自己的做法,绝非俗情所能理会,而是德操非凡的表达。《坤》卦的六五,处位佳,居臣道之极,却仍能把持自我,"黄裳,元吉"。体柔道而谦退,不事张扬,有"文在中也"(《小象传》),它自觉守持正位,谦谦地表达自己。"上六,龙战于野,其血玄黄。"阴爻行至极点,阴极返阳,这时表达为如同阴凝情于阳,而导致阴阳交合滋生万物。用六告诫"利永贞",永远守持这种正道,即阴极而返阳,柔极而用刚,知道其辩证规律,才能永不蹈于咎败。《小象传》说:"以大终也。"就是说明了阴极返阳,以阳为大的道理。《坤》卦之整体体现了由"履霜,坚冰至"的阴之积累,到行至盛时而返阳,阴必统之于阳的辩证精神,其中也强调了阴之为体的性质是"地道也,妻道也,臣道也",以随从、配合为其特点,所以其慎重所行,从阳而动。体会起来,它慎行的总体面貌更具有谨言的特征,一切行为尽表达为谨言,甚至是"括囊"的不言之行,因此,这里把《坤》卦的总体特征概括为"君子的谨言之德"。谨言是慎行的最难能可贵的标志,"言语是思想的直接现实"①,言比行易而慎,这才是诚恳地对待主从关系的体现,在阴阳合德而创生、发展的过程中,自觉地把握自我,认从客观规律而不思突出自我,思而无言,这是克服了私欲,不兢兢于一己,功成而不营求自居的人格境界。可见,慎言是慎行的更为深入的人格表达,更为难能可贵的行为。

《乾》《坤》的慎行与慎言,其表现也是阴阳合德的互见、互补,两者相合而成德,才体现了人格完满整体,这一整体所表达的不是矫揉造作的做给人看的虚假形象,《周易》所期望的是一种人格境界,那就是发自最核心层次的"闲邪存诚"。诚与信是完美人格的表达,也是人格的力量,君子是以人格立于世、成其业的,因而珍视诚与信,不轻易而言之,不掉以轻心而为之,这就是《周易》在《乾》《坤》卦中所表达的核心内容。其终极目的是成就功业,诚与信既是成就功业的人格力量,也是成就功业的人格形象的保障。

综合上述,我们观察、剖析了《乾》《坤》对君子人格阐释的四个方面:君子当法天地生生之大德而成其德;君子务实践履、进取不息以成其德;君子当法天地而成就"黄中通理"之文德;君子"言信行谨""闲邪存诚"以为德——它们既有各自的特点,也互补互成,共同说明了《周易》对君子人格的建树。在这种整体的君子人格的建树中,它承载的基本期望,就是成就一种

---

① 《德意志意识形态》,《马克思恩格斯全集》第三卷,人民出版社,1960年版,第525页。

具有感召力量、凝聚力量、引领力量的人格形象,这一形象的基本精神,在本质上表达了具有人道内质的对人、对社会的重新理解,它正面主张通过对人的塑造来改造社会、引领社会,而不是以蛮武、杀伐去征服人、治理人,它是对以往政治态度的反拨。在这里,以具有君子品格的人操持政治权柄,确保社会走向德治,是周人德政理想的真实而具体的说明。它既具有理想那种动人的感召力量,又包含着周人对历史经验教训的深刻反思,同时,它还提供着在现实践履当中具有可行性的操作指导,由此可见历史教训的不容回避和这一教训的深刻,也可见周人思考的深度与成熟,因而,这不仅成为周人在开国前的社会践履、政治治理实践的指导,也成为了周人开国后的一贯说法和追求。周人的这一建树,也成为了中国文化史中至为稳定而又影响至深至远的思想成果,使中国的政治思想史不断地打上德治、君子的烙印。

第三节 诸卦中所指明的"君子"

《乾》《坤》两卦总说了《周易》君子的基本内涵和面貌,散在其余诸卦中所指明的"君子",则述说了君子在具体情形下的表达,它从这些情形中印证了君子之德,是君子之德在政治生活的实际践履之中表现出的若干特点。这些特点都是君子能够影响于社会的重要基础,在这里,我将其归纳为如下几个主要侧面来说明:

1. 君子具有稳定、正固的人格特点

君子所坚持的理想、道德具有稳定、正固的特点,不因时因事而变化,而是构成了君子一贯性的人格形象,唯有如此,才能为人所观仰而获得风范的力量,形成风范的效果,才可能作用于人群、社会。对此,《周易》当中有着较为充分的说明。

《否》卦之"君子"最为突出地说明了其所守持的人格具有鲜明的稳定性、一贯性特征。《否》(☷)卦辞:"否之匪人,不利,君子贞;大往小来。"《否》卦之象:下坤三阴居内而"来",上乾三阳居外而"往",阴阳取向相悖而不能相交,正是"否闭"之时世。用来说人事,是小人得势当道,君子遭遇压抑之时,所谓"小人道长,君子道消"(《否·彖传》)——小人之道盛长而君子之道横遭消亡。王朝政治昏乱黑暗,当此蹇难压抑之时,愈见出"君子"人格操守的稳定与恒常。《诚斋易传》分析:"不曰'利'而必曰'不利',曷为'不利'也?用匪其人,小人之利,天下之不利也。曰'贞'而必曰'君子贞',曷为君子独贞也?君子之贞天下之不贞也。""《否》之君子,以天下之正正一身,非不欲正天下也,时不可也,故曰'君子贞',言贞固自守而已。"这种贞固自守的君子人格,体现在了《否》全卦六爻的运演当中,使得该卦的主旨就是凸显着君子的高尚操守,与险难之中求理想、求正气的坚守与努力。君子人格的这种特点,不仅显现了自身的人格光辉,而且具有感召力量,让人们在黑暗之中见出君子之道、见出走出塞难的希望,它也使我们从这一角度见出了"君子"在政治生活中的意义。

在《同人》当中则表达的是"君子"于广泛地和同于人的时候,需要坚持的稳定、正固的人格一贯性,既不"以威武而为健"强令人同,也不"邪僻而相应"苟同于人(《周易正义》),在这"同人"的顺境当中,依然清醒地保持"君子"风范。《同人》(☲)为卦下离(☲)上乾(☰)。《周易学说》阐明卦象、卦体的时候,讲明了"同人"之时,卦象所涵盖的这种君子风范:"卦象取天与火,天之体至诚而用至公,火之体至广而用至明。人之心理亦然。时时葆其至诚至虚之体,阔其至公至明之用,则天下之志同而无弗通矣。君子行健以法天,光明若观火。离中爻虚,上应乾中爻之实,中正之心相感应。以人同人,实以人同天也。"君子无私,心地人格都至为中正光明,以此而与天的品格相应,确实是以人同天——具有天的至为诚恳无私、至为磊落光明的品性,这才是君子的同人。卦辞则明确言说"同人"之时"君子"的品格、态度:"同人于野,亨,利涉大川,利君子贞。"《周易正义》说明:"同人,谓和同于人;野是广远之处。借其'野'名,喻其广远。言和同于人必须宽广无所不同,用心无私,处非近狭,远至于野乃得亨通,故云'同人于野,亨';与人同心足以涉难,故曰'利涉大川'也;与人和同,易涉邪僻,故'利君子贞'也。"心胸宽广,不涉邪僻——无私与守正,成为了"君子"同人事物的两个要素,这两个要素也共同表达了"君子"品格的稳定性、一贯性,它是在"同人"事物中构成君子风范的原因。

如果说,君子在前述的逆境、顺境之中保持人格的稳定性是难能可贵的,那么在其得势、强势的时候,能够自持守正则更其难能可贵。《大壮》就表现了君子在这种情形下的品格面貌。《大壮·九三》"小人用壮,君子用罔;贞厉,羝羊触藩,羸其角。"《大壮》(☳)象征大为壮盛。阳刚称"大",卦中"阳爻浸长已至于四,是大者壮盛。"(《周易正义》)该卦之象,下乾(☰)为天,纯阳之气,上震(☳)为雷,亦阳刚震动,《周易集解》引荀爽:"乾刚震动,阳从下升,阳气大动,故壮也。"在这阳刚得势、大为壮盛之时,卦辞告诫"利贞。"《周易程氏传》:"大壮之道,利于贞正也;大壮而不得其正,强猛之为耳,非君子之道壮盛也。"当此之时,只有君子才具有识时务、洞察事理之几的修养、见识,所以能够守持正固,不为眼前昌盛所迷惑,冷静清醒,保持一贯的人格特征。在卦中,九三处于下乾之上,强壮富盛得不仅当位而且应于上六,是最为得势之时。这时,爻辞说明,君子的态度应是规避刚亢过甚、恃强刚猛而导致悔憾祸端,所以"用罔"。形成鲜明对比的是,"小人"不识时务,乘于此势,愈发刚亢强盛,结果将会是"羝羊触藩,羸其角"——如同刚猛雄壮的大公羊,自恃其壮触撞藩篱,结果被缠绕两角而进退不得,遭遇凶厉。两相对比,突出了君子风范——识时务而"利贞""用罔",这很好地表达了君子因睿智、修养而具有的人格的正固与稳定。

君子之德不为时世事情所左右,在任何情况下都能守正自持,刚毅果敢。《夬·九三》:"壮于頄,有凶;君子夬夬独行,遇雨若濡,有愠,无咎。"它说明了君子守正自持的特立独行。《夬》(䷪)卦之义是五阳正气的力量,共同决断制裁乘凌阳刚的一阴罪恶之势,全卦大义如卦辞:"夬:扬于王庭,孚号有厉;告自邑,不利即戎;利有攸往。"这是以君子决小人,扫除阴暗险恶势力,当此之时,表达的是光明正大的举措,《周易正义》说:"以君子决小人,故可显然发扬决断之事于王者之庭,示公正而无私隐也。"这里是以德而决于王者之庭,以德不以武,决除罪恶而达到天下欣悦和谐境界。在这样的背景下,九三爻辞告诫,"壮于頄,有凶"——怒形于色,刚壮显于面部颧骨(頄),过于刚壮、失却美善之道则有凶险。《周易本义》:"九三当决之时,以刚而过乎中,是欲决小人而刚壮见于面目也,如是则有凶道矣。"而九三与上六阴阳相应,独持正果行,往应上六与小人周旋,虽如同遇雨被淋湿,有与小人同流合污之嫌,甚至遭遇朋辈愠怒也无妨其沉潜柔克的美善结果。《周易学说》引李士鉁:"善除小人者,往往与之周旋,结其欢心,形似之间为同侪所不悦;要其心无他,事亦终无害也。"这种无私果行,不避误解,只是追求正道的独行是尤其难能可贵的。克服艰难固然可贵,而能够经受同侪误解甚至愠怒,仍坚守人格、正道,最终获得美善结果,这表达了君子的智慧,同时也更显现出君子根深蒂固的人格的稳定性,因而才能特立独行而无所畏惧。

就前述种种现象而言,《周易》是在不同的背景下凸显着君子人格的稳定、正固的特点。这些背景都是对人的严峻的考验,在它们面前,无论是智慧的缺欠,还是道德的疏失,抑或意志的薄弱,如果有其一,人格的稳定与正固都将遭到瓦解,唯有君子能够特立不移,因而才见出《周易》提出的君子人格理想的光辉与动人的感召力量,使得君子人格在政治生活中为人所信任,成为人们的表率、风范。

2. 君子具备识几之智,是智慧的象征

君子之令人信赖,还因为其具备远见卓识、洞幽烛微的智慧力,能够从容地把握事物的发展方向,使人们跟从这样的人而规避风险、获得保障、成就大业。在《周易》当中,最高度的智慧力被定义为具有"知几"之智。《易传》说:"夫《易》,圣人之所以极深而研几也。唯深也,故能通天下之志;唯几也,故能成天下之务;唯神也,故不疾而速,不行而至。"(《系辞上传》)韩康伯注:"极未形之理则曰'深',适动微之会则曰'几'。"《周易学说》引刘沅说:"究极其精深,惟精故极深,未有极深而不精者。研审其几微,惟变故研几,未有知几而不通变者。"就是说,理是埋藏在事物极深层次里的事物自身的规定性、自身的规律,把握了它,就把握了事物,而"几"是事物变化的极细微的征兆,它在促发着事物的变化却极难为人所察觉,所以《系辞下传》说:"几者,动之微,吉之先见者也。"能识理识几,就能"通天下之志""能成天下之务",有了这样的见识就能迅疾、稳妥,得力地成就事业,所谓"不疾而速,不行而至"。在这里,"知几",知变化之道是最高的智慧,《易传》说它:"知变化之道者,其知神之所为乎?""知几"就能领略和把握天地、人世间事物的神妙变化,成为驾驭事物的主动者,体现了人的大智慧。《周易》经文当中所提到的"君子",就具备这样的品格,它表达了《周易》的一个鲜明的观念,就是以"君子"的智慧形象而引领天下,"君子"从这样一个角度成为天下风范。作为智慧象征的"君子"是《周易》政治理想的重要组成部分。

《屯·六三》:"即鹿无虞,惟入于林中;君子几,不如舍,往吝。"该爻在卦中突出地表现了"君子"的识几之智。《屯》(☲)下震(☳)上坎(☵)为云雷方兴,刚柔始交之象,卦辞说:"屯:元亨,利贞;勿用有攸往,利建侯。"刚柔始交,万物萌生之际必多艰难,所以名之曰"屯"。"屯,难也,象草木之初生,屯然而难。"(《说文》)其象又有多险之义,下震为雷动,上坎为险陷,《象》辞断定此象为"动乎险中"。用之说人事,《周易正义》指明:"世道初创,其物未宁,故宜利建侯以宁之。"在屯难险象环生之时,不宜轻易"有攸往",只能建立诸侯整理天下,获得安宁而图发展。当此之时,卦中诸爻多"屯如,邅如""乘马班如"之栖栖遑遑者,呈现险中难安的景象。六三处险之中更是奔走于天下,该爻居下卦之上,阴处阳位,既失其中又处位不正,还呈躁进之态,犹入于茫茫林海追逐野鹿而没有虞人(管理山泽之官)作向导,徒然迷失方向,不仅一无所获,而且还要冒着生命危险。这时的君子,当机立断舍去追逐,而不留憾惜,显现出识几知微之智。用这样的智慧规避风险而求得稳妥,符合"利贞""勿用有攸往,利建侯"的时势。卦中六三之"君子",善识时务,有正确决断,身当险难而能够亨通,其所作所为的确是智慧的象征,值得人们信赖。

《明夷》与《遁》表现了君子在另一种艰难时势下的智慧,同样令人信服与敬佩。两卦表达的是小人当道、政治黑暗、让人窒息之时的君子态度。这种"君子"是社会的希望,在"明夷"之世,尤其需要保全这些希望的种子。

《周易学说》马振彪案语特别指出了这一点："乱世小人更多,世愈乱愈不可无君子。有君子以为一线之延,硕果不食,葆此几稀,不令澌灭,于世道人心所关者大,异日转乱为治,正赖有此一遁也。"而事实表明,保全这些"君子"更多的是要依赖君子自己的智慧力,这也正是于黑暗乱世仍能存有希望种子的"君子"自身原因,在明夷之世、遁避之时尤能显现君子具备识几之智的品格。

《明夷》(䷣)为卦下离(☲)上坤(☷)是日入于地中,光明殒伤之象。当此之时,卦辞告诫："利艰贞。"《周易集解》引郑玄："日之明伤,犹圣人君子有明德而遭乱世,抑在下位,则宜自艰,无干事政,以避小人之害也。"《周易学说》引李士鉁进一步分析说："艰所以晦其明,贞所以正其志,处明夷之道也。不晦其明,则亡身矣;不正其志,则失道矣。艰贞,所以明而不夷也。"这里说出了处"明夷"之世的识几之智与善解处世、守道辩证关系的大智慧。能够及早洞见世之明夷,及早远遁而守持住人格、道义,使人格和道义于明夷之世而不夷,这正是君子的明智。《明夷·初九》就说明了"君子"当此时世的选择与作为："明夷于飞,垂其翼;君子于行,三日不食。有攸往,主人有言。"此句王弼《周易注》作了明白晓畅的解释："明夷之主,在于上六,上六为至暗者也。初处卦之始,最远于难也。远难过甚,明夷远遁,绝迹匿形,不由轨路,故曰'明夷于飞'。怀惧而行,行不敢显,故曰'垂其翼'也。尚义而行,故曰'君子于行'也。志急于行,饥不遑食,故曰'三日不食'也。殊类过甚,以斯适人,人必疑之,故曰'有攸往,主人有言。'"初六君子处明夷之始便洞见明夷之世的到来,其辛苦远遁,在自己是守道避难,而对于君子卓越的识几之知、早早的洞察,一般人是无法理解的,所以人们在疑惑之中而有责难之言。由此也正突出了君子超越于一般人的识几的智慧,善于察于幽眇之中,在萌芽之时就能把握事物的发展方向的能力。《明夷》卦中突出的不仅是君子避世守道的品格,更重要的是彰明了君子善察卓识的智慧。

《遁》卦之九四表现的也是识几、守道的"君子"形象。在这里既表现了识几的智慧,也凸显了能够守道不移的君子品格。其爻辞为："好遁,君子吉,小人否。"《遁》(䷠)为两阴在下而浸长成祸,阳刚在外高飞远遁的非常时期。在这时,需要有睿智及早识时务,有意志断绝一切系恋,奉身隐退,守道自避。它首先考验的就是人的智慧力,这只有君子能够做到,而小人既不能及早识时务,也不能割绝贪荣恋位的品性,无法遁避。《周易学说》引李士鉁说："二阴生于下,有必长之势,故见几而作。若待阴消阳尽,虽欲遁而不及遁矣!知进知退,遁之所以能亨矣。"又引欧阳修说："遁者见之先也。阴进而未盛,阳能先见而避。"说的都是在这样的情势下,识几为先,有此先见之明才有道之亨,舍此识见则道与身因得祸而具废。同时,这种识几之智还表现为能把握隐遁的时机,《周易尚氏学》说明:"不能不遁者,时不可也,……遁太早则有过情之讥,如严光是也;太晚则不能遁,沉溺于小人之中而不能免,如刘歆是也。"这是举历史实例以说明隐遁时机的重要。东汉严光早早隐遁使得光武帝思贤不得,这种隐遁确有过情之嫌,而西汉刘歆虽欲守道却未能量力及时遁避,致使诛王莽不成自杀而终。可见,遁避的时机也是对君子之智的重要考验。九四爻辞就说明了"君子"之"吉"来自于识几的能力,相反,"小人"之"否"是因为其不具有这样的智慧。一爻之中,对比说明了君子、小人之异,其衡量标准,将是否具有大智慧作为重要的参照。

《明夷》《遁》犹如特殊的明镜,照见了君子品格,其中尤为耀眼的就是君子的识几见微之智,它是在这样一种情形下所表现出的君子人格的重要表征。

在社会的大变革时期,同样检验衡量着人们那种审时度势的智慧力,当此时,《周易》也显现着"君子"的识几之智。《革·上六》:"君子豹变,小人革面;征凶,居贞吉。"《革》卦表现的是社会大事变的革故鼎新的时势背景,卦辞说:"革:己日乃孚,元亨,利贞,悔亡。"这里表达大变革的条件"一是适当其时,把握转机,故卦辞取'己日'象征'转变之机';二是取信于人,推行正道,故卦辞又强调'乃孚''利贞'。前者是外在条件,后者是内在因素;内外相济,'革'道乃成,于是可获'元亨''悔亡'。"①在这两项条件下,卦中六爻展示了变革的过程,行至"九五"革道已成,"大人虎变,未占有孚"——九五之"大人"在充分等待、酝酿、准备的前提下,一旦条件成熟,就如同猛虎一样及时迅猛推行变革,这时毫无疑问,会昭明精诚信实之德而得到天下人的信服、跟从。"上六"在这样的情况下,识几而作,"君子豹变",不失时机发挥作用。《周易正义》说:"上六居《革》之终,变道已成,君子处之,虽不能同九五革命创制,如虎纹之彪炳,然亦润色鸿业,如豹纹之蔚缛。"《周易尚氏学》:"'君子豹变'者,谓革命后佐命之勋,皆得封拜而有茅土,尊显富贵,易世成名,故曰'豹变'。"由此可见,出世与避世的应世适时的选择,显现出了君子高度的识几之智,顺应时变,从容把握自己,具有高度的智慧力。

综上所述,使我们看到《周易》对"君子"的认识与期许,识几之智,具有大智慧是其中的重要指标。识几知变、通变,把握变化、适应变化正是《周易》所极力推崇的,这里把"君子"放到天道、人事具有典型意义的大变化背景中去表现其智慧,说明《周易》所标举的"君子"具有极高的品质,是智慧

---

① 黄寿祺、张善文撰:《周易译注》,上海古籍出版社,1989年版,第405、406页。

的象征,因而可以信赖、可以引领人们遵循正确的方向而立于不败之地。这样的"君子"足为人们的表率、风范。

3. 君子诚实守信,谦逊谨慎

《周易》理想中的君子人格,还具有诚实守信、谦逊谨慎的鲜明特征,它是构成君子品格使之能够表率、风范天下的重要因素。

先看君子的诚实守信的人格意义。

《解·六五》:"君子惟有解,吉,有孚于小人。"孚为诚信,该爻所讲述的"君子"其诚信是彻底的、真诚的,这种彻底、真诚连毫无人格操守、居心不善、专事祸乱的"小人"都心悦诚服,不再为祸,可见"君子"诚信人格的力量。《解》(䷧)下坎(☵)为险,上震(☳)为雷、为动,全卦大义是危机纾解、渡出塞难。卦中表现,当此之时群爻奋起,克服小人为祸而勉励纾解险难。初六处卦初,阴柔力弱,在险难既解之时,爻辞说"无咎"。九二阳刚则奋身有为——"田获三狐,得黄矢,贞吉"。狐喻小人,"三狐"则为群小;黄为中之色,矢表正直。九二以中直之心,与处君位的六五相应,一举铲除群小。六三是该卦中典型的"小人"形象:"负且乘,致寇至;贞吝。"它下乘凌九二刚爻,向上邪媚九四,阴柔劣弱犹如小人窃据高位,背负重物乘尊者之车,制造、招来祸端,《系辞上传》引孔子曰:"作《易》者其知盗乎?《易》曰:'负且乘,致寇至。'负也者,小人之事也;乘也者,君子之器也。小人而乘君子之器,盗思夺之矣;上慢下暴,盗思伐之矣。慢藏诲盗,冶容诲淫,《易》曰:'负且乘,致寇致。'盗之招也。"在上者为政轻忽不慎,致使小人得位祸乱天下,明夷塞难接踵,"解"之时,就是要解除这些为乱天下的小人。九四"解而拇,朋至斯孚",也是说如同疏解脚拇指的隐患,解除小人纠缠比附,这样,朋友就能前来诚信相应。上六:"公用射隼于高墉之上,获之,无不利。"隼,恶鸟,此喻六三小人;墉,城也。王弼《周易注》:"三不应上,失位负乘,处下体之上,故曰'高墉';'墉'非隼之所处,'高'非三之所履。上六居动之上,为'解'之极,将解荒悖而除秽乱者也,故用射之;极而后动,成而后举,故必获之而无不利也。"《周易浅述》说明该卦六爻大义:"六爻之义,主于去小人。六三一阴为小人非据,以致天下之兵者,诸爻皆欲去之:二之获狐,获三也;四之解拇,解三也;上之射隼,射三也;五之有孚,亦退三也。唯初六才柔位卑,不任解难而在解时,无咎而已。"《周易学说》引刘沅评价:"获狐、解拇、射隼,皆以刚去小人,忠贤之用也。六五解吉,则以宽大行之。尧用舜与皋陶,四凶去,顽谗警,即其事。"这些都是说《解》之卦去小人,以六五"君子"之"孚"最为良善。就解塞难、除小人之事而言,以刚去之,轰轰烈烈解散塞难,固然是非凡成就,然而这种剪除、镇压虽可肃靖一时却难保长治久安。

而"君子惟有解,吉,有孚于小人"就不一样了,"赦过宥罪,兼容并包,不善者皆化为善。舜举皋陶、汤举伊尹而不仁者远,则不可解者自解矣。"(《周易学说》)舜、汤等的善政不仅规避了小人风险,而且体现了"君子"诚孚宽宥的力量。诚孚兼容,"以君子之道解难释险,小人虽间,犹知服之而无怨矣"(王弼《周易注》)。这种对人心的征服而平复天下、稳定环境是根本意义上的长治久安,也是最强大的力量,由此,突出了君子诚孚的人格价值与人格风范。

《未济》也表明了诚孚守信的君子人格能够引领人们成就事业的崇高价值——"贞吉,无悔;君子之光,有孚吉"(《未济·六五》)。《未济》(☲)下坎(☵)上离(☲)火在水上,其情形是火上扬、水下润两不相接;全卦诸爻皆不当位,这些都象征着事不成。《周易本义》:"未济,事未成之时也。"事物的状态虽然"未济",但其中诸爻"刚柔皆应,是得相拯,是有可济之理"(《周易正义》)。全卦内三爻处坎险而未能济事,爻辞戒其"慎";外三爻离明而向济事转化,爻辞勉励其"行"。而能行的重要原因是清楚的:在此,六五处离明之中,居盛位而体文明,下应九二,近比九四犹如焕发"君子之光",为脱离"未济"转向"既济"之行的希望。这个希望、这种光辉又来自其"孚",王弼《周易注》:"以柔顺文明之质,居于尊位,付物以能,而不自役,斯成君子之光。"可见"孚"——诚信相待、信实不妄在君子品格中的意义,它可使"君子"具有极大的感召力,"付物以能,而不自役",进而引领人们从"未济"走向"既济",这种"孚"的人格是"明明德于天下之极功也"(《周易学说》引马其昶)。

以上诸卦的"君子",表达了其信实不妄的"孚"的品格,它着意述说的是"君子"以这样的品格风化、引领天下,使天下消弭欺诈险恶而走向文明。《周易学说》马振彪按语:"尧舜以正帅天下,其民皆孚于正;桀纣以失正帅天下,其民皆孚于不正。所谓上行下效,捷于影响也。"两相对比,正鲜明映现出君子诚信品格在社会治理中的重大意义。

与"孚"相应,"谦"之为德,也是君子凝聚群类、引领人们所必不可少的重要品格,因此《周易》的君子政治理想中特别突出了谦德、谦道,并专门列卦以说明之。

《谦》(䷎):"谦:亨,君子有终。"概括全卦大义的卦辞申明了,谦道能够令人亨通畅达,但只有具备"君子"品格的人才能守持谦道致终、获得益处致终,从而起到坚守自己、风范万民的作用。《周易正义》:"小人行谦,则不能长久,唯君子有终也。"就卦体而言,《谦》为艮下(☶)坤上(☷)是地中有山之象。郑玄说:"惟艮之坚固,坤之厚顺,乃能终之。"像山一样的坚韧执着,像地一样的厚实温顺,是"有终"的条件,而"山体高,今在地下,其于人道,高能下下:谦之象。"(郑玄,均见《周易集解》引)山在地下,高而不自高,主动谦下,这些都是君子的品格。君子谦德的重要功用是"谦谦君子,用涉大川,吉。"(《谦·初六》)《小象传》说:"'谦谦君子',卑以自牧也。"《周易正义》:"牧,养也。"守持谦而又谦的品格是"君子"的自我修养、自我制约,有此修养,如王弼说:"能体'谦谦',其唯君子;用涉大难,物无害也。"(《周易注》)谦德能够保障人涉越大川,具有征服险恶的能量,这只有"君子"能够做到。《九三》:"劳谦,君子有终,吉。"胡炳文《周易本义通释》:"所谓'劳'者,即《乾》之'终日乾乾'。"君子"终日乾乾"修德进业,务实践履,勤劳致用,有崇高的德行与功业仍能不自高而谦下自持,这样才能有终而吉。《小象传》说:"劳谦君子,万民服也。"只有谦谦君子才能够折服万民,起到引领导向的作用。胡炳文说:"《谦》主九三,故三爻辞与卦辞皆称'君子有终'。初亦称'君子'何也?三在下卦之上,劳而能谦,在上之君子也。初在下卦之下,谦而又谦,在下之君子也。在上者尊而光,在下者卑而不可逾,皆所以为君子之终也。'用涉大川,吉',虽用以涉患可也,况平居乎?"(《周易本义通释》)这是说明,九三为《谦》卦之主,因而爻辞与卦辞同,都是"君子有终",它们一起显示本卦大旨。而九三和初六爻辞皆称"君子",则显示九三在下卦之上位,既劳而有功,又谦以自牧,在下之初六,更是谦谦自养,都具备鲜明的谦德,不论是位在上还是位在下,"君子"之谦,都显示了"尊而光""卑而不可逾"的不同凡响的力量,它是能够引领人们的条件,是君子不可或缺的品格。《谦》卦从这样一个角度凸显了君子德行的力量、君子政治的内涵。它是使社会政治走向文明的重要标志,因此《周易》赋予了"君子"以"谦"的内涵。

上述,使我们看到了诚实守信、谦逊谨慎作为"君子"品格的意义,它们作为文明政治的要义,注入在《周易》的"君子"形象之中,使《周易》的君子政治理想的丰富内涵得到了具体化的演绎和清晰的表达。

小结 "君子"政治的境界和价值

最后,如果总体说明一下"君子"政治的状态和价值,那么《观》卦在《周易》之中便具有了总述的意义,这是"君子"政治理想的最高境界。

在《观》卦中,明确描述了处君位的九五之爻本身就具有十足的君子风范,其道德之美为天下人所观仰,因而能够引领、风化天下,标志着君子为政之美的最高境界。

九五："观我生，君子无咎。"《周易集解》引王弼："观我生，自观其道也。为众观之主，当宣文化光于四表。上之化下，犹风之靡草；百姓有过，在予一人。君子风著，己乃无咎；欲察己道，当观民也。"九五为典型的"君子"，自己有德足以令人观仰，又不断省察自己，永葆"君子"风范。王夫之《周易内传》说："'我生'云者，毕其一生所有事之辞。……欲为大观于上，令瞻仰之者无不奉为仪则而不敢忽，岂一言一行之足称其望哉！内省而不愧于漏屋，外察而不愆于度数，无所不至其反观，以远咎过。"这样的"君子"为君从政，就会"四海之内，由我而化"（《周易正义》）。化天下成君子之俗，则社会无不美善，天下便会呈现一片光明的境界。

有九五君子为政，则人们观仰王政，大观于王者庄严之态、隆盛之德，而产生诚信、肃静之心，无不感化。《观》全卦所述说的，就是王者行政既有其盛德让人足以观仰而受到感动，也有其善政而风行天下足以化人。

《观》卦还说明，在王者的如此为政中，需要在下位的人有君子风范而承接传导，这样才能形成风化。

"初六，童观，小人无咎，君子吝。"

在九五阳刚中正之君为政的"大观"之时，初六"以阴柔之质，居远于阳，是以观见者浅近，如童稚然，故曰'童观'。阳刚中正在上，圣贤之君也，近之则见道德之盛，所观深远。初乃远之，所见不明，如童蒙之观也。小人，下民也，所见昏浅，不能识君子之道，乃常分也，不足谓之过咎，若君子而如是，则可鄙吝也。"（《周易程氏传》）这些都说的是初六远离九五之君，既不能观之亲切深远，难以体会盛德，受到感化与之同质，也不能传导盛德风范给别人，这在不肩负任何职责的下层"小人"是无所咎责的，然而对有所作为、负有责任的"君子"就难免羞吝憾惜了。由"童观，小人无咎，君子吝"这种说法可见，在君主之下的"君子"是沟通上下的重要环节，这些社会成分受到感化与君同道德，天下之风范、教化才得以实现。换言之，大观在上，君子向风而从，襄助君主风化天下，社会就形成良好的风尚。这里说明，周人所理解的社会政治，其内容包含了在君主之下的这样的"君子"是国君与下民之间的重要中介，对这样的"君子"是具有修持道德、美善人格的需求的，因而如果远九五之君，不能向风而化，在"君子"而为"童观"就是可"吝"的了。其实，在该爻之义中显现了作为社会骨干的这一层面君子人格的重要。

与初六形成鲜明对照的是《观》的六四。"六四，观国之光，利用宾于王。"该爻居近君之位，正是能够"见道德之盛，所观深远"者，"四既观见人君之德，国家之治，光华美盛，所宜宾于王朝，效其智力，上辅于君，以施泽天下,故云'利用宾于王'也。古者有贤德之人,则人君礼宾之,故士之进于王朝则谓之'宾'"(《周易程氏传》)。六四能够充分体验王朝盛德,心与君同,所以在己则具有"君子"之风,对国君而言则是管理国家的最好人选,因而礼宾之,延请其为官守,辅佐人君治理天下。这里的要害,是说大观而向风感化,使社会骨干的这一层面的人具有了君子品格,它与初六映照鲜明。这等于再次申明,于风化天下之中作为社会骨干的君子的作用。

《观·上九》再进一步说明"君子"为君之美德、美政:"观其生,君子无咎。"这里比之于九五爻辞只换了一个字,而殷切之情毕现于辞中。《小象传》说:"'观其生'志未平也。"《周易学说》马振彪案:"上九观其生志未平,即文王发政施仁,视民如伤之意。我为君子,而天下之生不尽为君子,皆我之咎;必观其无忝所生,人皆为君子,乃无咎也。"也就是,由君主之为君子而及于天下,使天下皆为君子成为了理想的境界,而能够追求到如此境界,自然就使社会变得美善。在这一过程中体现的是为君者自为君子,自省自善而为天下所观仰,然后是在下者紧从国君,修为其德而襄助国君风化天下,最后是"人皆为君子,乃无咎也",天下为君子风气,社会为君子社会。

上述就是"君子"政治的境界和价值。君子为政,自身人格为经得起推敲的"君子",是人伦之表率,通过君子的风范而使社会成为君子的社会,君子品格推演成为了一种社会性格,这样的社会就是良善和美的社会,对于人们来说,这种社会具有无比崇高的价值,这就是《周易》所表达的周人的政治理想。

"君子"在《易经》之后广见于典籍,《诗经》凡一百八十一见,《易传》更是俯拾即是,周秦诸子则从社会、人生等不同角度述说君子人格,究其精神实质,与《易经》同出一辙,都广泛地表达着、演绎着对这种君子人格、君子政治、君子社会的期望。君子政治理想在殷末周初的《易经》中提出,这是周人以其成功的为政经验而酿造成的稳定的观念。这观念提出于《周易》,其影响却延展于整个中国古代社会,作为古代思想史中的人格理想、社会理想而一直闪耀其光芒。

第三章 《周易》崇尚教化的政治思想

第一节 《周易》的社会图景与教化思想

在治理社会方面，《周易》有其完整的政治理想。它是殷周之际思想观念深刻转化的周人理念的集中表达，也是后世一直崇尚的政治理想的奠基石。这一思想首先表达在周人对人类社会自身的认识以及对待社会治理的文明态度之中。

《周易》虽以卜筮问神的面貌出现，内里却具有着对社会政治生活的理性思考内容，它认识到社会治理应遵循社会自身的规律，对"殷人尊神，率民以事神，先鬼而后礼"（《礼记·表记》）以委之于鬼神为主导倾向的统治观念进行了深入的改造，它否定了"有虔秉钺，如火烈烈，则莫我敢遏"（《诗经·商颂》）的殷人以刚武临天下的态度，由"暴民"而"重民"，积极倡导尚德尚教的宣导理民的方式。就其认识基础而言，《周易》首先给人们描绘出一个社会成因和以教化、教育作为治民理民的理想方法的图景。

这一图景就是《周易》卦序的排列：《乾》《坤》《屯》《蒙》。

《乾》象天，《坤》象地，所谓"有天地然后万物生焉"（《序卦传》），人也在其中，人的特点是以群类、社会的方式而存在，所以继天地之后就是《屯》。《屯》（☲）卦的图景是震下（☳）坎上（☵），象征初生之艰难。"屯"，就语义上说，王逸注《离骚》"'屯'，陈也"，五臣注"聚也"①。《说文》："屯，难也，象草木之初生，屯然而难。"这是说，天地开辟，刚柔相交，人群相陈相因而屯聚，面临的是客观世界所给予的极大的艰难险阻，这就是"屯"之语义所揭示的情境。面对如此情境，卦辞说："利建侯。"《彖传》："天造草昧，宜建侯而不宁。"建侯就是为人群作之君。而君所面临的民，是蒙稚的。《蒙》（☷）卦

---

① 宋洪兴祖补注：《楚辞补注》，中华书局，1983年版。

的图景是坎下(☵)艮上(☶),象征蒙稚。艮为山、为止;坎为水、为险,蒙稚之人,面对世界,犹如面对高山下有险阻,遇险阻而莫知所从、彷徨不前。《蒙》卦讲的就是开蒙发智,引人前行的教育。如果审视卦序这个逻辑关系,那么可见,《蒙》讲的教育就不简单的是狭义的讲授知识、传递经验、造就人格的培养学生的教育事业,而是一个同时包含有教化、教育在内的治理社会的方法;《蒙》所讲的教育人的师,就不简单的是主持教育的教师,它还包含了主持教化的君。诚如孟子所引《尚书》之说:"天降下民,作之君,作之师,惟曰其助上帝宠之。"[1]对待天降的芸芸众生,正是君、师能引导群类向善,协助了上帝治理、爱护这些下民。如同《尚书》的这一说法,《周易》这个开蒙之"师"紧跟在"屯"之后是有着双重含义的,它包含了君和师。君之为政,以自身的楷模、风范天下而行教化;师之为教,塑造与理想社会同质的人格而成教化。君之为政,如同师之为教,肩负有为下民之师而引导其向善的职责;师之为教,如同君之为政,以天下为己任,为理想社会输送人才,所以作之君的"屯"和作之师的"蒙"紧从天地之后,成为了人类社会中头等要紧的重大事项。这里需要辨析的是,《周易》之"君""师",紧从天地开辟,它给人更为清楚的印象是突出了天道自然观,突出了人自己治理群类的理性精神,而不是上帝、鬼神的绝对作用。

这是对社会本身的认识——整体看,《乾》《坤》《屯》《蒙》的这一社会创生结构,以及这种认识里所蕴含的天道自然观,已经大不同于殷人天帝、鬼神造就社会的看法;大不同于基于对天帝、鬼神的彻底依赖而导致的人间统治的独断、暴戾,周人由世界观的转变而导致其寻求的治理方法便具有了全新的意义。

就本质意义而言,周人实质上是采取了以自己建树的观念形态去灌输、同化人群而达到统治稳固化的新方法,也就是以观念的力量去控制社会而达到社会稳固的更符合社会治理规律的治理方法。这种教化、教育的方法成为了《周易》政治理想的一个重要组成部分,在《周易》当中,既充分描述了教化的深刻用心,也提炼、概括着教育的规律,并都以其特殊的表述方式——卦象,对周人的认识给予了清楚的说明。正因如此,班固《汉书》申明,以《周易》为思想本原的"六艺"——儒家六种经典是"王教之典籍,先圣所以明天道、正人伦,致至治之成法也"[2]。

---

[1] 杨伯峻:《孟子译注》,中华书局,1960年版,第31页。
[2] 参见班固《汉书》,中华书局,1962年版,第1723页《艺文志》,第3589页《儒林传》。

第二节　临民保民的政治理想

这种以教育、教化而理民的统治理路,首先原于周人对统治的认识和态度。在《周易》当中,其统治观念明晰地表述为"临"与"观"的态度,并专辟《临》《观》两别卦来喻示,它们的意义是临民保民,不是单向度的统治意志的绝对的强暴施与,而是期望统治者与民构成交感、交流的对立统一,在社会诸因素的多元和合之中,实现文明治理,保证社会安定,推动社会前行。这就给了统治者选择教化、教育作为沟通双方意志、实现两者有机相联的治理方法,提供了十分清晰的背景依据。同时,《临》《观》两卦,从教化行政的意义上说,可以看作是《屯》中之君形象的具体化。

先看"临"的观念。"临"即《尚书·顾命》"临君周邦"、《国语·周语》"受职于王,以临其民"之"临",它具有治民理民实施统治之意,同时也有居高临下之意。这一点,卦象示得很清楚。《临》(䷒)下兑(☱)上坤(☷),泽上有地,泽与地紧相亲比,关系至为密切;地上于泽,居高临下。卦象图景的本身就具有这样的整体意义:一、密切相连,居高临民;二、下兑为悦,上坤为顺,悦而顺,和谐安定。卦辞:"临,元亨,利贞;至于八月有凶。"统治者如此临民,必然会"元亨利贞"——至为亨通,守正而利。《周易程氏传》:卦中"二阳方长于下,阳道向盛之时,圣人豫为之戒曰,阳虽方长,至于八月,则其道消矣,是有凶也"。任何事物都不能久盛不衰,治道也不例外,只有在盛时而思衰、居安而思危,才能长保无虞。卦义很清楚,是以德以相感而临民,并且不自炫耀盛大,不骄奢,时时居安思危。这是周初,周人总结吸取前朝败亡教训,期望以德治德政而保长治久安的政治理想的集中表达。

卦中诸爻的展现,则更细致地描画了这种理想的主要侧面。

初九、九二,分别与六四、六五构成相互感应的关系。初九、九二爻辞皆是"咸临","咸"即感——心灵的感应共振,它说明着这种临民是以与民同生共感为条件的,统治者与民为一体,不可分割,对立统一,矛盾之中自有其"咸",这"咸"是感通、感动,即构成充分的理性的、情感的交流,达成充分的认识上的共识与默契,促成情感的共鸣。《周易折中》引李舜臣:"山泽通气,故山上有泽,其卦为《咸》;而泽上有地,初、二爻亦谓之'咸'者,阴阳之气相感也。"相感是相通的前提,必相感通如《咸》卦之一体相联,倾动肺腑的痛痒相关,才是"咸临"。"咸临"的这一意义,正是周人德治理解的重要内涵之一。

"六四,至临,无咎";"上六,敦临,吉,无咎"。显然它们与"咸临"相衔接,是至诚至恳的临民态度,是德政的具体体现。六四与初九阴阳相应,是相亲相感的亲近,《周易折中》引王宗传:"四以上临下,其与下体最相亲,故曰'至临'。""至"字的大义,为极限而无以复加。"至临"即是既相感通,便亲密无间,是体贴备至的亲政仁民。而"敦临"则是"上六坤之极,顺之至也,而居临之终,敦厚于临也。与初、二虽非正应,然大率阴求于阳,又其至顺,故志在从乎二阳,尊而应卑,高而从下,尊贤取善,敦厚之至也,故曰'敦临'。"(《周易程氏传》)有这样的"至临"和"敦临",就达到了与民相感相亲而为一体。在这里,《周易》清楚地表达了周人对君民关系的清醒认识,实质上说穿了,君与民是一个互相依赖、互感共生的有机体,有了这样的认识,才会自觉仁民,才虽"至于八月有凶",仍然可以"无咎"。这种久治安然,是以德为政,诚恳临于天下的结果。

卦中的六五,处君位是为政的标志,其云"知临,大君之宜,吉",又是举德任贤,与民共同营造清明政治环境的体现。《周易本义》:"以柔居中,下应九二,不自用而任人,乃知之事,而'大君之宜',吉之道也。"六五柔中而任用九二刚健贤明之臣以辅佐,从容明智,政清民和是德政之最为美善的情状。

与前面种种相对应,《周易》否定临民为政的虚伪欺瞒的"甘临"态度。"六三,甘临,无攸利"。"甘",王弼《周易注》:"佞邪说(悦)媚,不正之名。"即失去真诚笃厚而以巧言佞语临人,这是一种虚假的亲近态度,于临民为政,绝无利可言。胡炳文《周易本义通释》指出:"三兑体在二阳之上,为以甘说(悦)临人之象,……此以不中不正为甘,故'无攸利'。"悦人以邪佞,非正非诚而"甘"。此"甘"在卦中,又正是以处在多凶之位上而充分说明其为政举措的凶险,可见《周易》对"甘"之否定的态度是明确的,这实质上是旨在否定不以德临民的为政态度。

以上就是《临》卦所述说的周人以德政临民理民政治理想的具体侧面。其要点为尽量经营成与民亲密共感为一有机体的政治格局,它需要在上临民为政者真诚亲民、笃厚为民,采取明智的态度,营造出任贤理民的清明的政治环境,这样才能规避治理天下的风险,虽"有凶"而"无咎"。

《临》侧重于在上临下而与民共同营造良好、友善的政治环境的角度述说了其政治理想,《观》卦则又开掘了更丰富的内涵,从统治者对自身要求的角度说明其政治理想,从而与《临》卦互补,完整地规定着周人政治理想、政治态度的基本内涵。

首先我们看到,笃诚是两卦的共同主旨,《临》从真诚相感的角度说明了临民理民之笃诚;《观》则从临治者必须具有自我完美形象的角度,规定其笃诚品格。

《观》(䷓)《周易正义》:"《观》者,王者道德之美而可观者也。"其最为"可观"、最能体现"道德"之处,在于其笃诚,卦辞云:"观,盥而不荐,有孚颙若。"盥,《周易集解》引马融:"进爵灌地以降神也,此是祭祀盛时。"荐,祭祀中向鬼神敬献祭品之礼。颙,《周易正义》:"严正之貌。"当祭祀之时,行进爵沥酒的降神之礼,最为庄严、最为隆重,它最为集中地显现着拜祭者的庄重笃诚。礼仪形式为诚敬的外在形态,人们所观仰的除了神灵,就是最为夺目的为礼仪所衬托出的拜祭者的笃诚形象了,卦辞的情境突出了人的笃诚。王弼说:"王道之可观者,莫盛乎宗庙;宗庙之可观者,莫盛乎'盥'也。"(《周易注》)而"盥"恰恰是笃诚的符号,可见在卦辞中体现的核心意义就是这种绝无旁顾、绝无虚假的笃诚,它正是周人期望的对政治的根本态度,也是人们所观仰、所信赖、所思量省察的根本对象。一切具体的政治操作手法都不是根本,根本的是为政亲民的诚敬笃厚的用心。

其次我们看到,《观》卦诸爻围绕这种神圣和庄严的笃诚形象来描述自己为群类仰观和自我省察之自观。它突出了以笃诚为本色而获取尊重,不断自我检点,维护自我形象,保持能够被尊重的自我品性。

在卦中的被观仰之主是九五,其爻辞云:"九五,观我生,君子无咎。"《周易本义》:"九五阳刚中正以居尊位,其下四阴,仰而观之,君子之象也。故戒居此位,当此占者,当观己所行,必其阳刚中正亦如是焉,则得'无咎'也。"作为一卦之主,九五居尊位而为人们所观仰,是让人们所敬仰和效法的楷模,以一身而教化天下;同时作为人们的楷模,又必须有足以为人所仰观和效法的自身修养,所以必须省察检点,自观其身。马振彪《周易学说》说明,九五当具有"返观自镜,克明峻德,完其性分所固有"的超凡绝俗的能力。其反观自省,能超越自我,足以使自我和于天道神明,同时,又得以洞见到这种自我性分的本然,这才具有十足的君子之风,既为人所观仰,又可风化于天下。这就是居尊位者的自性和职责,也是居尊位者的存在理由,而这一切都离不开自身的笃诚虔敬。笃诚虔敬是必由之路,和于天道神明的性分则是君子人格、理想境界的内涵。这个形象与卦辞所言相一致,就其超越于一般的存在所表现出的特点而言,就是笃诚于自己的理想;就其现实性而言,那是君子一般足以为人所观仰的完美修养,这便成为了全卦诸爻所观仰的真实内容。其内容的对外作用,就是表率天下,实现了下以观上,为上所感动、熏染、教化的治理目的。

"初六,童观,小人无咎,君子吝。""六二,窥观,利女贞。"这两阴爻是以距离九五楷模的远近亲疏程度而表现出特性与状态的。初六距离最远,所以是"童观"——如同童稚,观光有限,见识肤浅,不能为大德所动,这在无所作为的"小人"为情理自然,而在欲有所为的君子,则不能免除憾惜。六二稍近,但柔弱而处于下卦群阴之中位,如同女子困守深闺而窥视,不能识大体明见阳刚之道,失却大美之观,这仅利于女子之正,而不能有利于参与社会活动的男子。总之,它们距离九五很远,都得不到充分的濡染,分享不到教化之光,不能说是善美状态。

"六三,观我生,进退。"六三爻位距离九五很近,但三处下卦之极,阴柔失正而"多凶",其进退审慎所行,这个"观"就如《周易译注》所说:"此处含有既仰观于外,又自观于内之意。"就是内外双观,谨慎行事。外观得以领有教化之光,被于君子之风;内观如同"九五",内省自求,洞见和于天道神明的自我性分的本然。这是不同于"初六""六二"的显著特点,也是"九五"之教化所及的明证。它表现了九五之化,使天下向风而追从楷模,由每一个体的向善而导致移风易俗的动向。紧跟着的"六四"一爻最近"九五",其情形就大为不同了,是更为完善的情状——"观国之光,利用宾于王"。《周易程氏传》:"观莫明于近,五以阳刚中正居尊位,圣贤之君也,四切近之,观见其道,故云'观国之光',……四既观见人君之德,国家之治,光华盛美,所宜宾于王朝,效其智力,上辅于君,以施泽于天下,故云'利用宾于王'也"。仰观于大治之光辉,效力于盛治之国,可谓是至美之观,最动人的境界。六四这种境界的获得,就卦中诸爻的关系而言,无疑是紧邻九五,得以亲炙大观的直接熏染、教化的结果。

"上九,观其生,君子无咎"。与第二章相关内容互见,该爻除去具有令天下皆为君子之志,它还有这样的意思:《周易折中·案》"上九观其生,似只是承九五之义而终言之尔。盖九五正当君位,故曰'我',上非君位,而但以君道论之,故曰'其'。辞与九五无异者,正所以见圣人省身察己,始终如一之心,故《象传》发明之曰'志未平也'。"上九补充说明了九五的内涵——为人君而受到观仰者,必须自觉自律,始终如一,不可一日懈怠。这样才能永葆自身形象的完美,才能具有教化群类的条件,才会盛治其国而常得无咎。

《观》全卦突出了九五之君的自观、为人仰观的教化意义,诸爻以距离九五的远近程度,所受之风化程度而体现其休咎善否。近于九五为其所化者,自然吉而无咎,所离愈远其善愈弱;九五自身亦时时自省,观风问俗以自检,兢兢完善其德行,谨慎其态度,使自己足以为群类风范。可见,《观》与《临》之临人不同,它是以自善而为人所观仰来行教化、完善社会的。

综观两卦可见,它们互补成义,如《杂卦传》所说:"《临》《观》之义,或与或求"。《临》"以我临物";《观》"物来观我"(《周易本义》)。"以我临物"则"我"为主,是施与者;"物来观我"则"我"为客,是被观仰者,也是被监察者。两卦说明,无论为主为客,都必须存有一片笃诚而与被治者交感交融,对立统一,有机而生;为治者必须时时自我检点省察,完善自身才得以守其位,实施其临治。《临》与《观》互补成义的另一方面,是它创造了上以理想而化天下,天下以理想的尺度要求于上,上下互感互应的政治格局。这样才能有效风化天下,使天下成为一个具有统一意志,具有共同追求的有机整体。而能够实现这样的理想,完成沟通上下,结合统治者与被统治者成为有机一体的重要途径就是教化、教育。临民咸民,让民理解、认可,是通过统治者自身形象之大观对民的风化来实现的,也是通过临治之教化、教育来完成的。由此可见,周人的政治理想与选择教化、教育作为临民保民重要途径的必然性,也可见,卦序图景之以《乾》《坤》《屯》《蒙》为逻辑关系的天道自然观作为内在根据,在具体理解社会治理中的意义。

第三节 "神道设教"与临民保民

《周易》经中所确立的政治观念,描述的政治理想就是让天下成为一体,有机和谐,共生共存,其存如天地,其行如四时,稳定发展,而为之选择的途径是教化。这些在《传》里被进一步概括、提炼,成为极简练、清晰的表述,那就是在后来中国文化史中影响至深的"神道设教"的说法。

郑万耕先生对此进行了周详的考释[①],使我们看到"神道设教"成为了对《周易》政治理想的最为精要简洁而又十分周延的概括,它几乎成为了政治治理理想的标志性说法。

> 《观·彖传》:"大观在上,顺而巽,中正以观天下。'盥而不荐,有孚颙若',下观而化也。观天之神道,而四时不忒;圣人以神道设教,而天下服矣。"

"神道"是这个语境中的关键概念,它是圣人得以凭藉,群生赖以治理,理想政治环境得以实现的根据和基础。依照《周易》所提供的语境,这里的"神道"大约有如下两层意义:

---

① 参见郑万耕《"神道设教"说考释》,《周易研究》2006年第2期。

其一是上天、鬼神的神明之道。

尽管周人畏惧于殷人一味归向天帝神灵而走向败亡之道，但原始宗教的精神与说服力到此并没有消歇，而是以其特有的形式持续表达着，对于上天之神明，《周易》仍然表现出信赖的态度。《益·六二》："王用享于帝，吉。"此"帝"即"天帝"，《周易正义》："帝，天也。王用此时，以享祭于帝，明灵降福，故曰'王用享于帝，吉'。"它也正是《诗经·大雅·皇矣》讲的"皇矣上帝，临下有赫，监临四方，求民之莫"的那个光辉伟大的"上帝"，以及《诗经·大雅·文王》所说的"文王在上，于昭于天。周虽旧邦，其命维新。有周不显，帝命不时。文王陟降，在帝左右"中的"帝"。此"帝"与甲骨文中习见的殷人所信奉的人格之神——"帝"毫无二致。与殷人不同的只是"周虽旧邦，其命维新"，获得的是天帝的新的信任。天帝的神灵与威严没变，变化的只是移于有周，周人成为了天帝所支持的人间的新的主宰。

周人同时接续着殷商旧制，强化着祖先神的观念，《周易》说明，祖宗的神明也同样富有力量，敬畏之便能获得福佑——《萃》："萃：亨，王假有庙；利见大人，亨利贞；用大牲吉，利有攸往。""庙"即供奉祭拜祖先的神庙；"假"犹"感格"，《周易折中》引龚焕："假字，疑当作'昭假烈祖'之假，谓'感格'也。王者致祭于宗庙，以己之精神感格祖考之精神。"时王用精诚美德感格祖先神明以保有庙祭、保有天下；慎终追远，得以团结群类，安定社会，可见祖宗鬼神的意义。前文例举的《观》卦，突出了宗庙祭祀的隆重、诚敬与庄严。祖先之神明如同天帝，对活着的人具有决定性的作用，可见周人对天帝、祖先神明的仰赖心理。这种例证，在《周易》之中不乏存在，此不一一例举。这里要说明的是，在周人的观念中，上帝、祖先神明的意义仍是具有重大价值的，是支持自己临天下的可信赖的基础，是证明自己政权合理性的巨大力量，它们仍具有着信仰世界的神圣性，因此神明的旗帜仍然在旌扬，只是周人没有将自己消解在天帝、鬼神的神明之中而非理性到失去自我的迷狂程度而已，这是其与殷人的根本区别之所在。

其二是具有自己规律的"四时不忒"的"天之神道"。

殷周之际的变革是深刻的，周人以自己的理性精神深刻地改造了传统的观念。这就是周人注重客观世界的真实存在和它所具有的神妙规律，一部《周易》也便同时承载了周人具有理性精神的对世界、人生的深刻认识和追求"知几知微"努力把握事物的智慧水平。这种认识、这种水平，同样是历史的积累，到《周易》这里，给予更为精到的概括与升华，使之成为了影响于后世的经典之作。

"四时不忒"的"天之神道"是人们生存的现实世界，《周易》不仅确认，而且对其"探赜索隐,钩深致远"。展读《周易》,人们首先见到是客观世界的样态——阴阳与八卦。《说卦传》:"动万物者莫疾乎雷;桡万物者莫疾乎风;燥万物者莫熯乎火;说(悦)万物者莫说(悦)乎泽,润万物者莫润乎水,终万物始万物者莫盛乎艮。故水火相逮,雷风不相悖,山泽通气,然后能变化既成万物也。"这就是万物存在的世界。这世间万物神妙相生相成的过程,又都受到阴阳对立统一、矛盾运动的总的法则的制约。人的存在也不例外,人生诸般事物同样具有自己的客观规律。于是,《周易》揭示了在阴阳的对立统一、矛盾运动的作用下的世界及其规律。阴阳鼓荡下万事万物之中的规律是神妙的,"一阴一阳之谓道""阴阳不测之谓神""知变化之道者,其神之所为乎?""唯神也,故不疾而速,不行而至"(《系辞上传》)。这种神妙的规则、规律是可以认识、可以把握、可以利用的,《周易》就是以此引导人们研几知微、知微知彰,获得趋吉避凶的生存与发展的条件。一部《周易》启人智慧的重要侧面就是它的方法论,其中自然秩序的法则、对立统一的规则、变易不居的规律、整体系统的观念、执简驭繁的原理、循环往复的概念、整体均衡的理论、宏观分析事物的方法,等等①都是人们在客观世界中实践、体验、感悟的结果,是纯粹理性的认识成就。从这样一些努力和特点中,我们又看到《周易》引人务实实践,不是让人归向虚无的天帝鬼神世界,而是面向现实人生、面对客观世界,理智地、智慧地实践,开物成务,创造出属于人类自己的天地。

上述两面,看似不能相容,但在《周易》中都将其完满地归之于"神道",并且"以神道设教""这是一种宗教与非宗教,鬼神迷信与人文理性的巧妙结合。"②马振彪《周易学说》解释:"时行物生即是天之神道,圣人尽人道以合天道,即是以神道设教。尽人性尽物性,无往而非教也。然必先能尽其性,上顺天理,下顺民情,有大观在上之功,乃有下观而化之教。盖本诸身,征诸民,质诸鬼神而无疑,放诸天地而不悖也。"理性与非理性的结合,人道融合进自然天道、鬼神之道,用以修己化民,就是"神道设教"。这"神道"成为君子塑造自己形象的内涵,也成为了"设教"的内容,这也就是前述《临》《观》之卦所集中描绘的那种现实生活中的敬神演绎和两卦所集中表达的务实的政治理想的实现方法。

"神道设教"的境界,据《易传》描述,是通过教化使社会走向文明。

---

① 参见谈敏《〈经济表〉与〈周易〉》,《周易研究》1991 年第 3 期。
② 参见郑万耕《"神道设教"说考释》,《周易研究》2006 年第 2 期。

"刚柔交错①,天文也;文明以止,人文也。观乎天文以察时变;观乎人文以化成天下。"(《贲·彖传》)

《贲》(䷕)下离(☲)上艮(☶),离为明,艮为山、为止。贲,《说文》:"饰也,从贝卉声。"就是文饰。卦象离明文饰艮山,而止于必要的文饰,象征事物质木无文失之于朴野是行不通的,必须具有其必要的文饰才能亨通,卦辞"亨,小利有攸往"。《周易程氏传》谓:"物有饰而后能亨,故曰'无本不立,无文不行',有实而加饰,则可以亨矣。"刚柔交错,日月星辰、阴阳变化是天的文饰,而人的文饰就是礼仪制度。天文表现了天的存在与生命形态,人文是人之存在的本质反映,是人自我节度、按规律而行的必然表达。《革·九五·象传》:"'大人虎变',其文炳也。"《革·上六·象传》:"'君子豹变',其文蔚也。"以虎豹之纹象征人止于不同等级的礼仪文饰、不同等级的道德规范,人具有礼仪,群类就具有了秩序,就可以保障其生存与发展。观乎天文,可以把握"天之神道",得天之规律,悟知天之神妙运行,从容应天而行之,获得人类实践的自由;而观乎人文,就可以教以化之,从容治理社会,成就社会大治的完美境界。这里强调了社会止于文明的理想境界,这个"止"是让人自觉归向于礼仪制度的"化"的过程,而不是强加于人的蛮横刚暴的外在力量的结果。"化"《说文》"化……从匕人","匕,变也",依段玉裁《说文解字注》,"匕"就是变化之化的本字,这种变化是"能生非类曰化",也就是基于内在根据而发生的有机的变化、性质的改变;"化","教行也"(《说文》),通过教而使人发生根本的内在心理结构的改变。"化成天下"就是令天下人自觉的发自内在的归向于社会的要求与规范,这就是"文明"——从朴野走向文明。《周易程氏传》说明:"观人文以教化天下,天下成其礼俗,乃圣人用'贲'之道也。"《周易》看到,"贲"既是为治之道,也是为治的成果。而促成"化"使之达于"文明"的有效途径就是"教";"神道"是内涵,"教"是必要条件。教化成俗,人人具有自觉的文明的心理认同、自觉的价值取向、自动的行为追求,让个体行为合于信仰世界神的期许、合于客观世界规律的轨迹,这样,也就完成了贲饰,实现了文明,走向了理想的社会境界。

《易传》还从不同角度诠释这种"教"。《观·象传》:"风行地上,观;先王以省方观民设教。"结合卦辞,此教之"神道"更倾向于宗庙之教,通过精诚祭祀来敬畏天帝、鬼神之神明,以此大观来令人观仰接受熏陶、教育而强化宗教似的信念、信仰,超越现实的具体而有精神的归向。《临·象传》:

---

① 参见第二章"刚柔交错"注。

"泽上有地,临;君子以教思无穷,容保民无疆。"此更侧重于"天之神道"的规律、规则来教民保民。"君子观亲临之象,则教思无穷,亲临于民,则教导之意思也。"(《周易程氏传》)胡炳文《周易本义通释》进一步说:"不徒曰'教',而曰'教思',其意思如兑泽之深;不徒曰'保民',而曰'容保民',其度量如坤土之大。"——教所涉及的深度与广度是没有涯际的,它随着社会的发展而发展、深化。总之是为政者以诚恳仁心的勤苦之教,令民感知"天之神道"而由内在深处走向文明,使社会达到安定、发展。这"神道"之教,完成了社会的价值实现。《坤·文言》:"积善之家必有余庆,积不善之家必有余殃。"《周易集解》:"贾生所谓:'绝恶于未萌,而起善于微渺,使民日迁善远罪而不自知'者,即此意也。"教之使迁善远罪为最大的仁慈,以此为政是"积善"之政。《坎·象传》:"水洊至,习坎;君子以常德行,习教事。"《渐·象传》:"山上有木,渐;君子以居贤德善俗。"习教事、善风俗、远罪戾,便成就了安定祥和的社会,实现了社会的最大价值。

综上可见,《周易》的政治理想是清晰的,对教化、教育在社会治理中的地位与作用是明确的。在其中,经的部分既有理想的描述,也有途径的揭示,这些不仅包含着此前长久社会实践的积淀,也包含着对殷周之际历史教训的回应,表达了周人在政治理解、社会治理探索中的自觉性和认识的深刻性。传在经的基础上,将思想提炼得更为精要,表述得更为明晰,与经一道完成了周人思想的凝定。虽然《周易》关于教化的思想还没有如教育那样专辟卦象来说明,但经、传当中已经将教化的内容与形式做了极为显明而清晰的表述。而这一思想正是另外一部经典《诗经》产生的原因,作为观风问俗治理天下的思想的产物,《诗经》以另一形式承载着周人的政治理想,实现着观风俗、行教化的作用,这也足以证明《周易》教化、教育作为为政方法的原则意义。

小结　观念力量的真实与可靠

综合前述种种可见,《周易》在其政治思想中极为重视教化、教育这一领域,是因为它所树立的社会理想使然,也是周人在其社会理想基础上,寻求的更为成熟、更合乎社会治理规律的新策略。这一新策略正看到了人间观念形态的力量,它是比盲目的上帝、神灵依赖更切实、更有效力的精神力量,同时周人也看到,那种欲使社会上下通感而高度和谐,令其成为有机整体的社会理想,就要求为政者具有足以成为人伦风范的道德、人格。而能够促成并保持这种人格理想,不仅需要为政者具有高度的自持、自律的自我修养,而且需要观风问俗以自我约束,既为人所观仰以风化天下,也需要在人们的观仰中自我警策、自我完善。同时,使教化成为塑造社会成员人格风尚的工具,进而完善社会、美善风俗,纳上下于周人所建树的道德理想。凡此种种努力,才能使社会具有良好的政治格局,为政者才能临天下、保政权,长治久安。

在这种展示里,使我们看到了《周易》政治理想的重要内涵,看到了殷周之际思想观念重大变化的走向,也看到了其后中国文化史中这一影响至深的理想的社会治理观念的来源根据。

第四章 《周易》的教育思想

第一节 《周易》对教育的基本认识

教化是从既定的社会状况出发,用理想的价值观熏陶、濡染,化而成为社会共同的价值理想,进而凝定为一国风俗,使精神追求变为人们社会践履的实在内容,以此求取理想社会的实现。教育则从根本上塑造与社会理想、社会需求同质的个体人格,由此人格便成为成就社会理想的基本力量,教育是造就理想社会的根本大计,因而《周易》辟出专卦,并位列醒目地谈教育。胡炳文:"有天地即有君师,《乾》《坤》之后继以《屯》,主震之一阳而曰'利建侯',君道也;又继以《蒙》,主坎之一阳而曰'童蒙求我',师道也。"(《周易本义通释》)这突出说明了君、师之道是行教化、引领社会的关键,它同时也说明着师道的地位,见出《周易》对师道的基本认识。

《周易》之师道所关注的教育,目标是很清楚的,其教育的主体内容是理想社会所需求的价值观念,目的是为社会创造"人",塑造文明社会所需求的价值承载者。这样,教育就成为了教化的基础,是为教化创造基业,使教育成为塑造人的人格的工具,其理想与前文谈到的"《周易》君子政治理想"相一致,那么,教育同时也就是为理想社会的造就而构建支撑的基干。教育、教化相辅相成,其现实意义,就是移风易俗改造社会,使社会沿着理想的轨迹前行。在这里,教育不仅仅关注知识,更注重的是价值,它是治理社会的必要途径。其意义如此之重大,所以《周易》不仅在诸卦中周详地涉及阴阳法则、君子人格、价值导向、吉凶判别,使《周易》本身就成为一部内容完备的教科书,而且专于《蒙》卦中具体阐释教育的意义与规律。

蒙(䷃),下坎(☵)上艮(☶)构成卦象,成一个专门领域的别卦,这里我们就从探讨《周易》教育思想的角度去观察这一专卦。

"盖《周易》止以象告,无理不可通也"①。"蒙"之卦象,清楚地说明了《周易》所识的教育之理。朱熹《周易本义》分析这一卦象:"一阳止于二阴之上,故其德为止,其象为山。蒙,昧也。物生之初,蒙昧未明也。其卦以坎遇艮。山下有险,蒙之象也;内险外止,蒙之意也,故名为蒙。"就卦象而言,上艮止,下坎险;上静止不动,下水流淙淙,清而渐行。它说明了教育之理。人之初生,蒙昧未明,不知所措,犹如身陷坎险,面山而止,被昏昧束缚,这一切,也就是一个醒目的现象——蒙昧闭锁住了人的一切。人处在这样的状态,自存尚不可得,就更谈不到适应社会需求,成为社会的有机的积极的成分。而人本身不能脱离社会而存在,社会也不能脱离人而存在。面对这样的"人",社会需求首要的就是攻治其蒙昧,让他成为真正意义上的人。并且只有人、社会才能创造人,没有任何其他的力量、其他的因素可以把人变成人。在成就"人"的问题上,在整个《蒙》卦的运演表述中,《周易》显然关注的是人本身,张扬的是人的自觉,而没有委之于超凡的神灵。

卦中群阴柔之爻为蒙,两阳刚之爻是治蒙者,而"九二"为《蒙》卦之主。"九二"讲"包蒙"(为群阴蒙稚者所环绕);"上九"讲"击蒙(以猛击来启发蒙稚)"。《周易学说》引李士鉁:"卦中二阳,皆足开阴之蒙。二刚得中,故'包'。上刚过中故'击'。"不论"包蒙"还是"击蒙",都是讲人自己在攻治蒙昧,而不是靠神灵启喻,依赖神灵造人。

这样,就清楚了——朱熹对卦象的分析指明了象所展现的人的蒙昧状态;李士鉁的分析,指明了卦中的攻治蒙昧的主导因素,两相结合,就是《蒙》卦所要述说的教育之理——以施教者为主导,开蒙发智,解脱愚昧,为社会造就人;为人的生存与发展提供必要的支持力量,从这个意义上说,它也是《周易》对人类社会自身发展历史的深刻认识和理解,呈现的是人类自己创造社会的智慧的结晶。

《蒙》卦以其在六十四卦系统中的逻辑关系和地位,标识了教育在人类事物中的地位;以其卦象,述说了教育之理,同时,它还述说着教育的主导者——教师在教育中的存在状态和意义。

"九二"以阳刚之才之德而处下卦之中位,为群阴蒙稚者所环绕,又上应"六五"之君,是卦中的治蒙之主,是发蒙启智、为社会的治理而输送人才的施教者,该爻在卦中的地位和意义就代表了施教者和教育的意义。

《卦辞》讲了施教者之功:"蒙:亨。"《彖传》说"'蒙,亨',以亨行时中也。……蒙以养正,圣功也。"《周易程氏传》解释:"'蒙:亨'以'亨'行时中

---

① 胡煦著,程林点校:《周易函书》,中华书局,2008年版,第516页。

也。蒙之能亨,以亨道行也,所谓亨道'时中'也。'时'谓得君之应,'中'谓处得其中,得中而时也。"这是说,"九二"施教之主,既得君之应,又得中之位,是治理社会的需求与机遇造成的亨通,又以这样的亨通而行。《周易学说》则从教育规律的角度讲"时中"亨通之理:"当其可之谓'时',即养正之功也;不凌节而施,即行时中也。"即抓住受教育者需要教育又在能够教育之时("不凌节")而教育之,这正是教育规律中的"时中"。两说清楚地解释了《象传》对《易经》理解的意思,那就是施教之主是应社会治理的需求之时与受教育者的可施教之时而适时进行教育活动的,所以可"亨",是至为吉祥之事。同时《象传》又说明了教育对于社会的功德至伟——"蒙以养正,圣功也"。《周易程氏传》:"未发之谓蒙,以纯一未发之蒙而养其正,乃作圣之功也。发而后禁,则扞格而难胜。养正于蒙,学之至善也。"童蒙未发,如泉之始出,清澈淑善,纯一而无任何污染,这时以正道引导之,则澄其源、端其本,使之向善而明,这是成圣作贤的功业;反之,倘若错过时机,就会因为受教育者有了污染而对正道抵触,这便使正道难入,所以说"养正于蒙,学之至善也"。"养正于蒙",适时之教,为社会健康发展造就人才,为理想的社会输送圣贤,这样的教育是社会中的至功伟业,所以在易卦系统中,它位列建侯之后。

在《蒙》卦之中,它同时也对教育的主体——施教者本身,赋予了其基本的人格意义,以彰显教育本身的意义。这就是教育的主体——施教者具有从容施教的刚明之才、宽厚含容的博大心胸、悲天悯人的深沉情怀。

"九二,包蒙,吉。"施教者具有"包蒙"的品格与情怀。《周易程氏传》:"包,含容也。二居蒙之世,有刚明之才,而与六五之君相应,中德又同,当时之任者也。必广其含容,哀矜昏愚,则能发天下之蒙,成治蒙之功。"《周易学说》引钱澄之:九二"非刚则力不足以包,非中则量不能包"。这说明九二以阳刚居下卦之中位,其本身阳刚有劲健刚明之才,在此处又阳居阴位,刚柔得宜,同时居中适度,所以它有刚明、能含容、具耐性,这见出其作为施教者的刚明之才、含容之量和哀矜昏愚、发天下之蒙、推动社会向善的动人情怀。又胡煦《周易函书》谓,整个《蒙》卦,"据童蒙而论,所争在诚与不诚。据教者而论,所争在养之豫不豫"。则说明,《周易》对教者能否在教导掌养童蒙之时,不厌其烦、诲人不倦所具有的人格要求。这些,当然是《周易》表达出的理想,但这种理想并非脱离现实,不可实现,后来的"有教无类"(《论语·卫灵公》),"自行束脩以上,吾未尝无诲焉""诲人不倦"(《论语·述而》)造就众多为社会、历史所肯认、称道的弟子、贤人,作为万世师表的圣人孔子,就为这样的人格风范做了绝好的真实写照。

概括起来,九二作为施教之主,凸显的是刚明的才干、包容的心胸和治蒙悯人的情怀。

教者的人格要求,就是教育的意义,那就是以自身的学养风范为社会造就价值承担者的积极力量。也只有具备这样的人格风范的施教者,才能实践如《大象传》指出的期望——"山下出泉。蒙;君子以果行育德"。有了这样的教育者,才能真正践履教育的意义,承当教育的使命。《蒙》卦所说明的教育者,其自觉的理性,遵循教育规律的学养,引领价值的人格风范,恰都说明着教育本身的意义蕴含。

适时、适度、适得其人,就能够成就教育大业。我们综合这些因素可见,《周易》认识的教育,其功用是教化治政的重要组成部分,而其本质是引人攻治蒙昧,造就社会治理人才使社会成员走向良性的整齐天下的必要措施。讲说教育之《蒙》,紧随建侯作君之《屯》,说明在纷纭屯难、无序混乱之时,需建侯作君而大刀阔斧整理天下,而真正使天下、社会得以巩固、得以稳定、得以经久持存,治蒙成业、塑造适合于社会需求的人是关键。这就是《周易》对教育在社会存在与发展中的地位,教育之于社会健康存在、良性发展的意义的认识。

第二节 价值观念的塑造

对于《蒙》卦的观察,在怎样教育的问题上,我们可以看到两个主要侧面:一是它对怎样教育的认识,首先关注的是价值观念的建树,也就是说,它认为教育的本质功能是为社会塑造人,造就引领社会所需求的理想的人格,这是改造社会,实现其德治理想的治理社会的有效方法;二是《周易》对教育规律的提炼,它抽绎概括了教育实践过程中的若干原则,是对以往长久教育史中所提供的珍贵经验资源的再概括,其所概括出的若干原则是为教育实践所寻求的有效法则。

这里我们首先观察第一个侧面,即在《蒙》卦所关注的怎样实施教育中,人的价值观念的塑造。

《蒙》卦辞:"蒙:亨。匪我求童蒙,童蒙求我;初筮告,再三渎,渎则不告。利贞。"被教育的对象是"童蒙","童蒙"现象是既无完整的知识也无完整的人格,处在对世界、人生认识蒙稚的状态,需要教育,需要塑造。"筮"就是教育、教导、塑造。"筮"本为卜筮,用蓍草占卦,以问吉凶,郑玄曰:"筮,问也。"王弼《周易注》:"筮者,决疑之物也。"卜筮而求问神明,是为了解决疑难,求师问道也是解决疑难,就解决疑难获得发蒙引导的意义上说,两种求问是一样的,所以俞琰说:"盖童蒙之求师,与人之求神,其道一也。"(《周易折中》引)这里,卦辞所述说的,既是作为教育的释疑解惑、引人向善,也是九二作为施教者的教育态度与施教原则。

再看卦中诸爻之关系。《周易集解》引虞翻:"童蒙谓五""我谓二",即"九二,包蒙,吉。纳妇,吉;子克家";"六五,童蒙,吉"。九二是施教之主,六五是被教育的"童蒙"。《周易折中》引胡炳文:"初爻统说治蒙之理,余三、四、五皆是蒙者,治蒙只在阳爻,而九二为治蒙之主。"六五与治蒙之主九二相应是"蒙"的典型,也是治蒙之主所必要治理的典型对象。这个"童蒙"有鲜明特点,其一它处于君位,其二作为"童蒙"是纯而可塑之材。其处君位,广义而言,代表的是社会各个层面发踪指使的权力存在,这些存在是担当教化、引领风俗、治理社会之主——今日之"童蒙",将来便是引导社会的骨干、脊梁。面对这样的情形,施教之主九二首先是塑造这个"童蒙"的人格结构。卦辞说"利贞"。《彖传》:"蒙以养正,圣功也。"《大象传》:"君子以果行育德。"卦象为遇险而知止,这个知止是主体知险、主动规避而止之,而规避社会、人生风险的最有效的方法就是具有完善的个体人格。这个"止",从受教育角度来说,在于"利贞";从施教者的角度而言,在于"养正"、"育德",这都是使被教育者止之于合理的人格、止之于对待风险的合理态度与做法。从这三个角度看,从前述由卦辞、彖传的占断到大象传、卦象申示的象征意义看,他们都说明,《蒙》卦讲教育,首先是对塑造人格的要求。教育就是在"纯一而未发"的童蒙之材上,以"利贞""养正""育德"而塑造之,创造完美的人格。而六五以其特殊的地位作为蒙者的典型,成为治蒙之主九二的攻治对象,卦中又深含着作《易》者的理想追求,那就是为社会树风范、做贤才,成就理想的价值承当者去引领社会向善。

从另一角度看,"九二"阳刚在卦中为群阴弱小而拥围,执掌教席,教导群小。教的行为之意指,在"教"字的构形当中已经概括进了人们对"教"的认识。该字甲骨文作"𢽙""𣪊""𣪘"等形,篆作"𢼂",其字形递变没有本质差异,《说文》:"教,上所施,下所效也。从攴𡔒。"字形结构很清楚,受教部分为上"爻"下"子"的"𡔒","子"即"童蒙","爻"就是所施之教的内容。《说文》:"爻,交也。象《易》六爻交头也。"段玉裁注引《易·系辞》曰:"爻也者,效天下之动者也。"《易》中阴阳相荡,六爻运行,这六爻所构成的一个个《易》中之象,包含了天下事物的所有道理,即所谓"《易》道广大",所谓"《周易》止以象告,无理不可通也",这就是教的内容——天下所有事物的道理,而其中的要务是使人脱蒙昧、明事理而完善自己的人格。

从教师作为施教者来看,就是后来韩愈《师说》里概括的,教师的职责是"传道,授业,解惑",教师的价值体现在"道之所存,师之所存也"。塑造完善人格的"道"就是执掌教席者所要传输的内容。仅就卦中九二爻辞看,它似乎只讲了教师的状态,是为群蒙所拥围("包蒙,吉"),是有能力完成使命的("子克家"),而没有直接讲教育内容。其实这内容在《易》中已经处处体现着,也如前述,就师的内涵本身以及《蒙》卦辞中,便已经予以点明,说到底,是价值的教导,是道的传播。二又为臣位。臣而引导于九五之君,正是价值引导,杨万里《诚斋易传》:"乃谓'子克家',何也?臣之事君,如子之事父。责难纳诲,陈善闲邪,正使致君以尧,格君于天;如伊尹、周公,亦臣子分内事耳,亦如子之干蛊克家耳。"致君尧舜,达君于天之道,风化天下;《易·蛊》卦所明的"干父之蛊"、"干母之蛊"的干蛊治家、归正家道,也正是教的良苦用心和目的。这些都是价值引导,是九二所教之内容的首要意蕴。

再从"统说治蒙之理"的初爻来看,《蒙·初六》:"发蒙,利用刑人,用脱桎梏,以往吝。"它正说明价值教育的首要性。

处教育之卦的初始,《周易》之理,先谈的要务就是"利用刑人"。"利用",高亨《周易古经今注》:"利用,犹利于也。""刑人",《周易正义》释为"刑戮于人"。来知德《周易集注》:"刑人者,以人刑之也。刑罚立而后教化行。治蒙之初,故利用刑人以正其法。"都是释"刑人"为惩罚、惩戒之义。《周易尚氏学》则认为:"《诗·大雅·思齐》篇曰'刑于寡妻'。《左传》襄十三年'一人刑善,数世赖之',注皆训'刑'为'法',是'刑'与'型'同。'利用刑人'者,言宜树之模型,使童蒙有所法式,得为成人,永免罪辟也。"两种说法并不矛盾,惩罚之由是因为不知,或背离了模型法式,惩戒的目的是使之知之,或回到模型法式的正确轨道。该爻《小象传》:"利用刑人,以正法也。"《周易折中》引王宗传:"所谓刑人者,正其法以示之,立其防束,晓其罪戾,而豫以禁之,使蒙蔽者知所戒惧,欲有所纵而不敢为,然后渐知善道,可得而化之也。"就是说,"刑人"之义,在这里是模型法式与惩罚教诫并存的,目的是"正法"而令"童蒙"知晓。就一般意义而言,人生最大的社会风险莫若罹罪愆、遭刑罚,教育的最低底线、最基本的标准就是令人"永免罪辟",而"利用刑人"——利于树立范型,严加教诫使童蒙明了社会规则,这是给童蒙建构基本的防线,这是令其懂得社会、自觉树立价值标准的教育,也是塑造人格、使之与理想社会的准则同质化的起码要求。它也正是脱人"桎梏"的功业。《说文》"桎,足械也""梏,手械也",桎梏是封锁住人之手脚、夺去人之自由、对人惩罚的械具。蒙稚之于人,如同桎梏,它封锁的是人性、人的本质,使人失去自由与价值。教育的功能就是脱去桎梏,还人以本质,还人以自由,还人以价值,还人以尊严。在这里,说明的就是以"刑人"之严而"用脱桎梏"。在这种严加防范、不断教育的脱离桎梏的过程中,使"童蒙"逐渐走向自觉、化而向善。可见在《蒙》卦之中所含的对教育的基本使命的认识,即教育的首要之务乃至最终意义,就是人格塑造、化而向善,使人成为具有崇高社会价值的存在,如此,社会也就自然坚守了自己的法则、规矩,走向了善道。可见,《周易》说明教育这个领域,首先说明的是价值教育的重大意义。

综观上述,我们看到,在《周易》通过《蒙》之特定卦象讲述怎样教育的时候,它对教育这一社会现象所提炼的意义,其重要的侧面,仍然是说明了教育的使命是塑造人格、传输价值,引导社会走向完善。这一人格塑造、价值传输,就个体生命而言,教育有还人以自由、价值、尊严的意义;就人作为类的存在角度说,教育正是完善群类,使群类健康存在、良性发展的力量,而这一切意义实现的现实作用,就是完善了社会。另外,从"教,上所施,下所效也"的教的客观意义上说,九二攻治六五,使六五这一代表各个层面权利的"上"使人格塑造、价值塑造得以完善,这样人的良性施为,会被"下"所"效",从而影响、濡染天下,使社会具有良善的面貌。由此可见,在社会运行的客观现实中,教育又具备着作为治理社会的有效工具的重要意义。

第三节 教育原则、方法的提示

《蒙》卦不仅强调了教育的意义,它还反映出了《周易》对教育规律的见解。教育规律是实践—认识的成果,是保障教育意义实现的组成部分,它本身就具有严肃的科学性。对教育规律的具有科学性的认识和述说,也从另一个角度证明了《周易》教化、教育见解的理性精神。

这里,对《蒙》卦之中涉及的认识,分三个方面作以观察:

1. "匪我求童蒙,童蒙求我"的施教原则

"匪我求童蒙,童蒙求我"是《周易》中的一个重要的教育态度和施教原则。

《周易程氏传》:"蒙有开发之理,亨之义也。卦才时中,乃致亨之道。六五为蒙之主,而九二发蒙者也。我谓二也。二非蒙主,五既顺巽于二,二乃发蒙者也,故主二而言。匪我求童蒙,童蒙求我。五居尊位,有柔顺之德,而方在童蒙,与二为正应,而中德又同,能用二之道以发其蒙也。二以刚中

之德,在下为君所信向,当以道自守,待君至诚求己,而后应之则能用其道。匪我求于童蒙,乃童蒙来求于我也。"这里《周易程氏传》揭示了卦辞所强调的师当以"道"自守而待人来求,只有当童蒙识见滞塞,百般苦恼,一心渴求开蒙之时,才可施教。这时即达到"中德"相同,自觉求学,教学相通的适时适中境地。《周易折中》引林希元说的也是这个意思,而更为细致:"童蒙不我求,则无好问愿学之心,安能得其来而使之信?我求而诚或未至,则无专心致志之勤,安能警其惰而使之听?待其我求而发之,则信之深,一投而即入矣。待其诚至而发之,则求道之切,一启而即通矣。此蒙者所以得亨也。"这是一个很重要的教学原则,它在后来的教育思想中被确立得非常牢固。

《礼记·曲礼》:"礼,闻来学,不闻往教。"《论语·述而》:"子曰:不愤不启,不悱不发。举一隅而不以三隅反,则不复也。""愤者,心求通而未得之状也;悱者,口欲言而未能之貌也。"(朱熹《论语集注》)《论语正义》说:"孔子与人言,必待其人心愤愤,口悱悱,乃启发为说之。如此,则识思之深也。"当人用力于思而仍然心里阻塞盈满不通,识见不到、言说不清之时,前来求问才去启发他,使他开蒙通塞。这样求学是真诚来求,这时启发他,才能令其思深识远而解悟透彻。不然就是"不问而告谓之傲,问一告二谓之囋。傲非也,囋非也"(《荀子·劝学》)。杨倞注云:"傲,喧噪也。言与戏傲无异。""囋即赞字也。谓以言强赞助之。"不待学子之愤悱,不会循循善诱、启发学子发现问题勤于思索,而是主动武断地去强施教诲,这无异于戏傲喧噪,童蒙之人不会闻之入耳,其客观结果,只能是"诲尔谆谆,听我藐藐"。这种强赞助徒劳无益,所以荀子恳切否定之。坚持"童蒙求我"之"来学"的"启发",而否定"往教"的"强赞",这一教学原则,是人们长期教育实践的经验结晶,启发诱导而告之,符合教育科学,所以它能牢固确立、影响深远。

2. 严格执教的师道原则

当"童蒙求我"、求知若渴、真诚企望开蒙之时,施教者当严明执教,这是要求师者首先必须具有崇道敬业的职责感,具有严肃使命的人格精神,否则教育实践将无法具有成效。

九二阳刚而处阴位,具有阳刚果决的一面,也有刚柔相济、适中合度的一面。作为施教之师,需要阳刚果决,坚守知识、道义,《礼记·学记》申明这一点:"师严,然后道尊;道尊,然后民知敬学。"师是"道"的化身,一定要庄重其事,严肃使命,不然学子将忽视"道",流于嬉戏荒疏,则于"道"无益、于学无益,是故师者当严。初六已经说明了对学子要严加教诫,其严如同"刑人",目的是"用脱桎梏"。但严贵有度,《蒙·上九》说明了行教之度。"上九,击蒙,不利为寇,利御寇。"过了度,性质就变而为"寇",就会因惩罚而阻碍了求知、求道。《周易程氏传》："九居《蒙》之终,是当蒙极之时;人之愚蒙既极,如苗民之不率,为寇为乱者,当击伐之。然九居上,刚极而不中,故戒'不利为寇'。治人之蒙,乃'御寇'也;肆为刚暴,乃'为寇'也。"治人之蒙,一如用兵打仗。打仗不过是一种特殊的手段,以达到目的为度,如果手段使用过当,军队就招致凶险,人民就遭到祸殃,用之喻启蒙教育,则是本已达到规范童蒙、使其就"道"发蒙的目的,仍刚而不止,严之过当就变成了"为寇"。《周易折中》引杨简:"击其蒙,治之虽甚,不过御其为寇者而已,去其悖道之心而已。击之至于太甚,而我反失乎道,是击之者又为寇也,故戒之曰'不利为寇,利御寇'。"九二阳刚之质有刚暴的因素,然居阴位,则刚而不至于暴;上九阳刚,居上卦之极,本身即有过刚至暴之象,所以爻辞具体申明"击蒙,不利为寇,利御寇"。御寇与为寇,是教育过程对学子之接受、教者之施教所把握的度,过度则适得其反。马振彪曾指明了两爻所示的教育过程刚柔相济的辩证特点:"治蒙之事,时中为难,举世类多蒙昧,往往恣肆而无忌惮,非有阳刚明决之才,不足破群阴之昏瞀。二与上皆以阳胜阴,包蒙者主宽,击蒙者主严,宽严相济,治蒙之道备矣。"[1]这里《蒙》卦从爻辞与爻象两个方面说明了教育中需要师道尊严,但严要有分寸限度这一教育过程的原则与方法的意义。

这一点,得到了后来思想家、教育家们的赞同与发扬。如,荀子在其《致士篇》中说明可以为师的四条基本品德里,就把它作为两个侧面来加以强调:"尊严而惮(令人敬畏),可以为师;……诵说而不陵不犯,可以为师。"又如,南北朝时"最通博最有思想的学者"颜之推[2],在其《颜氏家训》中也强调对子女教育要严格,勤于督训。"师道尊严"曾是中国古代教育思想史中的共识,可见《周易》的这一思想的深刻影响。

3. 循序渐进的教学方法

《蒙·象传》:"山下出泉,蒙。"山下出泉是《蒙》卦之象。泉,涓涓淙淙,渐行渐远,不舍昼夜,它既有循序渐进的意思,也有恒常不舍的含意。《周易折中》引真德秀:"泉之始出也,涓涓之微,壅于沙石,岂能遽达哉!唯其果决必行,虽险不避,故终能流而成川。"君子观此卦象,当悟知教育锲而不舍、循序渐进之道。

《蒙》卦展示了这种循序渐进的教育方法。

《蒙·九二》:"包蒙,吉。纳妇,吉;子克家。"九二既是《蒙》卦中的教育

---

[1] 马振彪著,张善文整理:《周易学说》,花城出版社,2002年版,第71页。
[2] 范文澜:《中国通史简编》,人民出版社,1965年修订本第二编第528页。

之主,也是一家之长子。它居下卦之中,是长子之象。作为教育之主,它"包蒙,吉";作为一家之长子,"子克家"——长子能够治家。这个能治家之人就必然"纳妇,吉"。纳,既是迎娶接纳,完成郑重婚仪,也是让此妇能真正在思想、情感上进入此家庭,达到真正的而不是形式上的被接纳。《家人·初九》:"闲有家,悔亡。"闲,防也,指防止邪恶。初九居一卦之初,当"家人"之时,象征家刚建立,也就是《蒙》卦的"纳妇"之时,在建家伊始即"闲",其义如《周易本义通释》言:"颜之推曰:'教子婴孩,教妇初来'其得此爻之义乎?"它不但说明了《家人·初九》的爻义,也从旁印证了《蒙》卦对教育的见解。九二处"蒙"之时是启蒙教者,处《蒙》卦之中是克家长子,此长子又兼教者,在家中为端正家道而"教妇初来"。这一爻从两个角度说明了同一件事,即教育当起自事之初始,在正当蒙昧不清之时便"发蒙""击蒙",及时行教。

　　行教要及时,又要如卦象所示的循序渐进,不能紊乱次第。《蒙·六三》:"勿用取女,见金夫,不有躬,无攸利。"六三正应在上九,本应循序而从,但它却"三以阴柔蒙暗,不中不正,女之妄动者也。正应在上,不能远从,近见九二为群蒙所归,得时之盛,故舍其正应从之,是女之见金夫也。女之从人当由正礼,乃见人之多金,说(悦)而从之,不能保有其身者也"(《周易程氏传》)。六三舍弃正应上九,向下追求九二得时之盛的"金夫",乱了礼数,行不由道,所以"无攸利"。《蒙》卦拿这一社会生活现象作比,从反面来强调说明教育应该循循有序,切切不可毫无章法,那样,本来就蒙稚的学子,就会被弄得愈加懵懂糊涂,收不到教育效果。

　　循序渐进的道理除《蒙》卦象所示之外,在《渐》卦里也说明了这个问题,给后人带来很多启示。《渐》(䷴)之卦,下艮(☶),上巽(☴)为"山上有木"之象。此象如《周易程氏传》说:"山上有木,其高有因,渐之义也。君子观渐之象,以居贤善之德,化美于风俗。人之进于贤德,必有其渐,习而后能安,非可陵节而遽至也。"《孟子》著名的"揠苗助长"寓言,就强调的是不可陵节而遽至,必须顺其规律,循序渐进。《礼记·学记》更具体地说明了循序渐进之道:"古之教者,家有塾,党有庠,术(遂)有序,国有学。比年入学,中年考校。一年视离经辨志,三年视敬业乐群,五年视博习亲师,七年视论学取友,谓之小成。九年知类通达,强立而不反,谓之大成。夫然后足以化民易俗,近者说服,而远者怀之。此大学之道也。"七年"小成"、九年"大成"循序而进,并说:"大学之法""不陵节而施之谓'孙'"。"孙"即是按照顺序。它接受并发挥了《周易》揭示的学应当有序不紊、由"渐"而成的教学规律这一思想。

《大畜·象传》:"天在山中,大畜,君子以多识前言往行以畜其德。"《周易程氏传》:"人之蕴畜,由学而大,在多闻前古圣贤之言与行,考迹以观其用,察言以求其心,识而得之,以畜成德。"这里说明,为学成德是一个点滴积累的过程。要学习、认识、蓄积前言往行,逐渐使自己"由学而大"。这一观点在古代教育理论中也颇有影响。

上述的归纳,是以《蒙》卦为典型而看到的《周易》所确认的实施教育的原则与方法。这些要点根植于长久的文化、教育史,因其切中教育自身的基本规律,并概括精要而显示出坚定不移的可信性,故而它也被后来长久的教育实践所奉行不渝,成为《周易》提供给中国古代文明史的一个重要的思想资源。

小结　教育是社会治理的重要组成部分

教育是在人的本质、本性作用下,所必然产生的社会现象,也是只有人类才有的社会活动。依照马克思关于人的类本质的说法,则人自己超越于一切动物的独特表现在于劳动或生产实践①。人所表现出来的生产实践,比之于动物,它具有全面性、超越性、创造性、自由性和多维性的类本质特征——"动物只生产它自己或它的幼仔所直接需要的东西;动物的生产是片面的,而人的生产是全面的";"动物只是在直接的肉体需要的支配下生产,而人甚至不受肉体需要的影响也进行生产,并且只有不受这种需要的影响才进行真正的生产";"动物只生产自身,而人再生产整个自然界";"动物的产品只属于它的肉体,而人则自由地面对自己的产品";"动物只是按照它所属的那个种的尺度和需要来构造,而人却懂得按照任何一个种的尺度来进行生产,并且懂得处处都把固有的尺度运用于对象;因此,人也按照美的规律性来构造"②。这些特性,决定了人自身的一切活动,一切活动的能力。人不是靠动物式的适应客观环境的遗传,而是从能动的对人的塑造开始,这就是通过教育的工具与机制,使个体的人接受人类自身实践的经验,让人类自身认识世界的思想成果把自己变成自由的有意识的活动者,以实现人的实践的全面性、超越性、创造性、自由性和多维性。每一个个体的人都是在

---

① 参见马克思著,刘丕坤译:《1844年经济学—哲学手稿》,人民出版社,1979年版。
② 参见左亚文撰《重评马克思的"类本质"思想》,《东南大学学报》(哲学社会科学版)2014年第4期。

这样的基础上求取生存的,因而,可以说教育是与人类一起诞生,并伴随人类始终的属于人自己的社会现象。人的生产实践怎样,人的教育就怎样伴随。

  中华先民具有长久的生产实践史,也便具有着同样长久的教育史,它积累着丰富的教育经验资源,《周易》正是在这样资源的基础上提炼作为文化经典的教育思想的。这里,我们以《蒙》卦为基础,探索了其教育思想,从价值教育、教育方法和原则两个大的侧面具体勾画了《周易》清晰的教育理念,并见出这一思想是精要而富有影响力的。同时,我们也看到了《周易》的另一个重要而醒目的见解,那就是,它是把教育作为社会治理的重要组成部分来确认的,认为它是引领社会的重要工具。这一点,后世领悟它——"建国君民,教学为先"(《礼记·学记》)。可以说,无教育,就没有人的存立,就没有社会的治理,更无法期望理想社会境界的实现。综合前述所有的说法,可以看到,《周易》实质上是把教育同人性的紧密联系特点挖掘了出来,说明了教育的本质意义。

第五章 《周易》教、罚并行的刑讼观念

第一节 殷末周初的刑、讼理念

刑讼观是社会理性的表达,它直接承载着统治意志和统治者对社会的认识与理解。殷末周初,在刑讼观这具有标识性的社会治理观念中,周人扬弃了殷人"天罚"意识,而代之以教罚并行的理念。也就是说,周人扬弃了殷人依赖天的意志而肆行其所为的观念与做法,用更为切实的理性精神对待社会、对待政治治理,形成了柔性教化与刚性惩罚并用,而最终以教化为旨归的刑讼观念,从而让社会治理具有了"郁郁乎文哉"的文明色彩。这一观念同时也成为了周人"治道"的最重要的组成部分。以此,《周易》专门开列《噬嗑》《讼》两卦象来说刑罚,说狱讼,将周人的政治理念从刑讼这一社会生活重大领域的角度,真实而集中地呈现出来。

《周易》教化寓于刑讼的观念,《周易程氏传》曾给予了较为细致的发明。其于《蒙·初六》解释说:"发下民之蒙,当明刑禁以示之,使之知畏,然后从而教导之。自古圣王为治,设刑罚以齐其众,明教化以善其俗,刑罚立而后教化行,虽圣人尚德不尚刑,未尝偏废也。故为政之始,立法居先。"于《噬嗑·大象传》解释说:"法者,明事理而为之防也。"于《蒙·初六·象传》解释说:"立法制刑,乃所以教也。盖后之论刑者,不知教化在其中矣。"这在说明,《周易》之理解刑罚、狱讼,是先明法而使民不陷于罪,因而教之,使民离恶向善,它体现着周人"德治"的古朴的人道精神,是使民知畏、化民向善的另一种教育手段,它绝不仅仅是体现统治者之刚武威严、不可触犯的统治工具,其本质是要突出明德之大义。西周的另一种文献,《尚书》中的观念[①],可以印

[①] 依《史记·周本纪》记载及今人王世舜《尚书译注》(四川人民出版社1982年版)的研究,将《尚书》中的《康诰》《多方》《立政》《吕刑》用为西周史料。《顾命》多认为作于东周,但其追记成王遗训与全书所记周人的精神相一致,因而大致可信。注、译参用王世舜《尚书译注》、孔广森《尚书今古文疏证》(中华书局1986年版)。

证《周易程氏传》对《周易》观念的提炼。《康诰》记载,周人开国初期,周公通过告诫其少弟康叔封如何治理封国而概括王朝新政理想,阐明施行"德政"之必要,在这里同时提出了"明德慎罚"的刑狱原则。他期望让庶民周知,周王朝"不敢侮鳏寡,庸庸,祗祗,威威"——对无依无靠的人不敢侮辱,对可任用的人加以任用,对可尊敬的人予以敬重,对那些应当镇压的人坚决镇压,周人将实施"敬明乃罚"的保民明德的新政治。《康诰》之后,《多方》篇说明,夏王朝覆败时的政治状况就是"诞厥逸""大淫昏"——放肆地享乐,淫逸昏乱,具体情形就是不如商汤那样明智地"明德慎罚"。商汤使用刑罚的目的是"用劝"——规范人们走上正道。在《立政》篇,周公告诫成王,仍然是从任用贤人行政的角度显现"明德慎罚"的精神。在这里,周公指明殷纣王祸败王朝的教训就是重用任刑弃德的"刑暴德之人",一再申明"庶狱庶慎"——谨慎其刑狱,这是历史留下来的沉重的经验教训。而《吕刑》则进一步申示,制刑典狱的目的是"非讫(止)于威,惟讫于富(福)",不是止于刚武扬威,而是止于惩一劝百、为人造福,通过制订、使用刑罚"以教祗(敬)德"。文章同时提出了"祥刑"——善刑之道,也就是"不专靠惩罚而注重德教"[①]的观念,期望以这样的理念与做法达到王朝政治的"一人有庆,兆民赖之"的德治境界。在《顾命》篇里又记载,成王临终遗言,回顾文、武王创制的周家行政法门,突出了"奠丽陈教"——奠定法律,陈设教令。成王兢兢于此,"敬迓天威,嗣守文、武大训,无敢昏逾"。将此遗言给继统的康王,就是期望他像自己一样,守住周家遗业。表达在《尚书》中,如此多方反复申明的周人的理念十分清楚,就是教、罚并行,引导人们纳入周人的政治轨道,使天下因"道德"而自觉有序、刑省政清、致享太平。《史记·周本纪》证明:"成、康之际,天下安宁,刑错(置)四十余年不用。"这就是《尚书》理想的实现状况。

　　《周易》与《尚书》的精神相一致,它们共同表达了开国伊始,周人在刑罚、狱讼这一重大问题上所体现的政治理念。

　　以下即以《噬嗑》《讼》这两卦为核心资料,具体辨析《周易》中的刑讼观念,以及在这些观念中所表达的周人的政治理性。

[①] 依《史记·周本纪》记载及今人王世舜《尚书译注》(四川人民出版社1982年版)的研究,将《尚书》中的《康诰》《多方》《立政》《吕刑》用为西周史料。《顾命》多认为作于东周,但其追记成王遗训与全书所记周人的精神相一致,因而大致可信。注、译参用王世舜《尚书译注》、孔广森《尚书今古文疏证》(中华书局1986年版)。

第二节 《周易》明德慎罚的刑罚观

就卦序而言，《噬嗑》列《临》《观》两卦之后，可以看做是《临》《观》之卦表达教化思想的延续，由正面的教化成俗，再到反面，通过"立法制刑"来"明事理而为之防"，全面地实施教化。

《噬嗑》（䷔）卦名、卦象本身就表明了周人对刑罚现象的这种认识。

卦讲的是"亨，利用狱"（《噬嗑》卦辞），其为刑罚治狱之事，却名之曰"噬嗑"。朱熹分析："为卦上下两阳而中虚，颐口之象；九四一阳间于其中，必齧之而后合，故为'噬嗑'"（《周易本义》）。《周易正义》解释："物在于口，则隔其上下，若齧去其物，上下乃合而得亨也。"卦的形象为颐（䷚，口腮之象）中有物，梗塞滞碍，不能吻合，这如同逆社会而动的因素，使社会不能安定一样，必须如"噬嗑"——"齧去其物"使口上下相合，去除不安定因素，保障社会的安定，所以把制刑除罪这一社会现象形象地名之为"噬嗑"。制刑除罪是自古有王朝以来，所必需面对的社会现实，是不得不然的做法。这里揭示的是一个社会治理的重大领域、重大现实。而面对同样的现实、同样的领域，怎样做，在这里却体现着周人自己的理解。这一点，于所取之卦象本身，就已经予以了概括说明，其理解、其态度清楚明了。卦象下震（☳）上离（☲），震为雷，阳刚迅猛；离为电，明亮朗照。它说明了周人所理解的刑罚之事的两个要素：威严与明察。刑罚如雷之威猛，体现了统治者的意志、社会的意志，它是为了王权稳固、社会安定而存在、而发挥作用的。刑罚无威严则不能阻止罪恶，然一味任威猛而不能明察，又会因为失去正确的判断而导致蛮武滥刑，同样会毁害社会。《大象传》发挥这一意旨："雷电，噬嗑，先王以明罚敕法。"严明刑罚，肃正法令，明与威并重。《彖传》的分析更为深入："颐中有物，曰噬嗑。噬嗑而亨，刚柔分，动而明，雷电合而章。柔得中而上行，虽不当位，利用狱也。"《周易程氏传》：卦中"刚爻与柔爻相间，刚柔分而不相杂，为明辨之象。明辨，察狱之本也。'动而明'，下震上离，其动而明也。'雷电合而章'，雷震而电耀，相须并见，'合而章'也。照与威并行，用狱之道也。能照则无所隐情，有威则莫敢不畏。……六五以柔居中，为用柔得中之义。……治狱之道，全刚则伤于严暴，过柔则失于宽纵，五为用狱之主，以柔处刚而得中，得用狱之宜也。"依照这样的理解，则全卦象概括起来，为三个要点：一是明辨，二是照与威并行，三是以柔处刚而得中。三点既得用狱之本，又得用狱之道，还得用狱之主。得用狱之本，可以明察而无讹误；

得用狱之道,可以使人畏而敬事于王权、敬事于社会;六五为一卦之主,柔居刚位而得中,使得治狱有原则、通情理,令人信服,从而不只营造了清明的社会环境,也起到警示的教育、教化作用,这些也正是《尚书·吕刑》所谓的"德威惟畏,德明惟明"的境界。这种清刑罚而正风俗之道,正可达于"刑期无刑之微意"①。

上述之卦名、卦象本身,说明了周人对于刑罚的总体认识是明确的——立刑罚的目的是去除阻碍社会安定的梗塞,进而"齐其众,明教化";明照而威严的刑罚之道,又表达着用刑罚而期望于无刑的意识。诚如《周易学说》的说明:"水懦弱,民多狎而玩之,故多死焉;火猛烈,民望而畏之,故鲜死焉。制刑之法,取火雷为象,盖有道焉。"取这样的象,内涵明晰——制刑罚,除罪恶,明澈而刚威,旨在使"民望而畏之,故鲜死焉"。在这里,浸透着古朴的人道精神,这些又都充分体现着《周易》所期望的是社会的德治之文明,它也正是周人"明德慎罚"之义的彰显。

如果说上述观念是总体认识,那么在卦的爻象、爻位的排列、展开之中,则又具体展现了周人的刑罚理想的各自侧面。

对罪恶而言,《周易》主张绝不姑息,坚决实施惩戒与惩罚。朱熹《周易本义》说明:《噬嗑》卦中,"初上无位为受刑之象,中四爻为用刑之象"。初、上两个表达受刑之爻,因所犯轻重而遭遇不同结果。"初九,屦校灭趾,无咎","上九,何校灭耳,凶",它们共同说明着《周易》之刑罚的用心。

"初九,屦校灭趾,无咎"。校,木制行刑械具。屦校灭趾,足着木械而灭没脚趾。王弼《周易注》:"凡过之所始,必始于微,而后至于著;罚之所始,必始于薄,而后至于诛,过轻戮薄,故'屦校灭趾'。"初以刚而在下位,是动之初而罪未甚之象,所以罪微薄而惩戒不过甚,用心是惩戒其妄行,止恶于初萌。这是以刚严措施而教育之,《系辞下传》引孔子语指明了其深义:"小人不耻不仁,不畏不义,不见利不劝,不威不惩。小惩而大诫,此小人之福也。《易》曰:'屦校灭趾,无咎'此之谓也。"防民深过,小惩大诫,充分体现了周人"明德"之心。上九则为罪大恶极,严遭惩罚之象——"上九,何校灭耳,凶。"王弼《周易注》:"处罚之极,积恶不改者也。"《小象传》:"'何校灭耳',聪不明也。"——遭到肩荷刑具,伤及耳朵的惩罚,是因其积恶不改、无聪明迁善之意。《周易学说》引李士鉁:"灭趾则缩足不行,可无长恶之患。灭耳则善言不入,终无改过之由。圣人设刑狱,所以生人愧悔之心,而示以

---

① 马振彪著,张善文整理:《周易学说·噬嗑》注引李士鉁说,花城出版社,2002年版,第218页。

迁善之道。"上九之遭遇严惩,其间意义除上述而外,《系辞下传》引孔子语揭示:"善不积不足以成名,恶不积不足以灭身。小人以小善为无益而弗为也,以小恶为无伤而弗去也,故恶积而不可掩,罪大而不可解。《易》曰:'何校灭耳,凶。'"对怙恶不悛之罪人,予以严厉惩罚,绝不姑息,这正是为社会除恶疾梗塞,为群类求安宁和谐的举措,也彰显了"辟以止辟,行期无刑"①"生人愧悔之心,而示以迁善之道"的深义,对社会的阻碍因素惩前毖后,它同样体现了人道、"明德"的刑罚理想,体现了清明政治环境所必不可少的要素。

在这里,《周易》明确了刑罚刚威的意义,无论小惩而大诫还是刚严痛罚,都体现着"明德慎罚"的思想,卦爻及辞解以其特有的方式,宣扬了周人的重大观念。

中四爻作为用刑之象,也同样表达了"明德慎罚"的理念。朱熹看到卦爻中的告诫:治狱用刑"皆有艰难正固危惧之意,……大抵才是治人,彼必为敌,不是易事,故虽是时位卦德,得用刑之宜,亦须以艰难正固处之"(《朱子语类》)。这里揭示了卦爻之中所突出着的兢兢畏惧的审慎态度。

"六二,噬肤,灭鼻,无咎。"这里说明着,用刑之道以审慎正固为要义。王弼《周易注》:"噬,齧也;齧者,刑克之谓也。处中得位,所刑者当,故曰'噬肤'也。"六本阴爻,处二而得位得中,端正而无冤狱,可以施用刑罚,所以是"噬"——喻之用刑,而"肤"为易噬的柔软之物,"噬肤"说明用刑顺利。因卦中六二乘初九之刚,为刑刚强之人,"刑刚强之人,必须深痛"(《周易程氏传》),所以"噬过其分,故'灭鼻'也"(王弼《周易注》),但其做到了痛惩恶疾,并且以柔以中,不会真正逾越界限,所做便得以"无咎"。"'无咎'者,善补过也"(《系辞上传》)。即令施刑得当,也仅得"无咎"。《周易》对待用刑之审慎,于此可见。观爻辞爻义,又可见"圣人之情见乎辞"的深刻用心(《系辞下传》)。

六三则告诫治狱用刑之中,把握正位、审观正确的重要,否则就会"遇毒"而"小吝"。"六三,噬腊肉,遇毒;小吝,无咎。"王弼《周易注》:"处下体之极,而履非其位,以斯食物,其物必坚;岂唯坚乎,必遇其毒。噬,以喻刑人;腊,以喻不服;毒,以喻怨生。"六三阴爻居其所不当居之阳位,是不当其位而失正,履非其位而用刑,如同噬坚刚之干硬腊肉,实施不顺;所遇不服,又如"遇毒"之怨恨,结果是"小吝"——生出憾惜,然而当"噬嗑"之时,欲为

---

① 马振彪著,张善文整理:《周易学说·噬嗑》注引李士鉁说,花城出版社,2002年版,第224页。

社会除梗塞,大体方向不错,所以"无咎"。这是再三致意于审慎求正的治狱用刑之道,让治狱用刑紧守着"明德"、人道。六三之艰,因为处位不当,又处下体之极,失于沉稳,故而有"噬腊肉,遇毒"之象,而爻辞以"小吝"结论。

九四不同于六三,就处位而言,《周易学说》指明:"四为治狱之卿,二、三为治狱之吏",同时,该"治狱之卿"于艰难之中能自守刚正端直,所以治除梗塞而得吉。"九四,噬干胏,得金矢;利艰贞,吉"。"干胏"为带骨的干肉,其坚愈于"腊肉"。九四阳刚而居阴位,在上卦之下,是"履不获中,而居非其位"(王弼《周易注》),以这样的条件"噬物"——龁除梗塞之物,势必遭遇艰阻,如噬刚硬之带骨干肉,比之于六三所遇更为艰难。然而,其一"九四居近君之位,当'噬嗑'之任者也"(《周易程氏传》),其二,有刚健之德,刚而如同刚正端直之"金矢",这样,以刚直之才德,判断准确,处事果决;以当任之条件,刚直之才德而去除梗塞,便使人信服,所以卦中诸爻,唯九四称"吉"。尽管如此,爻辞仍诫以"利艰贞",这是说,九四虽然以刚直之德,在艰难之中趋正自守,获得吉祥,但与六三一样,履不获中,阳居阴位,居非其位,仍未能光大治狱之道,《小象传》说:"'利艰贞',未光也。"三、四诸爻,其情其义,都在强调治狱行罚崇尚中正,居位不正未能得中即生忧患,虽吉亦当告诫。

与前面诸爻最大的不同,六五为卦主,是"治狱之君"(《周易学说》),又得用狱之道,当"噬嗑"之时最为适宜,它正面表达了《周易》的刑罚观念。"六五,噬干肉,得黄金;贞厉,无咎"。就处位而言,六五"以阴处阳,以柔乘刚,以噬于物,物亦不服,故曰'噬干肉'"(王弼《周易注》)。因为阴爻居阳位,处位不当,所以仍然如同噬坚硬的干肉,处理刑罚事物多有艰难,然而其"处得尊位,以柔乘刚,而居于中,能行其戮者也;履不正而能行其戮,刚胜者也"(王弼《周易注》)。六五能行其戮,有三个因素,一是处得尊位,"五居尊位,乘在上之势,以刑于下,其势易也"(《周易程氏传》)。二是柔居刚位,具有阳刚气质,又得九四阳刚之臣辅助,所谓"处刚而四辅以刚"(《周易程氏传》)是"刚胜也"(王弼《周易注》),刚胜则果决。三是居于中位,"五居中为得中道","六五虽处中刚,然实柔体,故戒以必正固而怀危厉,则得无咎也"(《周易程氏传》)。这是说六五体现了这样一个辩证关系,刑罚必须既坚守刚正的气质,不能过柔过弱,又要怀危厉,不能使刚越过尺度,伤情伤义,这样的刚柔适度,就使事物辩证地趋于合宜之地。以上这三个因素合在一起,也就是《象传》所说的"虽不当位,利用狱也"。《周易折中》引谷家杰对比九四与六五说明了两爻之异同:"四先'艰'而后'贞'者,先以艰难存心,而后出入罔不得其正,此狱未成之前,详审之法,人臣以执法为道也。五先'贞'而后'厉'者,虽出入无不得正,而犹以危厉惕其心,此狱既成之后,钦恤之仁,人君以好生为德也。"无论是执法之前,还是执法之后。对于刑罚都必须具有忧患意识,始终守正才得"无咎",可见刑罚之重大、施用刑罚之艰难,它关乎人身性命、关乎政权的持久与社会的稳定,所以必须用心审慎。六五之爻果决、守中、审慎的特点,忧患意识的表达,都典型地述说了《周易》刑罚观念的基本内涵。

上述作为用刑之象的诸爻,从不同角度共同表达了一个观念,那就是审慎动用刑罚,刑罚必追求适中,这是周人"明德慎罚"观念在《周易》之象中的具体化。

综观《噬嗑》卦象所涵盖的大义与爻象之中具体涉及的受刑之象、用刑之象的观念,可以看到,它们都在指向以治狱刑罚这一社会运行不可回避的重大领域为载体来"明德",而具体到这一领域,其道德,就是刑罚的最终目的绝不是杀伐行威,而是以刑罚来明教化,所以其察必明、其行必慎。这种理解以及所确立的观念,正标示了周人政治的文明内涵及其水平,体现了周人汲取历史教训与总结认识社会规律而得到的理性提升。

第三节 《周易》止讼、息讼的狱讼观

《周易》的狱讼观,重在以讼止讼,承载了在教育、教化基础上,形成良好社会风尚而达到息讼、无讼的理想社会境界的期望。这一观念是周人观念传统的凝定,是在殷末周初,《周易》这部文献中的集中的鲜明的表达。

其典型卦例为《讼》卦,该卦列在《需》卦之后,《序卦传》说:"饮食必有讼,故受之以《讼》。"《需》讲需求与期待,涉及了饮食生活资料这一人的具体利益[①]。《韩康伯注》:"夫有生则有资,有资则争兴也。"狱讼是面对人生所需资取的利益的争斗,而且是顽强的争斗。狱,《说文》:"确也,从狱从言。""狱,两犬相齧也。"段玉裁注:"确"为"刚坚相持之意。"则"狱"为如同两犬相齧一样,相互间刚坚相持、争斗不息。《说文》:"讼,争也,从言公声。""公,平分也。"段玉裁注:"背私也。"遵此说,则"讼"是争斗不息而诉之于公,等待裁判。这就是社会中不可回避的狱讼问题。

在《周易》,"讼"之卦形便对这一现象予以了清楚透彻的说明。《讼》

[①] 参见黄寿祺、张善文撰《周易译注》,上海古籍出版社,1989年版,第652页"饮食必有讼"注。

(☰)卦下坎(☵)为水为险,上乾(☰)为天为健,两经卦相叠,构成了"讼"。《大象传》说:"天与水违行,讼。"《彖传》说:"上刚下险,险而健,讼。"这揭示出"讼"的形态——《周易集解》引荀爽:"天自西转,水自东流,上下违行,成讼之象也。"它说明,意愿悖戾是两相成讼之由;还因为"有孚窒惕"(《讼》卦辞)——诚信遭遇窒塞,心有所惕惧,所以成讼。讼的特点,如《周易程氏传》剖析:"《讼》之为卦,上刚下险,险而又健也;又为险健相接,内险外健,皆所以为讼也。若健而不险,不生讼也;险而不健,不能讼也。险而又健,是以讼也。"内怀险意,且意志刚坚强健,必欲置对手于败死之地而后快,于是刚坚相持,争斗不息,诉之于公。卦义所表达的周人认识的狱讼现象,就是这样的情态。

面对这样的认识,《周易》对"讼"这一社会现象,就卦辞言,其总体态度是"中吉;终凶,利见大人,不利涉大川"。《周易正义》:"凡讼之体,不可妄兴,必有信实,被物止塞,而能惕惧,中道而止,乃得吉也。""'终凶'者,讼不可长。若终竟讼事,虽复惕惧,亦有凶也。物既有讼,须大人决之,故'利见大人'。若以讼而妄涉危难,必有祸患,故不利涉大川。"这态度很明确:其一,是讼不可长,必须中道而止,不能无休止地纠缠于讼事,纠缠下去,无终极止境,必有凶险。它否定了险而健、纠缠于讼事的态度。其二,必有公正"大人",裁判以公正、中直,方能了结讼事。这强调了公正的法则。其三,不能以讼事之险而往涉大川,这样就会险而愈险,终致祸患。它告诫人们,不能依赖讼而谋大事、成大业,这是息讼的态度。总之,卦辞的基本态度是明朗的,那就是止讼、息讼。

对此,在卦中,《周易》又以"九五"这一卦之主的主导倾向,从另一要旨的角度,作了清楚的宣示。

"九五,讼,元吉。"王弼《周易注》:"处得尊位,为讼之主,用其中正,以断枉直;中则不过,正则不邪,刚则无所溺,公则无所偏:故'讼,元吉。'"《周易集解》引王肃:"以中正之德,齐乖争之俗,'元吉'者也。"九五这处尊位而主持裁判狱讼的大人君子,因为有中正之德,不偏不倚,同时又阳刚果断,是能够洞察而判别是非曲直,出以公论而使人心悦诚服的,这是相当难得、完美的境界。有如此理想的境界,就会有"大人在上,平诸侯万民之讼,至于见逊畔逊路而息争,吉孰大焉"(《周易折中》引赵汝楳说)。这不止是一种判断是非曲直的评判,更是以此而进行教化的方式,所以马振彪揭示该爻的意义是"九五之大人有中正之德,能治讼以化之也"(《周易学说》)。刘沅说:"转讼以为让者,圣人之心也。"(《周易学说》引)这是治讼以成化,把"险而健"之讼变成逊让而从根本上导致社会的和谐。

结合《周易》系统的整体环境,《讼》的社会治理理想是很清楚的。《讼》卦之前为《蒙》、为《需》,其关系为《蒙》以教之,《需》以养之;《蒙》以正之,《需》以待之。在教养需待之中,《需》提出的理想状态是敬慎需待、久道成化,自然形成德政善俗的社会,遇险能通,险而不能陷。《周易学说》引刘沅:"需以阳德遇险而能待,此有德而不苟进者。从容、和平、退让、敬慎,天下无不可为。"引李士鉁:"事坏于操切,政败于苟且,王者久道化成,不于目前计其功,并不于吾身收其效,优游渐渍,民日迁善而不自知,所以广大亨通正固而吉。"《需》所宣扬的就是这种虽不急功、不苟进,但仍兢兢于事业,"有孚,光亨,贞吉",其德其光无可掩饰,终成"利涉大川"(《需》卦辞)的无往而不利的理想的社会政治局面。《讼》就是在这样的观念意识的背景下,欲将险健之讼化而为从容、和平、退让、敬慎的良好社会风貌,使社会良善发展。

这一点,表达在《周易》中,其实它是周人经久的社会实践的总结,文王之时,这种意识已趋成熟。周人的史诗,曾特别书写——"虞芮质厥成,文王蹶厥生"(《诗经·大雅·緜》)。《史记·周本纪》记载,周人从始祖后稷开始就注重修德,为民造福而显示"令德",其后诸君都能修后稷之业,"民赖其庆,百姓怀之"。同时谦让之风尚更为显著,太伯、虞仲甚至以君位相让,自避远方,周人之德一直感召天下。文王之时,走向更为成熟的境地,周人德治的社会环境得到天下人的信任——"诸侯皆来决平","虞、芮之人有狱不能决,乃如周。入界,耕者皆让畔,民俗皆让长。虞、芮之人未见西伯(文王),皆惭,相谓曰:'吾所争,周人所耻,何往焉,祗取辱耳。'"这就是被歌唱的"虞芮质厥成,文王蹶厥生"。周人建立王朝以后,也一仍其政,《史记·燕召公世家》:"召公之治西方甚得兆民和。召公巡行乡邑,有棠树,决狱政事其下,自侯伯至庶人各得其所,无失职者。召公卒,而民人思召公之政,怀棠树不敢伐,歌咏之,作《甘棠》之诗。"诗三章,在《诗经·国风·召南》曰:"蔽芾甘棠,勿剪勿伐,召伯所茇。"《毛诗序》:"《甘棠》美召伯也。召伯之教明于南国。"郑玄笺:"茇,草舍也。召伯听男女之讼,不重烦劳百姓,止舍小棠之下而听断焉。国人被其德,说(悦)其化,思其人,敬其树。"

由上述可见,化民息讼,听讼而教民善俗,从而创造和谐的社会环境,这是周人为政的成功之道,也是周人成熟的政治理念,因此,作为重要观念,它在《周易》当中得到了突出的阐释。这一阐释,不仅如上述,具有总体说明,而且在卦象当中也分不同层面、不同情况做了详悉的述说。

《讼》全卦,除九五为治讼之主而外,其余五爻皆有讼在身,它们对讼事的不同态度,所处讼事的不同情状,均细致地反映了周人的讼事认识。

初六与六三,不纠缠讼事都得"终吉",是五讼爻中最善者,表明《周易》

以息讼为善的态度。

"初六，不永所事，小有言，终吉。"《周易正义》："永，长也。不可长久为斗讼之事。……初六应于九四，然九四阳刚，先来非理犯己；初六阴柔，见犯乃讼，虽不能不讼，是不获已而讼也，故'小有言'。以处《讼》之始，不为讼先，故'终吉'。"初六在"讼"之始，以阴柔之体而处最下，虽有理而力弱，不能长久其事，所以不为讼先而终止；虽"小有言"略受中伤之灾，辩而自明，这样做，它获得了"吉"的结局。《小象传》说："'不永所事'，讼不可长也；虽'小有言'，其辩明也。"讼为险而健之事，六三阴柔，乘、承皆刚，不是能讼之爻，其状态为"六三，食旧德，贞厉，终吉；或从王事，无成"。《周易本义》："食，犹'食邑'之食，言所享也。六三阴柔，非能讼者，故守旧居正，则虽危而终吉。"《周易折中》引胡瑗："无成者，不敢居其成；但从王事，守其本位、本禄而已。"六三之吉，在于其安守旧德，不争于利，不争于功，一意从于上九阳刚，所以不成讼而"终吉"。《象传》："食旧德，从上吉也。"两个言讼事之吉爻，一为不久涉讼事，一为不成讼事，由此细致地说明了《周易》息讼、止讼的明确态度。

上九则从反面突出了息讼、止讼的认识。上九是全卦唯一胜讼之爻，然而其结果却是"上九，或锡之鞶带，终朝三褫之"。上九为阳刚居《讼》之极而健讼、能讼者，它的讼事成功却并不吉祥。《周易本义》："鞶带，命服之饰。褫，夺也。以刚居讼极，终讼而能胜之，故有锡命受服之象。"王弼《周易注》："处讼之极，以刚居上，讼而胜得者也。以讼受锡，荣何可保？故终朝之间，褫带者三也。"这个能讼、胜讼之爻，以讼胜而得到荣宠赏赐，可并不光彩，不能被真正欣赏，所以终朝之间，三褫其赐。《象传》："以讼受服，亦不足敬也。"这一结局，不仅所受之赐不保，而且被贱视，正是胜讼与败讼无异。这与前述两爻不久于讼事，或不事讼而吉的结局形成鲜明对比，《周易》对讼事的态度是十分清楚的。

九二、九四两"不克讼"，一"无眚"，一"吉"，则又从另外的层面提出看法，它们更为细腻地解释了讼事具体情形中的现象，而总起来说，还是息讼、止讼。

"九二，不克讼，归而逋，其邑人三百户，无眚。"王弼《周易注》："以刚处讼，不能下物；自下讼上，宜其不克。"九二与九五，处相应之位，而两阳刚不相应和，所以为讼，但九二处下位而讼于上，故"不克"，《象传》说："自下讼上，患至掇也。"掇，拾取。在下位而讼上，取祸患如同拾取小物一样易得，也就是自取祸患，轻而易举。它明确表达了对等级秩序的维护，同时，也揭示了等级制度下，严上下之别，下无法与上争斗的现实。这里就概括了这样的社会现象,而用下讼上自取祸端为告诫。爻辞还进一步深诫,如果终止其讼,情况就为"无眚"——不遭祸患。三百户之君,其讼不为毫无实力,然与上相争,祸患当前,所以归逃自息。就爻位情形看,刚爻处二柔位而得中,是以免健讼而自守,其结果是全邑人不受牵连,因息讼而得保太平。《周易折中》引项安世:"一家好讼则百家受害,言三百户无眚,见安者之众也。"这样的结果,证明了"不克讼"之利。这一具体情形,说明了具有普遍意义的现象,倘下皆不讼于上则息讼之事就在更广泛的意义上实现了。"九四,不克讼,复即命,渝,安贞吉"。《周易正义》:"九四既非理陵犯于初,初能分辩道理,故九四讼不胜也。"九四以非理而居上讼下,在下之初六能够明辨,四又以刚居柔位,健而能退,所以"不克讼",能回头就理(复即命),安守正固而吉。这也是"不克讼"而"吉"的现象,它是以上讼下,正与九二互补说明问题。它们具有共通性,《周易折中》引龚原:"二与五讼,四与初讼,其为敌者强弱不同,而皆曰'不克'者,盖二以下讼上,其不克者势也。四以上讼下,其不克者理也。二见势之不可,故归而逋窜;四知理之不可,故复而即命。二、四皆刚居柔,故能如此。"在这里,以上讼下而不克,它从维护社会安定的角度,说明了另一具有普遍意义的现象,倘上皆不讼于下,下安于其所,则从统治秩序的角度看,就达到了社会的安宁。在这里,两爻从一个事物的两个方面正反分析,而揭示了共同的态度倾向,那就是期望息讼、止讼,从下而讼上、上而讼下的具体情形,细致地说明着全卦的主旨。

综观上述内容,我们看到,以《讼》卦为典型,《周易》宣扬了周人的政治主张,或者说是承载了周人治理社会的成功经验,那就是以狱讼这一无法回避的社会现实为教化媒介,通过细致处理狱讼之事而柔化社会矛盾,平衡社会关系,在这里化民以道,达到止讼、息讼的和谐社会境界。它不主张急功近利,而以更高远的社会理想为目标来处理具体社会问题。这种处理的收效,就是在"德"的名义下,不断显现出社会的价值与尊严,使社会在更高的境界里达到更稳定的和谐。

小结　表现理性精神的刑、讼之道德与文明

刑罚、狱讼是私有制社会的伴生物,是其社会运行所不可避免的必然现象,对此现象的应对,《周易》明德慎罚的刑罚观,止讼、息讼的狱讼观,表现出了理性精神,这种理性的真实内涵就是对道德与文明的认识。它集中体现在《噬嗑》《讼》这两个典型的卦例当中,《易传》又对相关卦象作以揭示、

发挥。《丰·大象传》(☳):"雷电皆至,丰;君子以折狱致刑。"《贲·大象传》(☶):"山下有火,贲;君子以明庶政,无敢折狱。"《旅·象传》(☲):"山上有火,旅;君子明慎用刑而不留狱。"《中孚·大象传》(☴):"泽上有风,中孚;君子以议狱缓死。"《周易折中》引徐幾:"《象》言刑狱五卦。《噬嗑》《丰》,以其有离之明,震之威也;《贲》次《噬嗑》,《旅》次《丰》,离明不易,震皆反为艮矣。盖明贵无时不然,威则有时当止。至于《中孚》,则全体似离,互体有震、艮,而又兑以议之,巽以缓之。圣人即象垂教,其忠厚恻怛之意,见于谨刑如此。"这些都说明了崇尚德治,以明察为前提去折狱用刑,其目的不是止于威,而是止于义。这种道德与文明使得刑罚与狱讼具有了教化功能,它化消极为积极,化纷争为和谐,化不断应对动态事件为稳定的长治久安。它是周人的政治理性的清晰表达,作为长久实践而凝定出的理念,它也成为了中国传统文化中的重大观念,而在其后长久的文化史中发生着深刻影响。

第六章 《周易》的财富观

第一节 关于《周易》的财富观念

作为中国文化史中早期的重要经典——《易经》,在总结概括社会经济生活的基础上,对经济活动中最具有原动力意义的财富观念,就已经有了较为明晰的认识与表达;在《易传》之中,这一观念甚至被放到了一个极为重要的地位。整部《周易》完整地陈述了这样一个观念:获财致富才能推动事业,财富是成就宏业的必要条件之一。

《周易》以《丰》卦,概括性地说明了道德、财富之于王朝,道德、财富之于事业的巨大意义。"丰"卦象征丰大,是说明王朝丰盛盈硕的恢宏气象。卦辞为:"丰:亨,王假之;勿忧,宜日中。"《周易正义》:"德大则无所不容,财多则无所不济,无所拥碍,谓之为亨,故曰'丰,亨'。""'假'至也。'丰,亨'之道,王之所尚;非有王者之德,不能至之,故曰'王假之'也。""王能至于'丰亨',乃得无复忧虑,故曰'勿忧'也,用夫'丰亨',无忧之德,然后可以君临万国,遍照四方,如日中之时遍照天下,故曰'宜日中'也。"德丰财盈,王业才能如日中天。这里说明的,就是作为必要条件之一的财富在王业中的作用。西方思想史中,黑格尔也阐明,最有力量的东西是国家的权利和财富[①]。《周易》对这个力量有着清晰的认识,全书以显著的内容凸显着财富的力量和作用。同时,《周易》的财富观念还表现出,在最易令人眩惑的财富面前,有着它一种较为成熟的理性精神。这些思想,都在中国文化史中发生着深刻而久远的影响。作为一种较为成熟的观念,《周易》的财富观是值得全面探讨的课题,故这里依据经传及有关注释,尝试对其作以全面的探索论述。

财富概念有狭义与广义之别,狭义的财富指的是使用价值(满足人们需

---

① 参见俞吾金《意识形态论》,人民出版社,2009年版,第35页。

要的物质资料和精神资料);广义的财富则是指获财致富(发展经济)。《易经》所论多为广义的财富思想,在获财致富之中涉及财富的使用价值,而《易传》则进一步深入到财富的使用价值,并由此再深入到利益的宏大问题,期望天下、社会都享有最大利益而造就一个良善的社会状态——"大和"之境,以这样的社会境界而展现《周易》的德治理想。这样,《周易》就将财富的意义作了最为全面的诠释。基于这种状况,在这里的论述,就依《经》《传》的不同,先《经》后《传》,次第展开《周易》里表达的周人对财富问题的理性认识。

第二节 《易经》的财富观

《易经》的财富观,主要具体地涉及了这样几个方面问题:致富之则,居富之道,财富之用。它们实际反映了从华夏人类的诞生到殷末周初①,这样一个漫长的历史过程中,人们对财富现象的认识与总结。以下即以《易经》的卦象所示,及卦爻辞中的资料为基础,对上述问题进行分类探索、论述。

1. 关于致富之则

《易经》阐明了获财致富的要则:其首要条件是贞正、诚信,同时亦需具备致富之能力。

(1)贞正、诚信之德,成就财富。

《小畜(蓄)》象征"小有畜聚",是《周易》专门讲述获财致富的重要一卦,也是其获财致富理念表达得较为典型的一卦。这一卦的要旨是集中地、突出地述说了致富首需贞正、诚信这一要则。"小畜"为卦下乾上巽(☰),卦中"六四"一阴爻,为成卦之主。在卦的情境中,"六四"爻,以虚中之质而待之,富实群阳,相聚于"六四","六四"对群阳聚而畜之,遂成"小畜"之象。卦中强调了守正、诚信,当"小畜"致富之时的重要。从卦象来看:"六四"阴爻居阴位,处位得正,且有柔顺之德;该爻又紧承上面"九五"阳刚,获得"九五"的信任,两志相合,这便成就了蓄聚财富的条件。六四爻辞说:"有孚;血去惕出,无咎。"就卦中诸爻的关系而言,六四爻辞的说法,指的是九五之爻。九五阳刚居阳位,亦居位得正,以刚正之德、诚信之意与"六四"志意相合,其爻辞说:"有孚挛如,富以其邻。"九五品格刚正、态度诚信,就使得六四能离

---

① 《易经》包括卦象、卦辞、爻辞,产生在殷末周初,它代表的是此前的思想观念;《易传》产生于春秋战国时期,《易传》所代表的思想观念已经融入了周初至春秋战国间人对社会的进一步认识。

去忧恤、脱出惕惧,没有咎害。这里"六四""九五"两爻皆贞正、诚信,所以六四谦柔虚中以待,处于君尊之位的九五,则牵系下卦富实三阳,共聚于"六四",使"六四"得以蓄聚致富。卦象、爻辞清晰地描绘了"小畜"之时的致富过程,就中它突出了贞正与诚信,同时,《易经》把这看成是"小畜"致富的必要条件。倘若"六四"无此贞正、诚信,则诸阳刚富实就不会相聚于它的门下;反之"九五"无贞正、诚信,"六四"就会心怀忧恤、惕惧,不敢接纳处君尊之位的"九五"所蓄聚的群阳,倘使两者仅有其一,蓄财致富便无从谈起,所以该卦展示的要点便为:贞正、诚信是致富过程所必须遵循的重要法则。

《旅·六二》(䷷)从具体爻的角度,展示着守正致富之则。《旅·六二》是致富之爻,爻辞说:"六二,旅即次(客舍),怀其资,得童仆,贞。"处在"失其所居"的行旅之时,"六二"能获得安居的客舍,并得到资财,同时获有"童仆"——"童仆"本身就是财产的象征。此爻之所以获财致富,是因为它阴爻居阴位,处位得正,且居下卦之中位,不偏不倚,具有守正不邪的品格,因而在奔波行旅之中,仍有得资财、获童仆的收益。尽管如此,爻辞尚诫以"贞"——守持正固。

《旅·九三》则从反面说明守正不邪的重要。"九三,旅焚其次(次,客舍),丧童仆,贞厉。"(九三,行旅[刚亢躁动]被火烧毁客舍,丧失童仆;应当守持正固,防备危险。)"九三"处下卦之上,虽阳刚处阳位,算是处得其位,但刚亢躁动,已失其正;其下比"六二",依王弼说,这犹如以阳刚富实,擅自施惠于下,不在其位而妄然用财聚人,有参与侵主之权的迹象,必遭在上者忌(见《周易注》)。总之,该爻失守正道,所以有这种次焚仆丧的失财之灾。这是典型的不能守正之灾。

《旅》卦两爻,一正一反,在对比中,十分突出、醒目地强调了致富中间的守正要则。

(2)致富之则,还包含有守谦之德;谦也是聚财致富行为中的一个必要条件。

《损·六五》(䷨):"或益之十朋之龟,弗克违,元吉。"《损》卦象征"减损",当"减损"之时,"六五"能大获财富,居然进益"十朋之龟"。上古行贝币之时,双贝为"朋",十朋即二十贝,《集解》引崔憬曰:"元龟价直(值)二十大贝,龟之最神贵者。"崔林注《食货志》:"十龟之朋,犹言'百金之鱼'耳。"[1]可见其值昂物贵。"六五"获此进益,并且毫无遗祸,"元吉"——至

---

[1] 转引自黄寿祺、张善文撰《周易译注》,上海古籍出版社,1989年版,第341页。

为吉祥,其重要的原因就是该爻的守谦之德。"六"为阴爻,"五"为全卦最尊之位,该爻以"虚中"之德居尊位,谦柔不骄,纵使大环境、总趋势是"减损"之时,纵然它自己也在自我减损,但人必益之,这就是因守谦而获致的收益。王弼《周易注》对其中的辩证道理,说明得极为形象生动:"以柔居尊而为损道,江海之处下,百谷归之,履尊以损,则或益之矣。"《谦·六五》(䷎)"不富以其邻,利用侵伐,无不利"说的也是同样道理。"六五"阴虚失实,故称"不富",但该爻处"谦逊"之卦,又居尊位,有虚怀若谷之象,尽管自己"不富",但可调动支配其邻,即便是"侵伐"凶险之事,其邻也在所不辞,对之献财献力,能够据有资源如此,何富可敌? 王弼《周易注》分析"六五""居于尊位,用谦与顺,故能不富而用其邻也",说的就是该爻的谦德之胜。《易》中所示之富,多为谦顺之爻,如《家人·六四》(䷤):"富家,大吉。"卦中"六四"处上卦之下,本具有阴虚不富之象,但它能下应初九、上承九五,持谦而受阳实之益,所以能增益致富其家,而得大为吉祥。再如《泰·六四》(䷊):"翩翩,不富,以其邻,不戒以孚。"同样,该卦阴虚不富的六四,在卦中能虚怀下应初九阳实,与其上二阴爻之邻守持诚信连翩下求,结果为阴阳交泰而富。如此等等,谦则能受,有如大海,虽云处下,却能致百谷之归,此是大受其财的必然之理。《易经》甚至强调,即使处位尊显,也无谦不能聚财,可见谦逊之德在致富过程中的意义。

  《易经》也看到了获财致富仅有贞正、诚信与谦顺的品格,尚未为充足条件,它还需同时具备获财致富的能力——"知几"、识时务和顺应事物规律的能力。"知几"即洞幽烛微、察萌识变的"吉之先见"的智能,这是《周易》的一贯精神。

  《序卦传》说:"有无妄然后可畜,故受之以《大畜》。"《大畜》象征着丰财的"大为畜聚",意欲丰财,则必得"无妄"——不妄为,所以在六十四卦的排列中,先《无妄》然后紧次以《大畜》。两卦中都表达了蓄财致富过程中的"知几"、识时务和顺应事物规律的智能。

  《无妄·六二》(䷘):"不获耕,不菑畲,则利有攸往。"以农耕积累财富,是古时积累财富的主要途径,该爻不但借此说明财富的积累,更重要的是,借此说明聚财致富过程中的识时、知几的智能。据《尔雅·释地》"菑"为初开垦的一岁之田;"畲"为开垦多年的良田。这是说,不贪图更多的收获而事耕耘,不急于得利而务开垦良田,这样就利于有所前往。开垦新田可以获得收益;而据有良田去耕种,获益更大,这都是常识习知的聚财之道,但在该爻,却并不事事人作为,这便是处"无妄"之时的"六二"显示的识时、知几之智。在全卦诸爻的关系中,"六二"与上面"九五"相应,"九五"阳刚处尊位,象征着严厉治安之主,其下皆不敢妄为;"六二"居臣位,不利于强为首领进取妄求,然而它自有与"九五"相应的机遇,所以识时、知几,"不获耕,不菑畬",不擅其美,不妄求眼前利益,柔正居中反而有"利有攸往"的大收获。相反,以贪欲求财富,失正躁动如其上爻"六三",就自取灾祸了——"无妄之灾:或系之牛,行人之得,邑人之灾。"该爻虽然没有妄失规范,但不识时务,躁动进取,结果就适得其反,如同拴系的自家耕牛,被路人牵而攫走,反倒让自己的家人遭遇诘问拘捕,不但空有求财之望,而且平白遭了灾殃。同在《无妄》之时的这两爻,典型地展示了克制本能、欲望的智能因素在求财事务中的意义:"六二"不贪则不迷,清醒识几没有思理障碍,不抢先妄取眼前资财,反而得机遇,安顺获利;"六三"贪欲求富,利令智昏,不识时务,失正躁动而自取其灾。两爻相对,让人观卦了悟:面对诱人的资财,在取舍之间,正见大智能,智能之差异,使得结果也大相径庭。

依《易》理,"无妄"才可获致"大畜",然就在"大畜"富有之时,也需"知几"察微的智能。《大畜·九二》(䷙):"舆说(脱)輹(车厢下钩住大车轮轴的器件,此件一脱,车即解体而停滞)。"《周易程氏传》解释:"二虽刚健之体,然处得中道,故进止无失;虽志于进,度其势之不可,则止而不行,如车舆说(脱)去其轮輹,谓不行也。"在"大畜"之时,"九二"以阳刚居阴位,刚柔相济,又居下卦之中位,具有能够自持之象,所以"虽志于进,度其势之不可,则止而不行"。此爻能懂得并把握时机,当止则止,不躐等而求,《小象传》说它"中无尤也"——处理适中,把握事物发展时机和事物发展之"度",显然它体现的是一种深察识变的智能。"九二"处"大畜"之时,物大蓄聚,只要"无尤",便自然可以与时并富,获益多而无损失。知进容易,知止实难,当止即止,那是智能的闪耀。可见《易经》在这一组讲丰财致富的卦中,对"知几"、识时务之智能的强调。

上引材料中可见,《易经》所讲述的致富之则,更主要的是强调了守正诚信与智能的有机结合,因为"谦"既是一种德行,更是一种智能,是一种更为深刻的识见。由此,使我们进一步看到,《易经》将品行与智能的有机结合视为获财致富的真实能力,因为只有如此,才能在聚财过程中有眼光,识得并顺应规律,身循天道之正,不急不躁,把握住时机和"度"而终至于获财致富。

2. 关于居富之道

财富之聚,需居需守,《易经》对居富、守富之道也有着清楚的说明,一是要富而不骄,二是要富而知惧,三是要富而尚贤。

(1) 富而不骄。它不止表达了居富者的德性,更表明了其智能水平,两相融合，便形成了一种对待财富的态度。

《大有》为卦下乾上离（☰），象征大获所有。《周易集解》引姚规曰："大富有也。"准此，我们便可从《大有》一卦，窥见《易经》所示的居富态度。"九三，公用亨于天子，小人弗克"。此爻阳刚，在《大有》卦中居下卦最上，有富贵威权之象；其下爻为"九二"阳刚，"九三"凌驾于"九二"阳刚之上，同时还具有刚亢之象。王弼《周易注》分析："处'大有'之时，居下体之极，乘刚健之上，而履得其位，与五同功，威权之盛，莫此过焉。公用斯位，乃得乎天子之道也。小人不克，害可待也。"也就是说，金钱、财富本身就是一种权威，它可以支配资源，使人尊显，在"大有"居富之时，"九三"居下体之极，且乘于"九二"阳刚之上，还阳处阳位，诸条件都使它显得大有威势，同时与君尊之"五"同功，可谓权威、富有都盛极一时。"九三"如果是明智有修养的人，就会通乎"天子之道"——不是行天子之威权，而是如同本卦"六五"那样"厥孚交如"——"六五"，体柔居中，谦和虚怀，无自私之心，以诚信诚恳去交接上下众阳爻，"九三"如果采取这种态度，才能居富贵而无虞；相反，"九三"若是"小人"之质，则身处富贵，骄矜自大，结果必是"害可待也"。一爻之中从正反两个角度，透视了居富之时，不同的态度所致的不同结果，如果像"六五"之质，诚信谦和，就能保持财富；倘若骄矜自大，就会祸害相从，可见其警示，意味良深。也可见，居富之则是富而不骄。《无妄·九五》："无妄之疾，勿药有喜。"王弼《周易注》解释："（九五）居得尊位，为'无妄'之主者也。下皆无妄，害非所致而取药焉，疾之甚也。非妄之灾，勿治而自复，非妄而药之则凶。""无妄"是致富的前提，同样也是守富的要则。此爻可与《大有·九三》的说法，互为发明，成为完整的"富而不骄"之则。居富居尊，守持"无妄"，虽小有闪失，遭外来之疾，也可以"勿治而自复"；倘若不守此道，居富而骄，则是病由己生，疾之甚也，将难以救药了。后来，《韩非子·解老》对此种现象曾有一段很好的、明白浅切的说明："人有福则富贵至，富贵至则衣食美，衣食美则骄心生，骄心生则行邪僻而弃理（按，邪僻、弃理，即《易》所谓之有妄、失正），行邪僻则身死夭，动弃理则无成功。夫内有死夭之难，而外无成功之名者，大祸也。而祸本生于有福，故曰：'福兮祸之所伏。'"于此，也可见《周易》所示的辩证思想的深刻。

（2）进一步，倘居富而有知惧之心，则可以避免凶咎之来。

《大有·初九》："无交害，匪咎，艰则无咎。"此爻告戒，处大富有之时，不交往，不惹祸，能懂得深知戒惧守艰，牢记艰难，才能"无咎"。《周易正义》说："能自艰难其志，则得无咎。"并分析该爻："初不在二位，是不能履中,在'大有'之初,是盈满;身行刚健,是溢也。""九二"在"大有"之初,象征其富有,所以说它"盈满";其爻为阳刚,有劲健之性,当大富有之时,劲健即表现为"溢"。这揭示了一般人的普遍人格缺欠,即富贵容易使人志得意满、招摇炫耀,如同项羽所说:"富贵不归故里,如衣绣夜行,谁知之者!"(《史记·项羽本纪》)富贵而聚"朋友",广交游,纵骄奢,这正是居富者易得的心态,而这恰恰是招祸的根苗。该爻所处的地位也说明了这一点:"初九"与"九四"同为阳刚,不能相应;又处于其上诸阳爻的压抑之下,富易招忌,众矢所向,如不知艰,祸从中来——其"初九"的地位——居一卦之初,本身就喻示着居富知艰、知惧的重要。

《大有·九四》:"匪其彭(盛多貌),无咎。"《周易程氏传》解释此爻为:"九四居'大有'之时,已过中矣,是'大有'之盛者也。过盛则凶咎所由生也。故处之之道,'匪其彭'则得'无咎';谓能谦损,不处太盛,则得无咎也。四近君之高位,苟处太盛,则致凶咎。""九四"处盛极过中之位,又切近君主,在这样的煊赫位置上,如果知盛知惧,能很好地把握事物发展之"度",就可以远祸患了。这里又从这一侧面,强调了富而知惧方能远祸的居富态度。

(3)富而尚贤是居富之道的另一个重要内容,它同样是道德力和智慧力的表现。

处富盛之时,决不能自满自得,要自觉遏制骄奢迷惘,无疑这都是避害的方法,然而仅止于此,尚不足以为完整的居富之道,居富同时还需要有富而尚贤的智能与态度。《大有·上九》:"自天祐之,吉无不利。"《周易》讲究物极必反,所以一般处于全卦最上爻的位置,多不利,而《大有·上九》为大吉,王弼《周易注》解释它:"'大有'丰富之世也。处'大有'之上而不累于位,志尚乎贤者也。……居丰有之世而不以物累其心,高尚其志,尚贤者也。"在《大有》之上九这里,显现着"知几"的智慧。所谓"知几",并非先知先觉,而是能够通权达变、识微知著,神与道会,这是《周易》所崇尚的大智慧。"上九"之洞达,能真正的穷理至其极,体物尽其情。在丰有之时,极显之位,不为财富、高位所系累,不沾沾自喜,不利令智昏,而是崇尚贤才,聚合贤才共谋大业;相反,如果居富自守,汲汲乎自营而为富不仁,则将物极必反。"上九"有此"知几"之智,所以说"自天祐之,吉无不利"——合于天道,天自然"祐之",获得吉庆而无咎害。

3. 关于财富之用

对于财富之用,《易经》中的思想也是丰富的,主要表现为守正、致诚和以财富而通济天下的观念。

（1）取财以正，用财同样需正。这点，《易经》多从反面作以警示。

财富是给人带来欢乐的物质基础，富有也是奢侈的原因①，以财而追欢逐乐，不守正道，则凶咎迭至。先看《豫》（☷☳）卦的"初六"。《豫》卦象征"欢乐"，在欢乐之时，"初六"致凶。其爻辞说："鸣豫，凶"。"初六"阴居阳位，处位失正；本已失守正道，它还不知节度，肆意"鸣豫"——挥霍财富，纵情逐乐，自鸣得意，因而致凶。再看《旅·上九》，"上九，鸟焚其巢，旅人先笑，后号咷；丧牛于易，凶。"《旅》之上九，为阳处阴位，也是处位失正，不仅不正，甚而处全卦之极还刚亢自负，《周易折中》引潘梦旂评此爻："上九以刚居上体之上，则'焚巢'：位愈高，刚愈亢，则祸愈深矣。"失正纵情是该爻的特点，所以它不但用不好财，而且还破财取祸，如同鸟巢被焚，家底付之一炬，同时"丧牛于易"——在上古社会，牛耕技术发明的前后，牛都一直是财富的重要标志②——上九之惨祸表现为，先得意洋洋，旋即罄尽资财，痛哭号咷，这种逆转皆因其不正——居位不正，态度不正。在这点上，更为沉痛的警示要算《鼎》卦的"九四"了。"九四，鼎折足，覆公餗，其形渥，凶。"钟鸣鼎食是富贵豪家的标志，这样的人家，倘若用财不正，同样遭致凶险。就卦象所示的情境说，九四阳处阴位，为失位之象；在卦之诸爻的关系中，它上承六五君尊之爻，本有负重过荷的险象，然而它又下应初六，分出力量，施惠于初六，自不量力，对上之六五不能从容支应，对下之初六无力尽心，本身又失位不正，三失并集，所以是鼎足折断，美食尽倾，鼎身沾濡而龌龊不堪，这里的鼎折足致污是其不能持正的必然结果。鼎而折足，正是富贵荡尽的景象，就传统观念的意义上说，人生之祸，莫此为甚。《易经》述此种种凶险现象，对财富之用，需守贞正的警示，不可谓不是致意深刻。

（2）《易经》还说明，用财需诚。

《贲·六五》（☶☲）："贲于丘园，束帛戋戋；吝，终吉。"贲，文饰之意，所谓"文饰"是以礼来文饰自己。丘园，自然朴素之所；束帛，一束丝帛，微薄无华之物；戋戋，浅小之意。五是尊位，爻义是说，居尊之人，以礼散财，聘问贤士。《周易恒解》释此爻："柔中而密比于上九之贤，贲于丘园之中以求贤士。"六五有柔中之质，在自然素朴之丘园，文之以礼，求上九贤才，但其所用

---

① "富是奢侈的原因，但奢侈对于富发生破坏的影响"，马克思《资本论》第 3 卷，转引自胡寄窗《中国经济思想史》（上册），上海人民出版社 1962 年版，第 18 页。
② 胡寄窗："只有个人牲畜的多寡才成为衡量财富的尺度，这一点也说明，牲畜在社会生活中已成为一般等价物，取得了极确定的财富形态。""个人财富一般是指当时作为一般等价物的商品，如牛羊谷物之类。"《中国经济思想史》（上册），上海人民出版社 1962 年版，第 27 页。

之财却并不丰厚隆重,与丘园一样质朴无华,然而衷心致诚,与上九的"白贲"志趣相合,其诚意恳悃如此,不必厚礼增华,同样获得吉祥,《小象传》评价它"六五之吉,有喜也"。《贲·六五》是从在上者损财求贤、贵于其诚的角度,说明财富之用的;而《损》卦则从"损下益上",在下者致奉于上的角度,说明损益之间财富、资源之用贵于其诚,两卦致意,相反相成。《损》(䷨)卦云:"损:有孚,元吉,无咎,可贞,利有攸往。曷之用? 二簋可用享。"损为"减损",包括减损财富,散财以致吉。在这里,它凸显的要点即是"诚"。"损下益上"——在下者向上致奉资财、致资财奉享于神灵,当此之时,奉财的前提即是"有孚"——诚信,有了诚信,才会有至为吉祥(元吉)、必无咎害(无咎)的结果。而利于前往的前提是"可贞"——守持正固。有了这样的前提,就是"二簋"奉献神灵,也是可用的。簋,殷周之时常用的食器,依礼的规范,至尊用八簋,其次为四簋,二簋最为简约,无法再损,否则将不成其为礼。《周易集解》引崔憬曰:"曷,何也。言其道上行,将何所用? 可用二簋而享也。以喻损下益上,惟在乎心,何必竭于不足而补有余者也?"资财多寡所涵盖的意义,唯视其情形而止于尽心致诚,无过无不及才是其致用的最高境界。王弼《周易注》说得更为本质:"自然之质,各定其分,短者不为不足,长者不为有余,损、益将何加焉?"然则,所谓"诚",便是天之道,毫无伪饰,尽自然之质。能理解、把握这一本质意义,就会以诚致用——减损素朴不为简慢,而丰财厚礼亦不为阿谀,修短有度,皆自然之质,如此则必然会远凶咎祸害。

(3) 财富之用的另一要则是施惠于民、养贤才,进而通济天下。

《需》(䷄)卦列于象征蒙稚的《蒙》卦之后,说的是:"需者,待也,物初蒙稚,待养而成。"(《周易正义》)"物初蒙稚",人们不懂事理,与之前行,必有险难,"需"的上卦即是"坎","坎",险也。在这样的时候,只有"需待";"需待"并非消极等待,而是积极致养,所以《需》之大义,一是"待",二是"养",立意都是施惠于民。该卦"九五"示意得很清楚:"需于酒食,贞吉。"酒食是饮食之中最为丰美者,它也是财富的重要表征。就九五之爻的整体面貌来看,它处于尊位,且为《需》卦之主,其质性阳刚,在上卦之中位,刚健中正,以自己丰美的酒食施惠于民。这里说明的是财富之用,用以惠爱于民,《小象传》说:"'酒食贞吉',以中正也。"九五如此之为,以中以正,是财富致用的正道。一卦之主惠爱于民,民众感而与之同心同德,那么整个卦象就显示着"利涉大川"之吉——利于涉越江河般的险阻(《需》卦辞)。这正是财富之用的真意义、真价值。

《大畜》(䷙)象征着大为蓄聚的丰财富有之时,为卦下乾(☰)上艮

（☰☶），乾代表乾健上进的天，艮代表稳重能止的山，将滂沛劲健而来的富实群阳，蓄止于沉稳不动的大山怀抱，从而呈现出一派丰财大富的景象，这就是该卦的为卦意象。卦辞说："大畜：利贞；不家食吉；利涉大川。"《周易正义》解释："'利贞'者，人能止健，非正不可，故'利贞'也。'不家食者'，已有大畜之资，当须养顺贤人，不使贤人在家自食，如此乃吉也。'利涉大川'者，丰则养贤，应于天道，不忧险难，故'利涉大川'。"那么，该卦讲的就是丰财大富之时的财富之用，而且其用的指向，是重在养贤。养贤用财，但只有资财，尚不能达到蓄养贤才的目的，能蓄贤才还靠大德，所以卦辞首出"利贞"——散财养贤者能守持正固才"利"。有此德、财之资，才能使贤才"不家食"，群贤纷至，灿灿辉耀；贤才皆不家食，跃然前来，共成大业，则不仅能守此富有，而且更加激发财富，益进益富，何险不济？在这里又揭示了富有与养贤中间的互为因果的辩证关系。

《丰》卦则进一步讲述了由富有而养贤，由养贤而通济天下的观念。丰，有丰硕盛满之意。《丰》之为卦，下离上震（☰☳），象征着"财多德大"，正是财富丰盈，君德盛厚之世的光景。卦辞曰："丰，亨，王假之；勿忧，宜日中。"王弼《周易注》从由富有而养贤的角度阐释了卦辞之大义："大而亨者，王之所至。丰之为义，阐弘幽细，通夫隐滞者也。为天下之主而令微隐者不亨，忧未已也。故至丰亨，乃得勿忧也。用夫丰亨，不忧之德，宜处天中，以遍照者也。故曰，宜日中也。"丰富大有之世，君德如日照中天，广致贤才，虽幽细之才，隐滞之士，尽皆被照耀，可说是达到"在野无遗贤"了。由此可见，该卦深心致意于财富之用的，是以财富而通济天下。这是财富之大用。当然，《丰》卦所言的通财致用，整理社会，是王者气派、王者之业。但其中，对古代达官显宦、居富之士也未尝不是一种价值取向的喻示。

以上是《易经》中的财富观念，它涉及了财富现象的诸多方面，弘微巨细，多方致意，可谓丰富而深切。这些是上古经济、政治生活的必然反映，这里是将财富之致、财富之用的规律性的东西剔抉出来，警示于人。

第三节 《易传》的财富观、利益观

《易传》产生在春秋战国之时。由周初到战国，社会经济生活发生了相当深刻的变化，《易传》的作者在更为发达的经济生活现实中，更为深切地体会《易经》、体会经济活动的更为丰富的意义，它发挥了《易经》的思想，对财富现象作以更为宏观、更为概括、也更为本质的说明,将《易经》中相对具体的财富观念进一步引申、发挥而为更宏阔的利益论,由获财致富的广义财富观到具体的使用价值所形成的社会境界一并予以说明,让人们透过相对具体的财富观念进而体会利益对人、对社会的直接而微的巨大作用。这一发挥,使《易经》的财富观更加开阔、更加醒目,更富有包容力。这里把《易传》视为《周易》的重要组成部分,将其中的财富观、利益观作以梳理、论列。

1. "大和"的社会境界

《易传》认为,财富会给人带来利益,而利益的最大化表达是通过整个社会的美善带来的对每个人的利益保障,它把对美善社会的全部崇尚,概括为"大(太)和"的境界,这一概括,从根本上表达了《易传》对社会文明的价值追求,它同时也成为了中国古代社会文明崇尚的核心表述。

在《乾·象传》中提到:"乾道变化,各正性命,保合大(太)和,乃利贞。"这里提出的理念,就是《易传》中社会文明的理想状态,也是一个完善的社会状态。

朱熹对此曾有过通俗的解释:"变者,化之渐;化者,变之成。物所受为性;天所赋为命。大和,阴阳会合,冲和之气也。各正者,得于有生之初;保合者,全于已生之后。此言乾道变化,无所不利,而万物各得其性命以自全,以释利贞之义也。"(《周易本义》)这是说,天道(乾道)的变化,使无成变有成,在变化的过程中,物所禀受的品质就是它的"性",而被赋予的方向就是"命"。所谓的"大和",就是物禀受阴阳之气在端正的指向下的会合,使事物变化成为一种合理的协调的存在。得于有生之初的正,和保全于有生之后的正,在规定着该事物向和谐合理的方向发展。"大和"的社会境界便是秉承天道变化而来,使事物守持其正道,各自保全自己的自性——也就是自我的规定性,在此前提下,物与物相互间高度的协调,达到一种和谐美善的状态。万事万物各得其所,天下和谐畅达。

概括起来说,"大和"之境的要点,包括了如下三个方面:

(1)这一境界是天道运行的必然结果,作为规律性,它具有整体性,是事物的整体效应,不容割裂。

(2)这一整体性,是在充分体现具体事物个别性的基础上实现的,每一事物都有其自身的规定性。具有"各得性命以自全"的个别性的存在是不容否定、不容忽视的。

(3)实现整体性的和谐,必须遵守天道端正运行的"正"的规定性,舍此将无法求得和谐、统一。在正方向下,得以品物并茂,整体和谐。

这就是"大和"之境的全部内涵,也是社会文明的充分体现。它既是天之道,也是人们所追求的完美社会的情境。

作为天之道,这种社会文明自身就规定了一个一般的道理,即社会整体利益不容侵犯,也不可能侵犯。这是说,利益追求既具有个体性也具有共通性。利益主体是各自不同的,他们都在为追求自身利益最大化而奋身作为,这是无法回避的利益个体性的特点。但社会和谐的需求,就自然会调整个体利益与社会整体利益之间的关系,所以任何不顾及社会利益而一意追求自身利益的行为都必然或迟或早受到社会整体利益调整的制约,个体永远不会超越社会而实现利益的最大化,这是无法忽视的利益整体性的特点,这就是"正",天道端正运行的"正"的规定性。社会的"大和"之境,就是通过个体成分之正而得到阴阳会合,得以完成气的"冲和"来实现的;反过来,社会的"大和"之境,又以"正"制约着个体成分而使之"和",个体不能游离整体,社会与个体皆"正"、守"正"方能达到"和",而使社会与个体都获得利益的最终实现。个体与整体间的辩证关系,就是严肃的客观规律,我们的先哲将这种规律表述为天之道。这一理念,是通过文明社会的价值观念的形式表达出来,并影响社会成员的,是对社会成员中利益主体的明示和规范,其终极指向就是"大和"的社会情境的必然需求。简言之,社会整体利益是文明社会自我调节的客观规律,任何个体都将被这个"大和"的社会规律所制约。

这一社会情境,作为人的追求,也就是作为人之道,人们还必须认清并尊重另一客观规律,那就是个体作为利益主体的不可侵犯性。这是说,社会是作为社会成员的共同体而存在的形式,这一形式中的所有利益主体,都具有自身的规定性,各具其"性命",任何利益主体,都必然呈现在"大和"需求及其运动的整体制约之下,任何一个个体都不可能永久损害另外同样具有"性命",也就是同样具有自身规定性的别的主体的利益而使自己获得利益最大化。主体间是互补协调,而不是损人利己,这样获得的利益才"正",才合于客观规律,才会守恒、长久,对其他利益主体的任何损害,都是暂时的,不会为规律所容。在人们认可并追求社会文明的时候,就必须认清这样的社会规律。

"大和"之境所示的利益,是涵盖一切的所有人的最大利益,《易传》解释这种利益时说:天道是以"美利利天下"的,不直接言"利",因为这是无可名状的最大的利益("不言所利,大矣哉!")(《乾·文言》)就这个意义上说,"大和"之境的文明社会,保障了各个利益主体的利益需求和利益实现,是一种高度和谐的社会状态。

在人们的直接认知中,财富是具体利益的表现,是利的具体载体。然而,以前面的道理为前提,财富不过是一种利益的媒介,而不是利益的全部和真实样态。换言之,财富只是得到利益的一种手段,而不是真实的利益目标。

《系辞下传》通过对财富的说明而透彻明晰地说明了这个道理:"天地之大德曰'生',圣人之大宝曰'位',何以守位?曰'仁';何以聚人?曰'财';理财正辞,禁民为非,曰'义'。"

这里的"财",不仅仅指财货,它指的是一切生利的行为和结果[①],而组织生利、获得利益,是推行天道仁义,也就是追求社会"大和"之境的手段。在这里,财富不是追逐的目的,不是真实的利益目标,它仅仅是一种手段,但却是一个不可或缺的最重要的达到目的一个环节。在这个逻辑系统当中,它将天地之大德、圣人之"位""仁""财""义"放到了一个完整而有机的联系中去说明。天地的盛德,在于常生,世界是一个生生不息的存在,所以说"天地之大德曰'生'"。在人类社会能实现这个生生不息、蓬勃发展的"大德",正是圣人之功,而圣人想要成就这样的功德,又需有"大宝"之"位",就是"大可宝爱"的有威势的地位,在这样的地位上能领袖群伦共同创造。而能够凝聚、引领民众的物质条件就是财富,有这样的条件,把人们凝聚在"盛位"周围,共同完成"事业"。能够理财支配人们守住正义,不去为非失范,就是最大的道义。在上述内容中,我们看到了《易传》描绘的是一个完整的系统,或者说是一个完整的链环,在这一链环中,财富紧紧地纽结了天地之道与人生社会,如果舍掉财富一环,那么天地的"大德"、圣人的"大宝"与民生的大宜,都将全部失落,不可收拾。可见,《易传》把财富确认为天人之际、个人与社会得以协调运行的最重要的环节和基础。同时也可见,财富还不是人们所追求的终极目的,它是一个重要环节、基础,虽然不可或缺,但其性质仍然是达到目的的手段、途径。利益的最高表现形式是"大和"之境的社会状态,这一社会状态是利益的终极指向。

"大和"之境这一社会理想、社会状态,不是一个虚构的存在,而是具有其内在的规定和规律的真实样态。它既关乎社会的整体联系和运行,也关乎社会成员个体的存在与发展运动,是一个有机的生命体,而这个生命体水平的标志,就是文化、文明的水平,也就是人们共同的价值确认的水平,在这里蕴藏并释放着利益。从这个角度,我们可以看到,文明水平是一切利益的

[①] 《周易折中》引王宗传:"理财,如所谓作网罟以佃渔,作耒耜以耕耨,致民聚货以交易之类是也。"制作、使用工具以生利,交易财货以生利,都被视为"理财","财"便是上述行为和结果的概括。中央编译出版社2011年版,第510页。

最高表现形式,它是超越于一切具体利益的真实利益形态和最终的利益形态。

上述,便是涵盖着《易传》财富思想最高层面的利益观念,它体现在"大和"之境的社会文明之中,也可以说是体现在"大和"之境的文化与文明的确认之中。

2. 富有之谓大业

通过上述的"大和"之境的文化、文明理想,我们看到了《易传》的利益观念,是人们清醒地认识到的在社会文明整体状况下的利益存在和利益关系基础上所进行的论说,这些论断是我们认识《易传》利益观的前提。《易传》的利益观念,并没有停留在上述层面,而是更具体地深入到人们所从事的"大业"和社会成员个体行为的现实层面。这里再从"大业"——给人带来普遍利益的宏大事业的角度,探讨《易传》的利益思想。

《系辞上传》说:"富有之谓大业,日新之谓盛德。"

这里的"大业"不等同于前文所说的"大和"。"大和"是一种社会文明的完美境界,而"大业"是对此境界的追求;"大和"之境是一种社会理想,"大业"是对理想追求的过程,它仍然是既涵盖各种具体利益,又不局限于某种具体利益的宏观意义的概念。因而,这里将"大业"作为《易传》的宏观利益思想来论述。

在"大业"的观念里,把"富有"——利益的最大享有,提高到一个推动社会前进的具有重大意义的地位上来理解,说明"富有"就是"大业",是人们所共同追求的最宏大的事业。

在"富有"作为"大业"的总的概念之下,还有一个相对具体的概念,那就是"事业"。认清了这个"事业","大业"才会清楚。

《系辞上传》说:"形而上者谓之道,形而下者谓之器,化而裁之谓之变,推而行之谓之通,举而措之天下之民谓之事业。"这里说的"道",是主导有形之体运动的规律,是必须经过对具体事物的观察、把握才能感悟得到的事物内在的规则、规律,所以说它居于有形的事物形体之上。这里说的"器",是看得见、可感知的有形的物质形态。"道"与"器"的统一,也就是规律之"道"与有形的规律的载体之"器",两者辩证统一。两者的辩证统一、交互作用,就导致了事物的交感化育、互为裁节的运动,这就是"变"。沿着变化而推广旁行、无所不在地运用就是"通"。把这些道理教给天下百姓使用,就叫作"事业"。即是说,将法则、道理成功地运用到治理社会,使社会的运行合于天之道,能够协调发展、变通无碍,就是所谓的"事业"了。这个"事业"的落实就是"大业"。它说明了,人们为之奋斗的是由"事业"的具体努力,而到"大业"的实践,最后落实为"富有"。"富有",即"物无不备"①。

由上述可见,这个"富有",首先是一种对事物规律和本质的认知(即对"道"的认知),并且凝定成能为人所用的知识和智慧,这些知识和智慧将会从根本上保障人的包括物质财富创造在内的一切创造行为的实现。

能用"道"——人类所认识到的客观规律,去支配协调这些资源,才是人们所追求的"大业";支配这些资源,体悟天道——事物规律的变化,不断调整、适应规律、适应变化,使民事欣欣向荣,日日具有新貌,就是"盛德"了。所谓"盛德"就是给人带来福音,推动社会积极良性发展,让人、社会享有最大的利益的事业结果。

在这个宏观意义之下,单纯追求物质的财货是行不通的。《周易折中》引崔憬说:"夫财货人所贪爱,不以义理之,则必有败也。"以财货为目的,局限于财货的具体追求,没有对客观法则的清醒认识,没有"盛德""大业"的感召,没有"盛德""大业"的凝聚,不以这样的端正的"义"理之,财货就会旋聚旋散,不能守持。

由此可见,"大业"的最主要的内容,或者说是主导因素就是"道"与"器"的完美协调,它表现在人的主观能动性这里,就是将人所认识到的客观事物规律和本质的水平,化为人的追求,这个追求又化为一种符号——"盛德""大业"。"盛德""大业"就成为了一种具有感召力的文化理想,是人们所共同认可的文化心理,它具有化为血肉的永久的指导意义和作用,这些作为一种标志就凝成了深入人心的群体文化,这种高度的价值认同和价值凝定,是更为深刻、更为持久的支配人的活动的深层因素,有了它才会达于"富有",人类自身物质财富和精神财富的富有;在富有的基础上才会体现"盛德""大业"。只有具备了这些,才会出现前述的最高的社会理想境界——"大和"。

从上述意义说,《易传》又强调"崇高莫大乎富贵"(《系辞上传》)。

依前面的种种说法,成就"大业",展示"大德",无疑是一种辉煌、崇高的追求,这种追求的结果,就是富有与高贵。这个理念的内涵,它包含着更为合理的思想。就前面分析可见,作为价值的"贵",其中的主要因素,是文化、文明的价值,没有文化与文明的水平,就没有物质财富的创造水平,所以,这个"贵"的价值指向和价值内涵中,所包含的首先是文化与文明的价值,是文化与文明自身所具有的利益内涵。如果说"大业"是给人们带来普遍的共同利益的可追求的事业,那么这个引领,首先是文化,其落实下来的

---

① 《周易折中》引王凯冲说,中央编译出版社,2011年版,第479页。

尺度与标准也依然是文化与文明的水平,所以这里的"贵",骨子里,仍然是文化与文明的价值——文化与文明是群类自身所得价值的真实表达。

这一宏观利益论,实质上是一种文化、文明的理念,它是介于"大和"之境的社会理想与个体利益实现之间的重要环节,作为有着具体实践意义的部分,它涵盖的是由理想到现实——由现实到理想的可操作的理性认识,因而,它既可以鼓舞人,也起到指导人如何实践的现实作用。

3. 义、利、和的观念

《易传》利益思想的微观利益,也就是说明主体获利手段的论断,概括起来,它主要表达为义、利、和的观念,三者是由于一种辩证关系而达到的和谐统一。显然,《易传》是将前述的《易经》观念的方方面面进行了极高度的概括和提炼,在此基础上,《易传》才进一步认为,能够使利益主体获得利益最大化的实现,只有通过"义""利""和"的协调才具有其实现的可能性。

从人类自觉追求利益的角度看,《周易》是一部言"利"之著,其言"利"之多、之全面、之深刻,古今无双。五千余字的《周易》经文,言"利"119次之多,文中的这些"利",在不同场合、不同语境下,有自己具体的意义指向,但总体来说,这些义项的共同本质就是"利益",是趋利避害,使利益得到保障,使利益最大化。《周易》开篇就说"利",第一卦《乾》的卦辞,就是"元亨利贞"。这里的"利"被解释为"义之和也"(《乾·文言》),"利"与"义"有着密不可分的因果关系,在这里提出的,就是古代思想经典中极具影响的"义利"观念。

《乾·文言》说"利者,义之和也""利物足以和义",这个"义",孔颖达疏曰:"言天能利益庶物,使物各得其宜。"(《周易正义》)"义"的意义是适宜、相宜。"宜"正是事物的理所在,合于事物的客观规律,合于事物运行之法则,就是理与物的和谐,也就是恰如其分的适宜、相宜。理解这些,就能够理解并把握事物的存在与发展的方向,就能够相宜妥帖地处理事物。"使物各得其宜",和谐妥帖的前提,是使众多的事物,也就是"庶物",得到应得的利益,在利益满足的前提下,获得正常稳妥的运行。义与利的结合,第一位的还是"义",宏观的规律以这个规律为准则,去应和具体的事物,使之得到合理的利益,这是构成驾驭客观事物的根本要素。所以说:"使物性和谐各有其利,……当以义协和万物,使物各得其理而为义也。"(《周易正义》)"宜"就是这里说的"使物各得其理而为义也",事物得到理的贯穿驾驭,落实了理,就是得到了大义,就是最大的"宜"。达到这种程度,也就"协和万物""使物性和谐各有其利"了,也就是达到了"利"的最高境界。

这里应当指出的是,"义"作为抽象于具体的"利"的概念,已经成为一种文化现象,是正确的理念而固定化为文化价值与意义的概念。它只能探索、修习而不能如"利"那样可以量化、可以一次性转移授受;它虽然抽象,但却是驾驭"利"的法则,是人的聪明才智的标志,是个体人格综合修养的显现,所以旨在追求社会利益最大化的《易传》,特别强调"义"在获利过程中的地位。

上述有关义利关系的这些论断,再进一步,可以分为两个具体的层面去理解。

第一个层面说明,"义"本身就是最大的利益。

"义"作为最大的利益,无疑首先是缘于对"义"的洞彻与把握,而能够洞彻与把握"义"的最重要的因素,来自于人的智慧力和道德力。孔子说:"君子喻于义,小人喻于利。"(《论语·里仁》)"君子忧道不忧贫。"(《论语·卫灵公》)懂得"道"、懂得道德准则的"君子",他的人格结构本身,就包含了极大的智慧力,能超越世俗具体利益观念的束缚而敏锐地洞察事物的发展规律。《论语》里一再强调"敏以求之"(《论语·述而》)、"敏于事而慎于言,就有道而正焉"(《论语·学而》)、"恭、宽、信、敏、惠"(《论语·阳货》),"敏"作为君子人格的要素,就是这种智慧力。有了"敏于事"的感悟能力、迅速判断的智慧能力,才能有效地体悟"道"及其"道"所包含的、对社会存在与运行的客观规律的概括与凝定的社会的道德律。而社会的道德律,只有那些具有"君子"的人格结构和人格能力的人才会懂得、才会注重。《国语·周语》:"言义必及利。"韦昭注:"能利人,然后为利。"那些缺乏道德力、智慧力的"小人",只能看懂本能所感觉到的具体的"利",只懂得属于自身的"利",而无视于利人之"义",不能领悟义与利之辩证存在。这样就把"君子"——可以谋大事、有大作为的人与离开本能很近的、鼠目寸光的"小人",以"义"与"利"为尺度而辨析得泾渭分明。"君子"的这种全面修养,实际上是表达了一种文化形象,是以全面的文化水平与文化能力去驾驭具体客观事物的。这样的主体以"义"为追求和守持的基本品格,不仅使社会的整体水平得到提升,从而创造更加和谐美好的生活环境,而且更可以使利益主体获得利益保障。

第二个层面说明,"和"作为文化要素是获得利益并使利益最大化的又一保障因素。"和"是义作用的结果,有了"和"才有利益,没有"和",利益将无从获取。

《乾·文言》所说的"利者,义之和也""利物足以和义"之"和",表明了"利"与"义",是通过了"和"来完成其生命力的,也就是说,得利必须凭借

"义之和"。

"利"之中所包含的"和",被解释为:

> 《说文》:"利,铦(锋利)也。从刀。和然后利,从和省。《易》:'利者,义之和也。'盖'利'从刀,故主分,分故能裁制事物,使各宜也,各得其宜则和矣。'利'又从'禾',《说文》'禾,二月始生,八月而熟,得时之中',是'利'有中和之义。故云'阴阳相和,各得其宜,然后利矣'。"(《周易集解纂疏》)

这说明,"和"是使原本分立自在的事物通过"义"而达到统一,其结果即是"利",就是所谓"和然后利"。所谓"分",不是量的区别,而是对自具规定性的具体事物的认识与区分。诸事物自身的区别既然是客观存在,那就是能够被认识的,而一旦被认识,并加以合理的区分与合理利用就能够使之达到"和"的境地,这便是"宜",既得相宜之"和",从而也就能够获得利益。这种"和"的统一,不是简单的量的相加,而是质的多样统一,是具有差异的事物的平衡、协调。就是说,"和"是通过"义"而使事物多样统一的相合,这样就能生"利",这样的"利"才是真正意义上的"利",才能具有相宜的具体结果。

"义""利""和"三者的统一,正是通过"义"使事物间利益和谐,孔子强调"和为贵,先王之道斯为美"(《论语·学而》)。只有这种"利"才能够"以美利利天下",达到最完美、最广大的利益实现,"和"是获得利益的重大保障因素。

"和"的底层原因,还具有这样的现实指向,那就是,事物是普遍联系的,具有着必然的因果关系,任何个体,如果无视于事物的联系和因果关系,割裂开来,影响或者损害普遍联系着的其他利益主体的利益,想要单独的利益最大化都将无法真正的实现。

上述可见,在"义""利"关系中,在实现利益最大化的意义下,"和"的因素是利益最大化的又一保障要素,舍掉"和"的主观努力,"义"与"利"都将因不能相融合而无法实现其自身价值,也就谈不到个体、群体、社会的利益实现,"以美利利天下"也就无从谈起了。"和"作为利益要素,是人们在经济活动中不能回避的现实。而这一要素,也是人们长久的社会实践所积淀下的对自然和社会规律的深刻认知。

《易传》的微观利益,也就是说明主体获利手段的讨论,"义""利"的观念,"和"的观念,完整地说明了主体在追求利益的过程中所应当保持的理性精神。它通过"义""利""和"的观念,深刻地概括了利益追求者所应当遵守的客观法则,指明了主体获得利益的有效途径及其样态,这些都是中国传统文化中微观文化利益观的重要见解。

4. 节以制度,不伤财不害民

追求财富,追求完美社会中由每个人利益最大化而达于"大和"之境,在富足之中实现人生愿望是《易传》描述的美好图景,但这绝不是说可以因富足而放纵人的本能、欲望,《易传》同时提出了节俭原则。节制简约,不挥霍纵逸,这本在《易经》居富之道、财富之用中已经予以了明确的说明,富有而骄奢便自取其祸,保持诚恳素朴之心,节制欲望就可规避风险。《易经》揭示天道之大宜,言之谆谆。《易传》这里,又从生财理民、创制大业的角度,重申了用财节俭的原则性意见。《节·象传》说:"说以行险,当位以节,中正以通。天地节而四时成;节以制度,不伤财不害民。"《小过·大象传》说:"山上有雷,小过;君子以行过乎恭,丧过乎哀,用过乎俭。"这些理性把握、节用财富思想,正是后来崇尚节俭这一民族传统思想的源头。

《节》(䷻),下兑(☱)上坎(☵),全卦象征"节制"。《周易正义》:"《象》曰'节以制度',《杂卦》云:'节,止也。'然则'节'者,制度之名,节止之义。"《周易大传今注·节·附考》证明:"《易经节》卦之节,《易传》释为节度,即制度也。《象传》释此卦义曰:'天地节而四时成;节以制度,不伤财不害民。'即其证。《序卦》论《涣》《节》《中孚》三卦之顺序曰:'《涣》者,离也。物不可以终离,故受之以《节》。节而信之,故受之以《中孚》。'亦认为节是节度之义。六四《象传》曰:'安节之亨,承上道也。'上道,即君上之制度,亦其证也。"全卦作为制度的象征是说,节不止是一种自律、习惯的倡议,更要以制度之规范而使这一观念成为人们的理性选择。

君子法《节》之象,凡事节度自己,保持理性,对待财富这样的重大事项更加不能例外,以"不伤财,不害民"为尺度,节制自己,克服欲望。"君子之所以节于己者,为其爱于物业。故其《象》曰'节以制度,不伤财不害民'是也"(欧阳修《易童子问》)。单靠人为制约还不可靠,要形成制度,爱物,爱人。君子效法《小过》之象,在行止之恭,丧事之哀,用费之俭这些寻常小事上,稍能过越,以正俗弊。《周易正义》:"小人过差,失在慢易、奢侈,故君子矫之以'行过乎恭,丧过乎哀,用过乎俭。'也。"《朱子语类》:"'小过'是小事过,又是过于小。如:'行过乎恭,丧过乎哀,用过乎俭。'"即便是在过于小的小事上也躬自节俭,达到自觉节制的理性程度。

这是《易传》对财富使用的节度思想,实质上它说明的是对人性的考验,能够自觉理性地节度简约、爱物爱人是对人性本能、对人自然欲望的极大挑战,而能够经受住此种考验对个体人、对社会风尚来说,便都达到了美善的境界。

由以上论述可见,《易传》的利益思想,首先是极其注重社会利益的创造,努力使社会达到最大化的利益实现。为了保证社会利益的最大化实现,不能忽视个体利益的追求与满足,而所有的利益实现,都必须具有理性精神。这种理性精神就是,在全部的利益关系中,"大和"之境是第一位的,也是终极目标;在"大业"与财富之中,"大业"居于根本地位;在个体利益"义""利""和"的关系中,"义"为首要因素。"大和"之境的理想、"大业"的观念以及"义"的引领,是物质财富创造与守持的灵魂。这都说明了由普遍认同而凝定为文化、文明的价值是超越于一切具体利益现象之上的最根本的利益,只有自觉追求这一利益,才能把握、驾驭一切具体利益。

文化、文明在利益关系中,不仅是一种境界,更是根本,而且是一切具体利益的引领者、保障者,没有文化、文明的发展水平,就没有具体利益的发展水平和保障水平,《易传》思想极其崇尚文化、文明,也就是极其崇尚物质利益创造中的理性精神。

小结　以财聚人,普利社会

综合上述的剖析,我们可以得到这样的认识,《周易》当中特别表达的就是遵循客观规律守正以求取财富,财富之用是以财聚人,进而普利社会,为社会带来生生不息的日新之变。

《周易》经、传的财富观念是在漫长的经济生活过程中所凝定的经验、所总结的规律。期间不仅生成于私有制伊始对财富积累过程的认识,也经历了生产力突飞猛进的由奴隶制社会转向封建制社会的财富创造与拥有的新时期的经验,在这漫长的过程中,在经历着丰富变化的财富发展的条件下,《周易》抽绎出财富现象的基本规律,对财富现象的深层意蕴,给予了具有深刻意义的概括,注入了更为清醒的理性精神。《易经》所概括的若干规律,诸如守正诚信、谦谨为德、识几知微以求取财富的致富之则;富而不骄、知惧知畏、富而尚贤的居富之道;旨在惠于民、通济天下的财富之用等等,都说明了《易经》对人性本能的财富意识、对狭隘的小农意识的利己财富观念的超越,是在更为高远的视野之下,用更为深邃的目光去审视财富的。在《易经》观念的基础上,《易传》将其拓展得更为开阔,由求取财富以促进社会发展的《易经》观念,到超越财富的具体、显见的功用而凸显出财富的力量,由凭借财富的力量而达到对"大业"的追求,提出了"崇高莫大于富贵";又由"大业"进而升华到"大和"之境的社会境界。这已经超越了具体财富的一般意义,而达到对文化与文明的追求。《易传》所描画的图景就是以文明为最大的利益——使天下社会都获得益处的能以"美利利天下"的合理、和谐的《周易》所认定的最宏丽的伟业——"大和"之境。

同时,《易传》深刻地说明了宏观利益与微观利益的关系;个体发财致富与社会群体需求的关系;求取财富过程中的"义"与"利"之间的关系,这些关系是财富现象本身所蕴涵的基本要素、基本关系,它是人们无可回避的客观存在和现实问题。《易传》的揭示,可以说是深刻地触及了这些问题的基本规律,这些规律的存在具有更为长久的影响,因而《周易》所奠定的基本理念,就具有长久的认识价值、长久的指导意义,这正是我们民族的智慧、民族文化的清晰表达。

通过以上论述可见,《周易》财富观是由一个个具体的认识成果而集合成的观念系统,这一系统不仅具有深刻的认识水平、理性思考,而且具有丰富的内涵,它是对财富现象的全面概括。在这个观念系统中,完全肯定了财富的创造与对财富的追求,对这种创造与追求的肯定兼及了个体与社会群体,而最终以社会的美善为旨归。总而言之,《周易》揭示了财富在个体生存与社会发展中的根本意义。

《周易》的财富观也同时作为周人社会理想的组成部分,与《周易》的人的观念塑造、若干社会治理理念有着内在的必然联系,它们交相辉映,共同展示了《周易》的社会治理的理想。

第七章 《周易》的军事思想

第一节 产生《周易》军事思想的历史基础

《周易》的军事思想是在深远而繁复的战争史基础上产生的。

我国第一部通史的开篇就是战争，它醒目地揭示着伴随文明史揭幕过程的战争的频仍和惨烈："轩辕之时，神农氏世衰，诸侯相侵伐，暴虐百姓，而神农氏弗能征。于是轩辕乃习用干戈，以征不享，……天下有不顺者，黄帝从而征之，平者去之，披山通路，未尝宁居。"(《史记·五帝本纪》)"习用干戈""未尝宁居"，正是历史演进的印记。后来的史家也重复着这种记忆："自剥林木而来，何日而无战？大昊之难，七十战而后济；黄帝之难，五十二战而后济；少昊之难，四十战而后济；昆吾之战，五十战而后济；牧野之战，血流漂杵。"(罗泌《路史》)"何日而无战""血流漂杵"是著录于史书中的曾经的现实。

《周易》本身也记载着撼动人心、给人留下深刻记忆的战争。《既济·九三》："高宗伐鬼方，三年克之；小人勿用。"《未济·九四》："震用伐鬼方，三年有赏于大国。"高宗，《周易正义》"殷王武丁之号"；鬼方，《史记·五帝本纪·索引》："殷曰鬼方，周曰猃狁，汉曰匈奴。"王国维《观堂集林·鬼方昆夷猃狁考》进一步说明："我国古时有一强梁之外族，其族西自汧陇，环中国而北，东及太行常山间。中间或分或合，时入侵暴中国，其俗尚武力，而文化之度不及诸夏远甚。……其见于殷周间者曰鬼方、曰混夷、曰獯鬻；其在宗周之季，则曰猃狁，入春秋后则始谓之戎，继号曰狄，战国以降又称之曰胡、曰匈奴。"则"鬼方"是殷时所称位在西北的一支外族。"三年"，言用时之长。《周易》这两则爻辞，揭示了殷王武丁时期，地处中原的商王朝与居于环中国而北的这一强悍外族相争战的艰难激烈与旷日持久。

如果说上面这些记述还多少带有些传说的成分，那么，近世的研究成果和考古发掘，恰恰证明了史家所书录情形的本质的真实。

据《中国政治制度通史·夏王朝的军事制度》：夏王朝就已经有了"我国阶级社会出现的第一支军队"，这时的军队还带有原始性，由夏王作为军队的最高统帅，"军队将佐文武不分职，军官设置不完善和指挥系统不明确""军队士卒与土地密不可分，'兵农合一'"，军队的数量不多，有车兵和步卒等兵种①。这些情况，让我们依稀看到夏王朝军队的情形。而考古发现和甲骨卜辞，就令诸如军队、兵器、兵种、战争规模等事项变得具体而清晰了。在河南堰师二里头夏文化遗址中就发现了镞、钺、戈等青铜武器②。郑州二里冈型的早商文化遗址中，也发现有大量的青铜武器——戈、矛、钺、刀、镞③，它们是战争史的遗迹，真实而形象地表达着战争的事实。早商文化的兵器遗存，还在无声地印证着成汤居亳"十一征而无敌于天下"（《孟子·滕文公下》）等说法所示征战频仍酷烈的真实性。而考古挖掘中不断出现的早商之后的大量兵器，还有战车等战争器物，则连续不断地印证着战争的频繁与规模的升级。

还有另一形式的历史存真，在动态地记录着盘庚迁殷后273年间殷人的活动，那就是被学界视为信史的殷墟出土的甲骨卜辞文献。文献中，最为集中的内容之一就是卜问"征伐"。在这里，不但书写着战争的事实，而且记录了人们对战争探索的成果。为此，甲骨文研究家对这类事物极为关注，探索发掘，不断地廓清着它们的真实面貌。依据他们的研究成果，我们可以看到内容生动而丰富的战争、军事史实。这里，仅举其要者，对那一段战争事实作以说明。

出现在甲骨文中的"族"字，就是以战争的角度来认知族类这一社会人群的。据岛邦男的《殷墟卜辞研究》："㫃字又作㫃，……即《说文》'族'字。㫃，《说文》：'㫃所以标众'。㒸，《说文》，'矢，锋（镞）也，束之族也。'丁山谓：'族字，从㫃，从矢，矢所以杀敌。㫃所以标众。其本义应是军旅的组织。'"（《甲骨文所见氏族及其制度》33页）例举诸卜辞证据之后，岛邦男的结论是"丁山谓㫃是军旅组织是对的"④。召集聚众，准备战争，有效力的杀敌，就是对"族"——有稳定系统、有自觉组织的人群的概括，至少这

---

① 王宇信、杨升南：《中国政治制度通史》（第二卷），人民出版社，1996年版，第144、147、148、151页。
② 《堰师二里头遗址新发现的铜器和玉器》，中国科学院考古研究所二里头工作队《考古》1976年第4期，第259页，图版5。
③ 邹衡：《夏商周考古学论文集》，文物出版社，1980年版，第124页。
④ 岛邦男著，濮茅左、顾伟良译：《殷墟卜辞研究》，上海古籍出版社，2006年版，第922—923页。

是甲骨文字中对这一类型社会组织的理解,也就是说,其时争战是社会现实的不可回避的现象,人们必须有效应对,而"族"是应对战争的有效组织,这是"族"存在的现实功能之一。甲骨文以繁多的"族"的记载,以及每族必有的、可以确认的出任军事指挥官人员的现象,表达着战争的现实和严酷。

就战争频度而言,甲骨卜辞中赓续不断地记录着对征伐方国的卜问。据《甲骨学一百年》的统计,殷商的征伐对象:武丁时有81个方国;祖庚、祖甲时有2个方国;廪辛、康丁时有17个方国;武乙、文丁时有28个方国;帝乙、帝辛时有8个方国①,也就是说,征伐方国的战争贯穿在盘庚迁殷后到殷纣(帝辛)灭国这二百多年的全过程,可见其时战争的频繁。就其规模而言,其显例为:董作宾《殷历谱》的《武丁日谱》通过排谱的方式,见出武丁对土方等方国征伐的战争进程旷日持久,长达四年半②;陈梦家《殷虚卜辞综述》说明,帝乙、帝辛征人方历时260天,自"大邑商"经"商""亳"而及于淮水,长途远征;③征伐盂方,殷人组织联军,与盂方战至一年之久;武乙对召方的征战,除亲自率军征讨,还派遣诸将、出动王族、三族征战④。于如此频度与规模的战争可见,甲骨文所记的近三百年的历史,几乎就是一部如火如荼,频仍不息的征伐史。

史不停息的战争,不断激发着人们对战争这一客观对象的探索,至少见之于甲骨文,它记录的显要探索成果,就明明白白地表达在当时军队编制的形成与固定、战斗形式的模式化和战术运用的多样化等方面。它们述说着殷人对战争的理性认识和细心把握。

就军队来说,商王朝所统的各宗族有自己的军队。"宗族武装不仅是自卫性质的,而且可以作为机动的、独立的军事组织受王朝的调遣"⑤,王朝兴师,多征集、调动宗族军队参战。军队建制以"师""旅"最为显著,它们有着较为清楚的编制、较为成形的结构。"师",早期的武丁卜辞就出现了,到了中晚期,武乙、文丁时便见到了较为完整的"师"的组织——左、中、右三师,典型的记载如:"丁酉,贞,王作三师右、中、左。"(《甲骨文合集》33006)尽管师的人数有每师三百人、三千人的不同推断,但作为一个完整的军事建制是

---

① 王宇信、杨升南主编:《甲骨学一百年》,社会科学文献出版社,1999年版,第498、499页。
② 王宇信、杨升南主编:《甲骨学一百年》,社会科学文献出版社,1999年版,第497页。
③ 陈梦家:《殷虚卜辞综述》,中华书局,1992年版,第304页。
④ 胡厚宣等编:《甲骨探史录》,生活·读书·新知三联书店,1982年版,第359页。
⑤ 朱凤瀚:《商周家族形态研究》,天津古籍出版社,2004年版,第185页。

学者们皆无疑议的①。"旅"是否为"师"的下一级建制,尚有争议,但它是一个完整的军事集团,也分左、中、右三旅,旅的人数少于师,却无疑议②。尽管在甲骨文对商代军事建制的记录中,还看不出像西周王室"西六师""成周八师"的军队那样常规、常备和建制的严整,各级军官由周王任命那样严谨,但"师""旅"以及同属军队编制的小于"师""旅"的"行""戎"等等概念的存在,它们已经说明了,殷人对处理战争事物中的必要工具——军队的理性认识和有效建树。这一建树也标示着战争发展的水平。

当时的战斗用具,决定了战斗模式——车战、步卒战、骑兵战、舟战。杨升南《略论商代的军队》依据殷墟出土的车和甲骨卜辞的记述,考定商代已具有战车制度,并有具体的战斗法式,即与周代相同,车中左人持弓、右人持矛、中人御车,其编队有 5 辆、25 辆、100 辆、300 辆的级别③,从这种战斗格局,俨然可见后来《左传》所记的春秋战场车毂击驰的情形。蓝永蔚《春秋时期的步兵》推断:"早在春秋以前,车战就至少已具有一千年以上的悠久历史,春秋时期不过是这一漫长征途的最后阶段。"④商代战场还有"不驾车、不骑马,以步卒征伐"的步兵。步兵以"行"编伍,分次左、中、右,每一"大行"人数多达近万⑤。这种规模,说明了步兵在战场上的意义,也让人隐然见到声势浩大的古战场情形。骑兵也见之于殷墟考古发掘和卜辞,于省吾认为"殷代的单骑和骑射'都'已经盛行了"⑥。甲骨文还有"舟兵"的记述,并且这一兵种也与车兵、骑兵、步兵一样,有其一定的编制,参与商王朝对方国的征伐⑦。商代几乎遍及了冷兵器时代的各兵种与各种战斗模式,人们在那一阶段的历史舞台上展开着全面的战争实践。

战术运用是战争实践的产物,是驾御战场的高级智慧形态。甲骨文记述,当时人们娴习地观敌料阵,巧用战法,克敌制胜。战前,探察敌方虚实,卜辞中称"启";战斗之中有布阵的方法,卜辞中称"立"(即"位")。布阵有正面进攻的方阵,也有预设埋伏的阵法。胡厚宣《甲骨文冕字说》还揭示了殷商军队具体的作战技巧——蒙以虎皮,伪装猛兽以冲锋作战。勇士"身披虎皮之衣,用作伪装,以逞勇猛",这种作法直到春秋战场还时有演绎:《左

---

① 王宇信、杨升南主编:《甲骨学一百年》,社会科学文献出版社,1999 年版,第 492 页。
② 王宇信、杨升南主编:《甲骨学一百年》,社会科学文献出版社,1999 年版,第 493 页。
③ 参见《甲骨探史录》所收杨升南撰《略论商代的军队》。
④ 蓝永蔚:《春秋时期的步兵》,中华书局,1979 年版,第 19 页。
⑤ 王宇信、杨升南主编:《甲骨学一百年》,社会科学文献出版社,1999 年版,第 493、494 页。
⑥ 于省吾:《殷代的交通工具和驲传制度》,见《甲骨学一百年》,第 495 页引。
⑦ 王宇信、杨升南主编:《甲骨学一百年》,社会科学文献出版社,1999 年版,第 495 页。

传·庄公十年》,鲁宋郎之战,鲁公子偃"蒙皋比(皋比,杜预注:"虎皮")而先犯之";僖公二十八年《传》,晋楚城濮之战,晋将胥臣之师"蒙马以虎皮,先犯陈、蔡(之师),陈、蔡奔(溃逃)"①。这种作战方法,在战场上不仅宣示勇猛,更具有战术意义——它假虎之威猛惊骇敌阵、敌人,使敌之人马战阵惊而自溃。可见殷人对这一作战技巧的探索及其在战场上的实际效用。在甲骨卜辞零散片段的记载中,我们看到了人们对战术探究与运用的事实,它说明着战争这两军杀伐的流血的现实对人们智慧的激发与考验。

在甲骨文所记述的战争事物中,还有一个非常鲜明的特点是值得注意的,那就是与战争事物紧相伴随的神学迷信的观念。这种观念是商王朝的主导意识,无处不在,但它与以挑战理性、智慧为突出特点的战争紧相伴随,并且还是贯穿始终的主导意识,与战争事物同在,这便是一个很醒目的现象了。那些以占卜的意义而存在的卜辞,记录战争的资料是丰富的,其中尤以武丁和帝乙、帝辛(纣)时最为集中。每次战事都有占卜,在武丁时期有贞人骰随军随时占卜,以致使丁山先生在研究"殷商氏族方国"的时候,疑其似是"军卜"专家②。在当时的现实生活中,每一史官贞人都要面对"军卜",不过是武丁时征伐特别频繁,而贞人骰又相随紧密、时间较久,所以骰在频频征战的武丁时期也频繁出现。这说明着商代"军卜"的常制,与战争如影随形。卜问的内容,除前引涉及对战争具体事项的理解之外,主要的还是卜问吉凶:"受我右"(授予我福佑吗?)"不我其受右"(大概不允许我接受福佑吧?)"王旬亡圆(祸)"(时王在以后的十天内会不会遇到灾祸?)等等,是对战事所遇吉凶的占问,也就是对上帝意志的求问。卜辞的意味是虔诚的,对上帝的警示(兆象)是深信不疑的。

从这些情形我们看到,在殷人这里就表现了十分清楚的两重性:一方面迷信于非理性的上帝预言;一方面又兢兢探索着战争规律,是极清醒的理性的一面。而两者并不能统一,总是上帝的意志大于一切,人更多的是在上帝意志的名义下行事。固然,客观上有以上帝的意志号令军心、震慑敌人的作用,但其实质,还是殷人自己对上帝的迷信。这是甲骨文献所呈现的殷人在战争事物面前的主要特征。如果以此特征作为参照,我们就会看到《周易》更清楚的倾向是在占筮的形式下表达着:如前述的"神道设教",一面依仗于神明的指引、感召,一面张扬理性自觉,而不是全面消解于非理性的上

---

① 胡厚宣等编:《甲骨探史录》,生活·读书·新知三联书店,1982年版,第41、42页。
② 丁山:《甲骨文所见氏族及其制度》,中华书局,1999年版,第60页。

天、神明意志的全部意蕴。就《周易》不同于甲骨占卜的具有自己对事物规律概括而形成卦象的意义上说,它的占筮更倾向于对事物规律的依赖,因而,《周易》于殷商之神学指示的相形之下,实质更侧重于人类自身的智慧、理性。这是《周易》观念在当时历史条件下的极鲜明的进步性,这也是我们关注甲骨文献和《周易》的战争观念的意义所在,两者所表露意蕴上的差异,正是人类理性自觉的轨迹。尽管后世的战争还不能离开占卜,但《周易》这里,所张扬的理性自觉却是极其有意义的。

如果进一步延伸一下,我们会看到《周易》的理性自觉,在其后建树的经典军事理论中的自觉接受与发扬。

成熟于春秋时期,被后来一直奉之为兵家圣典的《孙子兵法》的军事思想[1]就明确地扬弃了战争军事中的神学和非理性因素,严肃告诫:明智的战事决策、指挥者——君主、将帅,临于战事"不可取于鬼神,不可象于事,不可验于度,必取于人,知敌之情者也"(《用间篇》)。曹操注解:"不可以祷祀而求,亦不可以事类而求也。""取于鬼神"即祷祀占卜;"象"即事类,同类的以往经验;"验于度"是以星辰运行的度数为卜。孙武子强调的观念是,不能用祷祀鬼神,不能以过去的类似经验,不能凭夜观星辰占卜等方法为依据,一定要克服掉这些非理性及盲目主观的因素,而必须询问活人,在清晰透彻知晓、稳妥把握对手真实情况的前提下才能正确判断战事。

这些,可以见出,人们在对战争事物不断探索的进程中,所获得的认识的深化以及观念的取舍,而这一深化的理性起点,所据相对完整的理性建树,见之于文献,则首推《周易》。

从探索《周易》的军事思想角度而言,上述内容是《周易》成书之前,伴随文明史发展过程的悠久而繁复的战争事物以及先贤们对战争现象的积极探索。它们呈现的是有关战争的丰富的思想资料,在这里闪耀其鲜明的理想精神,而这一精神在推动着民族思想的切实进步。然而,至今尚未见到《周易》之前的略为系统、较为完整的军事思想著述,《周易》的军事思想便成为我们可见的最早的也是具有卓越识见的理论建树。其卓越见解又给后

---

[1] 当代军事理论家郭化若认为,《孙子兵法》是中国古代军事理论最重要的著述,后来被尊为《武经七书》的其他六种,也不过是其注释,并没有更具创造性的建树。"孙子的时代,距今二千多年了。这二千多年以来,又有许多不同性质和不同形式的战争(统治阶级之间的战争,民族之间的战争和农民战争),然而在我们之前总结这许多战争经验的,除《孙子》十三篇外,就没有见到超过《孙子》的好书。七子兵书的其他六种,多半是后人的托名伪撰,其内容最多也不过是《孙子》的注释。"见郭化若《论孙子兵法·代序》,载《十一家注孙子》,中华书局,1962年版,第25页。

来的军事思想家们带来了深刻的影响。它掘要发凡,俯瞰着后来以军事思想为表达形式的民族智慧以及人类对自身认识能力、关怀能力的发展。

总括前述,也在表明,《周易》之前的繁复的战争史、军事思想探索史,正是《周易》军事思想得以完成的坚实基础。

《周易》中专门以用兵打仗为象而设立的《师》卦(☷),突出而集中地阐发了《周易》对战争的理性精神和对战争事物的深刻认识,从多种角度表达了它的军事思想。

以下,即以《师》卦为纲,结合散见在其他卦中的军事见解,来叙述《周易》的军事思想。

第二节 军事的人道原则

在《周易》里,我们首先看到的是以怀邦安民为核心、以朴素的军事的人道为纲领的军事原则。

概括全卦的卦辞说:"师:贞,丈人吉,无咎。"

何晏注:"师者,军旅之名。"《彖传》云:"师,众也。贞,正也。"《周易正义》:"师,众也,贞,正也;丈人,谓庄严尊重之人。"

卦辞首先提出兴师以"贞"——正为本。"贞,丈人吉,无咎",表达的意思是:面对兴师动戎的战争,首要原则是守持正道,而守持正道之实现,要仰赖于"丈人"——深深懂得并能把握"贞"的战争的操纵者——君王将帅,只有他们"贞",才能让全部军队皆守正无邪,如此兴师才能获"吉",才得"无咎"。《易传》挖掘经义,进一步阐明"能以众正,可以王矣"(《彖传》),并且指明战争的深刻本质与终极目的是"怀万邦"(《师·九二·小象传》)。《易传》不过是更明确地张扬了《易经》的思想,并将其纳入"仁""义"的范畴。实际上《易经》本身就通过"贞,丈人吉,无咎"表达了以怀邦安民为核心,以古朴的军事的人道为纲领的军事原则,毫无疑问,这源自于它对无数战争事实的体认。《易传》在《易经》的基础上予以了更明白的确认。

在这里,它阐释了《周易》对战争的一个最根本、最重要的问题的理性认识:战争以道义为先,迷失道义,穷兵黩武则凶。对此《师》卦辞只是极简括地作出结论性的定说。如果参照其他卦爻辞,便可以清楚地看到,它已然成为一个有着自己系统的稳定的认识,并全面地触及了战争事物的本质。

《复·上六》(☷):"迷复,凶,有灾眚。用行师,终有大败;以其国君凶;

至于十年不克征。"《周易程氏传》:"灾,天灾,自外来;眚,己过,由自作。既迷不复善,在己则动皆过失。"又说:"迷道不复,无施而可,用以行师,则终有大败;以之为国,则君之凶也。"迷失正道,心不向善,则咎由自取;违背道义而行师征战,则终有大败,甚至十年之久也难以振作、无力征伐。此爻对兴戎动师必须守持正道作了很好的解说。

《履·六三》(䷉):"眇能视,跛能履,履虎尾,咥人,凶;武人为于大君。"《周易正义》:"武人为于大君者,行此威武,加陵于人,欲自为大君。……顽愚之甚。"这里的"武人"适与《师》卦辞所云的"丈人"相反,其不懂得"贞",违反战争的正确原则,为于大君,操纵战争,是以用兵而耀其威武、荼毒生灵、凌驾天下为目的,如此对待军事,就如同"'盲眼强看',不足以辨物分明;'脚跛强行',不足以踏上征程"①,终要遭到猛虎咬人的凶险,与"吉,无咎"无缘,只能自蹈危厉,自取灭亡。这一爻从反面阐释了师"贞"的意义。

《蒙·上九》(䷃):"不利为寇,利御寇。"《周易程氏传》举例解释此句:"若舜之征有苗,周公之诛三监,'御寇'也;秦皇汉武穷兵诛伐,'为寇'也。"舜治天下,有苗不服,舜以天下安定为目的,兴兵征讨,以文明征服野蛮,以社会进步改造有苗的愚顽落后;周室天下刚刚平定,管叔、蔡叔、霍叔三监不尽职守,反而助成武庚复商的叛乱,不诛之则天下将重陷战乱,国无宁日,因此周公东征,大得人心,平复天下,使黎民安居乐业。这种兴师是怀万邦、安人民的正义之师,这样的抵御寇乱的战争是无往而不利的。相反,秦初百姓久罹战祸,刚刚盼到天下统一,可秦皇肆威,不仅外不收兵,对内更是残暴镇压,致使到处都是罪人,"赭衣半道",弄得天下"苦秦久矣",终于导致秦王朝昙花一现;汉武帝好大喜功,穷兵黩武,百姓不宁,国家资财殆尽,结果是武帝过后,汉家王朝国势陡转。这是不知守"贞"的无道之战,客观上残害了人民,因此之故,秦皇汉武只能自食恶果。《周易程氏传》以史为例,说明了《周易》的军事原则——正义之师,安人民、怀万邦的"御寇"是战争的正确目的,也是战争致胜的根本条件。反之,杀伐行威、穷兵黩武、残害人民的"为寇"则是自食恶果,自取灭亡的途径。这个意义,后来的思想家多所发挥,《老子》强调:"夫乐杀人者,则不可得志于天下矣",《孟子》将其概括成"得道多助,失道寡助"的著名观点。

《周易》的正面主张是"同人"——"谓和同于人"(《周易正义》),如《同人》卦辞云:"同人于野,亨,利涉大川,利君子贞。"《同人》(䷌)卦象之构,本身就说明了这个问题。其为卦下离(☲)上乾(☰),离为火,为明;乾为天,

---

① 参见黄寿祺、张善文撰:《周易译注》,上海古籍出版社,1989年版,第101页。

为健。《彖传》解释卦象的为卦之义："文明以健,中正而应,君子正也。唯君子为能通天下之志。"王弼注云："行健不以武而以文明用之;相应不以邪而以中正应之,君子正也。故曰利君子贞。君子以文明为德。"《周易正义》："若以威武而为健,邪辟而相应,则非君子正也。"天行健,是天之常道,人应效法的准则,但健不是刚暴蛮武、滥施杀伐,健是"文明以健,中正而应",能懂得这个道理,才能"通天下之志",理解天下,治理天下,在更广大的范围内团结人(同人于野),这样,纵有险若大川于前也无往不利,能使天下和平。否则,一味用武,滥动干戈,就是一味邪辟,是不能得志于天下的。正如《左传》云："夫兵,犹火也。弗戢,将自焚也。"(《隐公四年》)不戢(戢,藏兵也)而刚暴任武,只能玩火自焚。《周易》否定掠夺侵扰,妄兴战祸,肯定和平共悦。《兑·初九》"和兑,吉"(和悦吉利),《兑·九二》"孚兑,吉"(以信待人,欣悦吉祥),《兑·上六》"引兑"(引导众人和悦)。李镜池先生云："国与国之间不要战争,和平共悦才吉利。"(《周易通义》)

战争是不得已,兴戎动兵的终极目的是消灭战乱、制止寇扰、争取和平不得不采用的手段,如《左传》云"夫武定功戢兵,故止戈为武"(《左传·宣公十二年》);也如《同人》卦中所示——卦之主旨是"同人",达到天下和同的境界,而卦中所举,却多为战事,它说明,"同人"境界是矛盾斗争的结果,其斗争,有时甚至需要兵戎相加,"凡处'同人'而不泰焉,则必用师矣"(王弼《周易注》),但目的是"同人",使用兵戎是"文明以健",是为了走向更和美、更广阔的"和同"境界。因此,军队要由懂得"贞"的"丈人"来统帅,把握正义,遵循正道,使得军队无往而不利,大获吉祥。

《周易》中对庄严尊重的"丈人",还有更具体的涉及。

言及"丈人",《周易》中有个与之相关的另一说法——"长子"。"丈人"与"长子"在《周易》当中,通指兼有"德"与"长"之素质的"贤明长者"。如《经典释文》解说："丈人,严庄之称,郑云:'能以法度长于人。'"亦即《周易正义》所谓"庄严尊重之人"。"长子"也义同"丈人",《周易本义通释》曰："自众尊之则曰'丈人',自君称之则曰'长子',皆长老之称。"在《师》卦的具体情形中,"丈人""长子"专指治军打仗的将帅。就卦象而言,卦中五阴一阳,以"九二"阳爻为主,《周易程氏传》:"《师》卦唯'九二'一阳为众阴所归,五居君位,是其正应,二乃师之主,专制其事者也。居下而专制其事,唯在师则可。"《师》卦之应,谓五应二,五之君主任二之将帅专司职守,君主任从九二"长子"。这样看,"丈人""长子"皆指带有德行、能把握战争性质,能统领兵众的"长于人"者,为卦中所述,是主导战事的灵魂人物。其灵魂如此,"《师》卦六爻,唯九二'吉无咎'"(胡炳文说,见《周易折中》)。

"丈人"代表正义,面对战争,以兴师之道,惩治大逆凶顽。

《周易》多拟雷电之象来表达正义的光明与惩治的威猛。这种取象所示的观念,并非《周易》的发明,而是一个沉积深远的认识。这一认识,除掉神话传说,在今见的实物资料中,可上溯到殷商的武丁时期。在武丁夫人妇好墓的随葬物中有大型铜钺,承载着这一认识。该器做得"庄严典重",器身"两面靠肩处均饰虎扑人头纹,……虎作侧面形(其后有一夔),大口对准人头,作欲吞噬状,以雷纹为地"①。钺是王权的象征,纹饰表达着威权与征服的意义。其中有威猛无比的虎,也有象征势不可当的雷霆。这里的观念是很清楚的,它说明了权威与惩罚。后来班固的《汉书·刑法志》,陈说了这古老的意义:"圣人因天秩而制五礼,因天讨而作五刑。大刑用甲兵,其次用斧钺;中刑用刀锯,其次用钻凿;薄刑用鞭扑。大者陈诸原野,小者致之市朝。其所繇来者上矣。"由这大型铜钺及其纹饰看来,把兴兵征伐看作是讨罪惩罚的"大刑"这一观念,确实由来古远。《周易》承续了这一观念和象征手法,不仅取象雷霆以表达威猛,更在殷商观念的基础上,重点申述了光明与正义的内涵,在卦象及辞说中,刻画下了文明进步的痕迹。

我们来看以下卦象和它的内涵:

《豫》(䷏):"豫:利建侯行师。"从卦象上看,上震(☳)为雷,为长子。长子主国之宝器庄严持正,百姓归心,为有利于建侯之象。下坤(☷)为地,为顺。地广民众,雷动而坤顺,一声号令,众志成城,所以此卦又有"行师"之象。三军一动,志士用命,人心和悦,所以为"豫"。雷霆于上,震曜天罚,此卦又有讨罪用刑之象。长子主器守持正义、顺乎民心,以雷霆之威共讨有罪,伸张正义于天下,这就是卦象告诉人们的内容。这里,拟雷霆于征战,征战是伸张正义、讨伐有罪的至为威严的大刑。而"大刑"之用,是正义、道义的伸张,能以此用"大刑"者,便是正义、道义的代表。朱熹概括该卦象:"动而众说,故可利建侯也;以顺而动,不加无罪,故可以行师也。"(《周易本义》)以前述观之,在《豫》卦这里,让我们把"丈人"——主国之宝器的长子之德行,把握战争原则之自觉的具体形象看得甚为清晰。

"丈人"代表道义而刚行果决地"明罚敕法"。《丰》(䷶)《象传》:"雷电皆至,丰;君子以折狱致刑。"《丰》之卦象,下离(☲)上震(☳)。离为火,为明;震为雷,为动,为长子。此卦象征着雷霆万钧之威之怒、光耀照彻之明之察,有辨析是非、讨罪用刑之象,所以《周易正义》云:"雷者,天之威动;电者,天之光耀。雷电具至,威明备足。"《噬嗑》(䷔):"亨,利用狱。"《噬嗑》

---

① 中国社会科学院考古研究所编著:《殷墟妇好墓》,文物出版社,1980年版,第95、105页。

卦象下震(☳)上离(☲)。《周易正义》云："此卦之名,假借口象以为义,以喻刑法也。"和前面《丰》卦一样,都是雷电皆至,既威且明,动用大刑,以明正义法度,以惩有罪。所以《噬嗑·象传》云："雷电,噬嗑;先王以明罚勅法。"《经典释文》："郑云'勅,犹理也';一云'整也'。"这说明"先王"效法《噬嗑》之象,如同猛虎利口,噬啮罪魁,去整饬法度,明其刑罚,使天下合一。此卦象《周易集解》说得很透彻。《周易集解》引侯果曰："雷所以动物,电所以照物,雷电震照,则万物不能怀邪。故先王则之,明罚勅法,以示万物,欲万方一心也。"《周易集解》又引宋衷曰："雷动而威,电动而明,二者合而其道章也。用刑之道,威明相兼。若威而不明,恐致淫滥;明而无威,不能伏物,故须雷电并合而噬嗑备。"合二人之说可以明确:在兴战争、明刑罚、惩邪恶、讨凶顽、和同天下的时候,既要有明察秋毫、洞察一切的判别能力,使善者不致误遭损害、恶者难逃惩罚,又需要有雷霆虎口般的威猛,气吞山河、一举震伏凶顽,使道义彰明、天下心归。守持正道、刚断不疑是"庄严尊重"的"丈人"应有的品格与作风。兴师用甲兵而征战,必须由庄严持正的人来主持,这样才能不害民、守正道,真正实现"明罚勅法"。

以上卦象和内涵,说明了《周易》对战争和惩罚的认识,它继承了殷商的观念,又注入了以"丈人"行为作为标志的更为文明的内容、更为深刻的认识。《师·象传》在此基础上,还作以更为醒目的强调、申示:守正刑恶是"毒天下",《周易集解》引干宝的解释说:"六军之锋,残破城邑,皆所荼毒奸凶之人使服王法者也。"毒是荼毒,兴动战事犹如荼毒猛药,是毒治社会之凶顽恶疾的手段,故必得"丈人"之辈来完成,民才会乐而从之,其结果必定是"吉又何咎矣"(《师·象传》)!

"丈人"不仅如上述,还表现为,具备心怀大义、刚正治军之德能。《巽·初六》(☴)云:"进退,利武人之贞。"《小象传》说:"'进退',志疑也;'利武人之贞',志治也。"巽为顺;贞为正。《周易本义》解说该爻:"初以阴居下,为巽之主,卑巽之过,故为进退不果之象;若以'武人之贞'处之,则有以济其所不及,而得所宜矣。"兴师动众之时,能够坚持贞正,把握战争原则,明确惩凶除害、安民怀邦的宗旨,作为"丈人",在军人或疑或动不能整齐划一时,武人刚正果断、行令整肃,以刚督使兵众趋于正确方向才是有利的。此"武人"和《履·六三》的"武人为于大君"具有本质上的差别:以道和正义为标准而将两者判然分开。虽同为"武人"其结果却是吉凶迥异:一个是"利"(《巽·初六》),一个是"凶"(《履·六三》)。"丈人"之威武是必要的,这是一种严正的凛然之气,是治军致胜、明罚勅法的重要保证。这里之"武人"说的是"丈人"严正之刚;而彼欲"为于大君"之"武人",说的是迷信战争之强悍的蛮武之刚。战争是刚性事物,然而,用刚的方向不同,战争的性质就发生了差异,结果也就截然不同了。

由上可见,庄严尊重的统帅,既要守持正义,又要聪明睿智,还要凛然威严,由这样的统帅治理战事才能有吉祥而无凶险。

如果回到《师·彖传》的解说,则更加确切地见出其守正为师的《师》卦之成卦要义:"师,众也;贞,正也。能以众正,可以王矣。刚中而应,行险而顺,以此毒天下,而民从之,吉又何咎矣。"高亨先生《周易大传今注》解释:"大人能使众人皆正,则可以成王业矣。……卦之九二为阳爻,为刚,居下卦之中位,是为'刚中'。大人为刚,刚中象大人守正中之道。初六、六三、六四、六五、上六皆为阴爻,为柔,围绕九二之刚。是为五柔应一刚。……象上下之人皆应和大人。'刚中而应',言大人守正中之道,上下皆应和之,亦归于正。……大人行动于险难之中,顺乎客观形势,……大人正而众人皆应之,又行险而顺,以此治天下,则民从之,自是吉而无咎。"可见《彖传》对全卦之义把握的准确与深透。

通过以上对散见各卦的战争观的梳理及《彖传》对《师》成卦之义的揭示,我们看清了"师:贞,丈人吉,无咎"这一定说的丰富内容,也看到了《周易》所高扬的理性精神。战争乃是安人民、惩暴乱、平天下的特殊的暴力手段,它要实现的是人类对自身的关怀,而仅陷于对手段、工具的非理性沉迷、耀武扬威、征发掠夺、不恤生灵,其结果就必然是自取咎祸。因而,《师》卦首示以"贞",并赋予"丈人"以持正庄严的意义来确保"贞"的实现。见乎此论,可以说《周易》已经点明了战争的本质,与此同时,也让我们看到了《周易》面对流血与毁灭的战争事物所表达出的古朴的人道精神。

《周易》这一守持"贞正",以道义为先、以守持道义为根本的观念,是一个对战争事物具有本质意义的认识,它成为后来中国军事思想家认识战争时自觉遵循的基本观念,是为这些哲人所理解的共识。《孙子兵法》提炼出治兵征战的要义——五"经",第一就是"道",知道、得道、守道才能用兵使众,"可以与之死,可以与之生,而不畏危"(《孙子兵法·计篇》)。三军一心,乐为之用,悦以犯难,民忘其死的根本原因,就是"道"。这成为孙武子统立其军事思想的纲领。在长久的历史发展中,众所熟知,它也成为了中华民族认识战争的首要准则。究其远源,可见《周易》在这一点上的认识水平和影响深度。

就《周易》这一观念的历史意义上说,在这里,尤可引起注意的是,《周易》以卦爻辞的形式,通过对战争的剖析,透露出周人早期的"敬天保民"的"德"的思想,它是在"有虔秉钺,如火烈烈"的殷商空前规模与威武的战争热潮下,生发出的沉静而切实的理性思考,这种思考所旌扬的理性精神,推动了民族的进步,深化了民族文化的内涵。

第三节 田猎习武的军训观

田猎原是人类最古老的经济生活内容,在这种活动中,人们于获取生活资料的同时也经受着与自然、野兽搏战的考验,获得着有效斗争的经验,也就是说,田猎活动给了人们最初的搏战意识和搏战经验。同时,对田猎环境——山林川泽的熟悉和把握程度,也同搏战技术一样显示着人们的智慧水平。《史记·五帝本纪》曾记载:"尧使舜入山林川泽,暴风雷雨,舜行不迷。尧以为圣。""舜入于大麓,烈风雷雨不迷,尧乃知舜之足授天下。"尧对舜的考察和评价,就是以对山林川泽的熟悉和把握程度为指标的。也就是说,田猎技术以及对田猎所处复杂环境的认识,不仅是经验也是智慧的指标,因此上古将其作为智慧考察的重要参照,可见田猎不仅可以在搏战技术的培养、提升及对环境把握中来修习武术,更可提升智慧水平。田猎所蕴涵的这种意识、经验、智慧,在文明社会中便转而为人类自身争斗中有用的思想资料。在甲骨文中,对田猎的这种多重性就已经有了明确的记载。

岛邦男《殷墟卜辞研究·殷产业·田猎》说明:"田猎卜辞各期习见。"陈炜湛《甲骨文田猎刻辞研究》曾有相对具体的统计:在今见 10 万余片甲骨中,田猎刻辞约有 4 500 片。征伐之举最多的武丁时期,占第二位,为 1 300 片;廪辛康丁时期为 1 600 多片[1]。在对出土甲骨文中这样规模的主题记录的刻辞研究基础上,人们对田猎性质给予了判断:它具有经济、政治、军事上的意义,也有藉田猎以行逸乐的性质。它具有的意义是多重的,而其中的军事意义不容忽视。姚孝遂《甲骨刻辞狩猎考·狩猎的性质》认为:"我们必须承认这一事实:在古代社会,田猎与军旅活动有着非常密切的关系。平时在田猎的过程中,可以寓有军事训练的内容。在作战凯旋时,每每举行大蒐,藉以炫耀武功,简阅车马徒众。"姚先生例举了甲骨文中商王凯旋时大蒐,获兕、获鹿的刻辞;武丁与妇好分别征伐方国,然后会猎的刻辞;晚期乙辛卜辞记载征人方的来回行军过程中沿途狩猎,"既是训练士卒,习军讲武,同时也是猎兽以补充食用"的刻辞,文中证明了狩猎与军事密切相关的事实,揭示了狩猎所蕴涵的军事意义。

甲骨文所记的狩猎活动,其田猎的方法与战场实际运用的战法有明显的相通之处。

---

[1] 王宇信、杨升南主编:《甲骨学一百年》,社会科学文献出版社,1999 年版,第 556 页。

姚先生文中归纳的"围猎"一法，不仅实用于狩猎，也显示了战场上的阵法与战术运用，它本身就蕴涵了与战场相通的军事演练意味。"围猎"包含了"狩""逐""焚"等方法，或曰技术。"狩"的具体方法，甲骨文记载不清，难以描述，但其猎获之多是清楚的，属于动员人数众多的围猎。"逐"是三面包围，将野兽从林中逐出以猎获的策略，文中所引卜辞就有"自东、西、北逐"的说法。"焚"是焚林以逐野兽而捕获之的手法。"'围猎'是所有狩猎活动中规模最大的一种。《周礼·大司马》所叙述的春蒐、夏苗、秋狝、冬狩，就其内容来看，都毫无疑义属于'围猎'的性质。这种狩猎方式需要动员很多人在一个大规模的范围内，力求将所有野兽驱出巢穴，尽可能地聚而歼之。由于这种狩猎活动与军事行动极其类似，因此，古代也以此作为军事训练的一种手段。"[①]这种狩猎方式，无疑需要良好的人员组织，以有效的编队及队列处位的合理预设来实施猎获。而编队与处位在前文的引述中已经涉及了，它在战场上被习用着，就是卜辞所称的"立"（即"位"）。《甲骨文合集》第6480 片记录，妇好成功布阵，使戎陷于妇好"立"，巧设埋伏，取得胜利。"位"亦即后来军事著作中着意研究的"阵法"。如成熟于战国时期的军事著作《司马法》就有《严位篇》，通过"立卒伍，定行列，正纵横，察名实"之"位"的研究，来探索阵的战术。《甲骨学一百年·商代的对外战争》还说明商人惯用所谓"鸟阵雁行"的阵法。"围猎"的不断实施，也就将军事斗争中最重要的战法"围"的演练，付之于非战场的从容探索与实践当中了。

狩猎还训练着战场实用的具体的战斗技术。如"射"，无论是单人射，还是多人集体围射，都训练着战场上的射杀敌人的技能。在"围猎"之"逐"的具体实施中，"杨树达分别卜辞中追、逐二字，以为追是追人而逐是逐兽（《甲文说》15—16），是很确实的。逐当是用猎犬追逐，但有时也有用车追逐的"（《殷虚甲骨卜辞综述·田猎与渔》）。逐兽在战场上就是追人，《左传》记述战场追人就用"逐"来表达，而车逐也是战场上的具体战斗技术。猎场上的好射手、好车手无疑也是战场上的优良战斗员。

甲骨文记述较多的"围"，正是军争战场上用之有效而屡试不爽的经典战法，成为古典军事理论中的关注点——《孙子兵法·军争篇》提炼为"围师必阙"的论断。对此，注家征引其后兵书及历史上诸多经典战例予以说明——"《司马法》曰'围其三面，阙其一面，所以示生路也'"（曹操注）；"贼今外围周固，所以死战。若我解围，势必自出。出则意散，易破之道也"（何氏注）。后来长久的征战史证明着"围"这种战法作为军争战术意义的探索

---

① 姚孝遂：《甲骨刻辞狩猎考》，载《古文字学研究》第六辑，中华书局，1981 年版。

之切实而有效。

由此,确可印证甲骨文记录中所表明的殷商时期寓军训于田猎的自觉行为,田猎具有习武的性质。

殷商的此种风习,也保留在《周易》之中,从这一侧面表达着《周易》的军事思想。和《周易》军事思想的其他侧面一样,作为一部思想著作,《周易》并没有涉及对田猎军训的具体说明,而是在思想的层面,提供了原则性的意见,体现着它寓军训于田猎的种种观念。

《周易》取象会意,田猎为当时生活习见事项,也是寓有军训习战意义的重要事项,《易》中不是随意撷取其象以入卦,而是带着多重信息以指示爻位、爻辞的意义。毫无疑问,下述情形都是以狩猎事物设喻而述说《易》理的,然而,在《周易》里,于对种种狩猎事物本身的描述过程中,却清楚地表明着它的田猎观,及寓于田猎之中的军事训练观。

《师·六五》(䷆):"田有禽,利执言,无咎。"

《师》卦的这一爻说明,在田猎之中,首先贯彻的是它"师,贞"的观念。将这一基本的军事观念浸润于平时,即令狩猎也出师有名,使猎者上下守正、为正而行,于军训习武活动中形成军队的自觉修养。以此训练下的军队临战,则军队绝不会是虎狼之师,寇扰黎庶;将帅也不会具有穷兵黩武的习性,为祸天下。

就《师·六五》的具体情况看:五为君位,为阳刚之位,为居中之位,"师·六五",以柔爻处刚位而得中。王弼《周易注》:"处'师'之时,柔得尊位。阴不先唱,柔不犯物;犯而后应,往必得直,故'田有禽'也。物先犯己,故可以'执言'而'无咎'也。"禽,泛指禽兽,《周易集解》引《白虎通》:"禽者何?鸟兽之总名,为人所禽制也。"该句之"田"为田地。此爻辞的表面形象即为禽兽侵入田地而犯苗,必兴狩猎之师而执之。在此一层面说明,就是田猎,也要不主动犯物,居尊的长者被犯而后兴师;柔而居刚位,则行师果断;卦中的"六五"与"九二"相应,互为有力支撑;居中而又有刚柔相济之德,凡此种种,皆表现为"六五"具有守正之德、知几之智,所以兴狩猎之师捕获野兽无不利。

与此相反,《恒·九四》(䷟):"田无禽。"此"田"为田猎,说的是,它"恒于非位,虽劳无获也"(王弼《周易注》)。"九四"阳刚居阴位,本为所居失位,以失正之质欲有所为,妄兴田狩之事,故一无所获。它从反面说明,田猎之事不离守正。

反对躁于用武的田猎。

《屯·六三》(䷂):"即鹿无虞,惟入于林中;君子几不如舍,往吝。"即鹿：追逐狩猎野鹿；虞：掌管山泽之官，了解情况，可以作狩猎之向导；几：此指"知几"，明白事机。"屯"之"六三"，处下卦之上，失正不中，有躁动进取之象，有如狩猎自恃雄武，而没有正确引导，只是空入林中，此时如果不能"知几"，见机罢手，而一意往猎，则必有憾惜。就该爻的品性说，它阴处阳位，以其柔爻之性，可以知难而舍弃其逐，不至一味蛮武。《周易》通过这种情形说明，自恃雄武，不明方向，一味躁动刚蛮，是不会有好结果的。这里否定了失正恃武、躁于进取的田猎态度。

从另一个意义说，"即鹿无虞"确为实际战场上军事战争的题中要义。"知战之地"（《孙子兵法·虚实篇》）与"知诸侯之谋"（《孙子兵法·军争篇》）一样，是"知己知彼"得以操于胜算的根本保证，所以《孙子兵法》十三篇，对地理——行战事中的地理情形多有涉及，甚至专门于"军争""行军""地形""九地"诸篇，深入研究地理情形而强调"即鹿"过程"虞人"的作用。"不知山林、险阻、沮泽之形者，不能行军；不用乡导者，不能得地利"（《军争篇》又见《九地篇》）。杜牧注："不因乡导，陷于危败，为敌所制。"无"虞人"熟悉情况者引导，不度其形势之可否，徒入于林中，即是"拥熊虎之师，自投于死地"（何氏注）。孙武子认为，知地理、有向导的意义是"知彼知己，胜乃不殆；知天知地，胜乃不穷"（《地形篇》）。

可见，《周易》讲的是田猎经验，说明不能躁于用武，必须知情知几，而印证于实战兵书，则是实实在在的战争要义，是"胜乃不殆"或"自投于死地"的经验事实和理性认识的提炼。由此可见，田猎习武是真实地演习着战事、表达着战争精神的。

田猎体现着古朴的人道精神。

《比·九五》（䷇）："王用三驱，失前禽，邑人不诫，吉。"五为君位，九为阳刚之爻且处位得正，阳爻得正又居君位，有刚断果决、雷厉风行之质。此孔武有力之君，组织围猎当所向必有大获。但这里，仍在狩猎事物中强调了守正而不张扬武力的观念。三驱：即三面驱围的田猎；失前禽：即前面的禽兽跑失；邑人：属下；不诫：不相警备，属下深知君王的用意。《周易本义》解释："如天子不合围，开一面之网，来者不拒，去者不追，故为'用三驱，失前禽'；而'邑人不诫'之象，盖虽私属亦喻上意，不相警备以求必得也。"它说明了在围猎当中，守正而不耀武的观念。如果参照一下《史记·殷本纪》的说法，这一爻的意义就更清楚了："（商）汤出，见野张网四面，祝曰：'自天下四方皆入吾网。'汤曰：'嘻，尽之矣！'乃去其三面，祝曰：'欲左，左；欲右，右。不用命，乃入吾网。'诸侯闻之，曰：'汤德至矣，及禽兽。'"那么，从"王用三驱，失前禽，邑人不诫，吉"中，我们所见到的便是《周易》完整的古朴的军事人道精神,它将此种精神浸透到了田猎军训活动之中。

上述诸爻辞的描述,说明了《周易》在田猎之中,贯彻的是它"师,贞"——守正用武的观念。或者反过来说,《周易》是在寓军训于田猎的古代风习中,注入了它的这一基本的也是最重要的战争观念。

田猎还被赋予了更多的军事意义。

田猎之义是为诛除丑类。

《解·上六》(䷧):"公用射隼于高墉之上,获之,无不利。"隼,《周易正义》:"贪残之鸟,鹯鹞之属。"是为恶禽。"上六"处《解》卦之极,为舒解险难的王公之象,这时,他为解难而果断射除象征秽乱的恶禽,结果是"无不利"的。《解·九二》:"田获三狐,得黄矢;贞吉。"狐为隐伏之物,当"舒解险难"之时,象征隐患。"九二"田猎获三狐,清除众多隐患,爻辞说,守持正固可获吉祥。《小过·六五》:"公弋取彼在穴。"弋:系绳于矢而射猎;穴:隐在穴中的狡兽,喻隐患、弊端。《小过》说明,面临"小过"之时,仅可为日常小事,不可为天下大事,处事仅可小有过越。当此时,"六五"作为王公,谨行臣职,毅然凭借弋猎,射杀隐伏狡兽,力除隐患,矫世励俗。在这里,田猎被赋予了除恶励世的意义。

田猎训练,显现着"多惧"备战的意义——虽无战事,仍忧患戒惧,以田猎形式来娴习征战技艺。

《大畜·九三》:"良马逐,利艰贞;曰闲舆卫,利有攸往。""大畜"(䷙),为卦下乾(☰)上艮(☶),乾为天为健,艮为山为止,天在山下,表明稳健贞正之艮蓄止笃实刚健之乾,内在极为充实,故有大蓄之象。就军事意义说,它表达出的是,具有刚健笃实之蓄养,然而却一直保持忧惧兢兢,决不掉以轻心这样一种观念。看全卦就清楚了,以"九三"爻为基点,它位处下乾之极,充满刚健品质,是实力、进取的象征,然而,三却又处在一个"多凶"之位,同时其周围环境也为充满忧惧的告诫——"初九","有厉,利已";"九二","舆脱辐",下两阳爻,虽同为刚健,然而险象环生。九三的上面两爻仍是告诫,申说着只有不自恃武力才会有吉祥:"六四","童牛之牿,元吉";"六五","豮豕之牙,吉(制约阉割过的猪的尖牙,吉祥)。"[①]到了"上九"即豁然开朗——"何天之衢,亨"——天衢宽阔畅达,任由奔驰亨通。这样,"九三"就较为集中、典型地表述了《周易》田猎习武、忧惧备战的观念。具体看这一爻。"良马逐",是说良马奔逐。因为它处下乾之极,阳刚健沛,又与"上九"天衢合志,良马得天衢,正有奔逐的资质与条件,但其身处下卦之极,有刚亢

---

① 黄寿祺、张善文撰:《周易译注》,上海古籍出版社,1989年版,第223、224页。

过甚之虞,又处多凶之位,所以不能放纵奔逸,爻辞戒以"利艰贞"。即不可自恃刚健,要时刻保持忧患意识,牢记艰难,守持正固。"曰"为语气词;闲是娴习、熟练;舆卫,《周易程氏传》:"舆者,用行之物;卫者,所以自防。当自日常闲习其车舆与其防卫,则利有攸往矣。"车马练习,故可平日有专门训练,但在狩猎当中更近于实战,驰车而猎,以这种方式深寓军训意义。《周易》这里,将车马驰逐之田猎,赋予了自己的思想观念——不可自恃刚勇而穷兵黩武,但不可不保持忧惧,要以娴习的车马技艺,应对随时可能发生的战事。这和《大畜》卦的主旨相一致:大力蓄聚刚健饱满的实力,有此,则可以应对一切。这些也在表明,刚健充沛,实力完足,娴习其车舆与防卫,却不恃实力刚武而饱有忧患意识,它正是《周易》守贞持正军事思想的具体体现。

田猎之获,演习着战争胜利的意义。

《巽·六四》:"悔亡,田获三品。"王弼《周易注》:"乘刚,'悔'也。然得位承五,卑得所奉,虽以柔御刚,而依尊履正;以斯行命,必能获强暴,远不仁者也。获而有益,莫善三品,故曰'悔亡,田获三品'。一曰乾豆,二曰宾客,三曰充君之庖厨。"《巽》卦象为"☴"。就卦象看,"六四"下乘"九三"之刚,乘刚而不安,故有"悔",但上承"九五"便得到"卑得所奉,虽以柔御刚,而依尊履正",具备有所遵循、行正展才的条件,于是"悔亡"而大有猎获。猎获之物不仅留给自己充当享用、招待宾客的美味,而且可以奉献给君主享用。这和甲骨文所记征伐凯旋后献俘,进行大蒐献兽,以及《诗经》所记,战胜之后大献其俘,"在泮献馘""在泮献囚"(《诗经·鲁颂·泮宫》)藉以宣传、享受胜利没有两样。可见田猎在演练着战争自始至终的全过程。

田猎习武,预演战事,由商至周被越来越自觉地研究运用,在晚些时候成书的《周礼》当中,就将军旅战事与田猎演习摆在一道看待:"大军旅,大田役,以旗致万民,而治其徒庶之政令。"(《地官·大司徒》)疏云:"凡征伐田猎所用民徒,先起六乡之众,故云'大军旅,大田役,以旗致万民'。"军事与田猎在这种有意识的组织实施中,正是实战与演习的关系。而田猎习武、预演战事的这种观念早在《周易》当中就有了较多的表达,而且还寓有更深刻的认识。综合前面的分析,我们看到,在《周易》所取田猎之象中,不仅记录着田猎习武的风貌,更主要的是在田猎习武的古风记述中,真切地体现着《周易》的战争观念、军训观念。其中的反对躁于用武的田猎观,田猎所体现的古朴的人道精神,田猎之义是为诛除丑类,以田猎形式来娴习征战技艺,田猎之获演习着战争胜利的意义等等,质而言之,这就是它的战争观念,不过是将其观念注入于习武演练的田猎活动之中而已,因此,笔者把它的田猎军训观,看作《周易》军事思想的有机组成部分。

如果转换一个角度观察,从殷商甲骨卜辞的记述,到《周易》清楚的观念,我们看到,其实它还揭示着一个影响深远的文化现象,那就是贯穿于古代史的军训——田猎文化。任何一个强大的军事势力的有机伴随物,便是盛大的田猎活动。典型的如传世的秦国十石鼓所记的田猎盛况及其意义,"十碣记田猎之事,田猎亦军事也"。① 在古代,尤其是上古时代的历史条件下,战场上金戈铁马、气势恢弘的军事较量与平日娴习弓马、鼓舞斗志、探索战术的田猎演练是相伴随着的。从这个意义上讲,《周易》的田猎观,不仅是其军事思想的表述,也揭示着一个影响深远的文化现象。

第四节　严肃纪律的治军观

《师》卦另一个极为突出的观念是它的严肃纪律的治军思想。

《师·初六》(䷆):"师出以律,否臧凶。"朱熹对此解释道:"律,法也;否臧,谓不善也。""在卦之初,为师之始,出师之道,当谨其始;以律则吉,不臧则凶。"(《周易本义》)

这一重要的军事思想成果,在殷商的卜辞中就有明确的表达。

肖楠《试论卜辞中的师和旅》一文引述卜辞:"𠂤叀𫠝用?"(许进雄《怀特氏等所藏甲骨文集》B·1581)肖先生将"𫠝"释为"律",并考定为此"律""即'师出以律'之律"。② "𠂤"为"师"字;"叀"是卜辞中常用的语气助词,读如唯(经籍通作"唯"),表强调语气;"用"这里是该词"可施行也,从卜从中"(《说文》)的本义。这样该卜辞句义就很清楚了,它严肃地强调——师事用律。细审卜辞,其严肃、急切之情态宛然如在。卜辞此说,又与《周易》"师出以律"俨然同一声口。可见《周易》直接继承并发扬了殷商优秀的思想成果。

在殷商,师事用律这一思想之所以重要,之所以需突出强调,是和当时的战争与兵制分不开的。在武丁之时,"商的武装力量由临时性的征召制进入常备性的固定军籍制度阶段","可能是已经实行'平时任户计民,以预定其军籍'使其'人有所隶之军,军有所统之将'而不是'出军始作之'",平时"把服役的军人固定于某师之下,出征时只命所统之将即可,这正是适应社

---

① 罗君惕:《秦刻十碣考释》,齐鲁书社,1983年版,第2页。
② 参见肖楠《试论卜辞中的师和旅》,载《古文字学研究》第六辑,中华书局,1981年版。

会的发展,战争的需要"①。早在夏王朝就"兵农合一",军队士卒与土地密不可分,而这里,卜辞的资料说明,殷王朝虽仍"寓兵于农",但早在武丁之时,就已经开始了任户计民、预定军籍的兵制的新尝试,它成为了后来人们遵循的征兵、用兵的成熟办法。无论是临时征召、组合的兵员,还是具有相对固定军籍的人员召集起来,都需要以纪律整饬之,否则,人众混乱,无法指挥,将何以出征应战?这是战争留给人们的严酷教训,所以早在殷商就有了明确的重视、强调师事用律的观念,提升了对战争的认识水平。

《周易》之承续这一思想,更与"寓兵于农"的现实有密切关联。

《师》(䷆)卦象本身就是"寓兵于农"之事的形象概括。

《师·象传》说明了卦象的构成情况:"地中有水,师;君子以容民畜众。"师卦上坤(☷)为地,下坎(☵)为水,坎在坤内是地中有水之象,它象征着兵众。朱熹《周易本义》讲:"水不外于地,兵不外于民,故能养民则可以得众矣。"即是:师,众也,此兵众寓在民中,正像水寓于地中一样。这些民众,没有战事即是民;战事一起,穿上戎装,执起兵戈即是兵,将他们编列于行伍,从戎争战。

殷商任户计民,"寓兵于农",周人早期,及后来诸侯的情况依然如此,史料皆可清晰地说明这一社会现实,此处仅举典型几例以资印证,使这个问题更加明白。

《诗经·豳风·七月》"高度概括周代先公先王居豳时期之农事"②。它经过长时间口头流传,在周初才最后写定。诗篇所咏,可接续甲骨文的内容,说明着自商至周的"寓兵于农"的事实——"二之日其同,载缵武功。言私其豵,献豜于公。"《毛传》:"缵,继;功,事也。"《郑笺》云:"其同者,君臣及民,因习兵俱出田也。"这是说,私属于贵族的农夫们,在十二月(即《诗》中的"二之日")里完成了各种农事和杂役,就被集合起来,通过打猎来进行武事训练(这点已详于前述)。到了农事起的时候,他们又分散到田里"三之日于耜,四之日举趾。同我妇子,馌彼南亩,田畯至喜"。他们既是农夫,也是兵众。这一记录是"容民畜众"的形象写照。

《易经》之后,记述春秋时期史实的文献,以其连贯的放大的形态更为清楚地说明"寓兵于农"的现象。

杨伯峻先生在《春秋左传·庄公八年注》中,概括了《春秋左传》所言的治兵:"《春秋左传》言治兵者凡十一次,其中有每三年之大讲武,隐五

---

① 陈梦家:《殷虚卜辞综述》,中华书局,1992年版,第356页。
② 陈子展:《诗经直解》,复旦大学出版社,1983年版,第482页。

年《传》'三年而治兵，入而振旅'是也；亦有将战前之习武，僖二十七年《传》'楚子将围宋，使子文治兵于睽''子玉复治兵于蒍'是也。"这些都是备战、临战之时的整合队伍，集中起散在鄙野、负有从军义务的农夫，治之以应战。

《国语·齐语》记述管仲辅佐齐桓公兴霸业而施治时，更是明白讲述了"容民畜众"的社会现实和文化惯性。管仲设计了军事与民居民业相合一的社会组织。五家为一"轨"，一轨五人；十轨为一"里"，一里五十人，由"小戎"（军事首领）统领；四里为一"连"，有众二百人，"连长"帅之；十连为一乡，有众二千人为"旅"，"乡良人"帅之；五乡为一"军"，有众万人，"五乡之帅"帅之。国中的工、商之人是不从事戎役的，在此，军帅为贵族中的官员及士，而兵众为农夫，这两类人从事于军旅战争。管仲对农夫的理解是，平日令其朝夕四时竭尽其力而从事于田野农事，并且世代相习其业，"农之子恒为农"。然后，以他所设计的社会组织形制为基础，有效组织、调动民众，"春以蒐振旅，秋以狝治兵。是故卒伍整于里，军旅振于郊"。这些世代以农为业的农夫就是兵众，平日通过狩猎进行军训，临战则振旅而出。管仲的说法和做法，使我们所见到的《师》的卦象更加具体化、现实化了，它也更清晰地说明了"容民畜众"的历史与现实。

这种历史与现实，都为"师"事提出了最为严肃的问题：平时注重讲武，临战而治兵，它必须有纪律作整齐军队的保证，否则无纪律的军队便是乌合之众，自耕散漫农夫，编入行伍，不严肃军纪，军队何以整饬，战斗力将从何而来？因而《周易》与甲骨卜辞所表明的观点相衔一贯，明示"师出以律，否臧凶"。从这个意义上说，《周易》的思想表现了历史发展的惯性和文化发展的惯性。

从另一意义说，《周易》所坚持的却又是一个深刻的具有本质性质的认识：纪律是作战的保证，是战争制胜的必要条件之一。见之于史籍，《史记·周本纪》记载，周武王预演克商之举，集结诸侯，观兵孟津时，首先就宣扬了军纪："毕立赏罚，以定其功。"姜尚进一步申明："总尔众庶，与尔舟楫，后至者斩。"郑玄注："号令之军法重者。"向众人号令申明军法中最重的律令——违背军令者斩首不殆——以重而昭其余。这是对集结的军队的总体要求，严明纪律以应对战事。无此条件，则不能统一诸侯军队，无法面对将要摧毁的强大的殷商劲旅。这是见之于正史中，较早、较为醒目的军纪观念。后来专门研究治军征战的兵书，更是十分注重军纪。《孙子兵法·计篇》谈治兵之"经"有五事："一曰道，二曰天，三曰地，四曰将，五曰法。"法为治兵之事的要点之一，无法则不能节制兵众。《吴子·治兵》："若法令不明,赏罚不信,金之不止,鼓之不进,虽在百万,何益于用?"《尉缭子》更是对军纪讲得斩钉截铁——"君身以斧钺授将曰,左右中军皆有分职,若有逾分而上请者,死。军无二令,二令者,诛。"(《将命》)"赏如日月,信如四时,令如斧钺,制如干将,士卒不用命者,未之有也。"(《兵令》)这些记述着战争的史籍和专门研究战争的军事著作都强调用严厉赏罚来严肃军纪,其罚甚至达于诛杀,可见军令之严、军纪之重要。在记述制度的《周礼》中,甚至将正师之律作为"大司马之职"职守的内容,而正式书录于制度之中:"左执律""右秉钺",巡视军阵。将认识写进制度,说明这种认识的成熟与稳定和这种认识成果的价值。

在"寓兵于农"情况下的"师出以律",面对常备军,它就转而为常制的军法了。西周王朝已经有了常备军,称之为宗周"六师"(亦称"西六师")、"殷八师"(亦称"成周八师")。伴随这种常备军的出现,治军的纪律也以"法"的形式明确出现于历史舞台。据唐兰先生《西周青铜器铭文分代史征》收录的昭穆间的《师旅鼎》鼎铭可见,军法已经成为了严肃治军的工具。为了节省篇幅及方便阅读,这里迳将唐兰先生对该鼎铭的译文移录于下:

> 这是三月的丁卯日,师旅因为他属下的许多仆官不跟王去征方雷,派了他的属僚弘把这件事告到了伯懋父那里,说:"在莽的时候,伯懋父曾罚得、系和古三百锾,现在没有能罚。"伯懋父命令说:"依法应该放逐像这些不跟右军一起出征的人,现在不要放逐了,应该交罚款给师旅。"弘把这件事告知中史写下来。师旅对扬这个判词,铸这件彝器。

据唐兰先生的译释,很清楚,铭文记录的是军法处理众仆官不服从命令罪的判罚缘由和判罚结果①。这里说明,师旅之告发是有法可依的,而代表着王朝的伯懋父,其判处也是依法行事。治军之事纳入了法的轨道,说明周人对军事实践的更为深刻的认识;也说明,伴随常备军的出现,治军之法必然相随派生,与常备军之常制一道,法将成为守常的必要工具。这一现象与《周易》的"师出以律"的观念一起,印证着周人对战争、治军事物的

---

① 参见唐兰《西周青铜器铭文分代史征》,中华书局,1986 年版,第 313—317 页注、译关于该鼎铭文的讨论。另有陈梦家《西周铜器断代》、杨树达《积微居金文说·师旅鼎跋》、冯卓慧、胡留元《西周军法判词——〈师旅鼎〉述评》(载《人文杂志》1986 年第 6 期)、龚军《师旅鼎所反映西周的军法制度》(载《华夏考古》2008 年第 1 期)等,说法与唐兰之著有所不同,本文取唐说。

认识水平。

上述这些认识,都是严酷的战争现实所告诉人们的铁的规则,违背它就兵败祸起,顺应它就克敌制胜。对此,早在殷商就有了清醒的识见,并给予高度重视,在《周易》又把它摆在了《师》卦之初,亦即卦之首位。一卦之初,象征着事物之发端,在《师》之事,治军之始,不谈别的,首先强调"师出以律",并诫以行律用法不善就会导致凶险。可见《周易》的思想家们,对战争的深刻理解和对战争规律的认识水平,也可见,周初时期对这一认识成果予以明确肯定的这一选择本身的认识水平和思想价值。

第五节　崇尚智慧的军事斗争观

战争这一变化万端、极其严峻的特殊事物,对人们的智慧水平提出了最大、最现实的挑战,对战争内涵中的这一重大因素,《周易》没有忽视,在《师》卦里,它给予了集中的反映,突出了其崇尚智慧的军事斗争观。

《师·九二》(☷☵):"在师,中吉,无咎;王三锡命。"

"在师",《重定费氏学》解释道:"'在',读'在视'之'在','在师'者,'视师'也。""视师"就是临师,作一军之统帅,统领指挥兵众。"中吉":九二处下卦之中,二为阴位,阳刚居之,以阳刚居中,既得中位,又刚柔相济。这里不但说明了二得中而居将帅之位,能够"承天宠"(《小象传》),获得君王充分信任,可以审时度势,自由挥师,更重要的是,在刚柔相济中,说明了九二作为将帅能识过犹不及之"中",并能够持"中"。事物发展有一定的"度",过"度"就会走向发展的反面。因此,持"中"是《周易》所强调的最高智慧力,在《师》卦中如此显示,是强调了对战争发展中"度"的认识与把握,能把握"度"就能把握事物的发展方向,因而识"中"、持"中",不仅是对将帅治军统兵的智慧要求,而且也是对将帅面对纷纭复杂、瞬息万变的战争事物的判断力、把握力的那种智慧水平的要求。《周易》在这里所揭示的,是任何思考战争者都无法回避的重大问题。后来的《孙子兵法·计篇》,面对变化万端到处充满着偶然性的战争,甚至对将帅的智慧给予了最高的要求。在它认为将帅所必须具备的"五德"中,"智"被摆在了第一位,然后才是"信、仁、勇、严"。在战争的具体过程中,将帅的"智"是最重要的。

将帅必须有治军的智慧,"将帅者,心也;群下者,支节也"(《尉缭子·攻权》)。将帅是维系军队的心脏,将帅不能治军,则军队就是没有生命力、战斗力的军队。将帅必须有军事斗争的智慧,是"知兵"的智者,"知兵之将,民之司命,国家安危之主也"(《孙子兵法·作战篇》)。"安万乘国,广万乘王,全万乘之民命者,唯知'道'者,上知天之道,下知地之理,内得民之心,外知適(敌)之请(情)"(《孙膑兵法·八陈(阵)》)①。军事斗争的智慧是获取胜利的根本保障。无晓天道、知地理、通民心、悉敌情的智慧,就不能灵活应变,因而也便无法驾御战事,无法获取胜利。知军之智与驾御战场之智同等重要,《师》卦已将这两方面的内容融注于"在师,中吉"之中,展示在九二所处爻位的独特内容涵盖之中。《孙子兵法》等都是后来成熟的军事著作,表达了其对战争规律的科学揭示,不难看到,这些军事著作的认识都有着与《周易》思想一脉相承的源流关系。

《师》(䷆)卦之"六三"又从相反的角度,说明了具体斗争过程中,智慧的头等重要——"师或舆尸,凶"。

"六三"之所以"凶",其根本原因在于,它不能"上知天之道,下知地之理,内得民之心,外知適(敌)之请(情)"没有"知兵"之智,又无统军之德,其结果必然是"师或舆尸,凶"。《师·六五》特别强调:"长子帅师,弟子舆尸。""长子"指九二,作为刚正长者的"长子",有德有智,可以帅师,"在师,中吉,无咎"。而"弟子"则不行。"弟子"与"长子"相对,等于说无德小子,既无德又无智。再进一步仔细观察"六三"的"师或舆尸":"六三"处下卦之上,阴居刚位,居位失正,已有无德之象,它又向上与"上六"不应,下面凌乘阳刚,这样就有力微任重、贪功冒进之象。"六三"之"在师",既无德,又缺乏智慧不能知己知彼,自不量力,这样的统帅带兵打仗、处理战事就只有"舆尸"而归了。"舆尸"是大败之象。"舆尸"即以车载尸,"古者兵虽败,不忍弃死者,故'载尸'"(《重定费氏学》引梁锡玙说)。《师·六五·象传》揭示"'长子帅师',以中行也;'弟子舆尸',使不当也"。《周易集解》引虞翻曰"长子谓二""弟子谓三"。九二"长子"之帅师能守持道义,能以极强的智慧力守持"中"道,把握瞬息万变的战事,以致胜利,这样的统帅可以为"生民之司命",受君主之信任,所以得"王三锡命"的荣宠。"锡命"即赐命。杨伯峻《春秋左传·成公二年注》:"古代于卿大夫有'三命''再命''一命'之别。命多则尊贵,车服亦随之华丽。"六三"弟子"统帅,恰与九二相反,是君主任人不当,使无德者统军,结果兵败身辱、贻害国家。

《师·上六》(䷆):"大君有命,开国承家,小人勿用。"

"大君"即国君。国君给有功者定功封赏,予"长子"以"开国承家",分封为侯之赏赐,充分肯定"丈人"之功。"六三"之类小人,无德无才,不能为

---

① 参见张震泽校理《孙膑兵法校理·八陈(阵)》,中华书局,1984年版,第65页。

"生民之司命",若主国家安危,则徒乱邦取祸,所以不能再用。

在上述《师》卦对"九二"与"六三"的处事与结果的对比中,突出了军事斗争中将帅智慧力的重要。这一鲜明的对比,反映出了《周易》崇尚智慧的军事斗争观。

《周易》崇尚智慧的军事斗争观,其更具体的表现,就是对战略战术的关注,因而,在《师》卦当中,还突出地表达了《周易》审时度势的战略战术观念。

《周易》的战术思想,是《周易》辩证法思想的具体体现。如果说"乾坤其易之蕴耶!"(《系辞上传》)——《乾》《坤》两卦包容了《周易》阐述的基本原理。那么,它在军事思想中也是一个根本的指导思想,除了它告诉人们必须把握事物的变化、运动方向外,《乾》卦还强调"君子终日乾乾,夕惕若,厉无咎"(《乾·九三》)。这种"忧深思远,朝夕莫匪懈"(《周易集解》引干宝说),警觉忧惕、临事而惧的态度,它不仅是人们平日应当信守遵循的生活规则,更是战争中应保持的最基本的心理状态。《夬·九二》就典型地表述了这一心态,"惕号,莫(暮)夜有戎,勿恤"——时刻戒惕呼号,发出警备之声,即使深夜寇至,出现战事也能对付,不必忧虑。这种态度是出军打仗、参与军争战事的前提。只有一刻也不放松警惕,时时对战争态势了然于胸,才能做到审时度势。

《师·六四》(䷆):"师左次,无咎。"

《周易程氏传》:"左次,退舍也。"《周易尚氏学》:"古人尚右,左次则退也。"从"六四"所处卦的背景来看,它处上卦之始,下与初六不应,进取无援,又处位不利,但自己柔顺得正,审度利弊,采用退守暂处、待时再进的策略,所以"无咎"。这里通过全卦背景及"六四"爻所处之卦位的象告诉人们,"'左次无咎',未失常也"(《小象传》)。"六四"审时度势,当退则退,等待时机,再行进取,正是一种灵活机智的战术,是用兵之常法。刘沅指出:"六四""于行师为知难而退之象""师以慎重为常,恐人以退为怯,故曰'未失常'。"(《周易学说》引)正揭示了"未失常"的深意,也揭示了战争中诸多事物出现的偶然性与将帅应变的灵活性这一战争要则。

这一战争要则,在《周易》中多有涉及,从不同角度说明了该著对这一要则的认识和肯定,从而表露着它在这一方面的战争观念。

《同人·九三》(䷌):"伏戎于莽,升其高陵,三岁不兴。"

伏:埋伏;戎:兵戎;莽:密生深悠的草。"伏戎于莽"是将兵众埋伏在深密的草中。这是九三处下卦之极,又与九五同为阳刚而不相应;九五本身刚健有力,九三难与九五抗衡争得人心,所以该爻所示,于此种情形,应时而变,采取深藏埋伏的办法。《小象传》明确揭示:"'伏戎于莽',敌刚也。""升其高陵,三岁不兴。"《周易正义》云"唯升高陵,以望前敌,量斯势也;纵令更经三岁,亦不能兴也"。这说明在通体运筹之时,不但充分估计敌我形势,然后酌选斗争方略,而且在斗争中,时时关注事态发展,量势而行,《小象传》说:"'三岁不兴',安行也。"其势不敌,怎能冒然而行呢?"三岁"是极言其时间之长,形势不利,时间再长也不能冒进,这爻辞义同样揭示着客观、辩证看问题的态度对参与战争的重要意义,以及对指导兵家选择用兵方略的意义。或者说,该爻辞义是对战争经验的概括,并以此种事物设喻入卦,总之,它是在此爻的辞义中,肯定了战争中应时势而变的战略思想。

《同人·九四》(☲):"乘其墉,弗克攻,吉。"

乘:登;墉:喻险境。"墉"一词,多释为高墙,高墙亦险,但究其原初意义,则此种险境不止为高墙难克之险,更有其面临强师的深重险境的意蕴。其字形甲骨文作"䧟","中间方形为城墉平面,由字形看,此种城墉四周已有类似门楼的建筑"。从卜辞所示的内容看,墉有较强的防御设施,是家族长所居之地,属于《左传·庄公二十八年》:"凡邑有宗庙先君之主曰都,无曰邑"之"都",它也是人口多实力厚的大城邑,此"墉"周围亦散布起着拱卫作用的较小的聚落区——"邑"①。这样,"墉"作为"有宗庙先君之主"的"都",本身便是设防的重镇,同时,又可做到一旦有事登高一呼而获得周围应援,可见,它既是政治中心,也是军事壁垒。《周礼·地官·大司徒》也说:"大军旅,大田役,以旗致万民,而治其徒庶之政令。若国有大故,则致万民于王门。"这里道出了对国都防范之严,一国的军将平时在国门为营,一旦有事,则令军士在国门之外集合。如此,则"乘其墉",便是面临一个攻国履危的至险之境。这时,登于险境,一旦发现敌方早有防备而形势不利,马上旋师不再进攻。遇险而知还,所以为吉。战场多变,认真观察、准确判断、灵活处之是获吉的保障。

《晋·上九》(☲):"晋其角,维用伐邑。"

维即惟,虑也。李镜池云:"进攻必须较量敌我双方的力量,考虑是否要攻城伐邑。"(《周易通义》)《孙子兵法·虚实篇》:"故策之而知得失之计,作之而知动静之理,形之而知死生之地,角之而知余不足之处。"这里还是强调审慎的谋划。必须计较、斟酌敌我双方的力量,度德量力,知己知彼,然后作出决策,一旦实施其策,还要深察事态发展。这样用兵才合于战争规律。《周易》之说与后来的《孙子兵法》互为参证,可见其战略战术思想之自觉。

---

① 朱凤瀚:《商周家族形态研究》,天津古籍出版社,2004年版,第155页。

《同人·九五》(☰)："同人,先号咷,而后笑,大师克相遇。"

"九五"在《同人》卦中,处君位而与下卦"六二"相应,是为和同。然而中间有"九四""九三"两阳刚之爻欲与"六二"亲辅相和,成为"九五"的坚实障碍,使之申志不得,故"九五""先号咷"。但处"同人"之时,"九五"与"六二"为正应,阴阳相济,是天经地义的"同人"——"九五"正义在手,又处尊位而居中,刚强而有力,审度此种形势,它果断地兴动"大师",其结果是一举克服二刚之阻,与"六二"相遇,得以"后笑"。"九五"在卦中,表达的正是度势兴师而获成功的范例。

《离·上九》(☲)："王用出征,有嘉折首,获匪其丑,无咎。"

《离》之为卦是下离(☲)上离(☲)相叠,所谓"重明以丽乎正"(《象传》),重明所照,必易辨明是非,"上九"爻辞之《周易正义》云："王者宜用如是刚明,以辨天下之邪恶而行征伐,则有嘉美之功也。征伐,用刑之大者。"这是行此征战、兴此战事的基本背景。尽管这是以正义而刑有罪的义举,但仍要把握其分寸,度势用兵。出征兴伐,以申明大义为目的,而不是滥事诛杀。"有嘉折首,获匪其丑"即以获首领去元恶为度,对于同类胁从(即"丑")则不纠缠深问。如《周易程氏传》说："去天下之恶,若尽究共渐染诖误,则何可胜诛?所伤残亦甚矣,故但当折取其魁首。"这说明,即使正义在手,成竹在胸,势不可挡,也要度势而行,不可过当,只要获其首恶,此役则功行圆满。这一说,是在最为残酷的争战杀戮事物中,体现着一种人道的关怀、人类的理性。从另一角度看,"擒贼先擒王"也是争战中一举获胜的重要策略。因而,该爻涵纳着《周易》的战争理性精神和军争战事之智慧要略的双重涵义。

《夬》(☱)："夬,扬于王庭,孚号有厉,告自邑,不利即戎,利有攸往。"

《夬》是五阳刚共决一阴柔小人,"刚决柔"是以"德"制裁,并非以武力取胜。王弼《周易注》："以刚断制,告令可也。告自邑,谓行令于邑也。用刚即戎,尚力取胜也;尚力取胜,物所同疾也。"五阳共决一阴,以至刚至健的正义之道,召使群情协悦;以果决气势震伏丑类,不必"用刚即戎,尚力取胜"。从这一角度看,它也说明了不战而胜是克敌制胜最大的战略。《孟子·公孙丑下》有段名训："三里之城,七里之郭,环而攻之而不胜。夫环而攻之,必有得天时者矣,然而不胜者,是天时不如地利也。城非不高也,池非不深也,兵革非不坚利也,米粟非不多也;委而去之,是地利不如人和也。"《尉缭子·战威篇》："天时不如地利,地利不如人和。"天时,地利,人和,身有浩然正气,以天下之大德临敌,所以不战而胜。不损兵卒,不伤生灵,达于战争目标,是兵家的最高智慧,是将帅用兵的最高水平。"是故百战百胜,非善之善者也;不战而屈人之兵,善之善者也"(《孙子兵法·谋攻篇》)。从不战而屈人之兵的意义说,它也是审时度势、灵活运用战争策略的结果。

在对上述思想的梳理过程中,我们看到,《周易》将战争事物中战略战术的这一重要方面作了多侧面的揭示。尽管它不是兵书战策,但作为思想著作,它对战争规律的省察与发掘都是触及了要害的,就是后来的军事科学家也无法回避这些问题,而且无法不对之进行严肃探讨,从而可见《周易》军事思想中这一侧面的深刻意义。

小结 崇尚理性、人道的相对完整而有机的思想成果

《师》卦以坤(☷)、坎(☵)相推而成,坎的特性是险。六十四卦中,以坎相与而成卦的,很多具有坎险之征兆。《师》卦用坎作为卦象的重要组成部分,本身就在强调着战争的凶险难厄,形象地展示着战争的严酷。这点与后来的思想家、军事家的认识是一致的。《老子》:"夫唯兵者,不祥之器。"(《三十一章》)"师之所处,荆棘生焉。大军之后,必有凶年。"(《三十章》)《孙子兵法》开篇就宣称:"兵者,国之大事,死生之地,存亡之道,不可不察也。"战争既是残酷的,又是无法回避的现实。它是人类文明史的伴生物,《周易》对此给了高度重视,是它言天道、讲人事的重要组成部分。由以上诸方面的论述我们也可以看到,《周易》对待战争不是孤立地就战争言战争,而是放到整个社会运动的普遍联系中去透视战争、剖析战争,它的丰富的军事思想是它辩证法思想的具体体现。《周易》不是《孙子兵法》那样的军事科学著作,但作为一部思想巨著,它却对战争、军事的若干原则作了深刻省察与总结,对战争、军事作了本质层面的把握。

最后,如果概括一下其军事思想的核心内容的话,那就是对"德"与"智"的崇尚。《周易》认为,只有在顺天理、应天德的前提下,去把握、处理战争的具体事物,在战争这智慧的较量中,去正确运用智慧,才能从容驾驭战争这一严酷的事物。而这一点,又是和《周易》整体思想相一贯的。

整理以上各角度的剖析,我们可以得到这样一个认识:《周易》的军事思想看似散乱无章的碎片,实际上却是一个整体性的思想成果。它从不同角度透视了军事这一人类事物中极为重大的领域,并取得了深刻的认识:它揭示了人类战争这一事物的本质;具体建树了军事的人道原则;以"德"与

"智"为核心内容,告诉了人们驾驭战争的方法;具体揭示了战争这一特殊领域的若干侧面的基本规律,它将这些思想元素以《师》卦为纲,作了一个具有内在逻辑、相对完整的组合与表述,因此可以说,《周易》的军事思想是一个完整的有机的思想成果。它源于深远而繁复的军事斗争实践,又从哲学的高度对战争、军事做了本质层面的提炼,这使它成为了中国思想史、中国军事思想史中极为宝贵的财富。在后来的历史发展中,不止是《周易》的方法论,给予军事家的军事斗争实践和军事思想家的理论建树以全面的影响,就是上文所述的这些相对具体的认识成果,也融入了具有鲜明的中国文化特点的军事理论的创造当中。因而,在言及《周易》的观念形态,及其对中国传统文化给予影响的时候,就不能不认真地对待它在军事思想方面的卓越建树。

第八章 《周易》之"贞"辨说

第一节 作为《周易》重要概念的"贞"

"贞"是《周易》全书的"关键词"之一,对这一概念理解的不同,不仅关涉到概念本身的意义确指,更关涉到对《周易》这部著作的性质、内涵的理解。而学者对"贞"的解说至今分歧甚大,举其要者,大约如下两端。

"贞"传统说法训为"正",作为主流最为通行。此说实际上指明了,"贞"为道德人伦的哲理概念,认为《周易》之作,涵盖着天道、人生,具有深刻的哲理,全书的价值具有指导社会、人生的经典意义。上世纪新易学以来,强调"贞"为"贞卜之贞"[①],"贞"就是"占问",而影响至今。这一说法指明的是,"贞"为占筮操作的一个过程,即占卜,认为《易经》不过是卜筮之作,无关乎人生哲理,其性质更多的是一部非理性的巫术记录,充其量是在占筮之辞中保留了当时零散的社会史料,其价值有限,《易传》才是哲学著述。可见,"贞"虽为《周易》中的一个具体概念,但所折射的问题却关乎重大,是理解《周易》所无法绕过的关隘,因而在此对这一概念作以疏解,辨说两种训释,既期望求证这一概念的本质意义,也期望借此进一步说明《周易》自身的性质、内涵。

上世纪至今,持新说的学者、文章甚多,其中,高亨先生《周易古经今注》的解说,可较为全面地代表这种意见:"贞即贞卜之贞者,《说文》:'贞,卜问也,从卜,贝以为贽;一曰,鼎省声,京房所说。'金文贞作贞(《散盘》),作鼎(《汤鼎》),作鼎(《𤉢鼎》),作鼎(《伯迟父鼎》)。鼎或不释贞,非。余别有说)。甲骨贞字最多,形与鼎相近,而不从卜,皆为卜问之义。余疑古直借鼎为贞,后增卜作鼎,又后变鼎为贝作贞。是贞本卜问之义,故其字从卜。用

---

① 高亨:《周易古经今注》,中华书局,1984年版(重订本),第110页。

龟以卜而问事，既谓之贞，则用蓍以筮而问事，自可谓之贞，故《周易》贞可训为筮问，以常用之词释之，即占问也。其曰'贞吉'者，谓其占吉也；其曰'贞凶'者，谓其占凶也；其曰'贞吝'者，谓其占难也；其曰'贞厉'者，谓其占危也；其曰'可贞'或'不可贞'者，谓其所占问之事可行或不可行也；其曰'贞某事或某事贞'者，谓占问某事也；其曰'利贞'者，谓其占乃利占也；其曰'利某贞'者，谓其占利某占也。此乃《周易》贞字之初义也。"[1]

这一说法的要点大约有三：一、贞即占问、卜问，这是"贞"的"初义"，也即是本义，因而在著中举凡遇到"贞"都释为"占问"，基本句型为"有所占问，筮遇此卦则某""有所占问，筮遇此爻则某"。二、甲骨文多用"贞"，而皆卜问之义，《周易》之"贞"与之性质相同，所以都可释为占问。三、甲骨文、金文借鼎为贞。这三点，持新说的学者立说与之大同小异。

《周易》原有卜筮的性质，早在《系辞上传》中就说："《易》有圣人之道四焉：以言者尚其辞，以动者尚其变，以制器者尚其象，以卜筮者尚其占。"它的功能之一就是卜筮，后来朱熹也一再强调这点，"盖《易》本为卜筮作""盖《易》只是个卜筮书，藏于太史太卜，以占吉凶"（《朱子语类》卷第六十七）。《周易古经今注》是基于《周易》本为卜筮之书的意义而求证"贞"的。著中引新文献甲骨卜辞为证，又援引金文资料支持，都在说明就《周易》而为卜筮之书的性质上"贞"的意义，把这个意义推断为占卜过程中的一道程序，进而将"贞"直接解释为"占问"。

问题是，《周易》作为一部有体系、经过严整编撰的著作，虽有卜筮功能，却与甲骨文那种毫无自觉体系的真正的占卜记录有着极大的不同，把《周易》之"贞"一概释为"占问"，尚欠妥当。

甲骨文让我们看到了占卜最高级形态的记录。"商代王室和贵族几乎每日必卜、每事必卜，占卜十分频繁。占卜的过程相当慎重和复杂。"[2]《周礼·龟人》记录其严肃性："凡取龟用秋时，攻龟用春时，各以其物，入于龟室。上春衅龟，祭祀先卜。若有祭祀则奉龟以往。"这样频繁、这样严肃的占卜，留下来的资料却都是散珠碎玉。中国社会科学院历史研究所搜选了四万余片甲骨，可为迄今发现的十五万片甲骨的代表，编为《甲骨文合集》，分四类二十一项排列布居，其间除编选者所定的义类之内，其内容有着基本的相同性之外，就是在同一类中，片与片之间各自独立，叙事问卜意思完整，互相间无意义的逻辑关联，确实为每次占卜的客观记录。这样的占卜文献与

---

[1] 高亨：《周易古经今注》，中华书局，1984年版（重订本），第112、113页。
[2] 崔波：《甲骨占卜源流探索》，中国文史出版社，2003年版，第169页。

《周易》对比,它可以真实地映衬《周易》作为著作的严整性和意义的丰富性。两者不仅面貌完全不同,一为记录占卜的文献,一为系统的有着独立思想的著述,而且就其间的某些用词,词面虽然相同,词底的意义却大相径庭。在甲骨文,"某贞""某占曰"就行文的意义上说,更多的是表达占卜程序,而在《周易》就不同了。《周易》不仅其观念严整而系统,就是卦与卦、爻与爻之间都以整体、系统的面貌,呈现着具有自己独立而清晰的意义和相互间互为因果的必然联系,这其中的概念也不例外,因而,在《周易》"贞"不可能简单地视为占卜操作过程的单纯名称,我们无法回避它所具有的更深刻的独立、完整的内涵与意义。

《周易》之所以如此,著者同意成中英先生的研究结论:《易经》并不简单地仅仅作为占筮工具而存在,"还有为了达到占卜的目的而从中开发出宇宙观和本体论这一面。因此《易经》的占筮显然已不是简单的自发的、单纯经验性的占卜,在其中已经确立起一套占筮的原理和学问"、"作为直观性的占卜活动到占卜的符号和观念的系统表达,其间无疑经历了一个漫长的人类思想演进过程""这一符号化系统一旦建立,就使占卜超出了原始直观的观念水平,反过去又成为占卜自觉运演的依据"①。也就是说,《周易》本身已经超越了一般意义上的占筮,而具有其独立的哲学意义的品性。这一点,朱熹研读的体会也是很清楚的:"盖《易》不比《诗》《书》,它是说尽天下后世无穷无尽底事理,只一两个字便是一个道理。又人须是经历天下许多事变,读《易》方知各有一理,精审端正。"(《朱子语类》卷第六十七)

既然《周易》是这样一部不止具有占筮功能的著作,既然它有自己超越于占筮的更丰富的意义,那么,就有再审视《周易》的关键词"贞"的必要,就有考察"贞"的命名之由而用来理解《周易》的客观需求。

第二节 "贞"借"鼎"为"正"的辨析

"贞"这个称谓的意义,其实在甲骨文当中就没有那么单纯,如果透过其行文意义的表面,我们可以看到,它并非仅仅指称占卜操作的程序,而是有它的命名之由,是有它自己独立的意义的。

李圃先生分析:"甲骨文假钟鼎之鼎为贞,多作 ▨▨▨ 形,又于 ▨ 上加

---

① 成中英:《易学本体论》,北京大学出版社,2006年版,第218页。

表意字素'卜'而作㷼,成为形声字。贞、鼎古音同属端母耕部,可以互借。金文鼎、贞互用,篆书鼎、贞分野,贞(鼎)省鼎声为贝,遂成现在之贞字。《说文》'一曰鼎省声'是正确的。"①《说文》"鼎"许说:"贞省声。"段玉裁注:"此谓上体目者贞省声也。"卜辞中"鼎"假为"贞";金文中"有相当一批铭文中假贞为鼎"②。《说文通训定声》"鼎"字下,朱骏声说:"古文以贞为鼎,籀文以鼎为贞。"

这里假"鼎"为"贞",假"贞"为"鼎",是因为"贞""鼎"两字声韵皆同,本古代汉语"声近义通"的原理,则"贞""鼎"取用的都是"正""法""固"的意义,而绝非随便假借。这一点,若加以考察,便可明了。

我们先来考察一下鼎的意义。

鼎是夏文化青铜时代以来,最具象征意义的宗庙重器,愈到商代后期铸造愈多、规模愈大,在传为商代后期政治中心安阳出土的传世器中,甚至出现了"牛鼎""鹿鼎""司母戊鼎"那样的巨型铜器③。无论从数量上说,还是从器物的宏大形制说,鼎均为出土青铜器文物之最,"在各个器类中,自中商至周末,贯彻始终的且愈后铸量愈大的只有鼎类,它的总数四百二十二器,此数占总数二千零五十五器的五分之一强,可谓这时代唯一的主要的器类,且下延及于后世,久用不替"④。青铜鼎的出现和形制规模愈益多样宏大,这是鼎作为礼器中的重器与礼制的成熟和繁复相伴随的。也就是说,鼎的样态以物化的形式,说明着礼制的发展,以至于出现了我们今天见到的情形。鼎的如此样态,我们不难追问它的意义。

陈述鼎的意义,最著名的就是《左传》宣公三年所记王孙满的说法:"昔夏之方有德也,远方图物,贡金九牧,铸鼎象物,百物而为之备,使民知神、奸。故民入川泽、山林,不逢不若,螭魅罔两,莫能逢之。用能协于上下,以承天休。"杨伯峻注:"百物犹言万物。万物皆铸于鼎以备人民周知何物为神、何物为奸,……则所谓禹之铸鼎,非独使民知神、奸,且以之寓法戒。"

这就是说,赋予鼎的意义是"正"、是"法"。铸鼎图物,是为了让人民形象地辨认"神""奸"而有备无患,同时也具有法则的意义,给人民以辨识、行事的准则,这样才能使"民无灾害,则上下和而受天佑"(杜预注)。铸鼎就是以这样的用心和方式表达了统治者的"德",鼎是端正和法则的象征,鼎具

---

① 李圃:《甲骨文选注》,上海古籍出版社,1989年版,第4页。
② 马承源主编:《中国青铜器》,上海古籍出版社,2003年版(修订本),第84页。
③ 邹衡:《夏商周考古学论文集》,文物出版社,1980年版,第89页。
④ 郭宝钧:《商周铜器群综合研究》,文物出版社,1981年版,第121—122页。

有的是"正"与"法"的意义,因而鼎才成为了周人思想形态中张扬因"德"而王天下的王权象征、法权符号。

如果说这里表达的为春秋时的观念,那么,《周易》自身的"鼎"卦,可以印证这种说法是一种积淀深远的认识,而不是春秋人的一时想法。

《鼎》(䷱):"鼎,元吉,亨。"

《鼎》卦取象,象器物之鼎。《周易本义》:"鼎,烹饪之器,为卦下阴为足,二、三、四阳为腹,五阴为耳,上阳为铉,有鼎之象。"今学者于省吾《双剑誃易经新证》从《史兽鼎》《曶鼎》铭文中的"鼎"字形,进一步证明这种卦画本身象鼎之形。

此象的意义,孔颖达解释:"鼎之为器,且有二义:一有烹饪之用,二有物象之法。"(《周易正义》)其实,这不过是因卦象而述说鼎之实器的意义。

鼎这一器物,本为烹饪之具,其高足间为容柴生火之用,火燃而炊鼎。《周易》中所谓"烹饪之用",又是取之于《鼎》的卦象而为说的。这一卦之象,下卦为巽,上卦为离。巽为木,离为火,《鼎》之卦象就是木上有火。木上有火,是炊鼎之象。鼎之为器,正位而立,便不至于倾覆,用它来煮食,听人所命,都能成事。这就是鼎的烹饪功能。鼎具为静态的存在,而卦象为意义的解说。

其意义不仅如此,它的另一个标志是"物象之法",其所具有的社会意义,取用的是鼎的主要特点:端正,稳固。《大象传》:"君子以正位凝命。"《周易尚氏学》说:"鼎偏倚则势危,故贵正,不正则悚覆;鼎敛实于内,故贵凝,不凝则实漫矣。故君子取之,以正位凝命。"王弼《周易注》"凝",为"严整之貌"。端正、严整、不邪,是鼎器本身和鼎这一卦象的基本特征,也是它所具有的社会意义的本质反映。所以在卦象中,《鼎》卦诸爻,皆以守正、稳固为准则。初六,阴居阳位,不正,有"颠趾"之象;九三刚亢,有"行塞"之象,九四阳居阴位,处位不正,有"折足"之象。九二阳处阴位而得中,刚柔相济,得处中道,又与上面六五相应,为端正完美的情状,所以爻辞以"有实"说之;六五阴柔居中,与下九二阳刚相应,爻辞赞之以"黄耳金铉,利贞"。《周易正义》:"黄,中也;金,刚也。五为中位,故曰'黄耳',应在九二,以柔纳刚,故曰'金铉'。所纳刚正,故曰'利贞'也。"上九"玉铉",以刚处柔,以刚坚温润之玉象之,也是端正的形象。

在诸爻中否定了不端正之爻,如初六、九三、九四;而肯定端正之爻,如九二、六五、上九,这样的说法,是突出了"鼎"卦的卦旨:端正、法则之大义。

其实作为烹饪之用的炊具,它也有"物象之法"的意义。作为炊具,鼎的作用是化生为熟、化旧为新、化寡味为美味。这种变化,说明的是事物在不断的调整中才能寻找到最佳状态,也就是寻求其"正",而味之正就是美味。这美味便是不断运动的寻找、求正的结果。这一正,表现出来的是正定、稳固,但其本质不是一成不变的僵死的静止的存在,而是在不断变化中的自我调整、自我追寻的结果,是在变化中才能实现与把握的东西。从这个意义上说,《鼎》卦又说明了稳定与变化、正与求正的辩证发展、对立统一的真相。

上述的所有意义,凝定成一个重大意义的事项,那就是用"鼎"来譬况政权,是对政权稳固的理解。这种理解的要义,一是正,二是变中求正的不断自我更新、自我求正,这样才能达成政权稳定的目的。可见,"鼎"的意义就是"正""法则",十分清楚。

正因如此,"鼎"又被称呼作"彝器"。"彝",《说文》:"宗庙常器也。"《毛诗传》:"彝,常也。"能恒常,只有端正才行;能恒常,就有法则的意义。正因为其具有端正和法则的意义,在礼制中它被视为权力和等级的标志物而成为重器,表达着社会的关注焦点,不论是生人还是陪葬,它都是必不可少的权力、等级符号。

商、周都有很清楚的用鼎制度。"商代的用鼎制度,中、小型墓陪葬的一般都是一具或两具。无论是殷墟或殷墟以外地区大多如此。但是王室的陵墓则悬殊甚大,商晚期殷墟妇好墓出土方鼎二、扁足方鼎二,大小不同的圆鼎三十二具,还有少数残破的碎片,可见中、小型墓和王室墓等级差别的森严。"周代无论是礼书还是出土文物,都说明了有着比殷商更为严谨的用鼎制度。西周有列鼎制度,天子九鼎,诸侯七鼎,卿大夫五鼎,士用三鼎。虽然出九鼎的西周墓还没有发现,但著名的湖北曾侯乙墓已见九鼎,七鼎成列的如河南上村岭虢太子墓,五鼎成列的如宝鸡茹家庄1号墓,三鼎成列的如宝鸡福临堡F1号墓,还有一鼎的墓葬如陕西岐山贺家村5号墓[①]。地上文献和地下出土的文物都在证明了这样不争的事实,就是鼎作为权力、等级象征物的存在。这一存在就是最高的法权、最端正稳固的政权的意义和价值,是统治者的命脉所系。

综上,甲骨文的借"鼎"为"贞",取义十分明了,那就是:正,法则。

甲骨文是商代后期都安阳时的遗存,反映的是商代后期的观念;鼎则具有更为长久的历史。作为象征物,鼎漫长而悠久的发展传承,促发着人们对这一器物观念的不断注入与深化。其意义不是一朝一夕的认定,而是一种积淀下来的形态,由此可以说《周易》鼎卦中的观念是早在殷末周初,产生这一著作的时候就已经成为了周人思想观念的清楚表达,而绝非后世经生的

[①] 马承源主编:《中国青铜器》,上海古籍出版社,2003年版(修订本),第85页。

曲为之说,或深文周纳的结果。其观念尤其不可能迟到春秋人才一时发明。所以"贞"取"鼎"音义,就"鼎"的意义说,"贞"不能说成是简单的占卜操作过程的"卜问",其实是具有其深刻内涵的,这当毫无疑问。

第三节　"贞"同源词为"正"的辨析

"贞"本身就具有端正、坚固的意义。上文以"鼎"求"贞",在此,我们进一步考察"贞"本来的意义。

首先,我们不能回避,操持占卜的"贞人"本身就具有端正和准则的意义。

在甲骨文中,占卜的行为前面必加主语,典型句例是"某时卜,某贞"。研究家因这些现象,依据出土的甲骨文,整理出了卜官贞人的名表。见之于岛邦男《殷墟卜辞研究》、李圃《甲骨文选读》等著述,都有清晰的卜官贞人表。卜官贞人为王朝史官,是当时的精神领袖。这些"巫"是最早的"文化人",最早分析人与自然的关系,并建立其说法的人。占卜活动,是人类处在生产力低下、认识能力有限的阶段,以非理性的方式对人的异己力量及神秘规律的探问,而将人所力不能及之事归之为鬼、神。巫史在这一活动中不只具有非理性的一面,站在神、鬼与人之间为王朝释疑惑、解难题,同时他们也是职业的思想者,凭借其所据有的文化、思想资源,为王朝的存在和发展计虑长远,是王朝的思想家。这样的人选,本身就要端正可靠。同时,在占事活动中,"贞"本身就是"正"的标志。占卜行为必须诚敬端正,不能欺罔神明。以当时人的观念,他们不敢也无法欺罔神明,所以其诚惶诚恐、诚敬虔明的情态充分淋漓地表达在甲骨卜辞当中。《说文解字注·贞注》:"后郑云,贞之为问,问于正者也,必先正之,乃从问焉。"这种说法是符合甲骨文所表现出的占事活动的实际情况的。可见,贞人、占事本身就为"正",端正态度,郑重其事。用"贞"一词来述说之,表明这是天下事中最为重大的端正之事,具有最为清楚的端正之义。而贞人之思想、行为对参与问卜的其他人以及一般人众来说,还具有着准则的意义,并且这准则带有来自鬼神的神秘、神圣性,是人们信而不疑的。

接下来再从文字意义本身来探究。"贞"《说文》本字没有直接释之为"正",但从谐其声的形声字,可证其本义具有"正"的意思。

"桢"即为"正"。

《说文》:"桢,刚木也,从木贞声。"《段注》:"此谓木之刚者曰桢,非谓木名也。"《山海经·东山经》："太山上多金玉、桢木。"郝懿行疏引《玉篇》："桢，坚木也。"《说文》、《玉篇》都解释"桢"是木的特性，为刚硬、坚实。这种特性的木后来被用为著名的版筑工事，"桢"又成为了这一工事中的专有名词而为人所悉知。

"桢"是版筑工事中最主要的部分之一。以版筑而筑墙的工事为栽立直木于两端，然后用绳索将横版固定于直木，使两侧具有同样的槽版，形成木槽一样的"模具"，中间加土夯实以做成坚实的土墙。这两面四端所栽的四个直木就名之为"桢"。"桢"起到固定、规定"模具"的作用，对"桢"的要求是明确的："桢"必须端正、挺直，如果不正、不直，土墙就会歪斜而倒塌；"桢"必须坚固、坚实，能承受得住夯土的压力而不至于断裂、变形，否则就无法夯土成墙。所以《尔雅》郭舍人注这个"筑墙所立两木"的"桢"时，明确指为"正也"。

这样的技术，这样的认识，在我们的文化史中曾具有十分悠久的历史。据张玉石《中国古代版筑技术研究》，版筑"就目前考古资料而言，可以追溯到距今5 000多年前的仰韶时代晚期"。而夏商时版筑技术得以长足发展，这时期"是版筑技术的广泛传播期。这一时期除中原地区外，黄河中游的山西、黄河下游的山东、长江上游的四川、长江中下游的湖北等地已经发现的城址、城垣筑造已广泛采用先进的版筑技术"[①]。如此的历史事实预示着，这样悠久、这样规模的社会实践，必然给人们的认识带来清晰的印记。事实证明，"桢"本身不仅在生产实践中不断被认识，而且已经转而为对社会、对人的认识成果的表述，人们借生产实践中"桢"之"正""直""固"，转而为表现人的具有伦理内涵的"正""直""固"的意义。

《诗经·大雅·绵》："曰止曰时，筑室于兹。……乃召司空，乃召司徒，俾立室家，其绳则直，缩版以载。作庙翼翼，捄之陾陾，度之薨薨，筑之登登，削屡冯冯，百堵皆兴，鼛鼓弗胜。"这里讲的，是周先祖古公亶父率周人在周原建立家园时的版筑情形：有版筑的如前所说的"模具"——"其绳则直，缩版以载"，有夯土成墙的劳作——"捄之陾陾，度之薨薨，筑之登登"，是直接而生动的版筑场景的描述。

在《诗经·大雅·文王》中，又将生产实践的"桢"的名词，转化为表现人的品质、能力、作用的词汇了："思皇多士，生此文王，王国克生，维周之桢。"诗篇赞美文王具有端正的品格、优秀的才干是周邦的支柱，有如筑墙工事之"桢"。

---

① 张玉石：《中国古代版筑技术研究》，《中原文物》2004年第2期。

这种转换的道理,诚如杨公骥先生的论断:"古人之所以把'正'看作是普遍准则,是基于生产经验(成与败相比较),本于生活意图(得与失相比较)。这就是说,对于板筑生产来说,'正'就会成功,'邪'就会失败,从而在观念(认识与意图)中,'邪'就是害、就是恶、就是丑。经验经过转化,意图经过联想,这一来自生产经验的看法很自然地被转用于社会生活中。凡是符合氏族习俗规定或符合阶级社会道德规范的思想和言行,便名之为'正',反之便是'邪'。"①

"桢"由版筑工事之"正"而转为评价人的伦理道德之"正",成为了古文献常见的现象,也成为了无需争议的客观存在。

由"贞"之谐声而构成的另一个词"祯",同样具有"正"的意思。《说文·示部》:"祯,祥也,从示,贞声。"徐锴《系传》:"臣锴:祯者,贞也;贞,正也。人有善,天以符瑞正告之也。《周礼》:祈乎贞。"《汉书·宣帝纪》颜师古注:"祯,正也。……祯音贞。"

这现象从语言学的角度观察就更为清楚。"桢""祯"这组形声字是同源词而"贞"为词根。"贞"符合作为派生词"构词理据"的条件,而产生了以之为词根所派生的同族词"桢""祯"。王宁先生论证同源词时说:"词源意义是同源词在滋生过程中由词根(或称语根)带给同族词或由源词直接带给派生词的构词理据。"就是说,是词根成为"理据"而派生了同族词,"理据"是词产生时命名的根据,它本身"是从名称与事物发生关系的角度,提示词源意义的所在""音同音近的词之间经常呈现理据相同相通的现象"。② 同源词"桢""祯"都有"正"的意思而从"贞"得声。"贞"上文证明,甲骨文假"鼎"为"贞";金文假"贞"为"鼎",在金文中"鼎""贞"互用,其意义皆为"正",而由"贞"所派生的词"桢""祯""其意皆在所谐之声;数字同谐一声,则数字同出一意"。(陈澧《说文声表·自序》)无论由所派生的词反过来证明"贞",还是由"贞"的本来意义以观察"桢""祯"等派生词,问题都是很清楚的,"贞"是词根,"桢""祯"是同族词,词义都有"正"的基本意义。

就古代语音意义上说,唐作藩《上古音手册》:"贞(浈、桢、祯),端声,耕韵,平""正,章声,耕韵,平"。则"贞""正"两字为"端""章"准双声,耕部叠韵,声近义通,可以互借、互用。正因如此,古籍中用"贞"为"正"者,几乎成为常见现象:

《尚书·禹贡》:"厥田惟中下,厥赋贞。"孔安国注:"贞,正也。"

---

① 杨公骥:《漫谈桢干(二)》,《社会科学战线》1978 年第 2 期。
② 王宁、黄易青:《词源意义与词汇意义论析》,《北京师范大学学报》2002 年第 4 期。

《左传·昭公十二年》:"和以率贞。"孔颖达疏:"贞,正也。"

《老子》王弼注本为"侯王得一而为天下贞",朱谦之校本为"侯王得一而为天下正",引范应元曰:"贞,正也。"

《论语·卫灵公》:"君子贞而不谅。"孔安国注:"贞,正;谅,信也。君子之人正其道耳,言不必小信。"

《荀子·臣道》:"上下易位然后贞。"杨倞注:"虽上下易位,而使贤愚当分,归于正道,是贞也。"注"贞"为"正道"。

《离骚》:"摄提贞于孟陬兮。"王逸注:"贞,正也。"

《离骚》"正则",曹植《赠丁仪王粲诗》作"贞则",为"欢怨非贞则,中和诚可经"。

《九怀·思忠》:"贞枝抑兮枯槁。"王逸注:"贞,正。"

古籍中这类现象,所在颇多,不烦赘引。

上述说明,"贞"本身就具有"正"的意义。"贞"即"正",这个意义由来已久,它不止是对生产实践中的劳动工具"桢"的认识,作为抽象的概念,它还转而为对人的伦理价值的确认和评价。这些意义并非是后来解释《周易》的人附加给《易经》中的关键词"元、亨、利、贞"的主观意思,而是《周易》本身运用了由生产实践到社会实践中的人的长久认识所积淀下来的成果,是这些成果在这部具有深刻思想意义的著作中的顺理成章的反应,而解释者,不过是在解释《周易》概念时,寻求正确的解释所不得不然的对过去成果的理解与应用。

上述情况也可以说明,"贞"不是一个简单的卜筮操作过程的概念,而是一个对人的伦理认知、价值评判。

小结 《周易》"贞"之义为"正"

综合上述的研讨,我们可以得到如下几点认识:

1. 无论是对"贞"还是对"鼎"的认识,都经过了漫长的过程。"鼎"作为炊具,由新石器时代的陶器发展而为夏青铜时代的青铜器,延及殷周,它逐渐被注入更多、更深的意义内涵;由器物的实用而发展为对人、对社会的理解和命名。"贞"从版筑之"桢",就不断被人所认识,同样经过了悠久的认识史。这些都是由生活、生产实践的需求而成为人们的不能回避的认识对象,又在长久的生活、生产实践中转而为对人、对社会自身的认识,不断成为人们理解自己的标示符号,因而,在语言中就成为了人们描写、判断自己的工具。在《周易》当中,"贞""鼎"的概念就是在人对自己认识的工具——思维工具、表述工具的意义上来使用的。

2. "贞"释作"正""固""守正"的意义,正表明了《周易》是作为殷末周初时期人们由认识成果的积淀所创造出的系统的思想著作而出现的,它已经与直观的一般意义上的卜筮有着根本的差异,我们不能简单地视之为卜筮工具。"贞"释作"正""守正"成为了一个伦理思想的概念,将"贞"注入了人们对人自身的理解,是一种思想成果。卜筮是人的外化,求乞于神灵,为非理性行为;而系统的思想著作则是人的内化,求证于人自身,是一种理性精神。《周易》代表了周人的思想观念,是标示着"周虽旧邦,其命维新"的周人的重大宣言和自觉的思想体系。

3. 使用地下文献来证史,无疑是科学、先进的治学方法,但地下文献甲骨文和传世文献《周易》是有着相当大的差异的,不能以纯粹占卜活动的甲骨文资料来等同于具有系统的思想意义的《周易》。明辨两者的差异,才能更好地求证《周易》,具体化到"贞"这一概念,则甲骨文之"贞"并不完全等同于《周易》之"贞",似需要审辨之。否则,既不能认识作为概念的"贞"之本然意义,也对《周易》一书的性质缺少了更为全面的观照,使《周易》的研究难于深入。

总之,通过上述考察我们可以看到,"贞"释为"正",是学者对《周易》的阐释过程,不是阐释者强加或附加给《周易》的意义,而是《周易》自身所具有的内涵,并且是长久积淀下来的意义选择,在阐释者那里是由隐而显、由古代语言训释到当时的当代语言的再揭示、再明确。同时也看到,《易经》本身并非单纯的非理性的占筮记录,它是经过用心经营、编撰的涵盖着深刻思想的经典著作。

第九章 人格结构的基本要素——贞

第一节 刚坚稳固的人格之本

就表现为"正"的意义而言,"贞"在《周易》中它更侧重其作为一个伦理的概念,成为《周易》所理解的人格结构及其处理事物中的一个基本要素,在《易》的整个系统中显现着举足轻重的作用,激发人以"贞"的品格面对人生、面对社会事物。

"贞"作为"正"的概念,《易》中以多侧面的折射反映出其整体面貌,以丰富的内涵展示其感召力量。这里从《周易》文本所示的诸侧面,勾稽作为人格结构理想的"贞",阐释其所具有的内在蕴涵。

《周易》崇尚阳刚,事物无刚而不坚、无刚而不固、无刚而不定,在"贞"的内涵中阳刚更是根本,更是第一位的要素,所涉诸卦之中,无不体现这样的精神。《乾·文言》的阐释,"贞者,事之干也。……贞固足以干事",的确是很好地概括了《周易》之"贞"的核心意义。"贞"的这个意义,就是以刚坚、稳固、正定的基本要求,来体现持久的端正而成为"事之干"——事物的根本,它促发事物的生成、稳固和发展。

《乾》卦首立人格刚健的根本,《大象传》描述其精神为"天行健,君子以自强不息"。人格的品性,首当效法天道的运行,刚健自强,不息于勤勉奋进。《乾》卦辞:"乾:元,亨,利,贞。"在浑然充满阳刚的纯阳之卦中,其"贞"的卦德,《子夏传》训为"正",这个"正"所指之大义,就是《乾》特性中的"刚""健",可见就人格意义而言,其端正,首先就必须具备刚健的品格,这是塑造人格的核心意义。

诸卦中无不体现阳刚之强、阳刚之健,阳刚作为人格根本的意义。

《困》卦从一个特定视角,审视了作为人格之本的刚健的坚、固、定的意义与价值,醒目说明了阳刚之人格根本。

《困》(䷮)为卦下坎(☵)上兑(☱),坎为水,兑为泽,两象相叠为泽中无水的困顿、困穷之象,是穷蹇困厄的恶劣情境,在这样的环境下最能检验人的人格水平与人格能力,卦辞概括此情此境:"困:亨;贞,大人吉,无咎;有言不信。"

处"困"而能够亨通,这需要的是具有健全人格的"大人"品行,这一品行的要义就是"贞"。此情此境不尚言辞口说("有言不信"),崇尚的是切实的身体力行。综观全卦,此要义之"贞"的要点就是刚健,以刚健而坚实端正其品格,以刚健而坚定地身体力行,如此才能处"困"而摆脱困境,拯救自己以致于"亨(通达)"。

全卦之中的"二""五"阳刚所具有的特质、作用,充分表达了《困》卦的主旨,也充分说明了理想的人格结构中的刚贞特点。

"九二"处下卦之中位,体现了阴位里的阳刚特色:坚实稳固,富有定力,处事刚柔适中,爻辞说:"困于酒食,朱绂方来,利用享祀;征凶,无咎。"处"困"之境,困顿穷厄,所以无酒食而艰难贫苦,但它能够"困"而不萎靡失节,守持"刚中"之德,坚韧端正,终致"朱绂方来"。《周易尚氏学》:"朱绂,贵人所服以祭宗庙者。""朱绂方来,言将膺锡命也。"困处逢生,荣膺王朝之命,获得朝廷的任用,以此象征守持刚中正道而走出困境。《来氏易注》:"九二以刚中之德,当困之时,甘贫以守中德,而为人君之所举用,故有'困于酒食,朱绂方来'之象。""九二"的处境与结果,正是阳刚的特性带来的希望,刚健而处阴柔之位,是为刚柔适中,可以稳妥应对难厄之境;以阳刚为基本特质而坚定、稳固,所以能始终不改其操、不易其节,坚守于困境之中。这里突出表现了阳刚的品性和力量。

见之于卦象,"九五"为上下群阴所掩,陷于困顿,但由于坚守中正之道,具有刚贞之德,仍然可以徐徐脱离困境。爻辞说:"劓刖,困于赤绂;乃徐有说,利用祭祀。"劓为削鼻之刑,刖为截足之刑,"赤绂"为人臣之服。依《周易程氏传》说,上去鼻,下截足是"上下皆掩于阴,为其伤害",而"困于赤绂"是人臣不来辅助。卦中用此象说明,"九五"被困,完全是人君无人帮扶的结果。在如此情形下,"九五"仍能以刚中之德坚守困境,终至于解脱。这里突出的是"九五"的阳刚中直之德。《周易程氏传》评价上述两爻:"困而能贞,大人所以吉也,盖其以刚中之道也,五与二是也。非刚中,则遇困而失其正矣。"可见二、五两爻脱离困境而获吉,完全是自身刚坚守正的结果。

《困》卦之中,诸阴爻的结果与二、五两刚中之爻形成了鲜明的对比,阴爻柔弱,没有刚坚定力,不能守正,其结果非"凶"即"悔",无法走出困境。

"初六,臀困于株木,入于幽谷,三岁不觌。"株木,无枝叶的树木;不觌,不被发现,不得被援引出困境。初六阴柔位卑,坐困于无遮挡庇护之株木,愈陷愈深,无人应援,以致多年不被发现、不能走出困境。这全是阴柔位卑、无刚健进取之力所致。

"六三,困于石,据于蒺藜;入于其宫,不见其妻,凶。"六三爻阴柔处阳位,质本柔而又处位不正,上困于九四阳刚顽石,下乘九二刚爻,犹如居于蒺藜之上,欲近比九四成为其妻,而九四与初六相应,对六三不予接纳,这样,六三之困厄就是全方位的,没有出困的希望,所以爻辞断以"凶"。该爻取害之要,就是阴弱不正。

"上六,困于葛藟,于臲卼;曰动悔有悔,征吉。"葛藟,藤类植物,具有缠绕之险;臲卼,动摇不安的情状。上六以阴柔处于困境之极,下乘凌两刚爻,既被缠绕,又处困极不安之位,"行则缠绕,居不获安"(王弼《周易注》),动辄有悔,卦中描述出其处困的极其艰难情境,只是困极必反,勉励其因动悔而能思悔——"有悔"而悟知"征"而获"吉",努力走出困境。该爻还是指出了因其柔弱品性所带来的居困危厄之由。

上述阴爻,具有一个基本的共同特性,那就是阴质而柔弱,无刚的支持就迷失自我、无力自持,所以都深陷于困境而不能自拔,呈现出作为自我的人格缺欠。

综观《困》卦,它就是在处于困境之特定的背景中,通过阴阳爻的品性、处位情形的对比,述说了阳刚贞正的人格要义及其价值,在鲜明的情景映衬之中,让人清楚地明辨刚贞作为人格根本的重要意义。

没有刚贞作为骨干,事物就不能自持、进取、发展,因而《周易》崇尚阳刚,扶阳抑阴。在柔弱的环境下,尽量张扬贞正刚健以救扶柔弱。

《巽》(☴)最主卑弱,象征顺从,谦柔小心。就人事说,是告诫人们以谦柔小心而融入社会环境。在这样主张柔弱卑巽的卦旨下,卦中关注的是"刚巽乎中正而志行,柔皆顺乎刚"(《巽·彖传》),以阳刚中正而成就谦柔,使之能够成功地完成融入的使命。

卦中初六以阴柔处在卦下,其性最为卑弱,爻辞告诫:"进退,利武人之贞。"《周易程氏传》解释得十分明了:"六以阴柔,卑巽而不中,处最下而承刚,过于卑巽者也。阴柔之人,卑巽太过,则志意恐畏而不安,或进或退,不知所从,其所'利'在'武人之贞'。若能用武人刚贞之志,则为宜也。勉为刚贞,则无过卑恐畏之失矣。"该爻居《巽》之初而阴柔卑弱,所以爻辞勉之用武人式的刚贞,若卑而无刚则卑下一无所成。《旅》卦之初六就是典型的例证:"旅琐琐,斯其所取灾。"旅为失其所居而奔走旅程之时,在这样的环境中,自然需要谦逊小心,但过于谦卑而缺失人格之刚正、意志之坚强,一味谦卑琐屑,或进或退,不知所从,等待着旅人的就只有灾难,这完全是旅人自取其灾,《小象传》说:"'旅琐琐',志穷灾也。"卑琐失正,无刚贞之志而志穷取灾。《巽》《旅》之初六两爻对比,清楚见出《周易》对阳刚作用的说明。

在"巽"之时,《巽》卦也凸显着"九二""九五"的"刚中",使全卦具备脊梁、骨干,能够守持贞正,方向正确,志意坚定,使卦中的阴柔能够顺乎阳刚,这就带来了事物向着亨通的方向发展,也就是卦辞所说的"小亨,利有攸往,利见大人",达成此一情境的主旨——以谦逊融入于社会。

可见,纵使在以谦退小心为主旨的事物中,阳刚之正、之坚、之固,仍然至为关键。无刚即无正,无刚不能济事。《未济》能有"亨"的希望,是"'未济,亨',柔得中也"(《彖传》)。柔而得中是有利条件,但需要有刚的辅助才能致"亨",卦中六五得中,能与九二阳刚相应才有希望,王弼《周易注》说:"以柔处中,不违刚也;能纳刚健,故得亨也。"这是说,六五以柔处于五之阳刚位置,是柔顺刚,又能与九二阳刚相应,是柔纳刚,有这两个条件,就能致亨。严刚之正是事物完美走向的重要保障,在"柔得中"这样的卦中,仍然显现着阳刚的意义。

综合上述各个方面,可以看到,阳刚是《周易》所关注、所强调的人格中的关键,有刚才有正,有刚才有坚实与稳固,阳刚是合理人格结构的根本,是第一位的东西,它具有不可忽视、无可取代的价值与地位。

第二节 刚柔相济的人格之要

依照《周易》的认识,阳刚是人格结构的脊梁骨干、中流砥柱,它支撑起人格并引领人格方向,使人格达于贞正完美境地,是整个人格结构不可或缺的关键因素,但没有一个阴阳合理的守恒仍然是有缺欠的结构,将不能完成人格的价值实现,也无法正确面对事物。人格中的过刚或过柔都将是导致"凶""悔"的因素,因而,《周易》以典型的事物作为卦例揭示其中的规律,给人们带来警示与规诫。

过于阴弱的困境与险厄,缺失与危难,在前文述说阳刚要义的时候已经基本涉及,在这里不另外列举卦例,我们将侧重于对过刚之险悔的阐释。

《乾》卦的上九就申明"亢龙有悔"。上九位处穷极,但其仍然阳刚过亢,"知进而不知退,知存而不知亡,知得而不知丧"(《乾·文言》)就必然带来悔恨。《系辞上传》说:"悔、吝者,忧虞之象也。"一朝过亢,就留下足以令人忧虞的危机,这是卦辞对阳刚过亢的警示。

在诸卦中,《周易》不断告诫过刚、过亢而不能守正就必然带来危机,知进知退,知刚知柔,求贞而守持阴阳平衡之"和"才能无往不利。

《大壮》(䷡)一卦十分集中地述说了此理,卦辞清楚简洁地申明"大壮:利贞",就是要警示人们刚而知柔、进而知退,无贞即不能有利。

该卦为纯阳之卦,下乾(☰)为阳,上震(☳)为阳,下四个阳刚之爻象征阳刚盛长,全卦具有十足的阳刚壮盛意蕴,《周易正义》说它:"壮者,强盛之名;以阳称大。阳长既多,是大者盛壮,故曰'大壮'。"当阳刚亢盛之时,卦辞特别戒以"利贞",关注的是阴阳守恒的"正"。《彖传》道出了其中的主旨:"'大壮',大者壮也;刚以动,故壮。'大壮,利贞',大者正也。正大而天地之情可见矣。"壮大而能守正,才符合天道,才是"天地之情"。该卦之中,显现的就是这种正大的精神。

在卦中,处阳位的刚爻,阳刚过盛,违背正大主旨,大而不正,其情况都面临着"凶""厉"的结果。"初九,壮于趾,征凶。"初九阳爻处阳位,虽处位得正,但上无应援,只显得阳刚过亢,有壮于足趾之象,以过亢之阳而往进,必有凶险。与此爻相似,九三也有用壮不正之象,结果同样不乐观。"九三,小人用壮,君子用罔;贞厉,羝羊触藩,羸其角。"九三阳刚处阳位,也呈现阳刚过亢之象,如果一味任用刚亢,不能守正,那便是缺乏智慧、缺乏人格修养的鼠目寸光的小人所为("小人用壮"),而君子不为("君子用罔")。爻辞告诫"贞厉"(守正防厉)的用心十分清楚,那就是倘不如此,在这种情况下仍然坚持任用刚亢,其结果是如同刚猛不听劝诫指挥的公羊(羝,三岁的公羊,壮盛有力),以角触抵藩篱,其角被拘累缠绕(羸,《周易正义》:"拘累缠绕也。"),进退不得,自取凶道。两爻象及爻辞清楚喻示了一味刚亢用强而不知守正的人格缺失与行为后果,从而否定了过刚、过亢的偏向。

与上述情况正相反的是该卦中知进知退的九二、九四两个刚爻的态度与结果。

"九二,贞吉。"王弼《周易注》:"居得中位,以阳居阴,履谦不亢,是以'贞吉'。"该爻获吉的全部因由,就是知进知退的用谦之道,能够守正,所以适中稳妥而吉利。"九四,贞吉,悔亡;藩决不羸,壮于大舆之輹。"輹,车箱下钩住大车轮轴的木制构件,又称"伏兔""形如伏兔,以绳缚于轴,因名'缚'也。"(孔颖达《左传》僖公十五年疏)九四阳爻处在上卦之下,虽然刚健却居阴位,能行谦持正,其特点是:"下刚而进,将有忧虞;而以阳处阴,行不违谦,不失其壮,故得'贞吉'而'悔亡'也。"(王弼《周易注》)这说明,九四有壮盛之质,居阴而谦,刚壮不亢而达于阴阳和谐,所以能够求取其正而悔恨消亡。这种情况用形象的喻示,就好比藩篱决了口子不能拘累缠绕羝羊之角,也好比车厢之下固定轮轴的"輹",强壮有力,使车平稳而快速前行。两爻之吉,都是抑制了过刚、过亢的偏向而求取贞正的结果。

易祓《周易总义》:"《易》之诸卦,阴阳贵乎得位,惟《大壮》之卦阳刚或过,则以阳居阴位为吉。盖以虑其阳刚之过于壮者也,故二爻与四爻皆言贞吉。"这是《周易》一以贯之的思想,阴阳守恒、求正,则无往而不吉。

如果说《大壮》突出的是抑制阳刚之过而守正的要义,那么《夬》卦则突出了阴阳守恒之"和"的境界。这里说明,刚壮有力、摧枯拉朽的目的不是一味显现阳刚之强,那样不是强壮盛大而是蛮武之害、匹夫之勇,阳刚之用的境界是求取阴阳之"和",这才是应当追求的唯一终极目标,而阳刚过亢的凶险也正是对此目标的悖离所致。

《夬》(䷪)五阳刚正义之爻共决一阴柔小人,本为刚正而决邪柔,刚壮盛大而决阴弱小者,是完全可以用刚就轻而易举地决断的事情,然而卦辞却出以慎重之说:"扬于王庭,孚号有厉;告自邑,不利即戎;利有攸往。"

这里是推进到一个更大的社会、政治背景中去申明求正用刚的意义。小人当道,恶贯满盈,本可以用阳刚之气一除而快,但除恶的目的是使人周知、理解社会腐朽丑恶因素对社会的阻碍,从而唤起正义,将事物引向"健而说(悦),决而和"(《象传》)的境界,达到新的和谐,激发向上的力量,以社会的自觉因素,克服丑恶,所以卦辞先说"扬于王庭,孚号有厉",以守正诚信之心而宣扬正义、揭露丑恶于"王庭"(君王之公庭),向天下"示公正而无私隐也"(《周易正义》),接下来告诫,应当"告自邑"——遍告天下,而不利于一味依赖于动用征伐的刚亢强武,单纯用武力一除作罢。王弼《周易注》说明了其弊端:"用刚即戎,尚力取胜也;尚力取胜,物所同疾也。"只用刚亢,虽能在形式上"除恶",但不能将正义、道理深入人心,达不到唤起天下认识丑秽,嫉恶如仇、除恶扬善而至于"和"的目的,徒使人们以为强武凌人而同心疾恶强霸之道,这样做法仍然是偏颇不正,所以在貌似可以轻易用刚、随时取胜的时候,戒以慎用刚亢,其尺度、目的是"和",达于社会运行的端正轨道。

当"夬"之时,卦的主旨是正、是"和",因而在卦中显现了以正为观察点而审视诸阳刚的态度。

"初九,壮于前趾,往不胜为咎。"《周易正义》:"体健处下,徒欲果决壮健,前进其趾;以此而往,必不克胜,非决之谋,所以为咎。"阳刚处于初,本为当位,但在前述背景下,初九阳处阳位,上而无应,犹如刚愎自用的蛮武之人一味自恃刚健,无视"健而说(悦),决而和"的求天下之正的整体意义,以健壮而进,偏执如此,自然不谋其正、不能得正,所以咎由自取,遭到否定。"九三,壮于頄,有凶。"頄,颧骨,代指面部,"壮于頄",是怒形于色。同样,九三阳处阳位,有用刚恃健的气质,如果一味用刚,怒形于色,在剪除恶势力之时"九三刚而不中,志夬(即"决")阴而征于面色,事未发而机先泄,凶之道也。"(《周易学说》引刘沅)表面正义却刚而鲁莽,败露意图,使小人有所防范,事情当然难免于凶险。这是恃刚寡谋的凶道,《周易》从这个角度申明了刚而不正的凶险。

卦中的"九二""九五"因刚而符合持正之道,得以具有"勿恤""无咎"的结果。综观全卦,它在这一用刚的典型之卦中,强调了合理的人格结构以促成对事物乃至重大事物完美驾驭的道理。也说明,就个体人格结构而言,需要刚柔守恒之"正";就事物而言,包括重大事物,它们的"正"就是阴阳的和谐,达到"和"的境界才是天道之正,社会才能有生生不息的运行。

在上述的典型事物的卦例之中,它们侧重揭示的是刚柔相济的合理性存在,无论是人格结构还是事物发展,都必须求"正"、守"正",纵使阳刚为根本,是人格结构和事物发展的骨干、脊梁,也不能一味刚亢偏离阴阳守恒而求正的规律。而人事中的任何事物都是由人的因素起着主导作用的,所以人格的合理的结构就显得尤为关键,那么,这里的对事物的述说,实际上是对主导事物的人格的认识,从这个意义上说,讲事物就是说人格,它从不同的观察角度解说的是一个问题,那就是人格结构中非刚不可,但刚过亦不可,合理的人格结构只有刚柔守恒,而能晓达于刚柔守恒,也就求取了人格的适当尺度——贞正。

第三节　慎守贞正的人格品性

在"贞"的意义之中,《周易》看到了人们识正、求正的不易,也看到了守正的艰难,因而浸透在诸卦里,还有对守持其正的时时警示,它揭示了这是人格品性中的又一最为重要而难能的因素。

《大畜》(䷙)讲畜聚、畜止、畜养,其中就包涵了守正之难的意蕴。卦辞云:"大畜,利贞;不家食吉,利涉大川。"在大畜之时,利于守正而畜,但守正需克服的难度是巨大的。《象辞》说:"能止健,大正也。"卦象是下乾(☰)为健,上艮(☶)为止。乾的特性是刚健奋进,艮的特性是笃实能止。能止莫若山,然而卦中说明,止乾健单靠艮山的笃实是无法奏效的,必须有乾健自己的自律自节方能成功。两相共谋正道才是"大正",走向"大正"才能真正的实现"止"——止于正,这才是止健之"大正"。

卦中的"初九"阳刚处阳位,有体健进取之象,当"大畜"之时,爻辞告诫

"有厉,利已"。其与六四相应,为之所畜,进取则危(厉,危也),若停止不前,自畜己德可以不冒危厉。而六四又在节度规正初九刚爻:"童牛之牿,元吉。"童牛,未长犄角的小牛;牿,牛角上所着的横木,以防其触人。在童牛未长角触人之时就着牿防范,就是说,六四所做的是止恶于未萌的事情。这里很清楚,乾健遇危自节,正与六四止恶于未萌相应和——自止与防范相应和而走向"正"。"九二"与"六五"也是这种性质的规正、守贞。"九二,舆说(脱)輹。"九二阳刚处阴位而得中道,能够自节,《周易程氏传》说:"二虽刚健之体,然其处得中道,故进止无失;虽志于进,度其势之不可,则止而不行,如车舆说去轮輹,谓不行也。"九二自节自持得非常理性,度其势之不可,就如同操纵车驾时自脱其輹,制动而不行。相应的六五是"豮豕之牙,吉"。豮,《经典释文》引刘表:"豕去势曰豮。"豮即被阉割的猪。雄猪被阉割,失去刚躁猛狠之性,纵有獠牙之利也不至于为害。这是说六五规正九二,就如同"豮豕之牙",制止其阳刚猛躁,使之走向适度之正。这同样是阳刚之爻自持自止,而相应阴柔努力规正,两相应和而合力趋于贞正。两组爻辞都说明了趋正守正之难。自止不易,需要有极大的智慧力和意志力,战胜自我,坚定自持;止外力更不易,也需要有识几、识度的智慧力与坚定不移的意志力。爻辞用坚韧有力的牛与刚躁难制的公猪来譬况,可见外力之雄强凶悍。如此设喻,都说明了求正、守正的艰难,也正说明了"能止健"而规之于"正"的"大正"之伟岸,从而见出"贞"这一人格力量的难能可贵。

自止与规制,都需要达到一个境地,那就是主体去除心浮气躁,才能持而规之于正,因而,《周易》还告诫,求贞守正必须专一。《姤·初六》:"系于金柅,贞吉;有攸往,见凶,羸豕孚蹢躅。"《姤》(☰)之卦象为一阴遇五阳,卦辞以一女遭遇五男设喻:"女壮,勿用取女。"阴柔本身的特性就如《周易程氏传》所说"阴柔之质,鲜克贞固",它很少能自我把握,不如阳刚的坚定正固,这里的环境又是一阴遇五阳,一女遭遇五男,《周易》以极端的情况表现了阴柔的难于自持守正。对这样的情形,爻辞先是说明守正必须如"金柅"之坚定——"金柅"《周易正义》引马融:"在车之下,所以止轮令不动者也。"即刹车器,《周易程氏传》:"柅,止车之物,金为之,坚强之至也。"用金柅之坚强来制止初六阴柔当面对五阳而急躁求偶时的躁动。接着告诫守正必须专一其心志、贞静其心态,倘若"羸豕孚蹢躅"——如同牝猪求偶一样躁动不安,心不专一,为淫丑之行,必然被社会规则所否定,其风险无可避免。这样所突出的"贞吉",是对守正专一的警告式的提示。通过此卦此爻的设喻,《周易》表达了求贞守正必须专一的观念,揭示了求贞守正必须专一的"贞"的本质。

与《姤·初六》相对映,《艮·初六》说明这种专一之贞当长久慎守。《艮·初六》:"艮其趾,无咎,利永贞。"《艮》(☶)卦本身就在说明守静专一,抑止邪欲。卦辞为:"艮其背,不获其身;行其庭,不见其人。""艮"(☶)为山、为止,该卦两山相叠,具有沉稳自止之义。人之躁动不停止是缘于其欲,因欲望而有所追求,所以不止而动,能止就必须从根本上去除引发其行为的欲念,所以卦辞以人之去欲为喻。其用心如《周易折中》引郭忠孝所说:"人之耳目口鼻皆有欲也,至于背则无欲也。内欲不动,则外境不入,是以'行其庭,不见其人'也。'不获其身',止其止矣;'不见其人'止于行矣。"和耳目口鼻不同,人之背不承当欲望,是无欲的象征;人不相见、不交往就没有外境的刺激,可以淡化欲望,这样的设喻,说明不正当的欲望被止,也就使人规之于正了,其所行就会走向当止而止的无不正。然而,这需要慎始、慎守。初六为一卦之始,趾为行之始,所以爻辞说能止于其初。在"艮"止的背景下,初六能慎于其始便无咎害,又能长久守持这种正——"利永贞",这也就是《姤》卦所警示的贞静专一,这便可称之为"利"。该爻从正面告诫了人们守静专一之"贞"的意义。

与这些卦爻相似而更进一步的是《节》(☵),该卦告诫了人们求正之度、守正之节。卦辞曰:"亨;苦节不可,贞。""贞"表达的是一种度,是合于规律的行为,不及度、不合规律的失贞固然会带来风险,而刻意过求就是"苦节",这也是失贞,也是不可的。《节》卦象表现的是"甘节"——适度的天之道。其象下兑(☱)为泽,上坎(☵)为水,泽中有水为"节"。朱震说:"泽之容水,固有限量,虚则纳之,满则泻之,水以泽为节也。"(《汉上易传》)泽之于水,虚纳满泻,自然流动,从容调节,是在动态之中的守正,这正如该卦九五之爻的意义:"甘节,吉,往有尚。"在卦中,九五阳刚中正得节之度,从容吐纳都能够适中,所以是"甘节",说的是于自节之中寻于规律之正,得到价值的满足,得到环境的认可,故而自身便享有适意的快乐。爻辞还补充说明,人能履贞而行,节度适宜,则行走于社会,必然受到尊尚。这是自然规律与社会规律的必然指向。可见,节就是求正、守正,《周易程氏传》说九五:"既居尊位,又得中道,所以吉而有功。节以中为贵,得中则正矣,正不能尽中也。"《周易折中》引俞琰:"节贵乎中,……盖居位之中,当位以节,无过无不及也。"求正、守正则有功,非正则不会求到最终的功果,而求正、守正都需要"节",这种"节"不是刻意过求的"苦节",无论自身还是外力,节之过度,违反了社会、自然规律,其性质就不是《周易》意义上的"节"了。"甘节"是正确的,可以长久,而"苦节"是悖离规律的,既不正,也不能长久。

去除干扰,寻求适度,坚贞自守实际上是一种智慧力,是对"正"的敏锐而深刻的认知,这样才达到理性的自觉而节律其操守,《豫·六二》:"介于石,不终日,贞吉。"清楚地说明了这一点。介,耿介正直之状,"介于石",耿介如石之坚;不终日,是敏感、捷悟,不待终日而了知事物的性质,迅捷调整自己。这里说的是此种"贞"具有坚定而敏捷的特点。《系辞下传》说它表现了明察吉凶于萌芽的"知几"之智,有了这样的智慧力,才能把握分寸求得适当之节而"上交不谄,下交不渎",也才能迅捷反应"见几而作,不俟终日",这样的君子"知微知彰,知柔知刚",是最高的智者。可见能够清醒地保持特立之操,坚定如石地守持其"正",正是智慧力带来的理性水平。这样的理性又使得持"贞"具有了捷悟坚定、不移其操的性质。

前面诸卦、爻递相说明了人格结构中的求贞、守贞的内涵与意义,它辩证地说明了人格结构中"贞"这一现象的产生与存在的状态,启示人们循着这样的规律去完善人格,其认识是全面的,其用心是深刻的。

求正得贞是人格完善的标志,是人们追求的目标,但事物是在变化中的存在,目标的达到并不能让人一劳永逸地坐享其成,无视客观世界的变化仍然会走向祸败,这就是《周易》所具有的深深的忧患意识。面对求正、得正而成功的人格或事业,《周易》给予了另一个角度的警示,典型的卦例就是《既济》。

《既济》(䷾)象征事物走向成功。下卦为离(☲)、为火、为阴卦,上卦为坎(☵)、为水、为阳卦,两相重叠——水火交、阴阳交,卦中各爻都当位得正,是畅达成功的情形。然而卦辞告诫:"亨小,利贞;初吉终乱。"亨,通也。《周易正义》:"既万事皆济,若小者不通,则有所未济,故曰'既济,亨小'也。小者尚亨,何况于大?则大小刚柔各当其位,皆得其所。当此之时,非正不利,故曰'利贞'也。"在这个全面得正和谐、臻于完美境界之时的"利贞",不是静态地株守既有的当位、相交的一派贞正的状态,而是认识并严守事物发展规律之正,看到变化之中的未来。《大象传》揭示其意义:"水在火上,既济;君子以思患而豫防之。"《周易折中》引龚焕曰:"水上火下,虽相为用,然水决则火灭,火炎则水涸,相交之中,相害之机伏焉,故'君子思患而豫防之'。能防在乎豫,能豫在乎思。"已成之事是事物运动发展的阶段性状态,如果不能把握其变化,不能认识"初吉终乱"的道理,就会为既有的贞正所遮蔽,而随事物的变化走向"终乱",失贞失正,祸败相随。可见,守正既要守持已得之正,也要不断寻求发展变化中之正,即《周易程氏传》所谓"利在贞固以守之也"。贞固的是"求"与"守"的行为,而真正的守,还需要具有变化眼光的不断思虑、不断获得正确判断,这便是《周易》忧深思远的告诫。

以上是《周易》对求贞守正的阐述。它揭示了人格品性的另一侧面,那就是在这一品性当中所应当必备的不断求贞守正的人格要素，后人用"贞节""贞操"来表述它。我们看到，《周易》中的"贞节""贞操"具有的是这样丰富而深刻的内涵。

这里，我们从三个侧面论述了《周易》所理解的理想的人格结构中"贞"的内涵——以刚而正、以刚而固的"贞"的刚正之本；刚柔相济、守恒而正的"贞"的合理存在，以及识正、求正、守正的人格要素。它们可称之为"贞"这一事物的本体，是其存在的基本内涵。在现实中，"贞"是以其功能显现出其本体意义的，因此，接下来我们从"贞"之功用的角度，进一步观察《周易》所阐释的"贞"这一现象。

第四节　"贞"的价值与功用

"贞"之功用作为实践性的意义，它在现实中的显现是比较清楚的，因而这里笔者只需作以纲要式的提示与说明。

1. "贞"为聚人之本

"天下熙熙，皆为利来，天下攘攘，皆为利往。"（《史记·货殖列传》）人的本能是利之驱动，趋利避害，无利不聚的。如前所述，能够识正、得正是最大的利益——可以识得规律，能够规避风险，善于引领正确方向，这是可以长保的具有长远意义的利益，因而在这样的利益感召之下，"贞"就是一个具有着极大凝聚力量的存在。这在《周易》中曾多方致意，说明了"贞"作为聚人之本的价值，阐释了其所具有的极有效用的实践意义。

《屯》（䷂）是以贞聚人的典型写照。卦辞云："屯，元亨，利贞；勿用有攸往，利建侯。""屯"是艰难之时，《说文》："屯，难也，象艸木之初生，屯然而难。"卦象中的艰难是"刚柔始交而难生"（《彖传》），如草木初生，柔弱而委曲的破土之难，此处下卦为震（☳）为雷，上卦为坎（☵）为云，"以刚柔二气始欲相交，未相通感，情意未得，故'难生'也"（《周易正义》）。卦象所示的此时之难，是社会一切都在混乱、草创中的险象环生之难。天下当此时，没有顺利的通途，只有阻遏、艰难，这时利于守正而待，利于建侯而凝聚人心共济险难。卦的结构本身就有建侯之象，胡炳文说："《屯》'建侯'，下震也。震长子，'震惊百里'，皆有侯象。"（《周易本义通释》）卦中"初九，盘桓，利居贞，利建侯"，说的就是建侯居正而凝聚人心。《朱子语类》："初九盖成卦之主也。一阳居二阴之下，有以贤下人之象，有为民归往之象，故《象》曰'以贵下贱，大利民也'。"卦中述说了在险难之时，只有建侯居贞才可以凝聚人心,为人所归往而共同济险。这里以艰险的背景,突出了"居贞"而凝聚人心的意义——没有艰险就无须共同自救,无须自救出险便见不出凝聚的意义,无须凝聚也就不能显现"居贞"持正的价值,正是艰难险阻、人人自危方显出"居贞"持正之大德大贤,以长子为代表的大德大贤能识正居贞,能带领人们出险获益,这就从根本上表达了贞的力量与益处,所以能聚人,能使人共赴险难。该卦是在险象中突出了"贞"为聚人之本的功用。

显出聚人之本的"贞"的价值、功用的典型卦例还有《萃》。《萃》(䷬)为卦下坤(䷁)上兑(䷹),坤为地,兑为泽,卦象为泽在地上,象征会聚。这种会聚,用之说人事则如卦辞:"萃:亨,王假有庙,利见大人,亨利贞;用大牲吉,利有攸往。"《周易正义》:"萃,聚也,聚集之义也。能招民聚物,使物归而聚己,故名为'萃'也。"它说明人的聚集。在这种聚集之中,需要以神灵、祖先的名义凝聚人心,需要张大规模地用"大牲",也需要如《屯》一样,有大德大贤之人,以其持正、弘扬正道而凝聚人心。《周易正义》:"聚而无主,不散则乱;惟有大德之人,能弘正道,乃得常通而利正。"大人之德,感于神,感于人,带领人们有所前往则无不利。由此可见,其可萃聚,要义有二:一为大人德之人感于神,二为大人德之人感于人,如此才成为凝聚人众的必要条件,而此条件的重要前提,就是能够"利贞"——大德大贤之人能够守贞持正。它和《屯》所讲的道理一样,在凝聚人众之时,显出"贞"的价值。

与《萃》相类的还有《涣》(䷺)卦。《涣》卦象下坎(䷜)上巽(䷸),为风行水上,离披散乱之象,也就是涣散,但《涣》卦的主旨是由散而聚、由乱而治。卦辞说:"涣:亨,王假有庙,利涉大川,利贞。"能达到此种由散而聚、由乱而治,有"利涉大川"之吉的境界,如《周易程氏传》所说:"'涣',离散也。人之离散由乎中,人心离则散矣。治乎散亦本于中,能收拾人心,则散可聚也。故卦中之义皆主于中,'利贞'和散之道,在乎正固也。"凝聚人心,治理离披散乱,能够"和散"之要,在乎"利贞"。治"涣"与"萃"聚一样,都突出了"利贞"的功用。

《兑》(䷹)卦象征欣悦,它从另一个角度说明了"贞"而凝聚人心的缘由。卦辞为:"兑:亨,利贞。"《彖传》揭示该卦的意义:"兑,说(悦)也。刚中而柔外,说(悦)以利贞。是以顺乎天而应乎人。说(悦)以先民,民忘其劳;说(悦)以犯难,民忘其死。说(悦)之大,民劝矣哉!"刚中正固之"贞"是使人心悦诚服的条件,人心之所以能够凝聚,能够同心同德地共赴目标,正是因为"贞"而令人欣悦向往。

这些卦象从不同角度说明了一个问题,那就是"贞"的显著功用——凝聚人心。立身处世,领袖群伦必须有"贞"的品格,否则将不能取信于人,没有凝聚人心的能力，必然会无所作为。

2."贞"可以避险济难

险难是人所畏惧，但又是如影随形不可回避的最现实的问题，面对这样的现实，《周易》总结提炼出的有效经验，就是以"贞"而规避险难。其典型的卦例如蔡清所说："《屯》是起脚时之难，《蹇》是中间之难，《困》则终穷，难斯甚矣。"（《周易折中》）诸卦描述了险难的社会、人生背景，卦中又同时申示，处难出险非"贞"不可。

《屯》已如前述，这里说《蹇》。

《蹇》(䷦)："蹇，利西南，不利东北；利见大人，贞吉。"《蹇》之为卦下艮(☶)上坎(☵)，艮为山、为止；坎为水、为险，卦义象征行走艰难。《象传》分析该卦："'蹇'，难也，险在前也；见险而能止，知矣哉！'蹇，利西南'往得中也；'不利东北'其道穷也。'利见大人'往有功也；当位'贞吉'，以正邦也。蹇之时用大矣哉！"就卦的结构说，"坎在其外，是险在前也；有险在前，所以为难。若冒险而行，或罹其害；艮居其内，止而不往，相时而动，非知不能"（《周易正义》）。在这样艰险的背景下，考察智慧，令人必须做出明智的选择，而正确的选择有三层意思，一是前往象征平地的西南而不前往象征山险的东北，二是选择大德之人带领前往才会有功，三是坚持守"贞"的原则，这就是当险之时所体现的处险避难的极大的智慧。其中"大人"与"贞"的意义尤为重大："当'蹇'之时，必见大人，然后可以济难；又必守正，然后得吉。而卦之九五，刚健中正，有'大人'之象；自二以上五爻，皆得正位，则又'贞'之义也。"（《周易本义》）"大人"，如前所述，是具有刚贞持正品格的大德大智之人，可见，"大人"与"贞"都体现了贞正的要义。贞，选择的正确，守持的正确与坚定，在这里作为规避险难的成事之核心，具有决定性的意义。

《困》(䷮)，泽中无水，象征困穷。《周易正义》说："困者，穷厄委顿之名，道穷力竭，不能自济，故名为困。"卦辞说："困：亨；贞，大人吉，无咎；有言不信。"在这样的情况下，它与《屯》《蹇》相似，需有"贞"、需有"大人"，而卦中的九二与九五，如前文分析，它们正体现了刚中贞正的品格，所以济《困》如同济《屯》与《蹇》，都体现了"贞"在险难时的价值和功用。

《周易》之昭示，在非常时期、险难穷困的境况下"贞"的功用如此，是足以警醒人们的；《周易》也昭示，在日常一般的艰难面前，"贞"同样不可须臾离开。《旅》卦就从艰难为人们所无时不遇的角度，说明了"贞"的不可忽视。《旅》(䷷)象征人之行旅。一般说来，人生不免行旅，而人生本身又可说是一个行旅的过程，所以行旅之艰难具有一般的意义，因而《象传》强调"旅之时义大矣哉！"卦辞说："旅：小亨，旅贞吉。"《周易正义》解释："旅者，客寄之名,羁旅之称,失其本居,而寄他方,谓之为旅。"失其本居,奔走遐方,在行进的过程中时时遇到难处,所谓"旅,亲寡"(《杂卦传》),少有人帮扶;"旅而无所容"(《序卦传》),处处艰难,其前途之困难更不可逆料。其实这不仅是行旅,就是在人生的日常生活中也在所难免,不过是行旅集中、放大了其艰难特点而已。当此之时,卦辞强调"旅贞吉",卦中诸爻具体说明了是怎样的"贞吉",朱熹概括这种"贞吉"说:"旅非常居,若可苟者;然道无不在,故自有其正,不可须臾离也。"(《周易本义》)

风险、艰难伴随人生,如何摆脱风险、艰难带来的凶咎与烦恼,《周易》以其"贞"的观念、"贞"的功用告诫了人们,"贞"是人生最有价值、最具功用的人格修养、处事态度。

以上从两个侧面归纳了《周易》对"贞"的实践意义的说明,其实,《周易》所示"贞"具有的功用远不止如此,作为人格结构的合理要素,它的功用是规避人生风险的有力武器,是可以引领人排除任何阻碍而走向成功的重要保障。所以《周易》多方致意,几乎是时时警示,目的是让人在处世之中远咎害而获益处。

小结 "贞"使人能自觉、理性地把握自己

"贞"是《周易》中的重要概念,依沈有鼎先生的统计,它在五千余文的经书中出现111次之多[①]。它除掉延续古老的占卜之义而使用以外,更主要的意义就是作为一部思想著作而用来阐述为人处事的伦理意义,它的价值和意义主要体现在《周易》伦理思想的述说。这样,如前所述,使我们看到了《周易》从"贞"这个意义上所提炼、概括的人生经验,那就是"贞"的内涵所揭示的人之价值和意义。它使人能自觉、理性地把握自己,从而使自己标举于一切生灵之上,成为高贵的从容驾驭自己、从容驾驭环境的一类,使人类自身具有无限丰富的内涵和从容美好的生命过程;而"贞"的实践意义又具有着使个体的人规避险难,不断获益、不断走向成功的合理指向。总而言之,在《周易》中,作为人格理想结构要素之一的"贞",其内涵是清晰而完整的,其实践价值是切实可行的。在这里,它很好地表达了中国哲学实践理性的鲜明特色。

---

① 沈有鼎:《〈周易〉释词》,《清华学报》1948年第1期。

第十章 《周易》人格结构的基本要素——孚

第一节 发信于中的"孚"的内涵

孚是《周易》人格结构观念中的另一个基本要素,作为重要观念,它在经中直接出现四十余次。马融训为"信",《说文》"信,诚也","诚,信也",孚就是中心诚信无欺妄之义。①《周易》正是在这个意义上规定、述说其所理解的人格结构中的这一品性的。以下即从《周易》这部典籍自身的说法,整体观照"孚"的内涵及其意义。

对于"孚"的内涵,《周易》在《中孚》、《无妄》两卦中,曾集中地予以了阐释,这里合两卦之义,透视其说法。

《中孚》(䷼)其象其辞,概括说明了一卦精神,也说明了"孚"的基本内涵。

该卦成卦本身,就是一个清晰的"发信于中"(《周易正义》)的卦象。其为卦,两阴爻居中居内,呈现谦虚无私隐之象;外皆阳刚之爻,其中二、五两阳刚又分别居上下卦之中位,凸显阳刚特性——有原则,不失范,中实可信。就全体卦象而言,《周易程氏传》:"中虚信之本,中实信之质。"而"中虚"又更有一番旨趣,《重定费氏学》引曾国藩语:"人必中虚不着一物,而后能真实无妄。盖'实'者,不欺之谓也。人之所以欺人、所以自欺者,以心中别着私物也。不欺者,心无私着,是故,天下之至诚,天下之至虚者也。灵明无着,物来顺应,是之谓虚,是之谓诚而已矣。"这就是中孚——原于本质意义上的心中诚信无妄。中虚至诚,信及人神,它也是该卦的成卦之旨。

两经卦的结合又演示了"孚"的作用:下卦为兑(䷹),为泽,有说(悦)

---

① 孚,《说文》《尔雅·释诂》均训为"信"。《周易·观》卦"有孚颙若"。马融:"孚,信;颙,敬也。"

的特性；上卦为巽(☴)，为风，为木，有顺的特性，风行泽上，感于水中，下悦以应上，上巽以顺下，是一种和悦而谦逊的感动，这种诚信的感动，其意义如同木舟(巽)行水(兑)，可以涉越大川，渡险济难。

对这样的卦象，卦辞进一步引申了它的意义，其辞为："中孚：豚鱼吉，利涉大川，利贞。"

这是说，诚信应当是彻底的，彻底到可以感动"豚鱼"的程度才能吉利。《周易程氏传》："豚躁鱼冥，物之难感者也。"豚，小猪。猪本身就是躁动不安之物，而小猪更其不安于指教；鱼为水族阴类，处冥而愚顽不灵，以此幽隐微贱、浮躁冥顽之物作喻，表明了其诚所感之难的程度，也表明了用诚信感动外物的需求与决心。只有这样的有孚于豚鱼的心理境界，才算得上是"中孚"，这样的"中孚"才有"利涉大川"的力量。卦辞同时指明，诚信的性质必须"贞"，是守持正道的诚信。"孚"之守正与否，其性质有天壤之别——"信或失其正，则如盗贼相群，男女相私，士夫死党，小人出肺肝相视，而遂背之，其为孚也，人为之伪，非天理之正。"(《周易本义通释》)非正之"孚"本质虚假，真正的"孚"必须守正，所以卦辞戒以"利贞"。

上述各个侧面就是《中孚》卦旨的内涵。《周易折中》综观六十四卦系统而全面解说其中的诚信之大义："《无妄》天德也。天德实，实则虚矣，故曰《无妄》，言其虚也。《中孚》地德也。地德虚，虚则实矣，故曰《中孚》，言其实也。……二卦之义，实相表里。"这里指出，《中孚》《无妄》两卦相为表里，互为补充，完满地述说了天地之道所示人的诚信之义。《中孚》以实言，述说了怎样行动来表达诚信之心；而《无妄》以虚言，从无私望的角度，说明了怎样虚其心以示诚信。

《无妄》(☰)："无妄，元亨，利贞；其匪正有眚，不利有攸往。"诚信之道，重要的是"正"，所以《中孚》《无妄》卦辞都将"孚"的内涵十分醒目地规定为"利贞"，两卦象都以刚爻居中显现出"刚中"守正而"贞"的自持力，《无妄》甚至还补充强调"其匪正有眚"——不守正而妄便有祸患。守正就是不妄想、不妄为。《周易本义》引《史记》"无妄"作无望，即不妄想，"谓无所期望而有得焉者"。王弼《周易注》"无妄"，谓"不可以妄"，即不妄为。《周易程氏传》："无妄者至诚也。至诚者天之道也。天之化育万物，生生不穷，各正其性命，乃无妄也。人能合无妄之道，则所谓'与天地合其德'也。"合此诸说，则"无妄"实质上是人之心、人之道"与天地合其德"的正道守持，无望、不妄想、不妄为、至诚，说的都是守正——无私。

合两卦象的意旨，可以将《周易》中的"孚"概括为：守正，虚中，心里不存私望的诚恳信实，其要害是合于天之道的端正而又具有坚定意志的心理和行为,这样才能从内在到外在全面成就至诚之大义,这样意义的人格要素才成其为诚信。

第二节　彻底的诚信——信及人、神

上述内容是"孚"的概括表达,在《中孚》及相关于"孚"的卦中,又进一步涉及,"孚"是一种彻底的诚信观念。这种彻底的诚信,其重要特征是必信及人、神,经得起人和神的考验。

先看在《中孚》诸爻中讲述的彻底的诚信所具有的若干特征。

1. 专一志恒的特征。初九与六四,各自安守诚信,不变心志而获吉祥,突出了守信的专一志恒。

"初九,虞吉,有它不燕。"虞、燕皆为"安";"有它"是说有应于他方,在卦中指六四。这里是说,如果不安守诚信,有应于他方,便不得其安。依照《周易》的一般规律,阴阳相应是构成和谐的基本条件,所以趋吉避凶首务和谐,但因卦时之背景条件的差异,在以恪守诚信为主旨的《中孚》卦中,强调守信的专一志恒不假外应,这是"孚"的一个基本原则,《周易折中》引项安世:"《中孚》六爻,皆不取外应。孚在其中,无待于外也。初九安处于下,不假他求,何吉如之？苟变其志,动而求孚于四,则失其安也。"求变求通是《周易》的一贯精神,但这里强调,不变与变通是有条件的行为,不能破坏事物的性质而妄求变通,卦中体现着《周易》所坚持的信守事物本质的又一原则。大要是"孚在其中",故"不待于外",因而,初九专一心志,以不往应为吉,六四也不取来应初九,而取其理所应当的紧从九五。"六四,月几望,马匹亡,无咎。"《周易本义》:"六四居阴得正,位近于君,为'月几望'之象。马匹,谓初与己为匹,四乃绝之,而上以信于五,故为'马匹亡'之象。"月望是月盈,几望就是将盈而未盈,《周易程氏传》:"四为成孚之主,居近君之位,处得其正而上信之至,当孚之任者也。……已望则敌矣,臣而敌君,祸败必至,故以'几望'为至盛。"四位正从君,孚信之至,所以专一从君而不与初九为匹相应,心无旁骛。两爻皆自守而不外应,坚持的是恪守专一志恒的孚信原则。无原则之变而不能守恒专一,就是"有妄",欺罔于人则否定了诚孚,所以孚信必定具有专一志恒的孚信原则作为人格的基本修养。

2. 贞正守信的原则。九二与九五,则表现了虚心而无私求的贞正守信原则。

"九二,鸣鹤在阴,其子和之;我有好爵,吾与尔靡之。"九二与九五处相应之位,而两爻皆刚,以其刚实笃信相应和,他们不自炫耀,无刻意用心去感物相应而物无不相感。爻辞是说,九二阳处阴位,刚实于中,孚信之至,处阴柔而至谦,如鹤鸣于幽隐,甘愿以最美好的旨酒与九五共享,虽幽隐而不显,但中心之诚愿可以感通于人;虽不自炫耀,人益信之,这就显现出九二的了无私虑的至贞至诚。"九五,有孚挛如,无咎。"挛,牵系、接连,九五阳处阳位而居尊,刚毅贞正之至,不仅孚信于九二,而且牵系孚信于天下之心。王弼《周易注》:"处中诚以相交之时,居尊位以为群物之主,信何可舍?故'有孚挛如',乃得'无咎'也。"二与五皆无私隐,守持刚贞品性,以笃实之心应物,表现出他们孚信的特点:虚心而无私求的贞正守信。

3. 非诚信之凶咎的告诫。《中孚》的三与上则从相反的角度凸显了心存私虑而不专一、没有信守贞正的非诚信之凶咎。

"六三,得敌,或鼓或罢,或泣或歌。"《周易程氏传》:"敌,对敌也,谓所交孚者,正应上九是也。三、四皆以虚中为成孚之主,然所处则异。四得位居正,故亡匹以从上;三不中不正,故得敌以累志。以柔说之质,既有所系,惟所信是从,或鼓张,或罢废,或悲泣,或歌乐,动息忧乐,皆系乎所信也。惟系所信,故未知吉凶,然非明达君子所为也。"就是说,六三欲应上九而怀私念累志,便居不自安,栖栖遑遑,既非明达君子所为,也不获吉祥,这是对执着私念之"信"的否定。"上九,翰音登于天,贞凶。"王弼《周易注》:"翰,高飞也;飞音者,音飞而实不从之谓也。居卦之上,处信之终,信终则衰,忠笃内丧,华美外扬,故曰'翰音登于天'也。"飞鸣虚声闻于天而中信衰丧,不能取信于人,与卦中九二恰成反照,这样的"信"乃是衷心私虑而貌似贞信的虚伪,这正是凶咎之兆,所以爻辞戒以守正防凶。两爻象爻辞共同揭示了心存私虑而不专一、没有信守贞正的非诚信之凶咎。

《中孚》卦从象到辞,以三个角度的对照,正反申示彻底诚信的若干特征,而散在诸卦中的象与辞则又说明孚信不仅要取信于人,也要取信于神,这才是最为彻底的孚信。

《萃·六二》:"引吉,无咎;孚乃利用禴。"《升·九二》:"孚乃利用禴,无咎。"这些爻辞讲述的都是孚而取信于神明。祭献神灵之时,赤诚之信具有行为的本质力量,可以直达神明,它远超于丰厚祭品。高亨先生注《萃》卦:"禴祭当是以麦菜为主,不用家牲,用野禽,春夏之时皆可行之,祭之薄约者也。《左传》隐公三年曰:'苟有明信,涧溪沼沚之毛,蘋蘩蕰藻之菜,筐筥锜釜之器,潢污行潦之水,可荐于鬼神可羞于王公。《风》有《采蘩》《采蘋》,《雅》有《行苇》《泂酌》,昭忠信也。'是祭祀鬼神,贵有忠信,果有忠信,祭物虽薄,而鬼神享之,故曰孚乃利用禴。"①这些"无咎"之吉,在于孚信长存,不变柔顺中正之志,"诚素著白于幽明之际"(《横渠易说》),所以虽菲薄之祭却能致享于神灵而获得福佑。

《既济·九五》:"东邻杀牛,不如西邻之禴祭,实受其福。"则用了对比的手法说明了诚信的力量。王弼《周易注》:"牛,祭之盛者也。"东、西邻之祭祀,一为丰盛,一为薄约,然而丰盛反不如薄约。《既济》乃大功告成,天下万事已济之时,在这样的时候,物阜民丰,最易骄奢享乐而忘记物极必反的客观规律,该卦时时警示人们要居安思危,《大象传》揭示其旨:"君子以思患而豫防之。"卦辞示以"利贞,初吉终乱"——利于正固以守之,切莫忘记成功之初为吉祥,如不谨慎终将危乱。当此之时,卦中的九五处在"既济"之极,不炫耀丰大,它克谨克俭,守持正固,思患预防,以真诚孚信而报于神灵,尽管物之薄约,然而诚信昭然,"实受其福"。它强调了诚信于人、神的心理品质、人格品质。

《坎·六四》:"樽酒,簋贰,用缶,纳约自牖,终无咎。"樽酒,簋贰:一樽之酒,两簋之食,皆言其少。缶,不加雕饰的素朴瓦器,用来盛酒浆。王弼《周易注》:"处重险而履正,以柔居柔,履得其位,以承于五;五亦得位,刚柔各得其所,不相犯位,皆无余应以相承比,明信显著,不存外饰:处坎以斯,虽复一樽之酒,二簋之食,瓦缶之器,纳此至约,自进于牖,乃可羞之于王公,荐之于宗庙,故'终无咎'也。"无论是以"樽酒簋贰,用缶"祭祀神灵,还是进献王公,都是以诚信相许,这种取信于人、神是有赖于至诚的力量而不在乎物品的丰盛。

"用禴""樽酒""簋贰""用缶",面对神灵,只取诚信,孚可敌物品之厚,诚为获福之本。在神灵面前,无可售其奸,无法有其妄,一切都在神灵俯视之中。对待人,也像对待神灵,不敢用奸,至诚而已,没有私心隐虑。《易》道强调,凡至诚而返素朴,无人为修饰之功,尽用其本色,这都是符合于天道自然的最为真实的人格品性。

综观上述情形,它们说明了"孚"的重要表现,那就是信及人、神,其特征为守信的专一志恒的原则与虚心而无私求的贞正守信原则,从这些原则里产生了彻底的诚信,蕴涵着符合天道自然的本真的人格品性,而天道本真就是人格之正。守贞、虚中、无私、专一、志恒以真实诚恳的心面对事物,这些蕴涵表达了"孚"的本质意义,也表达了《周易》"孚"的人格要求。

以上种种,全面述说了"孚"作为人格要素之本体的基本面貌,在这一面

---

① 高亨:《周易古经今注》,中华书局,1984年版(重订本),第290页。

貌所表达的品性里蕴含着极大的人格力量,这种力量可以从"孚"之作用体现出来。

第三节 "孚"之现实的实用性

在《周易》,"孚"不是一种悬浮着的理念,而是具有其极现实的实用性、极切实的实践意义的。以下,我们从两个方面来观察"孚"之用。

首先,"孚"的品性与力量在社会现实中是凝聚人心、团结群类的至关重要的基础。

"孚"的品格凝聚人心,其突出表现就是在人情最不能接受的事物面前,能扭转人情、凝聚人心。《损》:"损:有孚,元吉,无咎,可贞,利有攸往。曷之用?二簋可用享。"《来氏易注》:"凡曰'损',本拂人情之事,……非'有孚'则不吉、有咎,非可贞之道,不能攸往矣。"王弼《周易注》:"为损而可以获吉,其唯'有孚'乎?"损、益之道,或得或失,是无处不在的人事常态,当增益其所得时,人们常乐之,而当减损之时却是有违人情,为人所不乐于接受的。当"损"而人心不稳之时,"孚"会起到根本的作用,只有真正彻底的诚信才能不违人心,扭转此时的人之常情,虽"二簋"之薄,也足以让人心悦诚服,由真正的信赖而对之具有信心,因而无所不服、无所不可,真正起到在无形之中凝聚人心的作用,孚是此时向心力的基础。

"孚"更是通常意义上凝聚人心的必要条件。《周易》以《萃》《比》两个典型卦例明此大义。

《萃》(䷬)是会聚,卦中以正反对比的手法,说明了以诚信报于神、联络人而得到会聚之必要条件的大义。当"萃"之时,"初六"孚信不恒,不得正理,就成为了生乱之阶。《萃·初六》:"有孚不终,乃乱乃萃。"《周易本义》:"初六上应九四,而隔于二阴,当'萃'之时,不能自守,是有孚而不终,志乱而妄聚也。"《周易折中》引王宗传:"初之于四,相信之志,疑乱而不一也。"求萃聚者,孚信不恒,疑乱不一,就成为了不能顺利萃聚的障碍。与之相反,九五当位而又修德立信,就有了萃聚的条件。《萃·九五》:"萃有位,无咎,匪孚;元永贞,悔亡。"《周易本义》:"九五阳刚中正,当'萃'之时而居尊,固无咎矣。若有未信,则亦修其'元永贞'之德而悔亡矣。"元,善之长,此谓有尊者之德;永,久;贞,正。"元永贞,悔亡"是说,有尊长之德,永久不变,守持正固,就可以"悔亡"。处萃聚之时,九五最得盛位,故曰"萃有位",它若能排除阻碍,修"元永贞"之德,"则通于神明,光于四海,无思不服矣"(《周易程氏传》)。当位而修德立信，保持其德的恒一，就克服了不利因素而成就了团结群类的大业。两相对比，清楚地说明了萃聚人心、取信神明，修德孚信是最为重要的条件。

《比》(☷☵)与《萃》相似，讲的都是凝聚人心、成就事业的大义，它也同样强调了孚信在其中的重要意义。

《比》卦为聚贤成业的景象，朱熹描述："九五以阳刚居上之中，而得其正，上下五阴比而从之，以一人而抚万邦，以四海而仰一人之象。"(《周易本义》)卦辞为"比：原筮，元永贞，无咎。不宁方来，后夫凶。"在这里强调的是，当"比"之时信及神、人的上下诚信。在上是"元永贞"之德之信，在下是纷纷前来比辅之诚。该卦初六形象地演示了这种共相亲比的情境："初六，有孚比之，无咎；有孚盈缶，终来有它，吉。"九五阳刚中正，为"比"之主，而初六对九五说来，并不构成相应的关系，远在范围之外，有失位之嫌，但初六对九五能诚恳"有孚"，亲相比辅，所以"无咎"。而九五之诚更为真切——"有孚盈缶"。充盈于缶的德信，素朴而真切，九五如此之诚，所以能使"初"这荒远他方的人们也来亲比，这样，九五不止"无咎"，更现吉祥。《周易集解》引荀爽："初在应外，以喻殊俗；圣王之信，光被四表，绝域殊俗，皆来亲比，故'无咎'也。"这里"无咎""吉"的成功会聚的原因，只有一个，那就是"孚"——初六与九五两者皆能倾诚守信相比辅。

这些可见，"孚"在萃聚亲比之时的意义，苟非其诚，则不能聚人。《周易》在此基础上还进一步说明，"孚"不仅为聚人之本，而且能使会聚成为人们由衷欣悦的美好事物。

《兑》(☱☱)卦象征着欣悦，"兑：亨，利贞"。《彖传》说，这种萃聚是可以使民"忘其劳""忘其死"的欣悦，但它必须具有刚中柔外、不失其贞的诚信品质。卦中说明，这种相聚相悦是以贞正诚信为基础的。《兑·九二》："孚兑，吉，悔亡。"九二阳刚处下卦之中位，为刚贞而有原则之象，因其不失孚信，所以能使人悦而得吉。《周易折中》引龚焕说："九二阳刚得中，当说(悦)之时，以孚信为说(悦)者也。已以孚信为说(悦)，人不得而妄说(悦)之，所以'吉'也。"悦而有信，贞正有操守，以道义为本，不是结党营私，不是沆瀣一气，是和而不同，不事谄媚，这样才表现为真正的诚信。有真正的诚信，才会有真正的和悦，既能悦己，也能悦人。感人以道义的和悦，可使民忘劳忘死、同心同德，不需督促就会奋起勉励，其结果正是"吉"而"悔亡"的境界。

"孚"作为人格基础，它在现实中的意义是积极而明显的，然而如果对它把握的不适当，它也同样具有负面的现实作用。这一点《周易》给予了很好的警示。

《兑》卦之中除展示"孚"具有凝聚人心的和悦的一面外,也展示了它潜藏危机的一面。《兑·九五》说明了萃聚和悦的另一面:"孚于剥,有厉。"在卦中,九五本来"得尊位而处中正,尽说(悦)道之善矣。"(《周易程氏传》),但处悦之时,爻辞仍作以告诫。其中的原因,王弼《周易注》说:九五"比于上六,而与相得,处尊正之位,不说(悦)信乎阳,而说(悦)信乎阴,'孚于剥'之义也。'剥'之为义,小人道长之谓"。这是说《兑》之九五紧承上六,而上六为阴柔小人。小人是无刚正原则的,他们以巧言令色、尽其柔媚而取悦于人。这种求悦,必然包藏私愿,这正是小人以剥蚀正道、原则来满足私利、祸心的常态做法,其无处无时不在,若任其道长,则君子道消,萃人成业便无从谈起。九五正处在为小人所悦信的地位,如果两相取信就会剥落君子正道,所以前途是"厉"——危险。爻辞如此深戒,正是对社会、群类常见危厉的深刻忧患。

《未济·上九》又说明了不能正确处理"孚"的另一种失误与风险。"有孚于饮酒,无咎;濡其首,有孚失是。"这是在"未济"背景下,不知节制地过分自信、信人所带来的忧患。王弼《周易注》说上九居:"'未济'之极,则反于'既济'。既济之道,所任者当也。所任者当,则可信之无疑,而己逸焉,故曰'有孚于饮酒,无咎'。以其能信于物,故得逸豫而不忧于事之废;苟不忧于事之废,而耽于乐之甚,则至于失节矣。由于有孚,失于是矣,故曰'濡其首,有孚失是'也。"上九在这时已经返回了"既济"——全面通达之境,这时共相努力,可以诚恳信任于人,但信任之过,一切委任于人而自己忘却危机、停止努力,耽于饮酒逸乐,就会重蹈"未济"之辙,陷于艰险之中。

可见,诚恳地取信于人与诚恳地信任于人,都要在具体的背景、条件之下,具体问题具体分析,都必须具有尺度节制,否则,"孚"也带来危机、风险。其实,这种忧患不止在此,于前述的《萃》《比》两卦谈论萃聚之中,就已随时警示人们了。凝聚人心而图事业,本为共相欣悦的事情,但人之相聚不仅欣悦相随,不测的变乱也紧紧相随。所以,《萃》之为卦,上泽下地,泽虽悦而必以堤防围聚,以堤防聚泽,便时时存有溃决的忧患,用之说人事,《萃·大象传》引发它的意义"泽上于地,萃;君子以除戎器,戒不虞"。要人们在萃聚之时,谨慎小心,既看到欣悦的情形,也要看到人聚则虑多事繁,所以要时时修治武器,以防范聚众成群而带来的难以逆料的风险。《比》以坎成卦,坎本身就有险的特性,在此它喻示群类相聚,虽然欣悦也饱含风险。

作为社会存在物的人,相互依存、凝聚成业是他的本质的必然表达,而能够实现其本质的重要因素之一,就是"孚"。没有"孚",个体的人之间将不能互相依存,没有"孚"也会使群类团结、凝聚之业变得一无所成。

综合上述,我们看到了《周易》对"孚"作为人格结构,在凝聚人心、团结群类方面的正面和负面的重大现实作用,也看到了"孚"在直接表达人的本质意义方面的重大作用。

第四节　建树威信,领袖群伦之本

《周易》展示,诚信作为人格品性的另一重大的社会实践意义,那就是,它又是权威之本,推动社会前行之本。无诚信将不具有树立权威、引领群类的条件,没有领袖群伦的权威,则众离披散乱,也就不能形成合力,无法推动社会前行。

《周易》说明,权威不仅来自于地位的威势,一个更根本的因素还来自于诚信。在《家人》卦中揭示了这一现象。《家人·上九》:"有孚,威如,终吉。"上九阳刚威严,在全卦的情形里,为治家的家长之象。构成这一家长权威的,不只是其所处的治家地位,更来源于他的诚信。王弼《周易注》:"家道可终,唯信与威;身得威敬,人亦如之:反之于身,则知施于人也。"该爻家长的严厉治家,首要的是以身正而立信,在要求于人的时候,首先求证于自己,这样才身得威敬,其刚猛之严倾注的是惠爱之深,其威严完全来自于对家庭、家族之诚信,如此治家,爻辞断定"终吉"。

一家之政,犹一国之政,以家庭为社会组织基本形态的宗法社会,治国从治家始,是修身、齐家、治国、平天下的逻辑过程,所以治国的方法,如同治家。《家人》一卦是以治家为基点,让人由此推开去,可以悟及治国的大问题。而在这样的问题上,它回答了治家治国,领袖群伦的威信、威严的由来与意义。威与信是施治求治的重要保障。无威严就令而不行、禁而不止,章法无效力,环境呈无序状态。而威严之根基正是诚信。诚信是为国为家而谋划的忠实,就在坚守这种忠实之中,获得群类由普遍信任而带来的服从,这便是威严。无诚信,就不能获得普遍信任,威严也就无从谈起。野蛮的威猛是背离普遍信任的,只能令人暂时畏威畏祸,而不能获得长久的深切的支持,因而也就不能"终吉"。只有建筑在信任基础上的支持,才会持久,才能"终吉"。它说明了"有孚"是君子有所作为的最根本的基础,诚信不止是一种修养,更是一种有所作为的现实需求,诚信之度便是作为之度,两者是不可回避的严肃的因果关系。从这个意义上说,诚信又是一种对社会的认知水平的检验,是个体对事物因果关系认知程度的检验,是自我把持尺度的检验,因而它是具有实质内容的道德水准。无论是个体人在社会中的安身立命,还是引领群类建功立业,诚信是最基本的基础。其诚信的水平在何种程度,其人在社会的生存水平,或作为引领者的实践空间和实践成就就在何种程度。

《大有》一卦,又从另一个角度,谈到了权威之中的刚柔之度的问题。

《大有·六五》:"厥孚交如,威如,吉。"《大有》讲的是大获所有、亨通畅达之时的情形,而"六五"为一卦之主,在该爻身上,集中表达着大获所有,迎来亨通治世的重要原因。"六五"以阴柔居尊位、居阳刚之位,王弼《周易注》:"居尊以柔,处大以中,无私于物,上下应之,信以发志,故'其孚交如'也。"柔而居尊、居刚、居中,表达着内怀刚健于其衷而外不尚威猛的情态。其刚柔适中之度的获得,就是"孚"。并且能以诚信交感融接上下,而获得和衷共济、积极进取的全体力量。《小象传》说:"'厥孚交如',信以发志也。"正指明了其爻的意义:用诚信交接上下,感动启发全体的心志,其事业可想而知。诚信体现了主体对事物的自觉把握,其理性的自觉而导致了百折不挠,在实践当中,遵循客观规律一丝不苟,所谓"言而有信",所谓"信如四时",这本身就具有了刚健的内在品性,它是"威如"的原因之一。原因的另一面是:"惟五居尊而虚中,孚于无形,不严而威,故'威如';刚柔兼济,故'吉'。诚能动物,人皆信之。"(《周易学说》引刘沅说)刚柔怀其中,孚信于无形,谦逊而持之不渝,这才能感格群类、引领群类,使群类不涣散,所以能大,所以不严而威,从而众心一向,大获所有。这里的两面,又说明了威与孚的关系。它们的必然的、适度的结合才构成了以内含刚柔的威信而焕发众志、成就事业的现实意义。

可见在"威如"之中,"孚"的地位与价值,它是构成权威、威信的要素,是君子人格不可或缺的品质。

进而,《周易》说明,威与孚又是能够引领群类历经风险,推动社会前行的重要保障。在社会实践中,革故鼎新是最为激烈、最为艰难、最具风险却能推动社会前行的动人事业,面对这样具有挑战性的事业,《周易》认为,权威、诚信是成就这一伟业的最为重要的条件。其典型卦例是《革》。

《革》(䷰):"革:己日乃孚,元亨,利贞,悔亡。"为卦下离(☲)上兑(☱)象征变革。变革是改变旧有制度、风俗,扭转人的固有的思维习惯及成见,它是一件非同寻常的翻天覆地的大事变。这种变化,必须具备时机和诚信。卦辞的"己日"就象征变革之时机。古以"干支"纪年日,"己"是天干之一,居第六位,正为过中之数,"天地之化,过中则变。日中则仄,月盈则食"(《日知录·卷一·巳日》),卦以过中而变,象征变革。面对变革,卦辞强调两个要素,一是把握时机,待"己日"求变,二是"孚",这样的结果就是"元亨""悔亡"。可见,处变革大事,时机与诚信这两样条件是避风险、求成功的根本保障,所以通贯全卦,即围绕这两点而发。

全卦之中,初九时机不成熟,稳定待机,因并未变革,所以无"孚"可考;上六变革结束,巩固成果,因而也无须特别突出非常时期之"信",其余四爻讲变革之中的情形,都离不开时机与"孚"。

《革·六二》:"己日乃革之,征吉,无咎。"此爻正当变革之时机,《周易程氏传》说:"以六居二,柔顺而得中正。又文明之主,上有刚阳之君,同德相应,中正则无偏蔽,文明则尽事理,应上则得权势,体顺则无违悖,时可矣,位得矣,才足矣,处革之至善者也。"这是六二可以变革的优越的时机、条件。只有这些,还不能"征吉"——推行前往而获吉。隐含在爻辞中,其实还有另外一个最重要的条件,那就是"孚",卦辞"己日乃孚"——待"己日"这当变而不得不变的时机下,人心信从,具备了"孚"的要素,这样综合前面时机的因素,才具有了充足条件,到此可以实施变革。

《革·九三》:"征凶,贞厉;革言三就,有孚。"爻辞申示,"有孚"才可以"革"。这样说的意思是,九三处下卦之上,不得中而刚躁,当此革道推进之时,不能躁进而当守正防备凶危,必须更多地俯就人心("革言三就"),取信于人,革道才不至于毁败,才能推进,此可见孚信于人,在革道推进过程中的意义。

《革·九四》:"悔亡,有孚改命,吉。"《周易折中》引刘牧:"成《革》之体,在斯一爻。"之所以如此,是因为该爻"阳刚,革之才也。离下体而进上体,革之时也。居水火之际,革之势也。得近君之位,革之任也。下无系应,革之志也。以九居四,刚柔相际,革之用也。四既具此,可谓当革之时也"。不仅如此,它还以刚处柔位而近九五中正之君,"唯其处柔也,故刚而不过,近而不逼,顺承中正之君,乃中正之人也"(《周易程氏传》)。这些条件集中于一点,那就是"有孚",它的条件可以深得人们的信任,是"孚"一贯而下,所以能够成就《革》之功,所谓"必'有孚'然后革,乃可获'吉'"(《周易本义》)。这是"改命"而实施革新行动的最大的前提条件。

《革·九五》:"大人虎变,未占有孚。"九五居尊,《革》道大成。《周易折中》引龚焕:"《革》以孚信为主,故《象》与三、四皆以孚为言,至五之'未占有孚',则不言而信,而无以复加矣。"因为彻底的无以复加的诚信,才彻底地成就了"革"的伟业,建树彪炳天下的"革"道业绩,不用卜问,其结果已经昭然,这就是"孚"的力量。

革故鼎新是社会矛盾的集中表达,是对人们驾驭社会事物能力的最为严峻的检验,在集中阐述《革》的卦中,《周易》突出的是诚信的品质,并且让人看到,诚信的本质是一种智慧力量,这种力量的表现,就是让人能够使行为合于天之道而征服驾驭人心,从而获得事业的成功。

小结　孚承载的是天之道

综上所述,《周易》在以"孚"而建立威信、领袖群类、推动社会前进的意义下,说明了一个重要的观念,那就是,人的社会存在、人的社会实践离不开诚信,而诚信说到底是一种因深沉的智慧力而洞彻的天人关系。人而洞彻天道、自然、人生的规律,并能坚定不移地信守这种规律,其外在表现是"孚",而内在性质则是以极具智慧力、洞察力的认知水平来自觉把握自我的人格品性。这种性质的品性,在《周易》这里是通过人们的基本经验所涉及的权威与引领的关系,而看到"孚"之中所体现的诚信与引领,成功与天道的天人关系、主客关系,并设象立辞以启发人、引领人。

由上述种种侧面可见,《周易》认为,"孚"作为具有诚信、无欺妄品性的事物,它本身其实承载的是天之道,是一种客观的规律性的存在,它表现的彻底性,就是它存在的真实性。这种品性具有着不可回避的现实力量,人取法于它,就可以让个体的人因之而真正地存立于社会,具有更深的智慧力的个体人还会因之而具有领袖群伦、建功立业的才能。把天之道内化为人格,变成一种生存力量的"孚"是《周易》对人的期许,它成为了《周易》人格结构观中的一个极为重要的组成部分。

《周易》显示,"孚"作为一种经久的人格力量,具有其无法回避的存在价值。

第十一章 《周易》人格结构的
基本要素——谦

第一节　谦德是对天、人规律的敬畏

在中国古典文献中,《周易》是最早、最系统地阐释谦之德的著述。作为人格要素,《周易》认为,谦之德是进退得当、一谦而四益的智慧力的本质体现;谦逊贵柔,屈己而下物,但不是畏首畏尾的猥琐退避,而是体现着主体对事物存在与发展之度把握之后而择取的"不自重大"的主动退让。这种精神,《易传》形象地拟之为"尺蠖之屈,以求信(伸)也;龙蛇之蛰,以存身也",它实质是《周易》所张扬的"知几"之智的具体践履。《周易》谦的思想相当丰富而完整,这里尝试对《易》中的谦之道作以全面的梳理、述论,期望据此见出谦道谦德的基本面貌。

《谦》卦全面概括了"谦"之德。在其内涵中,体现的是对自然、社会规律这一不依人们主观意志而存在的铁的规则的敬畏,它告诉人们,谦首先是极其理智的自我警示与把握。

《谦》(䷎)之为卦,下艮(☶)上坤(☷),卦辞曰:"谦:亨,君子有终。"

《谦》卦列在《大有》之后,依卦序的逻辑关系,其义为:谦逊首先是"大有",有而不居以自骄才是谦。卦象显现了这种状态,艮为山而在下,坤为地而在上,所谓"地中有山"(《大象传》),《周易程氏传》说它:"地体卑下,山高大之物,而居地之下,谦之象也;以崇高之德,而处卑之下,谦之义也。"成实而大有之山,居地体卑下之中,用之为象征,就是一种能够自我把持的主动谦退。另外,艮为止,坤为顺,卦象又呈现所谓"止乎内而顺乎外"(《周易本义》)之义,不仅谦退,而且能够内自止而顺乎外,则谦又是一种高度自觉而主动的主体行为。这一卦象的象征,含义是深刻的。

依照一般的规律而言,人注重自我存在的价值和意义,甚至追求自我的不朽，《左传》曾提出三不朽："大上有立德，其次有立功，其次有立言。"①在一般的普遍的心理驱动下的做法是"有欲必竞，有德必伐"，不愿埋没自己。《周易》却能透过人们的一般心理，而更深入地看到了对于事物规律敬畏的头等重要，主张以谦退超越事物的表象，在更本质的意义上去把握事物、把握进取。

《周易》看到事物不仅是阴阳、刚柔对立统一的存在，而且是否定之否定的辩证发展，在矛盾运动中，事物从不停息，没有盈满。因而，在《周易》全书中，绝少有全吉之卦，就典型的卦例而言，于完美成功的《既济》之后，紧跟着就是充满缺憾的《未济》。《谦·象传》针对这种规律，明白浅切地揭示："天道下济而光明，地道卑而上行。天道亏盈而益谦，地道变盈而流谦，鬼神害盈而福谦，人道恶盈而好谦。"不论是天道、地道还是人道，举凡世间的一切，都在否定盈满。正是因为有这样的规律，所以《周易》警示人们在从事社会实践的时候，不得不留心、敬畏，其全书不仅充满了忧患意识，而且也充满着敬畏之心。

《乾·九三》："君子终日乾乾，夕惕若，厉无咎。"《周易集解》引干宝："君子以之忧深思远，朝夕匪懈，……反复天道，谋始反终。"具备君子人格的重要修养，就是面对世界，敬畏而深沉，忧患而警惕，终日行健进取，但又终日保持警惕，只有这种"终日乾乾""忧深思远，朝夕匪懈"的审慎修省，守恒不移才能够仅得以无咎。在"《易》之门"，《乾》卦当中，警策地提出这样的观念，就是让人明白，整部《周易》都在述说：人不可妄自盲目、尊大盈满，无视客观规律而蹈于覆辙。

不仅如此，全书还专门出以《震》卦，集中地警示人们当以敬畏之心对待事物。

《震》（☳）：震为雷，全卦两震（☳）相叠，本身的主旨，就是教人对待事物具有敬畏之心。《大象传》分析其卦象、卦义说："洊雷，震；君子以恐惧修省。"洊，再也，犹言"叠连"，惊雷叠连而至，让君子之人"恒自战战兢兢，不敢懈惰；今见天之怒，畏雷之威，弥自修身，省察己过，故曰'君子以恐惧修省'也"（《周易正义》）。这是以雷霆震惧而警示人们不可丧失敬畏之心。

"震"的另一个意义是长子。宗法社会，嫡长子为权利、财产唯一合法的继承人。《震》卦列《鼎》卦之后，"鼎"为宗庙祭祀的重器，象征政权，《序卦传》："主器者莫若长子，故受之以《震》。"长子传国家、继权位，必须有全面的人格修养，在《师》卦中又称其为"丈人"——可以国家、性命相托付的人，

---

① 杨伯峻：《左传·襄公二十四年》，《春秋左传注》，中华书局，1981年版，第1088页。

是贤明持重的长者。而构成贤明持重的重要条件之一,就是懂得畏惧——对事物规律的敬畏,"恒自战战兢兢,不敢懈惰"。这样的人,才能忧深思远,带领群类免凶咎而趋吉祥。

《震》的卦辞对此总括得更加明白:"震:亨。震来虩虩,笑语哑哑;震惊百里,不丧匕鬯。"虩虩:恐惧惊顾之貌;哑哑:笑言和适之貌。匕:勺、匙之类的器具,祭祀时用来盛鼎中之食;鬯:奉宗庙祭祀用的香酒。卦辞的意思很清楚,像雷霆之来,惊惧震恐,不敢掉以轻心,才能最终获得顺遂而笑语哑哑;只有震惊百里之惧,才能不至于丧失宗庙祭祀的延续。这是用传国家、继权位、保社稷的大事,来说明懂得存有震恐惊惧的敬畏之心的意义。主器持政者能够葆有敬惧之心,才可依赖,社稷、宗庙才能持久。这里以"长子"作为人格的典型,来概括人格的内涵。卦辞总括了知惧谦谨的德行在人格结构中的意义,而人格结构与事物成败又有着必然的因果联系。

卦中诸爻则更其细腻地说明了知惧敬畏在构建人格、影响事物中的意义。《震·初九》:"震来虩虩,后笑语哑哑,吉。"这里的爻辞虽与卦辞相同,但"初九处在内卦之内,《震》之主也"(《周易折中》引胡炳文),当述说处于一卦之初,作为该卦之主的时候,它就具有了强调敬慎惊畏于起始,并应当为主于全卦的特别意义。没有敬畏,就不会懂得谦退、自损;没有善于始,更何谈善于终。只有"反复天道,谋始反终"才能真正的获吉。《周易折中》引范仲淹:"君子之惧于心也,思虑必慎其始,则百志弗违于道;惧于身也,进退不履于危,则百行弗罹于祸。故初九'震来'而致福,慎于始也。"《震·六三》:"震苏苏,震行无眚。"苏苏:不安貌;眚:此犹言祸患。王弼《周易注》:"惧行而无眚也。"知惧而行,才可以远离祸患。《震·上六》:"震索索,视矍矍。"索索:震惧而双足畏缩难行;矍:双目左右视惊惧不定。这些都是以雷动奋起、震惊万物为喻,让人敬畏、震惧,有如此心态,知惧知畏,保持始终,才能正视社会规则、事物规律,而省察自己,克制盲目躁进,不断修正过失。

由《周易》全书可见,谦的内涵,首要的是懂得社会、事物规律的不可忽视,不得不敬畏而表现出个体人格的高度的理性精神、高度的智慧力和自觉把握自己的能力。

回过头来再看《谦》卦便十分清楚了,《谦》卦辞的"亨"就是由上述修养与态度而"亨";"君子有终",是缘于君子知惧敬畏的理性力量,以此才既能善始也得善终。

所以,《谦》卦之初就说明:"谦谦君子,用涉大川,吉。"(《谦·初六》)王弼《周易注》:"处《谦》之下,谦之谦者也。能体'谦谦',其唯君子;用涉大难,物无害也。"诚如王弼的体会,大概只有君子这样人格健全、完美的人才能体味并具有惊惧知谦的理性,有如此理性才能自觉地谦而又谦。有了这样的条件,才能"用涉大难,物无害也"。《谦·六二》:"鸣谦,贞吉。"王弼《周易注》:"鸣者,声名闻之谓也。得位居中,谦而正焉。"不止用谦,而且"鸣谦"——使谦之名、谦之德声闻于外,以此充分发挥谦之德、谦之理性精神,守正不移,求得君子之终。

《周易程氏传》对此从另一个角度说明,只有具备君子人格,才能充分理解和践行前面的道理,而仅仅具备一般的人性和人格的人,其认知就会被表象所遮蔽而不能有终——"在小人则有欲必竞、有德必伐,虽使勉慕于谦,亦不能安行而固守,不能有终也"。

由上可知,《周易》透过人性的一般现象,深刻地省察了作为合理的理想人格结构所必备的"谦"之德的内涵和存在价值。其首要之点,就在于对社会、事物规律的认知而具有的理性所带来的知惧知察的主观态度。谦逊是对规律、规则的敬畏,由是克服了一般人性所极易带动的主观的妄自尊大,甚至是狂妄而导致的毁败。因而可以说,谦内涵的第一要点就是对客观规律的敬畏的理性精神,其价值就在于它能够使人避凶而趋吉。

第二节　谦德崇尚智慧、崇尚进取

谦的本质不仅是一种崇尚智慧的态度,也是一种反对退缩而崇尚进取的精神。

《谦·九三》:"劳谦,君子有终,吉。"说的就是这种态度与精神。

就卦象而言,九三是全卦唯一的阳爻,居于下卦之上,为进取之象,具有劳而不懈的涵义;它同时又上承诸阴,并在上卦之下,这便呈现谦逊之义。此一爻包含了阳刚进取与谦逊自守两层意义。胡炳文《周易本义通释》综合《易》之全书说明:"《乾》之三以'君子'称,《坤》之三以'有终'言,《谦》之三兼《乾》《坤》之占辞。盖所谓'劳'者,即《乾》之'终日乾乾'而'谦'则又《坤》之'含章'也。"这一爻实是乾坤大义在"谦"的特定意义中的显现。《乾·九三》云:"君子终日乾乾,夕惕若,厉无咎。"乾即健,体现阳刚之德的奋力进取;乾乾:健而又健,进取不息。《坤·六三》云:"含章可贞;或从王事,无成有终。"六三以阴爻居阳位,犹如本身含有阳刚之章美,《周易集解》引虞翻:"以阴包阳,故'含章'。"其含章而不显露,故可守"贞"。三为臣位,《周易程氏传》:"为臣之道,当含晦其章美,有誉则归之于君""或从上之事,不敢当其成功,惟奉事以守其终耳。"依胡炳文之说,则《谦》之九三,所表达

"君子有终"的谦道，即是内在含有《乾》充沛的刚健之德，劳而不止，同时又有《坤》的逊顺之德，成功而不居，真正做到"知至至之""知终终之"(《乾·文言》)的大智和大义。它表明，谦之道包含着充分的刚健进取精神和识几知度的大智慧。

《易》中与《谦》极为相类的另一卦《巽》，在述说谦逊柔顺之时，也突出地强调顺遂、谦逊中的刚柔相济之理，它可与《谦》互相参照，清楚地观察出谦在贵柔之中的刚健品性。

《巽》(☴)为两巽(☴)相叠，巽为风，其性为顺、为入，两巽相叠则更加突出了风的特性：逊顺，容入。卦辞强调"小亨"，就是谦柔小心才可获致亨通。全卦的主导倾向是谦柔、巽让，小心容入。没有容入就没有主体的社会存在，也就没有了进取、建树的前提，所以容入之事，在个体自身的价值体现与发挥社会作用方面事关重大。在顺从、容入这样主旨的卦中，初六、六四两个阴爻，无论处位还是爻的特性，都在典型地说明着谦柔顺从的性质。初六为一卦之主，主导着全卦的取向。它处位最下，并且是阴爻，上承两刚，其柔弱、驯顺如风一样容入的状态都十分清晰。但爻辞却说明："进退，利武人之贞。"《周易本义》："初以阴居下，为巽之主，卑巽之过，故为进退不果之象；若以'武人之贞'处之，则有以济其所不及，而得所宜矣。"就其处位而言，有意志过于柔弱、卑巽之象，在这样的情形下，虽说巽顺，但仅止于此则其或进或退都不会有结果，如果用武人之刚补济之，才能刚柔得宜，获得真正的容入，否则将一事无成。它说明了，谦逊之中需要有刚健为支撑，刚柔得宜才是真正的谦。《巽·六四》处上卦之初位，同样上承两阳爻，也为谦柔之象。爻辞也同样强调谦柔之中的刚健："悔亡，田获三品。"其"悔亡"是因为该爻以阴居阴，知谦知柔，而又能顺从阳刚；"田获三品"是田猎大有收获，这说明着该爻巽从阳刚而有所收获、建树。《周易折中》引郭雍说："六四至柔，不当有田获之功，而此以顺乎刚得之，由是观之，则巽之为道，岂柔弱畏懦之谓哉！"这又说明了一味柔弱畏懦不是谦，进退不果决毫无功业建树也不是谦，谦逊柔巽是刚柔相济的进取、建树，是刚柔适度而取得行为结果的智慧途径。《巽》卦可以说是从另一个角度证明了"谦"之德，述说了谦之理。

不仅如此，谦德还具有刚柔相济之守正的品性，得之于正才可以得到谦。对此《履》卦的说明最为典型。

《履》(☲)："[履]：履虎尾，不咥人，亨。"卦象中上乾(☰)为天、为阳、为健；下兑(☱)为泽、为柔、为悦。全卦一阴为卦之主导，强调柔悦而履刚健。《周易正义》："《履》之卦义，以六三为主""以六三在兑体，兑为和说

（悦），以应乾刚，虽履其危而不见害，故得亨通；犹若履虎尾不见咥螫于人。"柔履刚而悦，其根本原因，一是小心谦柔，二是履刚得正。六三居兑体之上，以谦柔迎应乾健，有以谦柔和悦而应刚之象；乾德刚正，六三往而迎应之，又具有了以谦柔和悦而应正德之象，正是谦而求正、谦而守正的大义。《周易折中》引梁寅说此卦的要旨："人之践履卑逊，何往而不亨乎？然和非阿容也，说（悦）非佞媚也，亦恭顺而不失其正耳。《兑》之《传》曰'刚中而柔外'，此其道也。"上述的知柔守正、刚中柔外就是《履》卦所表达的谦的大义。

"恭顺而不失其正"，揭示出谦之本质的另一要旨，是《易》多方肯定的要义。卑逊是谦的外在表现，却不是谦的本质意义，如果失掉了守正、刚中的本质要义，卑逊就变成了卑弱，《易》中再三否定无刚健品性、缺乏守正之德的卑下苟且、退缩不前的柔弱畏懦，《周易》认为那不是"谦"，而是会导致凶咎悔吝后果的极大的人格缺欠。

《井·初六》（䷯）："井泥不食，旧井无禽。"说明了柔弱卑下的人格缺欠，与"含章可贞"的谦退自守的人格品性成为鲜明的对照。

"井"为人们日常不可或缺的应用之物，《周易》以井的特性比拟人格，《井》卦辞说"井：改邑不改井，无丧无得，往来井井。"井如君子，其体有常德，邑可迁改然而有邑必有井，则井有不可改之性；井有内涵，经常汲引而不竭，存之不用而不盈，则其性有常德；往者来者，都依井为用，则其用有常德。在恒其常性，以供人应用为德行的如此背景下，初六阴柔而处最下，上无应援，犹如"旧井"，满是污泥，沉滞渣秽，不能出泉惠人，不但人不汲用，就是禽也不一顾。正如蔡清《易经蒙引》分析："井以阳刚为泉，而初六则阴柔也，故为井泥，为旧井。井以上出为功，而初六则居下，故为不食，为无禽。"《小象传》说它："'井泥不食'，下也；'旧井无禽'，时舍也。"这样卑琐自守，无功可建树的品性自然是卑下的，不能有益于用，便自然而然会被人们不屑一顾地舍弃。它没有机会容入，也就没有了自身的价值，这成为了谦而为用特性的反例，说明就其本质而言，它不是谦，只能是卑弱之行而毫无价值。

《旅》（䷷）象征失其所居，小心谦柔地奔走于旅程。当此时，初六"旅琐琐，斯其所取灾。"心志卑下，行为苟且猥琐，自取灾祸。《周易程氏传》："六以阴柔在旅之时，处于卑下，是柔弱之人，处旅困而在卑贱，所存污下者也。志卑之人，既处旅困，鄙猥琐细，无所不至，乃其所以致辱，取灾咎也。'琐琐'，猥细之状。当旅困之时，才质如是，上虽有援，无能为也。"因为志卑猥琐、才质劣弱，所以进退不知所措，不果所行，无人能救助。在行谦之时，《周易》例举这样的现象，是在与谦的鲜明对照中，彻底否定鄙志贱行的苟且，而显明真正的谦之大义。

没有正作为灵魂,也就进退失守,失去了把握事物应当寻求的尺度,就这个意义而言,《周易》揭示了一个基本事实:"举凡一切人间的事物——财富、荣誉、权力甚至快乐痛苦等——皆有一定的尺度,超越这尺度,就会遭致沉沦和毁灭。"①上述诸情形正说明了失正的退缩不是谦,而是缺乏理性与智慧的卑猥,它是导致沉沦与毁灭的自取祸咎的原因,真正的谦,其本质不是退缩而是进取——充满辩证精神的智慧的进取。

《谦·六四》主张"无不利,扐谦",就是极大发挥谦的进取智慧。扐,《说文》:"裂也。"《段注》:"扐谦者,溥散其谦,无往而不用谦,'裂'义之引申也。"无往而不利、无往而不用的谦之德,《小象传》给予了清楚的规定:"'无不利扐谦',不违则也。"《周易程氏传》:"凡人之谦,有所宜施,不可过其宜也。""惟四以处近君之地,据劳臣之上,故凡所动作,靡不利于施谦,如是然后中于法则。故曰'不违则'也,谓得其宜也。"恪守谦之德本身和用谦扐谦之道,都必须相宜适度,这正是《周易》"谦"的精神实质。

谦之德与扐谦之道都是相宜适度的辩证的智慧的体现,而能够使人领略和把握如此尺度、如此智慧的原因,还缘于谦之德是去除了私欲蔽障而具有的客观精神,因而,谦之德又是无私的体现。

《中孚》(䷼)之信体现为谦虚之诚,卦象内阴柔而外阳刚,呈现虚中以待物的姿态,卦辞说,"豚鱼吉,利涉大川,利贞"。非虚中而排除私念阻塞,则不能有如此坦诚的胸怀,不能因此而取信于外物,甚至取信而及于幽微卑贱之豚鱼。它说明了谦逊是一种虚中之德,能摒除私念之蔽而正确对待事物。

在《涣》(䷺)卦中,《周易》以凝聚人之时的背景,突出说明了谦恭无私之德。《涣》卦说的是凝聚群类,当此之时,需要有"涣其躬,无悔"(《涣·六三》)的精神——六三涣散消解自身而追从上九阳刚尊者,以使涣散之群类得到凝聚。《周易本义》说明:该爻"阴柔而不中正,有私于己之象也。然居得阳位,志在济时,能散其私,以得'无悔'"。它实质是申明,只有忘我、解除一己之私念、私利,才能知时用、明大义,做出正确选择。《涣·六四》"涣其群,元吉",这在"涣其躬"基础上又进一步,不但摒除自己的私念,而且更能消解小群而从大群,是更大的无私胸怀。《周易程氏传》:"四以巽顺之正道,辅(九五)刚中正之君,君臣同功,所以能济涣也。"《周易折中》进一步分析:"世有合群党以为自固之术者,然徒以私相结,以势相附耳,非真聚

---

① 黑格尔著,贺麟译:《小逻辑》,商务印书馆,1980年版,第235页。

也。……惟无私者,公道足以服人;惟无邪者,正理可以动众。"完成救济涣散之艰而达到四方凝聚统一新局面的,正是公而忘私、守正无邪、谦逊恭谨的要素在起作用,这里从《涣》的角度说明了谦之德是以无私为重要的本质要素的,只有无私念,才能消除正确理解自己、正确判断事物的蔽障,焕发出应有的智慧。正因如此,"屈躬下物,先人后己"(《谦·周易正义》)的谦逊才是一种"谦尊而光,卑而不可逾"(《谦·象传》)的伟岸,是君子不能须臾离开的品德。同时,也因此而将真正的谦之德与心怀私心功利的虚伪逊让在本质上区别开来。

综合上述,我们对《周易》谦之内涵的又一侧面,可以得到如下认识:谦逊退让是谦德的必然的外在体现,然而逊让不是猥琐退避,而是求正守正的对事物尺度理解与把握的智慧,由此而体现出谦的逊让是刚柔相济的适宜之度,它顺应着事物的发展方向;能够成就修谦之德、行谦之道的重要的本质方面还必须具有排除私念的智慧和大义。谦的这一侧面是《周易》对修谦之德、行谦之道的深刻认知,谦德、谦道正是切实进取的保障。

第三节 "执谦,无不利"的谦德之用

谦德之内涵,如上所述,是对事物规律敬畏的客观态度,是对事物变化之度有效把握的智慧,是以无私念蔽障为前提的道德修养,从而在本质上体现着进取的辩证精神。这是《周易》所描画的谦之体,《周易》还多方面说明了谦之用——行谦用谦给人带来的益处,也就是"执谦"的"无不利"。

行谦之道,一谦而四益,在"《易》之门"《坤》(☷)卦当中,就已经开宗明义:"坤:元亨,利牝马之贞。君子有攸往,先迷;后得主,利。西南得朋,东北丧朋。安贞吉。"坤为纯阴之卦、为地道、为牝马,卦德主于柔顺,全卦大义正是谦的最典型的体现——坤谦柔顺从乾刚,如同牝马,顺而健行;其绝不抢先居功迷失自我,而是顺从为其主的阳刚;离其阴类朋党,趋向于阳刚之方,而获安守贞正之吉。其中逊顺而健行进取,不抢先而居后,无私地丧其朋党而甘从乾阳为主导,这些大义都是"谦"的典型特质,正因如此,坤元之道才能够顺畅无碍,也能获得"元、亨、利、贞"四德的完美。在"《易》之门"而述说谦德,则说明其德给人以"利"是通贯全《易》的,或者说谦之德可以在人们接触的所有领域带来益处。它居于门户地位,也就是居于《易》的主导地位,而全部《易》的根本,就是讲述使人获益之道,这就可见,谦在使人获益之中的地位。

《周易》于乾坤开篇立义之时,对待谦道态度如此,因而散在全书中,谦道之益可谓是处可见,其中最典型的别卦,莫过于《晋》。

《晋》(䷢)之为卦下坤(☷)上离(☲),象征"晋长"。《周易正义》:"晋之为义,进长之名;此卦明臣之升进,故谓之'晋'。"之所以能够进长获益,卦象之义已经示意清楚——《象传》:"'晋',进也,明出地上。顺而丽乎大明,柔进而上行。"离为日,为明;坤为地,为顺。在下之坤,谦柔逊顺地附丽、追从在上的大明之离,柔进而上行,不居先,不居功,不急躁,然而不停止进取,如此便获得升进,是为臣之道的至美境界。卦辞云:"晋:康侯用锡马蕃庶,昼日三接。"《周易正义》:"康者,美之名也,侯谓升进之臣也。臣既柔进,天子美之,赐以车马蕃多而众庶,故曰'康侯用锡马蕃庶'也。'昼日三接'者,言非为蒙赐蕃多,又被亲宠频数,一昼之间,三度接见也。"这种情境是为臣者所能获得的最高荣宠、最大利益了,是至美的境界。其实这未尝不是喻象。君臣之事是生活中的具体之象,它可以用来象征事物中的深层道理。人存在于社会,面对社会,当其进取,多为客、为臣,需尊重、依赖于事物的客观规律之君,这看不见的主宰,如同君主之于臣下,起到生杀予夺的决定性的作用,可以使事物成,也可以使之坏。面对如此的客观存在,人们以谦柔逊顺的态度追从大明,柔进而上行,不居先,不居功,不急躁,然而不停止进取,如此才能获得进取的益处,这和《晋》卦所示之"臣之升进",毫无二致。因而,就具体别卦说,《晋》以"臣之升进"为喻体,清楚说明了人事中一谦而四益的道理,展示了谦之大用。与此相近似,前引《涣》卦又说明了摒除私虑的用谦之道,可以凝聚人心、团结群类共赴大业,这也是一谦四益的大境界,谦德之大作用。类似这样的进益,散见于诸卦之爻位、爻义中,所在颇多,不烦枚举。总之,行谦之道,至获其益,这就是谦之用。

《周易》宣示,谦道之用不仅如上述,它还可以避风险、远祸害。这是谦道的另一最显著而切实的功用。对此,再看《易》中典型诸例:

《明夷》(䷣)是离明(☲)入于地下(☷),为光明殒伤之象,是暗主在上,时局昏暗,人们动而见尤的艰难险峻之时,卦辞说"利艰贞",当此时的情形只有牢记艰难、守持正固。因此卦中诸爻多临风险,罹祸患。面对如此情境,六二以谦顺而规避风险、远离祸患。"六二,明夷;夷于左股,用拯马壮,吉。"处明夷困厄之时"左股被伤,行不能壮;六二以柔居中,用夷其明,不行刚壮之事者也"(《周易正义》)。六二不能免于"明夷"之患,伤其左股,但其懂得用谦柔规避风险,不刚壮蛮武行事,又"明避难不壮,不为暗主所疑,犹得处位,不至怀惧而行,然后徐徐用马以自拯济而获其壮吉也。"(《周易正义》)正因谦柔不壮,能免去暗主加祸使之不能处位而远逐流放的危险,终至于有机会徐徐借助良马自救而获吉祥。综观全卦诸爻,多罹祸患,唯六二得"吉",其结果就是用谦之故。

《困·九四》(䷮):"来徐徐,困于金车,吝,有终。""困"卦象征困穷之厄。当此时被困而艰难,卦中九四与《明夷》之六二相类,也因其用谦柔而避祸。《困》之九四被困而不当位,本有风险,但它能够"执谦",情况就大为不同了。《周易正义》:"虽不当位,执谦之故,物所与也。"处"困"之时,九四以刚居柔位,有谦下自守之德,因谦而获得规避风险的条件,而终获"有与"——得以与初六相应,获其辅助,至于得以"有终",即善终而结。该爻是处险厄之时,守谦可以避险、济险之显例。

《无妄·九四》(䷘)避凶险虽是另一番情形,但根本原因还是用谦之故。爻辞说:"可贞,无咎。"王弼《周易注》:"处'无妄'之时,以阳居阴,以刚乘柔,履于谦顺,比近至尊:故可以任正,固有所守,而无咎也。"《小象传》:"可贞无咎,固有之也。"这说明九四失正"可贞"、位危无咎的原因就在于刚而能柔,又与至尊紧相亲近,得其信任,尽管如此,仍旧守谦不妄为,这才有"无咎"的结果。《象传》的"固有之"进一步申明:想要长保无咎之益,就必须始终如一地守持这种谦的品质。由此又可见谦德之功用的大义。

谦德不仅可以如上述的规避社会生活中时时可遇的风险,甚至在最险恶的大风险——兴师用兵中也能够获益免害,这最大程度地凸显着谦之德的功用。

《谦·六五》:"不富以其邻,利用侵伐,无不利。"《象》曰:"'利用侵伐',征不服也。"这里的"不富"是说,六五居于君尊之位,但阴虚失实所以称"不富",也就是虚怀谦逊。有这样的德行和态度对待兴师动武之事,就绝不是穷兵黩武的好用战伐、荼毒生灵,而是带领大家(邻)去征不服、伐骄逆、理天下,其结果是"无不利"。《谦·上六》:"鸣谦,利用行师,征邑国。"上六"谦极有闻,人之所与,故可用行师"(《周易本义》)。该爻居于《谦》之极,为谦德极高的形象,因而其行师本质上是谦逊而止于征讨不服,绝不是刚躁贪婪;以闻名天下的谦逊之德的形象去兴师,自然会获得所有人的信任与支持。同时"所征只于邑国,毋敢侵伐,亦谦之象"(《周易折中》引何楷)。战争为极其险恶的社会事物,这两爻居于《谦》卦而用兵,能在极险处而"无不利",都显现出谦之德的规避风险、远离祸患而获得巨大利益的重要作用。

综上而论,《周易》从不同的角度,多方致意,说明着谦之德的功用,它可以让居谦德、行谦事一谦而四益,也可以凭借着谦而规避风险、远离祸患。这都显示着谦的功用是人们处于社会之中不可须臾离开的法宝,是"无不利"的取得成功之道。正如《韩诗外传》所引周公诫伯禽的名言:"《易》有一道,大足以守天下,中足以守其国家,近足以守其身,谦之谓也。"

小结 谦的地位——"德之柄"

通过上述各侧面的分别观察,我们可以回到《大象传》对"谦"的描述:"地中有山,谦;君子以裒(取也)多益寡,称物平施。"谦的本质是人的主体精神,人内求的自觉修养。首先,作为人格结构重要因素,它体现了主体将其所具有的实力以贵柔、贵屈的主观态度表现出来,也就是"地中有山",《周易程氏传》:"不云'山在地中'而云'地中有山',言卑下之中,蕴其崇高也。"谦退实质上是一种人格的崇高,这种崇高是主观修养的结果,是主体对道德力的主观内求而达到的人格境界。其次,谦是主体效准事物规律亦即天之道而坚守其尺度、法则的极高明的智慧力的表达。天道守衡,称物平施,如此才有和谐的运转、畅通无碍的天道之行,君子之智就是能够洞察、体会天之道的准则与完美而实施自己的行为,所以能够法天道而懂得克服私念蔽障,"裒多益寡",行谦德而一谦四益,践履这极大的智慧力。这是智慧力主观内求的极大自觉,也是人格修养的境界追求。结合前面的论述可见,不论是谦之体还是谦之用,它们都在说明,谦既是一种德行,也是一种智慧,同时也是一种境界。

谦在人格意义中还具有其特殊的地位,《系辞下传》说:"《谦》,德之柄也。"谦是实实在在可以操作的道德行为,如同斧刃之柄,一切德行都赖此以发挥作用,无谦,道德便成为了空话,可见谦在道德实施与人格表达中的地位和意义。《系辞上传》:"谦也者,致恭以存其位者也。"在现实性上,谦有保障人的社会价值的重要意义,只有用谦这一德之柄,致谦执谦,才能有效地"存其位"而体现自身价值,这种现实意义不可谓不重大。

《周易》从谦下贵柔的角度开辟了一个重大的视域,这一视域使我们看到了事物阴阳平衡、刚柔相济的整体中的另一个侧面,作为人格要素,谦德谦道是完整人格的重要组成部分,也是推动人之前行的重要保障。因谦具有极高的智慧力、极高的道德修养要求和极高的客观实际效用,它自从作为一种观念被提炼出来,就注入到了旨在为主体生存与发展提供导引、保障的道德建设之中,使这一观念的探索与揭示经久而不衰,这一切,追本溯源,不能不回归到《周易》。

第十二章 《周易》隐逸思想

第一节 关于隐逸思想

隐逸思想,作为奴隶社会、封建社会阶段所特有的文化现象和独特的文化精神,它是中国古代士人的人格操守、价值追求、智慧水平等的多重交织的结晶。隐逸人格从一个侧面为古代的社会政治留下了意味深长的投影,在这一人格形式所包容的压抑、痛苦与超越中展示了它自己所具有的丰富内涵。隐逸思想成为了历史久远、内涵丰富、相对完整的领域,是《周易》所着意关注的问题。它具有文化史意义上的认识价值,是古代文化史研究所无法回避的领域,因而在这里作以专题探索。

事实上,对隐逸现象及其所表达思想——这里统称之为隐逸文化的认识,从先秦时期就已经开始了,思想家们把它作为政治现象、政治思想的重要组成部分,给予了深刻的阐释。先秦诸子的阐释均为文史学者所耳熟能详、频于称道;在史乘亦然,从《后汉书》开始,于正史之中,这一领域就演变定格为一个必须关注的专门现象和必须予以研究的专门问题,使它以专门列传的规格进入了史籍,受到历代绝大多数史家的自觉关注。

在《后汉书》这里,它使用了孔子"兴灭国,继绝世,举逸民,天下之民归心焉"(《论语·尧曰》)的现成话,将这一专题叫做"逸民列传",并开宗明义:"《易》称:'《遁》之时义大矣哉。'又曰:'不事王侯,高尚其事。'是以尧(按,帝尧)称则天,不屈颍阳(按,即巢父、许由)之高;武(按,周武王)尽美矣,终全孤竹(按,即伯夷、叔齐)之洁。自兹以降,风流弥繁,长往之轨未殊,而感致之数匪一。或隐居以求其志,或回避以全其道,或静己以镇其躁,或去危以图其安,或垢俗以动其概,或疵物以激其清。然观其甘心田亩之中,憔悴江湖之上,岂必亲鱼鸟乐林草哉,亦云性分所至而已。故蒙耻之宾,屡黜不去其国;蹈海之节,千乘莫移其情。适使矫易去就,则不能相为矣。彼虽硁硁有类沽名者,然而蝉蜕嚣埃之中,自致寰区之外,异夫饰智巧以逐浮利者乎！荀卿有言曰'志意修则骄富贵,道义重则轻王公'也。"史家范晔的卷首语,可谓将隐逸现象和本质都述说周详了。此论之后,便是卷中汉代各种不同类型隐逸者的传记。《后汉书》发乎其端,而后,在正史中多有此专题,只是名称或有不同。或称"高逸"(《南齐书》),或称"处士"(《梁书》),或称"逸士"(《魏书》),或称"遗逸"(《清史稿》),但大多称"隐逸"。可见国史中,隐逸文化作为一个领域的不可忽视性,以致引起不断的记录、研究。曹魏以来一直到清代,已经形成传统的大型分类记述文化史事项的类书,也对隐逸事项给予重视,有的类书专门辟出一类,在"人部"或"人事部"下,集中出列"隐逸"(如《艺文类聚》)或"逸民"(如《太平御览》),以专题归类记载隐逸现象,并引述人们对此的认识、论断,可见其关注与研究。近世以来,更不乏学人对之进行专门著述,系统地剖析、研讨[①]。作为一个领域,隐逸文化及其研究,可说是历史悠久,从不寂寞。然而,在漫长的历史和众多的论著中,于笔者撰文之前,还没有人对这一思想的源头或曰蓝本——《周易》中的隐逸思想,进行过全面的探讨、完整的论述。这对隐逸文化领域的研究来说,似不能不说是一个缺憾。

回看《周易》,其对隐逸事物的关注程度,又绝不亚于它对诸如家庭婚姻、政治、经济、军事、教育之类的重大领域的注重。全部《周易》,除设卦象《遁》来专题阐释隐逸现象之外,另如《否》《剥》《明夷》几乎也可以看成是阐发隐逸思想的专卦。更为引人注目的是,在《易》之门户、开篇的《乾》《坤》当中就涉及了隐逸问题,以致使《易传》对此着重予以引申、发挥,将《周易》的隐逸思想揭示得更加清晰透彻。而其余散在诸卦之中,对隐逸思想点染提示之处,亦复多有。隐逸思想在《周易》之中得到了多侧面的完整而深刻的表述,对隐逸现象及其背后的政治原因给予了本质意义的揭示,它成为了《周易》所述的重要领域、重大问题,因而它的认识和说法,才对其后的思想家、史家研讨这一问题给予了经典意义的指导。从上述这几个意义讲,今天来探讨、梳理《周易》的隐逸思想,仍具有其不容忽视的学术价值。

---

① 近世最早的系统著述,见《中国隐士与中国文化》,蒋星煜编著于1943年,1988年上海三联书店在"近代名籍重刊"专题里影印再版;当代也不乏著作,有冷成金《隐士与解脱》,作家出版社1997年版;韩兆琦《中国古代的隐士》,商务印书馆国际有限公司1996年版;另有研究中国古代士人的专著对隐士也多有涉及,余英时《士与中国文化》,上海人民出版社1987年版;于迎春《秦汉士史》,北京大学出版社2000年版;阎步克《士大夫政治演生史稿》,北京大学出版社1996年版;赵园《明清之际士大夫研究》,北京大学出版社1999年版等。专述《周易》隐逸思想的论文有,李笑野《〈周易〉的隐逸思想探论》,《学术月刊》2003年第11期;孙邦金《论〈周易〉的隐逸思想》,《周易研究》2006年第2期;商原、李刚《〈周易〉与道家的隐逸思想》,《第二届儒学国际学术研讨会论文集》2005年等。

第二节　隐逸思想的历史成因

隐逸思想在《周易》当中，不是萌芽，而是以较为成熟的样态展现出来的。之所以如此，实因这一思想是社会政治的伴生物，而《周易》成书之前的中国社会，其政治实践与政治理性已有着悠久而深厚的历史积累，社会政治面貌有着成熟的展现。

《史记·五帝本纪》载，黄帝之时虽"迁徙往来无常处，以师兵为营卫"，处于较原始的社会发展阶段，但已有了严肃的组织形式，设职官以驭民。"官名皆以云命，为云师，置左右大监，监于万国。"可以想见，其时对社会政治的探索。陈梦家先生《殷虚卜辞综述》专列"百官"一章，并说明："卜辞中所见官名约有二十多个，它们和西周的官名都有关系，但不尽相同。"该章将百官分为臣正、武官、史官三大类。此外，见于商代卜辞和晚殷铜器铭文上的还有"宰""宗"等官名和"子""宗子"等称号。百官分司文事武功，掌管廷内廷外、王朝多方事务，自上而下形成一套完整而有效力的政治运作体系。参诸文献，《尚书》所载箕子道出的"洪范"，则讲出了一套治理天下的政治理论。朱熹称之为"天下之事其大者，大概备于此矣""是治道最紧切处"①。《洪范》从九个方面陈述了治国理民之大法。其中有世界观的建树，有明确的等级制度，也有理官治民的法则，而特别突出的就是王的绝对威权——"皇极"。观《洪范》作为大法的理论说明，及卜辞彰彰可见的职官系统，可以见出殷商王朝的政治统治已十分成熟，它几乎就是其后长久的奴隶、封建社会政治的蓝本。在这样的政治格局下，官位既是巨大的资源，也具有巨大的风险，它也给为官者个人的社会理想、人格理想能否实现带来严峻的考验，所以，有利害当前而远离风险者，有离开官位而全身、全性保持其理想、人格者，有远利也有远害的根本不出仕的逸遁者等等。史载，当尧之时就有了对疏远权利、隐匿于官场之外者的关注。尧将逊位选官时曾有一段告白："尧曰：'嗟！四岳：朕在位七十载，汝能庸命，践朕位？'岳应曰：'鄙德忝帝位。'尧曰：'悉举贵戚及疏远隐匿者。'"（《史记·五帝本纪》）这里，司马迁虽是为逸在民间的圣人舜的出场张本，但也见出当时与权利相对的"疏远"者、"隐匿者"的真实存在。而在尧看来，那些作为"疏远"者、"隐匿者"的贤达与权利的当然拥有者"贵戚"，对政权的稳固与良好运行具有同

---

① 《朱子全书》卷三十四《尚书二·洪范》。

等重要的价值和意义。在《尚书·微子》里,又记录了另一情形下的隐逸意识①。当殷之末造,纣王暴戾放肆,"沈酗于酒""乱败厥德""好草窃奸宄(官员好为非作歹)""卿士师师非度(官员不守法典)""凡有罪辜,乃罔恒获(对犯罪的不加惩罚)",弄得"小民方兴相为敌仇""殷其沦丧,若涉大水,其无津涯"。面对这荒唐的政局、无可救药的败象和与王朝将焚的前途,纣王之庶兄微子表示了自己的认识和态度:"我其发出狂吾家。耄逊于荒。"——我将回到封地旧乡,以一个糊涂老人般的形象而隐遁终了于荒野。前述现象在表明:作为当时政治的伴生物,隐逸现象是与上古时代的政治生活相并行的,因而它很早就引人注目了,史家、政治家便不可避免地对此留下了深深的历史痕迹。

在上述的历史过程中,显现于后世的政治、文化生活中的基本特点几乎都已演绎出来。《周易》的隐逸思想就是生成于这一历史背景下,因而它显得成熟而周详。总起来看,《周易》的隐逸思想,不仅仅是表现了王朝意识与隐而不仕者的文化理想相冲突、两者间价值取向相悖违,也还包括了隐而不仕者对政治运作中的非正常现象、非正常时期的一种敏感、理解和态度。在这种种情形里,体现了这类人的人格理想、智慧水平、价值追求和丰富的精神世界,由此构成了隐逸文化的丰富内涵。

下面笔者即次第探论《周易》隐逸思想的若干侧面。

第三节　察吉凶于微眇的"知几"之智

展示在《周易》隐逸思想中的一个突出而重要的侧面,就是对智慧的强调,即"知几"。《说文》:"几,微也。"《系辞下传》:"几者,动之微,吉之先见者也。""知几"——在事物发生微眇变化的时候即能感知、先见,这样才会在纷繁复杂的社会事物面前保持清醒的头脑,以洞幽烛微之智,体察吉凶,从而远祸患、守人格,从容践履自己的社会、人格理想。"知几"之智作为隐逸思想的重要部分,《周易》予以了多侧面的深刻的揭示。

首先是审时度势的"知几"之智。

《周易》专设了表现隐逸的一卦——《遁》(䷠)。《周易正义》曰:"遁

---

① 《尚书·微子》学界确有认为非殷代末年的当时所作,为后人追记,然参诸《史记》的《殷本纪》《宋微子世家》所记,则可见《尚书·微子》记载的内容是真实可信的,故在此援引以证《周易》成书之前的历史现象。

者,隐退逃避之名。"缘何隐退逃避？卦象的内涵已示意清楚。"遁"之为卦下艮(☶)上乾(☰),艮为山,乾为天,此卦为天下有山之象。《周易正义》:"积阳为天,积阴为地,山者,地之高峻,今上逼于天,是阴长之象。"《周易集解》引崔憬曰:"天喻君子,山比小人。小人浸长,若山之侵天；君子遁避,若天之远山。"《遁》之时,阴渐长而阳渐衰,象征正义、正道的阳刚之天,为阴小群类所逼。当此之时,"群小浸盛,刚德殒削,故君子避之,高尚林野"(《周易集解》引侯果)。这种"隐退逃避",绝非苟且偷生,而是审时度势,以极高的洞察力,识时达变,从时而退,藉退避林野江湖而远群阴之害,全凛然不可侵犯之志。

与《遁》卦相类的是《否》之时,而《否》之时更甚于《遁》。《否》之为卦下坤(☷)上乾(☰)。乾阳居上,阳气上升而不下降；坤阴居下,地气沉下又不上升,阴阳不能相交互动,是天地否闭之时。"天地不交而万物不通也,上下不交而天下无邦也。内阴而外阳,内柔而外刚,内小人而外君子：小人道长,君子道消也。"(《否·彖传》)天地不交,万物不得畅茂,君臣上下不交则邦无宁日,小人当道作祟于内,则君子道消,这正是一派窒息光景。《象传》说明此时:"天地不交,否；君子以俭德辟难,不可荣以禄。"当此之时,识时远祸,以节俭为德。小人当道,既无正义可言,则求荣华、谋禄位便有悖正道而自取咎害。这一意义,王弼在疏解《剥》卦象时,说得更加明白。《剥》之为卦(☷),下坤(☷)上艮(☶),卦辞言:"剥：不利有攸往。"《彖传》就卦辞、卦象而明义:"不利有攸往,小人长也。顺而止之,观象也。"卦象所示之义为阴气侵阳、万物凋零景象,是小人、非正常势力猖獗之时；而卦象结构,又是下坤为顺,上艮为止,所以王弼解释:"坤顺而艮止也。所以顺而止之,不敢以刚止者,以观其形象也。强亢激拂,触忤以陨身；身既倾焉功又不就,非君子所尚也。"识几之君子,观象而体悟,深明阴阳消长的哲理,不在此小人猖獗之时激拂小人,那样既不能济事,又惹下祸端,所以"顺而止之"。面对小人猖獗之危困境况,《明夷》(☷)卦辞又进一步告诫:"利艰贞"——利于牢记艰难,守持正固。《明夷》,下离(☲)上坤(☷),离为日,坤为地,其卦为日入于地中,有"光明殒伤"之象。"日之明伤,犹圣人君子有明德而遭乱世,抑在下位,则宜自艰,无干政事,以避小人之害也。"(《周易集解》引郑玄)君子深察"明夷"之时,知几而退,"利艰贞"。这时的"利艰贞",虽非如"遁"时的逸在林野江湖之隐,但能谨慎戒惧,不仅不思"荣以禄",而且无干政事,苟其位而韬光养晦以守志远害。否剥成象,"明夷"之时,对君子仕人是一种严峻的考验,他们识时知"几",柔而退避,然初衷不改,其道理、教训正如前面几卦所示之义。这是过去长久的政治史所留下的教训,是这教训中所明示的君子当取法的智慧。否剥明夷之时的态度,其内涵正是君子的智慧和人格的蕴藏,这种蕴藏的发挥,足以令君子全身远害。在前述《周易》思想的这一侧面中,又颇启后世的朝隐之智。

有审时度势之智,可以避时避世,远害而获吉;倘无识时之智,一味隐逸,则将遭患害而致凶。这一点,《周易》也有明确的警示。《丰·上六》:"丰其屋,蔀其家,窥其户,闃其无人,三岁不觌,凶。"《丰》(☷),下离(☲)上震(☳),象征"丰大"。卦辞云:"丰:亨,王假之;勿忧,宜日中。"——亨通,有德君王可以至于丰大之境;不必忧虑,宜于如日位居中天,保持充盈光辉。"丰"之时,王者以如日之光的弘德而动,崇尚大德,是贤者有为的盛明之时。在这样的时候,上六无审时度势之智,以阴柔之体最处卦终,一味隐而蔽之,自绝于世而致凶。"丰其屋"——丰大其屋,孤高而处;"蔀其家"——蔽障深藏,隐而不入光明之世;隐藏之深,以至于从旁窥视其户牖,闃无声息,三年之久不见人影,卦辞说这是凶兆。《周易程氏传》释此爻义:"丰其屋,处太高也;蔀其家,居不明也。以阴柔居丰大,而在无位之地,乃高亢昏暗,自绝于人,人谁与之?故'窥其户,闃其无人'也。至于三岁之久而不知变,其凶宜矣。'不觌'谓尚不见人,盖不变也。六居卦终,有变之义,而不能迁,是其才不能也。"无识时之才智,不能通变,不当隐而高处深藏,自绝于时,其人只好自食恶果。

前述可见,审时度势的识时之义的重大。与之密切关联,在识时之下,还有"识位"之智。

识位是对自己处势、处位的具体环境的"知几",也见出隐者"吉之先见"的大智慧。

《乾·初九》爻辞:"潜龙勿用。"乾是纯阳之卦,它象征天,又以龙来表现天充盈饱满的刚健之气和大智大勇、随时而动、自强不息的精神。然而在卦中,初九之龙却潜藏勿用。这是因为,天虽至大至刚,龙虽神奇劲健,但此刻处在萌芽之时、初长之位,还位卑力微,不足以搏击。识此势位就必须潜藏以养精蓄锐。《乾·文言》揭示这一势位及其态度的意义:"初九曰'潜龙勿用'何谓也?子曰:'龙德而隐者也。不易乎世,不成乎名;遁世无闷,不见是而无闷;乐则行之,忧则违之,确乎其不可拔,潜龙也。'"此时的隐而不现,标志的是大智慧,是深刻的省察、透彻的体悟,正因如此,才能潜藏深遁,不匆匆邀名,不为俗见左右,做到一般人难以做到的不被理解、不获肯定赞赏而仍心平气和、守志不渝。这种隐遁不是邀誉鸣高的虚伪,而是大智大勇的"知几"。

与《乾·初九》相比,《坤·六四》的"括囊,无誉无咎"则表现了另外一种状况的识位之隐。四处上卦之下,下挤上压,本是"多惧"之臣位,更兼以坤中的六四是"处阴之卦,以阴居阴"显得阴柔弱小,不利施用,所以明智之举是"括囊"——像扎紧口的袋子一样,缄口不言,隐居不出,慎而又慎,自守谦退,不求称誉也免遭咎害。这是自身所处之势位而不得不然,其做法亦见出该爻所示的"知几"之智。

《坤·六三》"含章可贞;或从王事,无成有终"与《蛊·上九》"不事王侯,高尚其事"又是一种类型的识位隐逸之智。《坤》的六三爻位,处下卦之上,具有"以阴包阳"的刚美之德,但因所处是"三多凶"之位,有为臣多艰难之象,所以虽"含章"——蕴含阳刚的章美,但必须守持正固,而且辅助君王的事业,有善要尽归之于君,"不敢当其成功,惟奉事以守其终耳"(《周易程氏传》)。《象传》赞美其做法是"知光大"——智慧光大恢弘。此时之智,就是含晦自己,忘我地奉事于君,"知虑光大,不自擅其美,唯奉于上"(《周易正义》)。再进一层,就是"不事王侯"的飞遁隐逸了。蛊:蛊害、蛊乱;《蛊》是救弊治乱之时。当此时,上九处卦之终位,蛊道已极,治蛊之事,行至九五已经完成,上九处于"治蛊"之道已穷的无位境地。这时已没有象《坤·六三》"当其成功"的条件,只有功成身退、遁迹林野。"不事王侯"即不做王侯之事,不能邀功而挂印封侯。《诚斋易传》认为此位此爻之"不事王侯",是正处于"不必为""不得为""不可为"之时;蒋凡先生认为这时"高尚其事"是"治蛊之臣,不愿同流合污,就必须功成身退,与世无争,这样才不会触动人主之忌而招杀身灭门之灾"(《周易演说》)。不识势位,贪功邀誉,就会自取灾祸,在这种取舍之间,深含"知几"智慧。

处位不同,识与不识,皆取隐遁态度,其吉凶判然不同。同是《节》卦的两爻,所处势位不同,而一识一不识,其吉凶之别昭然。《节·初九》:"不出户庭,无咎。"《节》之为卦下兑上坎(☱),象征节制。初九的节制慎守,隐而不出是因为最下两爻皆阳"二阳为阻,故不宜出"(《周易尚氏学》),还因阳爻处阳位"阳刚得正,居《节》之初,未可以行,能节而止者也"(《周易本义》)。此时此位的节制慎守,不跨出户庭是懂得当出则出、不当出则止的道理,所以"无咎"。同是隐而自守,九二则相反——"不出门庭,凶"。九二处位,面对当前两阴,"阳遇阴则通",正是通畅往来的好时机,可它不识时务,当此时位仍愚顽地拘守节制、丧失机会,于是自招凶患。在这一卦之中,举出了鲜明对比的反例,警示了识位与不识位之隐的利害吉凶。

《周易》还揭示了自度势位不利、力所不能而自取隐逸,不参与祸乱的识位之智。《姤·上九》:"姤其角,吝,无咎。"《姤》卦上乾下巽(☰)一阴五阳,象征相遇。上九处卦终,如同处于角尖,下有四阳相阻,与初六不应"不与阴遇,不能制阴,故可吝;然非其事任也,故无咎。此如避世之士,不能救时,而亦身不与乱者也"(《周易折中》)。此爻处位,无相遇制阴的条件,救时之事非其所任,识此势位,只好远而处之,不能救亦不与其乱。

综观上述,《周易》通过不同侧面所展示的不同类型的避时避世之举,它强调的是隐者识时、识位的才智。这种"知几"之智,作为隐逸的重要条件,它表达的是隐逸行为自觉的理性精神,正因如此,隐逸思想才有可能作为一个富有内涵的领域而存在,隐逸现象才有可能显得如此醒目。

第四节 独立自由的人格精神

"知几"的聪明睿智表现出辨必然之理的能力,而能够躬行践履这必然之理,还必须有特立不移的操守做保障。因此,在《周易》展现其隐逸思想的时候,又把人格操守、独立自由的人格精神作为了重要侧面,并展现了这一侧面的丰富性。

体现于隐逸思想中的人格特点大致可用《坤·六二》来概括。爻辞说:"直方大,不习无不利。"《周易正义》:"生物不邪谓之'直'也;地体安静是其'方'也;无物不载是其'大'也。"《坤·文言》"'直'其正也,'方'其义也。"《坤·六二》不失原则的端直,守持道义的方正,胸襟坦荡的恢弘,诸要素有机结合,便构成了一种深富含蕴、凝重不躁的大地静穆之态。这些,正表达出《周易》隐逸思想的人格观,其中的人格与操守具有其独特性和坚定性,随处可见"直""方"之义。

《大过》(䷛)象征大为过甚,为卦下巽(☴)上兑(☱),"四阳在中,二阴在外,以阳之过越之甚也"(《周易正义》)。上下二阴不堪四阳之重,犹如栋梁曲折弯绕、大厦将倾,正是大为过甚的非常状态。《象传》说:"泽灭木,大过,君子以独立不惧,遁世无闷。"上兑为泽,下巽为木,是"泽灭木"之象。当此非常之时,见出"知几"之士的卓尔之智、之德、之行。《周易程氏传》云:"君子观《大过》之象,以立其'大过人'之行。君子所以能'大过人'者,以其能独立不惧,遁世无闷也。天下非之而不顾,独立不惧也;举世不见知而不悔,遁世无闷也。"在衰难之时,能卓尔独立,毫无畏惧,遁世无闷,不改其操,这非有人格的深厚修养、清醒的睿智和坚定的意志是办不到的。而这种独特性和坚定性的本身确是警世骇俗的"大过人"。这种品格在危难之时的"大过人",固然令人钦佩,而在逸豫欢乐之时能不迷惑,清醒意识到自己所当守持的品格,则更显难能可贵。《豫》(䷏)象征欢乐。人在喜豫、悦乐、纵情享受的时候最易忽略操守而放纵自己，所以《豫》之全卦，诸爻多不正，爻辞迭现"凶""悔"之诫。六二爻是《豫》时的隐者，以清醒自守而获吉。爻辞曰："介于石，不终日，贞吉。"介：耿介正直；"介于石"：其介如石之坚。《周易程氏传》说此爻："当豫之时，独能以中正自守，可谓特立之操，是其节介如石之坚也。介于石，其介如石也。人之于豫乐，心悦之，故迟迟遂至于耽恋不能已也。二以中正自守，其介如石，其去之速，不俟终日，故贞正而吉也。处豫不可安且久也，久则溺矣，如二可谓见几而作者也。"当悦豫之时，追欢逐乐，求醉饱，享快活，这正是人的自然本性使然，而一旦失节纵乐，便会悔吝相随，六二爻独能清醒沉静，确然自守而介于石，"安夫贞正，不苟求豫"（王弼《周易注》），以人格操守达到对本能的超越，又能"不终日"，见几而作，从速避时，其德其智、其直其方确是让人感到了振聋发聩的"大过人"。

在《遁》（☰）卦的几爻中，《周易》从另一个角度阐明了人格操守和智慧力在隐逸中的关键作用。《遁·九三》"系遁，有疾厉"——九三心有系恋，不能退隐遁避，将有疾患、危险。《周易程氏传》："遁贵速而远，有所系累，则安能速且远也？害于遁矣，故为有疾也。遁而不远是以危也。"处《遁》之时，判断不明，操守不坚，千丝万缕地系恋而遭致"有疾厉"，这和《大过》《豫·六二》形成了鲜明的对照，其结果也分明如泾渭。《遁·九四》："好遁，君子吉，小人否。"《周易程氏传》说九四，君子能"以道制欲，是以吉也"，而小人则"昵于所好，牵于所私，至于陷辱其身"。九四能割爱遁避，是"以道制欲"的人格操守和识微知彰的"知几"之智使然。这只有深富修养的君子才能做到，而德智欠缺的小人则与此无缘。《遁·九五》的"嘉遁，贞吉"进一步肯定了识微虑远、及时遁避、保持人格操守、行由正道而获吉的意义。

《同人》（☰）为卦下离（☲）上乾（☰），讲的是处以宽广无私、光明磊落的境界，求大同存小异，去最广泛的合同于人，然而，就在这样的背景下，《周易》也强调，不是无原则地苟同，仍要坚持自己的人格理想和原则操守，"上九"就说明了这个问题："同人于郊，无悔。"王弼《周易注》："郊者，外之极也。处'同人'之时，最在于外，不获同志，而远于内争，故虽无悔吝，亦未得其志。"当与自己所遵循的原则不和，没有"同志"的情况下，就不匿己志而友于人，不做苟同求群之想，既处"同人"之极，"同人"道穷，便远避内争，超然自乐，无怨无悔。同样，这是远遁自安所循原则、操守的表现，具有智慧和人格的底蕴与力量。

在《周易》的人格理想中，它充分肯定和而不同的独立人格，但却反对个人独立于社会之外、张扬单单为个人意志而存在的个体性。这一点体现在

《周易》的隐逸思想当中,就是隐逸的本身是出于对社会、人生的热情关怀,对理想社会状况和有价值人生的自觉追求,对人格独立与自由的护卫,避浊世、小人对自己的无端戕害,而绝非高标自许,否定社会本身。如下几种情况说明了这个问题,并同时展现着人格操守。

《遁·六二》:"执用黄牛之革,莫之胜说(脱)。"在《遁》之时,像被黄牛皮制的革带缚住一样,无法解脱,不能遁逸。《遁》卦"诸爻皆遁,六二独以应五,而固其不遁之志"(《周易折中》),其中大义,《周易集解》引侯果的解释为:"志在辅时,不随物遁,独守中直,坚如革束:执此之志,莫之胜说(脱)。殷之父师当此爻矣。"当《遁》之时,义不能舍,则以身陷祸难而救时。这也是人格独立、人格伟岸的一种动人表达。侯果以殷纣王的父师箕子比此爻是很恰当的。殷纣王祸乱天下,贤人纷纷遁逸避之,箕子申明"我不顾行遁"(《尚书·微子》)。箕子以父师身份,处位特殊,有匡谏纣王之便,不能为全生而舍弃匡救的机会和条件,只有身临祸难,贞定自守,救助时艰。倘此刻的箕子遁逸,便丢弃了大义,成为苟且全生之人了。《周易》在《遁》卦当中出此爻义,很警策地表达了,遁本身是出于对社会、人生的关怀,对理想社会和有价值人生的追求,遁与不遁的取舍,还要看是否有益于救时,有益于坚守有价值的人生,有益于人格的守持。遁之大义,绝非是灾难之时的逃跑保命。

《蹇》(䷦)卦也说明着同样的道理。其卦象为下艮(☶)上坎(☵),下为山峦之险,上为水之坎险,《序卦传》:"蹇者,难也。"《周易本义》:"足不能进,行之难也。"卦义象征行走艰难之时,是举步维艰之象。当此世,卦中诸爻皆进退小心,躲避艰难之世的蹇厄。而其中二与五,于斯世独不避风险,不计蹇难,贞定自守,救助时艰。"六二,王臣蹇蹇,匪躬之故。""蹇蹇",在此为不避劬劳,努力济难的状貌。"匪躬之故",说的是"六二"汲汲劬劳,并非为自身一己的事情。王弼《周易注》:"处难之时,履当其位,居不失中,以应于五。不以五在难中,私身远害,执心不回,志匡王室者也。"朱熹《周易本义》认为:爻辞"不言吉凶者,占者但当鞠躬尽力而已,至于成败利钝,则非所论也"。"六二"身处蹇难之时,柔居中位,心应"九五",尽心尽职不避劬劳,不计个人一己之利害,努力济难,正与箕子之行相类。不同的是,该卦象为二、五相应,能共济蹇难。"九五,大蹇,朋来。"以刚居刚中之位,虽在"大蹇"、坎险之中,仍"居不失正,履不失中,执德之长,不改其节"(王弼《周易注》),面对风险蹇难之时世,卦、爻彰示着的人格的独立自由的价值,也表达在为天下、王朝利益而赴汤蹈火的践履之中。人格的独立,担当着深刻的社会内涵,绝不是一己之私利。

《困》卦更典型地说明了这个意义。《困》(䷮)下坎(☵)，上兑(☱)，卦象是穷厄委顿，道穷力竭，不能自济的险厄之时。卦辞说："困：亨，贞，大人吉，无咎；有言不信。"《经典释文》："困，穷也，穷悴掩蔽之义。"卦中下阳卦"坎"为上阴卦"兑"所掩蔽，又"九二为二阴所捤（掩），四五为上六所捤（掩）"（《周易本义》）。正道之人为阴柔"小人"所蔽，《周易正义》说明，这个状态为："困者，穷厄委顿之名，道穷力竭，不能自济，故名曰'困'。"此时之暗蔽，甚至连发言的权利也不复存在——"有言不信"，王弼《周易注》："处困而言，不见信之时也；非行言之时，而欲用言以免，必穷者也。"可见暗蔽险厄之深。在这样的情形下，卦中九二、九五阳刚，体现了为正道而坚持、而求取的意志，卦辞说："亨；贞，大人吉，无咎。"指的就是阳刚的意志和努力。《大象传》甚至说，处此时君子当"致命遂志"。它正说明，处险恶环境、处"小人"用事之际的规避或奋争，本质上都是坚持人格、坚持道义、坚守人生价值的不同流合污，是具有"君子"操守的独立人格的勇敢体现。

《困·初六》就否定了于险厄之时，隐而避世只为苟且自全的人格缺憾。"初六，臀困于株木，入于幽谷，三岁不觌。"当"困"之时，初六以阴柔而最处下位，是困顿被压抑之象，与上"九四"为应，而"九四"阳爻处阴位，已是无力之象，又面临坎卦之险，自身已经难于解困，不能应援于"初六"。初六状态便是，孤独地就像臀部困在没有枝叶的树干之下，"最处底下，沉滞卑困，居无所安"，它"进不获拯，必隐遁者也"（王弼《周易注》）。只有退入幽谷，多年不露面，等待时势缓解。此种状态的"以困而藏"，《象传》讥刺其为"幽不明也"。是说它"入于不明，以自藏也"（王弼《周易注》）。卦辞强调"臀"，就是此爻的状态，为阴柔懦弱，面临困厄，只解退避，并无自守之节，向"幽谷"而试图坐不迁拔，愈入愈深，避时避世，苟且自全而已。这一爻，无论其处位、气质还是爻辞所说明的状态，都是对它的全面否定，可见苟且自全的人格，与《周易》所肯定的"隐逸"精神是不相容的。

正因为隐遁的意义不是一味的隐匿，不是只图一己之利而逃世，所以《周易》的主张是，当可为之世，能为之时复现的时候，仍要入世有为，这同样是人格价值、人生价值的显现。前引《剥》卦，是阴气盛长、阳刚被削殒怠尽之时。《周易程氏传》："剥者，群阴长盛，消剥于阳之时。众小人剥丧于君子，故不利有所往，唯当巽言晦迹，随时消息以免小人之害也。"这是时不利而隐。其六三爻："剥之，无咎。"《周易译注》说："此谓六三虽处剥落之时，其体已消剥成阴；但居阳位，应合上九阳刚，故其表似已消剥，其里却仍存阳质，有'含阳待复'之义，故获'无咎'。"这说明"巽言晦迹"之隐，不是一逃了之，全然忘情于社会，而是适时仍将复而有为于社会。《易》中《随》卦从另一角度说明了这个意思。《随》(☱)下震(☳)上兑(☱),震为雷,为动;兑为泽,为悦,卦象示意,内动而外悦,有愿意随从之义,故该卦象征随从。卦辞云:"元亨,利贞,无咎。"《周易正义》谓:"'元亨'者,于相随之世,必大得亨通,若其不大亨通,则无以相随,逆于时也;'利贞'者,相随之体,须利在得正,随而不正,则邪僻之道,必须利贞也;'无咎'者,有此四德,乃得无咎,以苟相从,涉于朋党,故必须四德乃无咎也。"《随》之时,大得亨通,人皆得以正以道相从。隐遁之义是君子当衰坏之世以求身退而道亨,旨在求道、守道,然随而亨通之世,道已亨,则隐亦无益。因而,《随·上六》说:"拘系之,乃从,维之;王用享于西山。"《周易尚氏学》说九五人君,恐六穷于人而离去,所以"拘系之,从维之,或即其隐居之处而宴享之"。人君于随亨之世求隐逸贤才,贤才亦可入世有所作为。就隐者而言,是需人君以正、以诚相求的,《姤·九五》讲到了此义。"九五,以杞包瓜;含章,有陨自天。"杞为高大之木,喻九五;包:裹也,犹言"蔽护";瓜:甜美处下,喻贤者。《周易程氏传》:"九五尊居君位,而下求贤才,以至高而求至下,犹以杞叶而包瓜,能自降屈如此""虽屈己求贤,若其德不正,贤者不屑也,故必含蓄章美,内积至诚,则'有陨自天'矣,犹言自天而降,言必得之也。"德才与时合,以德以正而出,入世有为,并非阿世求荣,这样同样葆有人格、操守,同样会实现自己的人格、人生价值。

上述种种情形可见,《周易》隐逸思想的另一个重要侧面就是人格操守,它也是构成隐逸行为的重要条件。体现在这里的人格特点是端直、方正,衰难之时卓尔独立,不改其操;荣宠豫乐之世亦不迷惑,冷静自持,具有其介如石的坚定性。隐逸行为的本质方面,并非是为一己之私利的患得患失,而是对理想社会状态的自觉追求,对理想人格、理想人生价值的护卫,因而具有其超越性。这种人格表达,为隐逸思想注入了较丰富的蕴涵,于是便使得这一领域具有了自己较为鲜明的特色,隐逸也便成了完美人格的标记而为后来的士人所崇尚。

第五节　豁达从容的精神境界

《周易》还通过对隐逸者生活态度的展现,表达了它的隐逸思想。当情势不合、需处卑自守之时,其生活形式也转而为息荣华、守素朴。而作为一种深悟洞达的自觉行为,这种生活态度,表现出恬淡沉静、豁达从容的精神境界。

《履》(☰)卦象征小心行走。《序卦传》说:"物畜然后有礼,故受之以《履》。"《尔雅·释言》:"履,礼也。"《履》卦含有不能违礼而行之义。礼,示人以上下尊卑的等级秩序,隐者虽自甘退避,但无视这一秩序则无以存身。隐退也者,并非逃出人群社会之外,而是在这一秩序中,明智地选择一种存在方式。

《履·九二》说明了这一存在方式——"履道坦坦,幽人贞吉"。九二阳刚谦居阴位,得中不偏,守持正固,其方式与态度是"幽人"。《说文》:"幽,隐也。"谓之"幽人",其意为隐而不显之人。其隐而不显,王引之《经义述闻》解释为:"'幽人'非谓隐士。……汉时说《易》者,以'幽人'为幽囚之人也。"并分析《中孚》《归妹》成卦的结构与意义,认为"幽人"是"拘囚之而议其罪""有幽于狱中待议之象"[①]。汉代、清代学者治学尚朴实,于文辞名物的解释求得落到实处求取的训,我们信而依照这一辨证。如果再遵从《周易》象征立义的思维特色,那么,可以看到,《易》象中的"幽人",更显明地表达着被摒除于社会权力、政治环境之外的意义,自我远放,就如同被幽囚一样,彻底与当前权力政治环境决绝不偶,不自售于王朝,独行特立,远游自适。当此时,不仅需要放弃一切因官阶、级位而获得的丰厚的物质资源、人际资源,更要放弃因权力而获得的个人的社会尊严和价值,一句话,是对一切的彻底割舍,其程度是如同被幽囚一样的不能不割舍。所以,不论是被动的"幽人",还是主动自我远放的"幽人",其远离权力、政治的意义是清楚的。梁寅《周易参义》说此爻:"持身如是,乃君子不轻自售而安静恬淡者,故为'幽人贞吉'。"这一说,便正是在远离权力政治环境的意义上阐明《履》之时,选择隐而蔽之的存在方式,其自觉的态度表现为恬淡静谧而不躁。《归妹·九二》(☱)可与之互补,发明这一方式——"眇能视,利幽人之贞。"《周易本义》解此:"九二阳刚得中,女之贤也;上有正应,而反阴柔不正;乃贤女而配不良,不能大成内助之功,故为'眇能视'之象。而其占则'利幽人之贞'也。幽人亦抱道守正而不偶者也。"——虽然身有"正应",可以相配,但因所配之人"不良",不能尽自己的人格、理想与价值,所以其占为"利幽人之贞"。用之喻隐者,正是一种抱道守正而隐,不偶于王朝,放而自适的心态与生存状态。

正因如此,其生活形式就表现出息荣华的素朴。《履·初九》(☰)"素履,往无咎",王弼《周易注》:"处履以素,何往不从?必独行其愿,物无犯

---

① 王引之:《经义述闻》,江苏古籍出版社,1985年据道光七年本影印版,第13、14页。

也。"独行其愿,必须有清醒的头脑、坚定的意志,这才能不为荣华所动而自甘淡泊。《贲·初九》:"贲其趾,舍车而徒。"贲是五光十色、繁华美艳的文饰。《说文》:"贲,饰也,从贝,卉声。"贝,五光十色,早已为古人用为饰物;卉,《说文》"草之总名也",众草繁华,美不胜收,合此,则"贲"之为饰,其义可知。正如卦象所示(䷕),下离(☲)上艮(☶),太阳朗照群山,明丽绚烂。在这样富贵荣耀、繁华似锦之时,初九独行其愿,"舍车而徒",自甘处卑。车,标志着身份地位,"乘也者,君子之器也"(《系辞上传》)。礼,只有大人君子才能乘车。初九"守节处义,其行不苟,义或不当,舍车舆而宁徒行,众人之所羞,而君子以为贲也"(《周易程氏传》)。守节处义,不慕荣华,安步当车,终生不辱。《贲·上九》:"白贲。无咎。"上九居《贲》之极,归于自然本真,以"白"为饰。王弼《周易注》:"处《贲》之终,饰终反素,故任其质素,不劳文饰,而无咎也。"这可折射出隐者的心态与趋向——返璞归真,体悟一种内在本真的终极意义。它已不是刻意追求的与世俗众意相抗拒的外在情态,而是化入自觉理解的心安理得,归向一种平淡、豪华落尽的自然之真。其情其旨已具备了深有意味的审美境界。

《中孚·九二》(䷼)则生动描绘了由平淡而清雅的隐者情怀——"鹤鸣在阴,其子和之,我有好爵,吾与尔靡之。"九二处下卦之中,上有六三、六四两阴相阻,使之如处山阴,犹隐居之人。但它阳刚居中,笃实诚信,善自守持,有令德闻于外。爻辞以"九二"喻鹤。鹤,洁白优雅,在《诗经》当中便明确其比兴意象。《诗·小雅·鹤鸣》:"鹤鸣九皋,声闻于天。"《毛传》:"言身隐而名著也。"《郑笺》:"兴者,喻贤者虽隐居,人咸知之。"是鹤为贤而隐居者的意象。《周易正义》解此爻:"在三、四重阴之下,而履不失中,是不徇于外,自任其真者也。处于幽昧而行不失信,则声闻于外,为同类之所应焉,如鹤之鸣于幽远,则为其子所和。"贤者处幽而自任其真,同类相求,有好酒("好爵")与人共饮之。爻辞述说了隐者自甘淡泊、任其天真而得其乐趣的情况。《渐·上九》从另一角度,说明了相似的心理和仪度:"鸿渐于陆,其羽可用为仪,吉。"《渐》卦以"女归"为喻,涉及了求仕求进依规律、规则而巽顺知止,渐进于所当之位的人格操守。上九最处卦极,不事贪欲竞进,当无位无为之时,心不系累,仪度平淡清雅。王弼《周易注》:"进处高洁,不累于位,无物可以屈其心而乱其志,峨峨清远,仪可贵也。故曰'其羽可用为仪,吉'。"

由上述可见,隐者由自觉的理性而进入自任天真的心理境界;以一种恬淡自得的审美人生来对待世俗所不堪忍受的冷落寂寞之精神。将人生提升到美的品味之中,它表现的就不是一般的精神面貌,而是一种有意味的人生精神境界。隐逸文化以它独特的角度丰富了人生内涵,这也是它产生、存在的基本理由之一。

小结　隐逸思想是一种自觉的理性精神

以上我们考察了《周易》隐逸思想当中的智慧因素、人格操守、审美的人生态度诸侧面,如果把它作为中国隐逸思想的源头或蓝本来看待,那么,它确是涵盖了这一领域的基本内容。它不是纯粹超然的精神存在,而是根植于现实之中的人格操守、人格独立、人格自由的一种存在形式,是一种警策动人的自觉的理性精神。而这一形式恰是置身于奴隶、封建文化当中的一种明智的难得的选择,也是一种动人的选择,因而,它具有其感召力量。

《周易》的这一思想,被先秦诸子们以自己的人生主张和具体实践演绎得充分淋漓,他们表现的是通过获得人格上的自主,精神上的自由而达到的自我主体的确证,是通向天、人、地——人作为主体之一的人之存在价值的追寻。先秦诸子的时代是一个理性的时代,诸子们既是奠定后世思想流派的思想家,也是为后代士人所追慕的人格楷模。经过他们的主张和实践,《周易》的隐逸思想就被发挥、发扬成足以影响后世的中国长久封建社会的隐逸文化。因而,在本章的结尾,我约略勾勒一下诸子隐逸思想的轮廓以印证《周易》隐逸思想的成熟与切实影响。

先秦诸家学派的共同特点是在清醒地认识社会、人生的前提下,提出了自己的隐逸主张,也就是说,在具有充分的"识几"之智的前提下,他们选择了合于自身主张的隐逸思想的侧面。

儒家是以守道不移、积极改造社会人生的独立人格的姿态去对待隐逸行为的。

《论语·泰伯》:"笃信好学,守死善道。危邦不入,乱邦不居。天下有道则见,无道则隐。邦有道,贫且贱焉,耻也;邦无道,富且贵焉,耻也。"《论语·宪问》:"宪问耻。子曰:'邦有道,穀(做官领薪俸);邦无道,穀,耻也。'""邦有道,则仕;邦无道,则可卷而怀之(卷而怀之,即把自己的本领收藏起来)"(《论语·卫灵公》)。

在人格上,"耻"是人之尊严感的对立面,是做人的底线,而"道"是衡量底线的标准。人格的践履就是从事社会理想的实现。在孔子,人格实现、社会理想实现的途径就是对"道"的追求,一切都以"道"为准的。孔子及其开创的儒家学派,在理论上彻底发扬了殷周以来的人道精神,以"爱人"的仁学为核心而张扬了"道"。以仁为内核的社会政治理想,成了他们自己的执着追求,并在构造自身人格上身体力行、执着践履。他们坚守着人格的准则"不降其志,不辱其身"(《论语·微子》),因而不论是"道不行,乘桴浮于海"(《论语·公冶长》)放弃不能认同的现实,还是积极参与改造社会人生的自信与自强——"苟有用我者,期月而已可也,三年有成"(《论语·子路》),"如有用我者,吾其为东周乎!"(假若有人用我,我将使周文王武王之道在东方复兴!)①(《论语·阳货》)孔子的着眼点都是"道"。孔子的"道"与那种在《易》理当中就已经确立的人道的、文明的社会政治理想具有一致性,不过是孔子把它更为精粹地概括为"仁",使之更集中、更醒目、更具有实践的目标明确性。孔子在现实人生中,积极追求实现"道",《史记》记其周游列国推行主张,"累累若丧家之狗"(《孔子世家》)。《史记·儒林列传》说:"仲尼干七十余君无所遇。"可见其求"道"的积极与知其不可而坚韧行之的用心。除去"道"而外的一切,都是过眼烟云,不值得留意,就是最能标榜世俗人生的富贵也不例外。"子曰:'饭疏食,饮水,曲肱而枕之,乐亦在其中矣。不义而富且贵,与我如浮云。'"(《论语·述而》)这一思想是后来儒家士人所坚持的,尤其是另外两位大师——孟子、荀子所亲身践履的儒家之道,他们都忠实地坚持了"仁学",实践了儒家的人格追求与操守,出仕与否,都以"道"为选择标准,出则实践、实现"道"而不求荣华富贵;退而隐逸,著述讲学,不避微贱、饥寒,表现了人格的崇高而为历代敬仰。他们在退隐过程中奠立了崇高的人格形象,为隐逸文化注入了守道不移、积极改造社会人生的独立人格的内涵,从而使这种文化有了让人欣赏、敬羡的魅力。这正是《周易》隐逸人格中独立不移以社会责任为内涵的文化意蕴的最好诠释。

先秦另外一家最富影响力的就是以老子、庄子为代表的道家。众所周知,在道家这里更是淋漓尽致地诠释了隐逸精神。他们是以求"道"使自己抗拒社会之中的污浊,守持独立人格、人生价值的形象而引人注目的。

道家的人格形象可以庄子《逍遥游》的说法为典型表述:"若夫乘天地之正,而御六气之辨,以游无穷者,彼且恶乎待哉!故曰:至人无己,神人无功,圣人无名。"无己、无功、无名,消解掉世俗的自己,才有可能"乘天地之正,而御六气之辨,以游无穷",达到无所待的自由境界,人生的境界本该如此,是因在自由的前提下而获得尊严,而确证自身价值的。但现实世界是给人带来无穷羁绊的渊薮,然而"今世俗之君子"又"多危身弃生以殉物,岂不

---

① 杨伯峻:《论语译注》,中华书局,1980年版,第182页。

悲哉!"(《庄子·让王》)

悲剧式的人生、生命的焦虑都源于社会统治者的刻意"有为"和世俗人生的欲念,这都不合乎"道",不合于"道"的法自然,无为而无不为。

老子说:"天下多忌讳,而民弥贫;民多利器,国家滋昏;人多伎巧,奇物滋起;法令滋彰,盗贼多有。"(《老子》五十七章)统治者严密统治之网使人去掉本性的素朴而疲于应付,这是一种人生的悲剧,在庄子看来比这犹有甚者:天下如同网罗,令人无法逃避,"方今之时,仅免刑焉"(《庄子·人间世》)。"今世殊死者相枕也,桁杨者相推也,刑戮者相望也"(《庄子·在宥》)。天下如此,又加之人本身也有脱不去的世俗之累——"富、贵、显、严、名、利六者,勃志也;容、动、色、理、气、意六者,缪心也;恶、欲、喜、怒、哀、乐六者,累德也;去、就、取、与、知、能六者,塞道也。"(《庄子·庚桑楚》)这共计二十四种脱不去的人间欲望荡于胸中,使人不得宁静,它们成为人自身之累,所有这一切——社会的、人自身的原因,都让人失去自由、失去自我,不可能"逍遥游"。在老子,洞穿社会、人世,主张体认"道"而"无我""无为",以此求得自我,求得自由——"吾所以有大患者,为吾有身,及吾无身,吾有何患?"(《老子》十三章)要人们"见素抱朴,少私寡欲,绝学无忧"(《老子》十九章)。庄子进一步实践这些道理、主张,"楚威王闻庄周贤,使使厚币迎之,许以为相。庄周笑谓楚使者曰:'千金,重利;卿相,尊位也。子独不见郊祭之牺牛乎?养食之数岁,衣以文绣,以入太庙。当是之时,虽欲为孤豚,岂可得乎?子亟去,无污我。我宁游戏污渎之中自快,无为有国者所羁,终身不仕,以快吾志焉"(《史记·老子韩非列传》)。世俗认为高不可及的富贵尊荣,庄子可以一笑而挥之,为的是守那"无为"的"道",为的是自己真正的尊严和自由,生命的价值在于此,所以守之而不移。《庄子》一书,表彰那些不以富贵利达为念的各种人物,主张自然素朴的人性,也就是追寻人生的真价值。人们应当为此而澡雪心胸,老子提出"涤除玄鉴"——净洗心灵的镜子,庄子让人做到"心斋""坐忘",脱去一切人生俗念之累,无己忘我而获得本真。他曾假借儒家人物原宪、曾参而抒发自己所追求的自由的精神境界。《庄子·让王》篇里说,原宪"环堵之室,茨以生草,蓬户不完,桑以为枢而瓮牖",处破败之室而不慕利达,精神饱满动人;曾参"缊袍无表,颜色肿哙,手足胼胝,三日不举火,十年不制衣,正冠而缨绝,捉衿而肘见,纳屦而踵决,曳继而歌《商颂》,声满天地,若出金石,天子不得臣,诸侯不得友"。他贫困如此,衣不暖体,食不得继,散步时仍然歌满天地,不委身富贵。庄子嘲讽着礼仪名利之徒,抒写了自由的精神境界。

老、庄的道家赞颂了追寻自我、崇尚自由的生命,人生在这里获得了纯美的表达,使人在解脱不合理的生事之累的同时,享有审美的人生境界,它从自由而达到独立的隐逸精神里,让《周易》所表述的独立自由的人格精神、豁达从容的精神境界得到了张扬。

李泽厚先生著《美的历程》,在叙述"先秦理性精神"的时候,曾断言"儒道互补"奠定了汉民族的文化心理结构。笔者以为这一论断是符合中国文化史情形的。在隐逸文化方面也是如此,儒家与道家从不同侧面张扬了带着自觉理性精神的《周易》的隐逸思想。这里应当说明:诸子的这种思想一如《周易》的整体隐逸精神,它们在本质上都没有激励人自身超出社会、人生之外,而是在社会、人生之中去洗却社会、世俗之污浊使之具有合于"道"、守持"道"的人格独立,也就是,他们清醒地意识到,人是不能脱离社会而存在的,自己所追求的不过是一个有"道"的、合理的、理想的社会、人生而已,质而言之,是人之伟岸被赋予了"道"的意义。如果自身逃离了社会、人群就不成其为"隐逸",而又另当别论了。因而诸子这里所有的正是《周易》的精神在其时代的张扬。

经过诸子时代这样一个过程,《周易》所奠立的隐逸思想就内涵完整地通贯了整个中国文化史,隐逸人格具有着独特的精神而为后世士人所接受,甚至流衍成可以独立撰写的隐逸文化史。

第十三章　《周易》的情爱观

第一节　在天人之思整体背景下的认识

情爱现象,体现着人作为类的本质意义,它是以人为探索旨归的《周易》所不可能避免的问题;同时,男女情爱,也是作为社会基础的婚姻、家庭之存在的有机组成部分,所谓"人伦之始,夫妇之义,必须男女共相感应,方成夫妇"①。对情爱现象的认识,也同时就是对人性的深刻把握,因而,《周易》对情爱现象给予了深入而全面的探索,在这一社会意义重大的问题上表达了自己明确的观念。

男女之情爱,是与人类伴生的必然现象,人是怎样的存在,情爱现象就怎样表达。

作为自然整体的一部分,人类的"男女之间的关系是人与人之间的直接的、自然的、必然的关系。在这种自然的、类的关系中,人同自然界的关系直接地包含着人与人之间的关系,而人与人之间的关系直接地就是人同自然界的关系,就是他自己的自然的规定"②。由这一"自然的规定"而出现的男女之间的关系,由此种关系而产生的人的情爱现象,如同自然界的种种存在及其规律一样不可回避,对于人类来说,它是人的生活体验、情感体验,人自身生命体验的重要部分。这种现象,在哲学家的专门论著中也予以确证,瓦西列夫的《情爱论》有这样的说明:"在性的基础上使一个男人和一个女人结合在一起的那种亲昵感情是一条'宇宙的原则'""这条原则称之为引力、融合、好感、爱情。"③在周人的另一部文献《诗经》中,便形象地记述了这种情爱事实。被文学史家称之为"爱情""婚姻"类的诗篇,占有这部诗歌总集

---

① 《周易正义·咸》,《十三经注疏》,中华书局1980年影印本。
② 马克思著,刘丕坤译:《1844年经济学—哲学手稿》,人民出版社,1979年版,第72页。
③ 瓦西列夫著,赵永穆等译:《情爱论》,三联书店,1984年版,第26页。

的相当大的比重,其间所真实、客观描绘男女情爱事实的作品,将当时人们对情爱的追求、体验表达得丰富而生动、真切而细腻。它表明对情爱的追求和享有是人类不能须臾离开的这样的事实。因其具有自然存在的必然性,所以古往今来,这一现象同人的存在并行。

体现着类的本质意义的情爱,它的另一内涵也与情爱现象并行,"饮食男女等等也是真正人类的机能。然而,如果把这些机能同其他人类活动割裂开来并使它们成为最后的唯一的终极目的,那么,在这样的抽象中,它们就具有动物的性质"①。人类的情爱现象,包含着丰富的社会内涵,与人类的整体活动有机相连,与社会文明的发展水平相一致,它是人作为社会存在物的本质体现。

情爱的这两重意义,都与人类自身的存在相始终,它们是情爱现象的一般规律。《周易》也正是在上述这样的客观现实中,将情爱现象置于对自然、社会与个体人存在的整体观察与探索的背景中,去精要地提炼对情爱问题的见解,明确地阐释情爱自身的意义。在今见的中国古代思想典籍中,《周易》是最早对男女情爱现象作以完整说明、给予明确价值定位的著述。其阐释之全面,其观念之明确,其作为观念形态影响之深远,是其他典籍所无可比拟的。

以下,即从《周易》这部经典的文本本身,次第论述它的这种认识和观念。

第二节　作为自然规律的男女之情

对男女之情为自然规律,《周易》表达了它的理性探索和客观评价。

依《序卦传》说明,《周易》全书,上经侧重于讲自然天道,下经侧重于讲社会人事;天道以《乾》《坤》天地之卦开篇,而人事则以《咸》卦起始。人事之重,首要为男女之情,男女之情便是《咸》作为卦的喻体之本,所谓"《咸》之情通"②,那么,男女情爱之为自然规律的一面,就当从《咸》卦说起。

《咸》(䷞):"咸:亨,利贞,取女吉。"

《咸》肯定男女之情为自然规律,不可回避。卦象为艮(☶)下,兑(☱)上,艮为山,兑为泽;艮为阳卦,兑为阴卦;艮为少男,兑为少女。《周易》以此

---

① 马克思著,刘丕坤译:《1844年经济学—哲学手稿》,人民出版社,1979年版,第48页。
② 《周易折中·萃》引胡炳文说,中央编译出版社,2011年版,第210页。

象来象征自然、人事之感应。

就自然物而言,泽阴柔而润下,山刚阳而坚稳承受,如《周易正义》言:"泽性下流,能润于下;山体上承,能受其润。""兑柔在上而艮刚在下,是二气感应,以相授与。"此两相交互,是大自然的感应,生发出氤氲气象,百物受其泽惠而茂生茂长;就人事而说,少女阴柔,少男阳刚,均为心底纯粹而无更多社会习气熏染,正值青春旺盛活力之时,情感激发,交互感应,人因此感而相谐交会、蕃衍生息、绵绵不绝。泽柔与山刚,少男与少女之感应,这些都是自然规律。

人的这种感应,虽为自然规律,是自然而然的存在,但又鲜明地表现着其自身的特性,《周易》在"咸"之义中,将其概括无遗:此为"无心之感",是排除任何功利刻意之心的纯粹感动、感应,《周易折中》引胡炳文:"'咸',感也。不曰感而曰咸,咸,皆也,无心之感也。无心于感者,无所不通也。"正因是绝无虚伪、矫饰之心,绝无自觉的功利之想,所以感应深刻而周备,彻底感动,无所不通。《杂卦传》:"咸,速也。"这种感应的鲜明特点是"速",不可回避,无可阻挠,迅捷感应。同时,"咸,和也"(《诗经·常棣》孔疏)。这种感动、感应而呈现的状态,是毫无杂质之阻滞隔阂的最佳和谐。

对于男女之情,《周易》给予了充分肯定,自然如此,天道如此。从事物感应而生、而在的意义上说,阴阳共相感应,男女之情感的发生,与大自然中标示感应的典型事类,泽与山之相感一样,是天经地义的存在,无可否认,无可回避。人类社会必须正视这种受自然规律支配而发生的现象,它正是"天地之交""人之终始"的必然现象、必然规律。

《咸·九四》描绘了男女相感的情状:"贞吉,悔亡;憧憧往来,朋从尔思。"

《咸》全卦六爻,从下至上,以人体取喻,"九四"在卦之中位,为人心的地位。"凡人心属阳,体属阴,《咸》卦三阳居中,而九四尤中之中,故以四为心也。"(《周易折中·艮·六二·案》)因而,九四爻辞所述,为心理状态、心灵世界。憧憧,《说文》:"憧,意不定也。"《经典释文》引王肃:"往来不绝貌。"这是心存之、意念之,没有一刻释怀而频频追求交感的心理情状,如同《诗经·关雎》"求之不得""辗转反侧"——为求交感,没有一刻安宁,其情其境正是"我为我心爱的人儿燃到了这般模样"(郭沫若《炉中煤》)。"九四"阳刚之爻,与"初六"阴柔之爻,就卦中处位说,是阴阳相应,为阴阳往来,交互感应,如天地阴阳之交。在这里,"尔",虽指"九四",为"九四"阳刚倡于上而"初六"阴柔和于下,方能构成和谐,但从交相感应的角度看,却是交互相从,彼此相互思念。有这样的感应为条件,就形成了和谐相遇;爻辞描述为"朋从尔思"——朋类感而追从你的思念，这种心理世界，呈现出了"咸"之义所揭示的，感应、悉备、迅捷、和谐的状态。它其实是对人的情感世界、情感经验的概括。男女情爱是最为深沉生动的情感动力、生命活力。

《损》卦之"初九"与"六四"，以人事中男女之情的相感之速、相感之切的典型的规律，来表述阴阳和谐的情状，与《咸》卦同一旨趣。

《损》（䷨），为卦下兑（☱）上艮（☶），象征"减损"。下兑阴从上艮阳，下兑悦怡柔顺而上艮刚坚稳止，卦有"损下益上"之义。当减损而最违人情之时，却能相悦，其要因就是该卦辞所断的"有孚"——心地纯真，相互诚恳信任。在这样的背景下，卦中具体展示了真挚之情。具有典型意义的，就是阴阳相感应的"初九""六四"两爻的关系和情态。"初九"阳爻居阳位，"六四"阴爻居阴位，皆居位端正而纯真，两爻间又构成相应和的关系。"初九"的状态是，"已事遄往，无咎；酌损之"。《周易正义》："已，竟也；遄，速也。"自己的事情一俟完成，就从速往应"六四"，其心之诚恳，不仅表现为"遄"，更体现在为了能够阴阳应和而"酌损之"——适度减损自身的刚强之质，这种用心之义，如《周易正义》的说明："刚胜则柔危，以刚奉柔，初未见亲也，故须酌而减损之，乃得合志。""初九"爻为着能应"六四"阴柔，主动酌损于己，其纯真而诚恳之态，充溢于自身形象。"六四"之应，也一如"初九"。《损·六四》："损其疾，使遄有喜，无咎。"《周易正义》："疾者，相思之疾也。初九自损己遄往，已以正道速纳，阴阳相会，同志斯来，无复'企子'之疾。故曰'损其疾'。疾何可久？速乃有喜，乃无咎，故曰'使遄有喜，无咎'。""六四"所急于疗救（损）之"疾"，正是阴阳相合的相感、相思之"疾"，其最恰当的譬况，又莫如男女之情的相思之疾。孔颖达的《周易正义》援引《诗经·草虫》诗句发明爻旨，真切地印证了，此"疾"一如情爱之中，那种"眉间心上，无计相回避"的相思苦索之"疾"。《诗经·草虫》原诗，描绘着这种情形——"未见君子，忧心忡忡；亦既见止，亦既觏止，我心则降"。《损》卦从男女——阴阳间情爱发生时相思之真诚的特点，从情爱发生之"速"（亦即《杂卦传》："咸，速也。"）的特点，说明了自然交感的强力与迅捷。

在上述种种情形中，不难体会，男女之情的状态，就《周易》的观念而言，它认为是充分地合于自然规律而无法回避的。只有合于自然规律，事物才能畅达发展，获得良好结果，男女之情爱也纯属此理。

《周易》以自然现象的雨，说明这种结果，形象地喻示阴阳和谐的境界，后世也因此习用"云雨"来譬况男女之情的完美。

《小过》："六五，密云不雨，自我西郊。"这里说的是，阴阳不能和谐，事物便没有结果。

《小过》(䷽)卦象呈现阴多而阳少,阴气盛而阳刚不足,阴过越于阳的情形,《易》中阴为小、阳为大,所以是"小过",小有过越。具体的"六五"一爻,以阴居卦中的君尊之位,下与"六二"同为阴类,"阴阳之气,同类则相拒,异类则相感"(《重定费氏学》)。两爻之秉性,不能相应、相通。《小象传》:"'密云不雨',已上也。"就是说"六五"之阴的情形,已经过越于"九四"之阳,阴气已经向上而行,积阴而少阳,不能阴阳感应、交会,就只有阴积充足的云,完全是"阴过乎阳,……皆阴阳不和之象,故不能为雨也"(《周易折中》引龚焕)。所以爻辞说"密云不雨"。《周易正义》:"雨者,以喻德之惠化也。"无雨,阴阳不能和谐,就没有结果,不能以"雨"而实施惠泽,无法圆满。

相类似的情况,又有《小畜》(䷈):"小畜:亨;密云不雨,自我西郊。""小畜"一卦象征小有畜聚。这里,一阴小而畜聚五刚大之阳,阴柔弱小,无力聚合、留止、畜养群阳刚,畜而不能盛大,犹如阴气从属于阴之方位的"西郊"而聚集,无由与盛众的阳刚全面和谐相通,不能大为聚集之、畜止之、畜养之,所以呈密云而不雨之象。

然而,该卦下乾(☰)为阳卦、为健;上巽(☴)为阴卦、为顺,阳健行而阴柔顺,"六四"一阴爻,又稳妥地处在阴位,适得其所,为"小畜"卦之主(卦辞称"我"),其有巽顺遇合盛大之阳的积极作用。就全卦而言,以此一阴面对群阳,只能成就小有畜聚;具体爻象,则有"上九,既雨既处,尚德(在上之阳德)载(积载)"的结果。"上九"处全卦之极,上巽之极,阴柔巽顺,因对阳德积久之畜,而达于阴阳合和,终致化雨。《周易程氏传》:"九以巽顺之极,居卦之上,处'畜'之终,从畜而止者也,为四所止也。既雨,和也;既处,止也。阴之畜阳,不和则不能止;既和而止,畜之道成矣。"从这里可见,就全卦来说,是"小畜",阴少于阳而"密云不雨",只能小有畜聚之结果;就"上九"而言,则是在"小畜"背景下的阴阳相遇而"雨",结果完满。在此卦与爻的参互对比中,阴与阳能否和谐的意义昭然若揭。

可见,雨在《易》中的观念十分清楚,是阴阳感应、相通和谐的标志。"《易》中言'遇雨'者,皆阴阳和合也。"(《周易程氏传》)。不和谐则无结果,事物阻滞;和谐而雨,不但结果显然,而且事物发展趋向吉祥畅达。

下面两爻象通过阴阳和合之雨,使事物发展由"有凶"、滞塞,而趋向"无咎""终吉"的现象所表达的认识,在进一步印证上述这个问题:

《夬》(䷪)九三:"壮于頄,有凶;君子夬夬独行,遇雨若濡,有愠,无咎。"《夬》卦言以五阳刚之正义,共决断制裁"上六"一阴之邪恶。"九三"居下卦乾阳之上,有过刚、过躁之失,所以爻辞说"壮于頄","頄"为颧骨,指代面颊,"壮于頄"是怒形于色的刚躁情态,怒而损其理性,失去美善之德,所以"有凶";然而,三、上阴阳相遇,情况就截然不同了。"九三"与"上六",在卦中为阴阳相应的关系;"夬夬"为决而又决的果决,"九三""不与众同而独行,则与上六阴阳和合,故云'遇雨'"(《周易程氏传》)。这是说九三往应上六小人,主动与之周旋,用刚柔相济的适中态度,理性把握事物,终至于决断阴小邪恶,出现阴阳相合的现象,便没有了咎害;虽如"遇雨"——貌似与小人同流合污,甚而遭人不解之愠怒,结果却是趋向吉祥畅达的。这种吉祥就来自于阴阳相合之"雨",无"雨"即不和,即不会出现稳妥制服小人而没有后遗症的完美境界。

与《夬·九三》相类,《周易》中还有《鼎·九三》。《鼎》(䷱):"九三,鼎耳革,其行塞,雉膏不食;方雨亏悔,终吉。"《鼎》卦取生活中的烹饪之器"鼎"为象,阐释的是社会权力的更革与巩固的重大事项,在卦中,描述的是鼎的特点,而本义寄寓在其象征的意义里。"九三"爻辞也是如此。鼎有足、腹、耳;腹盛食物,因煮而化生为熟,变寡味为美味,耳可插杠(铉)抬鼎身而移动,送至餐所,方便进食享用。此句辞面上说的是,鼎耳变异,不能插杠移行,堵塞通路,鼎腹虽有"雉膏(野鸡羹)"美味而不能食,这不是吉利顺遂之象。就卦中的意义说,"九三"居下卦之上,正当《鼎》象中"鼎耳"的位置,自身又以阳爻而居阳位,与之相应的位置为"上九",同为阳爻,不能感应,"九三"就有了鼎耳实塞之象。鼎耳实塞,不能举移,"其行塞",导致"雉膏不食"。对鼎的价值而言,这应该说是一种尴尬不吉祥的情状,但"九三"所属之下巽(☴)为阴卦,如果能够取阴调阳,则阴阳和合,交感互应,就能遇"雨",消除前面之悔,终获吉祥。《周易正义》:"雨者,阴阳交和,不偏亢者也。虽体阳爻,而统属阴卦,若不全任刚亢,务在和通,方欲为此和通,则亏悔而终获吉,故曰'方雨亏悔,终吉'也。"也就是说,"九三"不自负于阳刚,不亢躁,能够体会自身所处之阴巽之体,致力沟通阴阳,待得成"雨",便可变不利为有利,变梗塞为通达,消除悔憾,结果是吉祥的。

阴阳之和,一切顺畅,事物便呈现最高的和谐境界,这是《周易》的根本认识,以"雨"来譬况之。男女之情,作为天地自然规律所支配的一个部分,也概莫能外,所以在中国传统文化中,"云雨"成为了表达男女情爱和谐完美的称代。

综上所述,"天地之交""人之终始",相伴随的,就是阴阳之和、男女之情,其间的合理性毋庸置疑,对此,任何人都无法以主观意志相回避。这便是《周易》对人事中男女之情作为自然规律而存在的这一现象的理性探索和客观评价。

第三节　作为社会理性的情感之止、情感之节

　　人依存于社会，社会对个体的人按照社会自身的规律、规则予以规范，人的一切情感、思想、行为，都必须与社会的规律相一致。男女之情爱也自不例外，离开了社会关系、社会需求，就无法说明人的行为，情爱现象。《周易》没有将情爱现象的认识停留在其自然观念的一面，而是观照全面，同时又将其纳入社会规律的视角对之探索与评价。

　　《周易》在自然规律与社会规律中对情爱问题予以综合理解，所提出的基本标准仍然是"贞"，即正。"贞"本身就有节制、节度、节操的意义，也就是节制、节度而使情感归于规律——自然规律和社会规律的尺度，不及和越过尺度的任情任欲的自然之举都是失于节制、节度的非理性行为。理性就是要节之使和于度，操之使守于度，这样才能使情感事物合度而正，顺遂通达而有利于社会、有利于人生。"贞"作为合度而正的概念，是《周易》对客观规律把握和主体修养把握的一个深刻的认识成果，这种理解本身具有合理性。情感事物趋于这种"贞"，也是《周易》对情感之止、情感之节理解的最高境界。

　　这些理念都体现在具体的卦爻之中：

　　《咸》卦清楚地表达了对情爱问题的基本观念："咸：亨，利贞；取女吉。"这里，"亨，利贞"是前提，然后才是"取女吉"。前引《咸·九四》所述两情之思、之感的前提，也是"贞吉"。"贞吉，悔亡"，其因果关系是因"贞吉"而"悔亡"。就是说，"贞"才有利、才亨通、才吉祥，无"贞"则情爱事物将悖离社会规律，自己无从通达，社会也为之受损害。这一事物在社会规律面前，必然因无"贞"而遭到否定，而滞阻，而终止。只有"贞"，以"取（娶）"这一具体婚姻环节为指代而概括述说的男女之情，才会"亨"，才会"吉"；只有"贞"，男女两情之悦，才能"悔亡"。

　　以"贞"为尺度，《咸》卦在具体爻象的演展过程里，否定了浅薄无诚、失正之感，而特别突出地张扬了纯粹、真实、深刻的感动、感应。

　　《咸·初六》："咸其拇。""初六"处在一卦之始，犹如人的脚拇指，感应浅末，但与"九四"相应，仍有所感动，爻辞不作"吉""凶"判断——其感应之浅，不能相合，无"吉"可言；感而浅，其向度不明，也无"凶"可说。也就是说，这种程度的感动，是没有结果的，爻辞虽未出评价之辞，其实已经暗中表达了某种评价，即浅末之感是不够的。《咸·九五》："咸其脢，无悔。""脢"，

脊背肉,与心相比,就接受感应的意义说,仍为迟钝浅末。其因感而得"无悔"之辞,但所感浅末,仍然未获积极肯定。《咸·上六》:"咸其辅颊舌。"王弼《周易注》:"'咸'道转末,故在口舌言语而已。"未深动于心,只在"辅颊舌"——口头言语,徒骋甘言美辞而已。"上六"处位已在末端,更其浅末,爻辞也未下"吉""凶"断语,表明是不被肯定的。由此可见,感之无诚、浅末,为《周易》所不允。这是情感规律上的未能趋于"正",即所感——受其感、感于人皆浅而微末,没有达到可成其为"正"的适当之度,不及于"贞",所以不获肯定。可见,就情感规律而言,也有"正"的问题。

如果说上述三爻揭示了人的情感规律之"正",那么,以下两爻反映更多的,是社会规律之"正",这个"正"便是社会所认可的准则,所守持的理性尺度。

《咸·六二》:"咸其腓,凶;居吉。""腓",小腿肚,腿动力的主要部分,爻辞以此说这种感而动之的现象。应感而动之,理应为常态,而且"六二"阴爻居阴位,柔而处中,就《易》理而言,最为合理,爻辞却以"凶"示之,并谓"居吉"。这是申示在感而动之时,理性的重要——不能纵任情感、欲望,如果随感而任其动,不作理性的克制判别,就会失正而导致凶险,损害社会,损害自己,所以警示以"居吉",不躁动而能居静则吉。王弼《周易注》:"感物以躁,凶之道也。由躁故凶,居则吉矣。"《咸·九三》:"咸其股,执其随,往吝。"爻辞说,相感在大腿,动而执意随从于人,没有自己的判别,如此而往,必有憾惜。这是比"六二"更为无理性判别,盲目相感而从之象。"三"阳爻刚亢而处下卦之上,处位"多凶"而躁动盲从,任情任欲,其非理性状态昭然,所以爻辞断以"往吝"——任性而往,憾惜是其必然结果。王弼《周易注》:"股之为物,随足者也。进不能制动,退不能静处,所感在股,志在随人者也。志在随人,所执亦以贱矣;用斯以往,吝其宜也。"两爻欲相感应而不利,其被否定的原因,只有一个,那就是"咸其腓""咸其股,执其随"未能守正。守正,即是合于情感规律之度,合于社会需求之度的"贞"。

居贞守正,是《周易》所申明的情爱观念。在前述构成和谐感应的《咸》"初六"与"九四";《损》"初九"与"六四",就是以居贞守正为必要条件的。《咸》"初六"与"九四",就爻的体性而言,品行极佳,端方贞正。它们原本一个阴爻居阳位(初六),一个阳爻居阴位(九四),为居位不正,但"初六"于卦始,处最下,有慎始而居静不躁的特点,"九四"阳居阴位,有阴位制约阳躁的特点,客观条件虽不正,但主体自觉规制,使自身趋于正,趋于自然、社会之法度,这就构成了卦辞所谓的"利贞"前提,因而两爻之感,就具有了守正趋贞的要素,其感应就成为了一种合理而和谐的状态,导致结果亨通。而《损》之"初九"与"六四"本身,如前所述,都具备"正"的条件:交为一阳一阴而各自皆居位端正,这两爻位在卦中又构成相感相应的关系,所以应感畅达。

再回到《咸》卦象,我们看到,其象本身就说明了当时对男女之情爱的社会理解的准则。少女静居于上,少男在下而往求于上。这是当时男权社会的观念、准则。进入父系社会,女子的社会地位已经被确认为男子的从属,是被支配的对象,而《周易》产生之时,社会在男女、婚姻问题上已经有了长久的成熟的探索,形成了以"风俗"和"礼仪"为名义而固定下的认识结果。以这种认识为准则,就是《易》辞中之"贞"的观念,它是当时社会理性的表达、认识的尺度。趋于"俗"或合乎"礼"就被视为"正",获得社会的认可,否则,就将遭遇社会的否定,社会的规则和舆论评价在严守着其认识结果。卦象表明的就是这种情形,女子被动从属,因而守持阴柔品行,宜静、宜待而不能主动往求男子;男子则反之,是主体、主导者,需要谦逊真诚而往求,由此构成感应和谐,完成以"礼"求"贞"为规制的婚姻及阴阳感应交流,进而达于男女合和的自然之道。

这里,《周易》以其独特的表意方式,卦象、爻象之象征,来喻示了情爱事物须守正而行的根本的社会意义。

在对阴阳交合的结果"雨"的评价中,《易》所申明的更是居贞守正的观念。在这里,"雨"就是"正"的结果,如前所述,不仅需要阴阳交感,而且需要阴阳的平衡,阴胜于阳,或阳胜于阴,失去阴阳之适中,皆不能为"雨",而适中之度,就是自然规律之"正",是自然中的"贞"。用之象征人事,就是依社会准则之"贞"而形成的男女和谐。情感欲念之释放需要有理性的节制,人不可使情、欲过于理而毁害了社会的秩序,因遭遇社会规则的否定而毁害了人自身;同样,社会也不能理过于情而冷酷其环境,非人道关怀而否定了人本身。

人之情需要节度,在《易传》中引申发挥了《易经》的这种认识,进一步明确化、细致化了情与理的理解。《损·象传》:"山下有泽,损;君子以惩忿窒欲。"惩:止;窒:堵塞。《周易正义》:"君子法此'损'道,以惩止忿怒,窒塞情欲。夫人之情也,感物而动;境有逆顺,故情有忿欲。惩者,息其既往;窒者,塞其将来。"《损》卦减损的意义颇为广泛,《大象传》这里重点发挥了'惩忿窒欲'之旨,是对求正、归正的进一步确认。阻碍人心、人情之正的最重要的因素,即是欲望——情欲,物欲,孔颖达的解释是切中肯綮的。减损、规制欲望则可以切近理性,切近社会需求,从而保障人自身的需求。《艮·象传》:"兼山,艮;君子以思不出其位。"《艮》为两山重叠之象,有强调止的意义。山为艮,为止,一山足以表达"止",兼山之叠,更其为"止"。全卦诸爻之义,也都是专门述说,在人心欲求的过程中的知止之节制,同样是对情欲、物欲的规制,使之求于正,"时止则止,时行则行;动静不失其时"(《艮·象传》),随时而行,不逾时,不逾礼,不逾位,不迷乱自己的理性。这些引申发挥,在后来汉代的《毛诗大序》中,概括为"发乎情,止乎礼义",使之更为简捷、更为清晰。

就上述情形,我们看到,《周易》所认识的情与理的关系,情感需要节度,需要归之于"贞",而情感之"贞"所寻求的是合度——合自然规律和社会规律之度,这个合度是一个最为合理、最使人愉悦的境界,也是社会所需求的状态。对此种境界和状态的寻求,《周易》专有《节》卦(王夫之《周易内传》:节,"有度以限之而不逾也"),述说人对事物发展的"节度"所应当具有的认识。

《节》(䷻):"亨,苦节不可,贞。"卦辞开宗明义,告诫人们,不可节之过度而至于"苦",必达于"贞",才合情合理。

该卦象的喻示十分清楚。其为卦下兑(☱)上坎(☵),象征"节制"。兑为泽,坎为水,水在泽中而受到节制。泽的本性是为盛水而在,水不足则蓄纳之,到了泽的容积可容度之时,水便不能无限止地再行灌注,而是依着容积的自然调节自动溢出以适其度;泽为节止,水为流动,一止一流,动静相谐,构成了和谐畅达的活泼的自然界的生命现象。这下兑上坎之象,形象地说明了自然中所展示的节度之理。就卦体说,兑为阴卦,坎为阳卦,卦之结体是"刚柔分而刚得中"(《彖传》)。上刚下柔,刚柔适中而均衡,这样,"刚以济柔,柔以济刚,一张一弛,唯其称也"(《周易折中》引赵玉泉)。它相称和谐,十分妥当地构成了自然的节制。在卦中,"二""五"两阳刚之爻"得中,则不失之过,不失之不及,一损一益,唯其宜也"(《周易折中》引赵玉泉)。王弼《周易注》:"刚得中而为制主,节之义也。""九五"中正而阳刚有力,为节制之主,使卦中诸爻相互节制得适宜合度。从卦象到卦体,都说明了"节制"的大义和情形。它们完美地演绎了"说(悦)以行险,当位以节,中正以通"(《彖传》)的道理。

卦中典型的爻例,从正反两方面对此能更深入地说明透彻。

《节·六三》讲了不知节度的后果:"不节若,则嗟若,无咎。"不知节度,就只有悔恨叹伤。这一爻的处位是阴居阳位,在《节》的下卦之上,过中而不能节制,向下乘凌二阳,骄傲无节,所以"失节"而导致悔恨嗟叹。但它阴柔之质而处阳位,能居不自安,有补过之心,才得到"无咎"的结果。这说明没有节度的事物是不会顺遂通达的,从反面强调了"节制""节度"对于事物存在、发展的重要价值。

《未济·上九》与《节·六三》此爻,在告诫节制的意义上旨趣相同,可引以互相发明。爻辞为:"有孚于饮酒,无咎;濡其首,有孚失是。"《象传》说:"'饮酒濡首',亦不知节也。"《未济》是说"事未成",临"未济"之时,讲究的是慎始慎终,全卦"是戒人敬慎之意,自始济以至于将济,不可一息而忘敬慎也"(《周易折中》)。"上九"一爻,当此之时,反纵逸自己,不知节度,为爻辞所诫。王弼《周易注》:"'未济'之极,则反于'既济'。'既济'之道,所任者当也;所任者当,则可信之无疑,而己逸焉,故曰'有孚于饮酒,无咎'。""上九"以阳刚当"未济"之极,有转而为"既济"("事已成")之象,所以任人任事妥当,可以放心信任,于是自己饮酒逸乐,可以无咎,但如果放松敬慎之心,"苟不忧于事之废,而耽于乐之甚,则至于失节矣。由于有孚,失于是矣"(王弼《周易注》)。"是",《周易集解》引虞翻释为"正也"。"失是",等于说是"失于正道",这情形,正好是《节·六三》那"不节若,则嗟若"的形象而生动的写照。不知节制,失于度,就毁事于既成,因失于正道而嗟叹无及。两爻大义互参,可见《周易》对事物之"节"的高度注重。

再看《节》的说明。卦中:"六四,安节,亨。"该爻能"安节",安于节度,就"亨"——畅达无碍。而"九五,甘节,吉,往有尚",该爻能"甘节",便得到"吉,往有尚"的结果,成为"《节》之尽善尽美"的佳境(《来氏易注》)。九五"当位居中,为《节》之主,不失其中,……为节之不苦"(王弼《周易注》)。甘,《说文》:"美也,从口含一,一道也。"九五爻居尊位,当位而节,阳刚中正,下乘重阴,为《节》卦之主,能得于正道,其节制就是甘美适宜而恰到好处的。可见,"甘节"是无过无不及的"节度",它合于正道,这与"六三"互为映衬,共同表达了《节》卦"节"与"苦节不可"的主旨。

《周易》的《节》卦,具有更广泛的意义,但无疑其中包含着对情感事物的理解。

至此,可见情爱之节度中的"贞",它涵盖着自然规律和社会规律的适度、适中,这样的贞节、操守,是一种理想的境界,人类对待情爱事物能达到如此境界,就个体而言,其获得的是一种自由;就社会而言,其获得的是和谐与稳定。这些认识,应当说是《周易》对情爱作为社会现象的一种挑骨剔髓的本质揭示,这也正是《周易》天道人事——天人合一思维的精要处、深刻处。

综合上述,这些又是《周易》对人事中男女之情,作为社会规律而存在的这一现象的理性探索和客观评价。

小结　思想史中对情爱问题认识上的价值内核

通过对《周易》情爱观念的全面考察，我们至少可以得到这样两种认识：其一，《周易》这一经典的观念，是解释了情爱这一现象的基本的本质和规律的：其间大要，概有两面，一面是作为自然整体存在中的一个类，人必然与自然规律为一，男女之情爱发生，是自然规律的表达，其合理性毋庸置疑，人们必须尊重这一规律，男女之情是自然之事，天经地义；另一面，作为具有理性而依存于社会、可自我创造与发展的类，人之情爱，又必然受到社会的规范，使之止于社会需求。社会需求同样是严肃而合理的，男女之情事不能违背社会规范的规律。其大要两面，合理并存于情爱之中。《周易》的这一认识和观念，表述了人类情爱现象中以理节情的理性本质，这是人类在社会整体需求的意义下，对个体存在的节度与护卫的必然规律，这种确认是《周易》这部经典的深刻识见，其识见颠扑不破。其二，在"贞"的内涵中，表明《周易》已经明确建树了"礼"在情爱事物中的意义和价值。周人以礼治国的自觉的文化建设，细致地深入到婚姻、家庭与情爱的认识中，并明确在《周易》这部经典里。

对情爱、婚姻、家庭，恩格斯《家庭私有制和国家的起源》曾有过这样的说法："如果说只有以爱情为基础的婚姻才是合乎道德的，那么也只有继续保持爱情的婚姻才合乎道德。"[①]这里是以男女平等、自由为前提的自主选择的男女情爱，它是婚姻的前提和基础，也是家庭存在合理性的基础。《周易》看到了男女相感之情在婚姻、家庭中的意义，并且将相感之情看作是稳固婚姻、家庭的重要因素，同自然存在的阴阳和谐，事物方能存在、持续具有生生不息的意义一样，男女之相感，关乎婚姻、家庭的存在、持续，给予了男女相感之情以维系婚姻、家庭的纽带、保障的地位。这一看法，无疑是客观的，是具有一般规律意义的深刻见解。

然而，《周易》之时已进入了宗法社会，这种以"礼"为社会规则而进行社会建设的现实，又决定了其实践是以该种规则为前提的，也就是说，其婚姻、家庭的产生，并不容许男女越"礼"而自由相感应，情爱在当时的社会实践上，首先将被"礼"所规范，这在前面所分析的《咸》卦象中已经十分清楚；

---

① 《马克思恩格斯选集》第四卷，人民出版社，1972年版，第78、79页。

在它的婚姻、家庭观念中也坚持得十分明确①。它的"贞"的观念,其内涵,即所谓"正"的重要侧面,在实践上又注入了对社会理性之"礼"的严肃护卫,人需遵从"礼"的规则。而"礼"的本质,是对人的社会等级与所处地位的确认与保障,这就决定了,在这样的社会背景下,男女间情爱的状态,不可能逾越"礼"的刚性规则,逾越等级的界限而进行相互间的相感、相应,它不是以男女平等、人与人真正、全面平等为条件的。因而,《周易》的情爱观,在古代现实的实践中还不具有恩格斯所说的"爱情"的全部意义,它是建筑在人不能逾越礼的规则的不自由前提下的情感现象,并不是人性的充分的自由的表达。

对此,我们可以这样认识《周易》的情爱观:作为思想成果,它表达了我们民族文化、民族思想家的伟大智慧和成就,其认识,已经从一般意义上揭示了人的情爱现象的本质及其规律、存在及其价值;而作为一种具有社会实践意义的价值观念,它却是阶级社会阶段的思想产物,是以"礼"整理天下、建设天下秩序的整体认识,在评价情爱事物中的具体体现,在实践上表现的是遏止平等与自由,这一价值观念并不具有永恒意义。

然而,无论今天怎样评价它,我们都不能忽视这样的事实,即无论其作为一种思想成果,揭示了人的情爱现象的一般规律,还是作为一种社会的价值观念,《周易》这一情爱观,都成为了对情爱问题认识的价值内核,而在中国古代社会的思想发展过程里,发生着极为深刻而又久远的影响。《周易》之后,对于人的男女情爱问题的解说,无论是注重社会要求的,发展到极致的宋明理学"存天理、灭人欲"的主张;还是注重人性需求的,高倡于魏晋,凸显于明、清的任天真、任性情的主张,都实质上依赖《周易》这部经典,援理以立说,它贯串于古代思想建设的全过程,成为思想史中对情爱问题认识上的价值内核,由此可以见出《周易》所建树的这一观念在古代思想史中的意义。

---

① 参见后《〈周易〉的婚姻、家庭观述论》一章。

第十四章 《周易》的婚姻、家庭观

第一节 作为历史发展产物的婚姻、家庭观

在古代史中,从社会组织形式的角度看,人类社会的逐步建立是伴随着对血缘、婚姻的探索与理解开始的。血缘辨析、婚姻制度是人类从蒙昧走向文明所依赖的最基本的社会形式,通过对这一形式本质意义的不断发掘,不断赋予新的内涵,社会才由原始的血缘认同走向了政治的联盟,由亲缘、亲情走向了利益的组合,由蒙昧社会走向了文明社会,因此,在文化史中,对于人自身的认识说来,婚姻、家庭是一个重大的领域。而在中国传统文化中,这一领域的意义又显得尤为重大——血缘、婚姻、家庭是社会得以组织、确立的一个基点,社会的组织,对社会的治理,甚至对个体人格的理解与塑造,都离不开对这一问题的探索与整理。血缘、婚姻、家庭就是政治,《大学》所列的程式——修身,齐家,治国,平天下,便是对中国传统文化最精要的概括。《序卦传》:"有天地然后有万物,有万物然后有男女,有男女然后有夫妇,有夫妇然后有父子,有父子然后有君臣,有君臣然后有上下,有上下然后礼仪有所错(措)。"这一说法,既是对中国古史中自阶级社会产生至周代的社会存在样态的描述,也是对这一文化性质的清楚的解说。在中国传统文化中,对血缘、婚姻、家庭的认识和把握与对社会的治理同出一辙,两者是由具体、个别而达于宏观、普遍的因果关系。正因这样的关联,正因渊源于血缘、婚姻、家庭,才形成了中国社会、中国传统文化的以伦理为本位的鲜明特色,故而,求证中国文化的个性,认识中国社会,就必须首先认识传统文化中的婚姻、家庭。

中国传统文化的婚姻、家庭观念之奠基是《周易》,因而,《周易》中展现的对婚姻、家庭的认识成果,也便显得意义重大。当殷、周间的文化转变之时,周人在这一问题上所形成的若干观念,表现了更为深切的理性自觉性,它成为了中国奴隶制社会后期和整个封建制社会全过程中的确定不移的价

值观。这些作为价值定向的观念,具有其稳定性和指导性,其影响延伸久远。

因此,全面、系统地认识《周易》的婚姻家庭观,在对中国传统文化的认识中,便是一个不可回避的重要课题,这里即尝试对《周易》的婚姻家庭观作以全面、系统的梳理。

第二节 《周易》产生之前的婚姻、家庭观念

《周易》有关婚姻、家庭的观念绝非劈空而来,它是历史发展的产物,是人们对人自身和社会不断探索与认识的结果,因而,不了解这一观念产生的背景,就不可能深切地感知这种观念的内涵和它所具有的价值。这里就对其观念产生的背景,作以简要的勾勒。

对认识《周易》这一观念有直接意义的,是史称的夏、商、周文明,因为《周易》的观念是阶级社会的产物,而中国古史在夏代已经进入了阶级社会。三代之间的文明,张光直先生曾论断:"夏、商、周三代实在是一气呵成的历史发展。《礼记·礼器》:'三代之礼一也,民共由之,或素或青,夏造殷因。'《论语·为政》:'殷因于夏礼,所损益可知也;周因于殷礼,所损益可知也。'数十年来的古史与考古研究,都充分证明了从殷到周之间,中国的文明史可以说没有什么显著的变化,甚至于从考古学上说,从考古遗物上去辨认晚商与早周的分别,常常会有很大的困难。夏商之辨,可能也是如此。"[①]就是说,三代之间的文明,就所见的文物制度看,是一个较少显著变化的缓慢渐进的过程,三代相连。若依此说,我们可以从夏、商、周三代相关联的视角,概要地看到《周易》之前对血缘、婚姻、家庭认识的大体面貌。

一、夏代文物制度所透露的对血缘、婚姻的认识

在夏文献不足的情况下,我们的观察只能更多地依赖考古成果。就考古发现看,看待血缘、婚姻、家庭问题的意识最具有参考意义的,当是墓葬、遗址、遗物所反映的当时的文物制度。

按《商周考古》对墓葬的描述,最集中的表达,是它确切地证明了夏代已经进入阶级社会。在河南堰师二里头夏文化遗址中有三类墓葬,在说明着阶级的分化:

---

① 张光直:《中国青铜器时代》,生活·读书·新知三联出版社,1999年版,第121页。

一类墓葬是奢华墓葬。它们虽年代淹远、实物朽毁，但据遗迹仍不难推断"原来可能有棺有椁"，棺底铺有大量朱砂，墓中随葬着各种礼器和装饰品，有铜爵、陶盉、玉戈、圆泡形铜器，以及玉、骨、玉柄饰、绿松石等，是最为奢华的一类。甚至发现了夏文化中早期的规模宏大的大墓，其"规模与殷墟妇好墓相当"是"我国迄今所知最早的大墓"，若以所发现的同时同地的象征国家政权的宫殿建筑相印证，墓主人当是统治阶级的最上层人员。

另一类是正常葬。有随葬品，主要是陶器，鼎、豆、觚、爵、鬶、盉、盆、罐、瓮等，有的也有玉器和贝，"这些墓主人都是自由人"，他们之间有着贫富差别，"富者有可能掌握了一定的奴隶，因而也就成为奴隶主阶级"。

还有一类是非正常葬。无随葬品，葬式或蹲坐，或仰屈，或俯屈，或侧屈，有的身首异处。这些事实说明了"社会阶级的对立"[1]。固然，这些材料本身，就其表面看，它似乎只能证明阶级的分化与对立，还不能清晰见出当时的婚姻、家庭情况，然而，这阶级的分化与对立现象的背后却深含着血缘、婚姻这一层最为重要的基础因素。

这一基础因素，是通过青铜时代的文物制度及其特质而更为明显地表现出来的。

夏文化是中国青铜时代的开端。二里头夏代文化的断年，约在公元前1900—前1500年，其积年在400年左右。考古学家将其分为四期，每期约各占100年[2]。在它的二期里，就已经见到了铸铜作坊，并始见青铜兵器，所有遗物在证明着"二里头文化二期进入了全面兴盛阶段"[3]。程平山先生的研究认为："二里头二至四期文化是少康中兴以后的夏代中晚期文化，二里头遗址是少康中兴以后的夏代中晚期都邑。"[4]在这里——二里头文化二期，"拥有目前所知我国最早的宫室建筑群和宫城遗存、最早的青铜礼器群和最早的青铜冶铸作坊。它是当时中国乃至东亚地区最大的聚落，也是迄今为止可确认的中国最早的王国都城。……二里头文化与后来的商周文明一道，构成华夏文明形成与发展的主流，确立了以礼乐文化为根本的华夏文

---

[1] 北京大学历史系考古教研室商周组编著《商周考古》，文物出版社，1979年版，第21—28页。中国社会科学院考古研究所二里头队《河南偃师二里头二号宫殿遗址》，《考古》1983年第3期。

[2] 关于二里头夏代文化的断年，说法不同，《夏商周断代工程1996—2000年阶段成果报告》认为二里头文化在公元前1880—前1521年之间；而此前一般认为其年代在公元前1900—前1500年。参见许宏《二里头遗址发掘和研究的回顾与思考》，《考古》2004年第11期，以及前引邹衡先生《夏商周考古学论文集》。本文采用通行的一般说法。

[3] 许宏、陈国良、赵海涛：《二里头遗址聚落形态的初步考察》，《考古》2004年第11期。

[4] 程平山：《夏商周历史与考古》，人民出版社，2005年版，第19页。

明的基本特质。"①这些和前述的墓葬情形,大体说来,可视作青铜时代开端的夏文化的基本内容。

作为青铜器时代,它的突出特征是什么呢？张光直先生对此曾有过说明:"中国青铜时代的最大的特征,在于青铜的使用是与祭祀与战争分离不开的。换言之,青铜便是政治的权力。"②那么,对我们的论题就具有了直接意义,这就是夏文化遗址出土的作为政治权利表征的青铜器和财富的占有,它们都在透露着当时的血缘、婚姻情况。

从原始父系氏族社会进入阶级社会的重要规律,即祭祀是王权、贵族的政治内容、统治形式,它表达了从上帝、祖先那里获取的不可动摇的政治地位与权力。这一权力的底层支持,就是血缘。各层权力是建立在血缘、亲属关系框架之上的政治外壳。在这时,祭祀的权力也就是杀伐予夺的权力、征敛财富的权力,于是才有墓葬所反映的一切,才有二里头遗址中心区的组成要件:宫殿区—贵族聚居区—铸铜作坊区—祭祀活动区。来自夏文化墓葬与遗址中心区的信息,及《史记·夏本纪》所记载,从夏禹传位于其子启,直到夏桀,整个夏王朝的权力、财富皆依准血缘身份相授受,则我们可以看到,这些材料在骨子里,传递的正是,夏人对血缘和婚姻的理解与使其纳入制度轨道的严肃表达。

夏代进入了王朝诞生的阶段,已经形成了奴隶制的国家机器,并且有法律的强制,使权利依严格血缘的父系系统相传递,人们对血缘、祖先崇拜、等级、财产关系已经形成了一定的认识,社会在阶级分野的形式下获得了有序的发展。

没有更多、更坚强的材料让我们确切地知道夏文化中婚姻、家庭的具体情形及较为清楚的观念,但其墓葬与遗址中心区所展示的文物制度,已经明确地告诉了我们,他们对血缘、婚姻所确立的一定的原则,以及由此而确立的礼文化的基本特质。

在墓葬与遗址中心区所遗留的文物制度现象的基础上,再结合传世典籍,我们或可得到这样的认识:

其一,如果说三代是"一气呵成的历史发展",那么,在"夏礼"这里,已经开启了这样的先河——由血缘的认准而构成了人们亲疏远近的分别,并由此而构成了统治阶级中的等级与社会中的阶级的分野;在血缘的认准所构成的亲疏远近分别,社会等级、阶级分别的基础上又构成了在财富占有中

---

① 许宏:《二里头遗址发掘和研究的回顾与思考》,《考古》2004年第11期。
② 张光直:《中国青铜时代》,生活·读书·新知三联出版社,1999年版,第22页。

的富有和贫穷的差异。

其二,这时,婚姻已经不单纯是作为人类自身繁衍意义上的事物而存在,而是开启了它在阶级社会中作为建筑在利益之上的联盟的一种存在的历程。在这样性质的关系下面,其实就已经奠基了婚姻即政治的功能,在这里,它排除了个人情感、意志等因素的人性成分,变成了政治、利益行为。换言之,在血缘、权力、财产的意义之下,男女的自由结合到这里已经消亡了。于是,才会在社会现实、社会需求的基础上,酝酿、产生一种新的婚姻、家庭观念。

二、商代的家族形态及其观念

如果说夏文化中,婚姻、家庭的形态和观念一时还难以描述具体、清晰,那么,商文化就不同了,它较为清楚地表现了其家族形态和观念,那就是以血缘为基础的由严格的父系权力传递而向较为严整的宗法制度过渡,它是夏文化的继续和发展,也是周文化的先声。

在殷商文化中,最突出的现象,就是关于"族"的记述。丁山先生在《甲骨文所见氏族及其制度》中说:"将武丁时代所有的贞卜例外刻辞(引者按,即非占卜语词)归纳起来,就立见殷商王朝氏族之盛了。"依其"粗计",就所见到的甲骨文材料而言,便已经有二百个以上的氏族名称。他的研究结论是:"殷商后半期的国家组织,碻以氏族为基础。"①丁山先生的研究至少说明了商代社会存在的"族"之多,就社会的组织情况而言,"族"是商代国家存立的基础。张政烺先生的研究,从另一个角度说明着氏族的情况,殷代存在许多氏族,世代供奉王职。以一些见于卜辞的族为例,这些族在甲骨文的一至四期连续存在,"不仅世禄而且世官"。②张亚初、刘雨先生《商周族氏铭文考释举例——摘自〈商周青铜器族氏铭文的资料和初步研究〉》从金文材料入手,见到的情况为:"据初步统计,商周铭文总数在一万条左右,其中族氏铭文就有四千几百条,数量相当可观,几乎接近总数之半。"③依文中断代研究所举之例,这些载有族氏铭文的铜器皆为殷墟文化二、三、四期到西周早、中期的器物。铭文的记载,证明着当时氏族的繁多,也证明着该氏族由商入周的历史真实。上述这些研究结果,都无不凸显着商代"族"的醒目。

朱凤瀚先生的《商周家族形态研究》,综合典籍与考古材料对商代的家族形态作了系统阐释。参照朱先生的研究,我们可以看清商代这数量庞大

---

① 丁山:《甲骨文所见氏族及其制度》,中华书局,1999年版,第16、33页。
② 张政烺:《帚好略说》,《考古》1983年第6期。
③ 《古文字研究》第七辑,中华书局,1982年版。

的家族的基本形态,并得到对商代婚姻、家庭及其观念的认识。

商代家族组织类型是较为清晰的。它层次分明,有王族,是以时王和亲子为骨干,联结其他近亲组成的家族;有未继承王位的王子分立出去所建立的家族,称为"子族";有"子族"之外的贵族所率领的商王同姓亲族(含"子族"的后裔)的贵族家族。商王血统的子姓家族,构成了社会上层的骨干框架,然后是"除去部分子姓远亲家族外,包括部分有姻亲关系的异姓家族以及某些被征服后,在文化上与商人亲族相融合的异姓家族"①。尽管商代的诸侯国还没有达到像周代那样的水平——分封自家子弟和功臣,构成一个严格意义上的血缘之网去笼罩、治理天下,但商代这个网络的核心却是以血缘为依据的,由核心而辐射出去,控驭那些层次清楚的散布在各方的家族,使之与王朝紧密相联,构成拱卫王朝的网状结构,令商王朝的政治构架趋于稳定。在这里,我们已经看到了殷人的血缘——婚姻的作用。如果暂不看"某些被征服后,在文化上与商人亲族相融合的异姓家族",那么,立刻就显露出来这一框架的面貌:网络的核心是血缘,血缘是政治的基础,婚姻是网络、政治的稳定与延伸的手段。也就是说,在商代的发展过程中,血缘与婚姻作为政治的因素,是客观存在的。

其家族内部的组织结构也是清楚的。他们以族的形式长期、稳定地聚居于某地,族由包括两三代人有血缘近亲关系的"核心家族"构成,而"核心家族"又由作为夫妻"生育之家"的个体家庭构成,家庭在家族中有一定的地位。一般的家庭规模并不大,王族、贵族规模较大,多妻多子。"商人诸家族的成员,生前按族系聚居,使用带有族氏系谱性质的复合氏名,死后埋在多级墓地中,并且各家族均有自己独特的埋葬习俗,比如随葬物的组合、墓位的排列方式等。这种状况深刻地反映了血缘亲族关系在商代社会中对于社会成员巨大的约束力"②。在这样的情形下,作为联结家族及其成员的核心的血缘关系,必然产生自身约束力的观念,既有向心力、凝聚力,又有"生相亲,死相迫"的情感约束力,总之家族是个体人存活立命的利益、情感共同体。

商代家族中等级分明。"商代晚期商人的宗族成员间已存在较严格的等级制度,使家族成员的社会地位形成了一种阶梯状态,这种状态不仅体现在家族成员间的经济、政治关系上,而且体现在诸如礼器使用制度、墓葬使用制度上的种种凝固化的规定上,家族内部贵族与平民间在上述诸方面所

---

① 朱凤瀚:《商周家族形态研究》,天津古籍出版社,2004年版,第81页。
② 朱凤瀚:《商周家族形态研究》,天津古籍出版社,2004年版,第89、117页。

表现出来的等级差别实已构成阶级身份的差别,只是这种差别采取了家族内部等级关系的形式,表面上笼罩着亲族关系的外衣。……等级结构的基础是宗族内部的亲属关系与亲属制度,在一个宗族内,处于最高等级的,是整个宗族的父家长,即宗族长。在宗族内所包含的若干分族中,处于最高等级的则是分族的父家长,即分族长。各级族长间的等级差别是与家族亲属结构的层次与隶属关系相吻合的。各级家族内家族成员阶梯状的等级差别,则缘于各成员与各级族长关系的亲疏。"[1]在墓葬中的人殉情况里,还反映出了当时社会的奴隶制的现实。这种宗族内以及社会上的分明的等级关系,使我们感到它和夏文化的相似性与连续性,那就是在这些文化中所体现的宗法社会的诸关键因素。

商代家族的经济形态是与其内部结构、等级形态相一致的。宗族有一定的属地,有不受王朝支配的农田、畜牧经济,而这些都由族长控制,财富通过宗族内的征取、贡纳制度集中在贵族手里。"宗族内的多数族众属于平民阶级,从其墓葬的简陋可以推知他们多数是直接生产者"[2]。从此也可以看出,当时的一对夫妇的个体家庭还不是独立的经济单位,最基本的生产资料——土地,还是宗族所有,作为多数族众的平民阶级,虽从事直接生产,但仍依附于宗族,宗族是一个家庭集团。

在婚姻形式上,商代已经有了族外婚姻的做法。据丁山《甲骨文所见氏族及其制度·卜辞所见诸妇的氏族》、岛邦男《殷墟卜辞研究》可知,卜辞所称的"妇某""某妇",某即是其自身所出氏族的省称,它们明确地记录着商代家族的族外婚姻的现实。族外婚姻,对王朝说来,是扩大王朝的统治基础;对通常意义上的家族说来,是通过婚姻扩大其家族的政治势力,总之是通过血缘的不同组合,来达到稳固自己,又明晰区别,保持血缘的独立与完整的目的,《礼记·郊特牲》所谓"娶于异姓,所以附远厚别也",便说穿了族外婚姻的意义。

通过上述的商代家族形态及其内涵,我们可以看到,殷商王朝没有"停留在氏族社会阶段",而是具有了阶级社会的一切特征,"商人家族组织虽仍是血缘组织,但已与原始公社时期的氏族组织有本质的区别"[3]。同时,我们也可以看到,商代社会已经具备了后来周代成熟的宗法社会中的若干因素。胡厚宣先生高度概括了其意义及殷商时代的宗法情形:"宗法之含义有

---

[1] 朱凤瀚:《商周家族形态研究》,天津古籍出版社,2004年版,第133页。
[2] 朱凤瀚:《商周家族形态研究》,天津古籍出版社,2004年版,第172、173页。
[3] 朱凤瀚:《商周家族形态研究》,天津古籍出版社,2004年版,第133页。

三：一曰父系,二曰族外婚,三曰传长子。此在殷代皆不成问题。"①因为商代王位传承的嫡庶之制无如周代严格,传子、传弟兼而有之,因而也就带来了对宗法制度认识中的一些问题,所以有些学者又不认可商代是严格意义上的宗法社会。但商代虽长期传子、传弟兼而有之,而到了商代后期,"武乙以至帝辛传子,实与周制相同"②。说商代是向较为严整的宗法制度过渡,周的宗法理论及实践源出于商,应当是没有问题的。这正如钱杭先生的论断:"商代没有如同周代那样严格、完整和高度理论化的嫡庶制。商代的嫡庶制是初级形态的。西周的嫡庶制并非周氏宗族本来就有,周人主中原之前的宗法发展程度并不比商代的一般水平高。'周因于殷礼'。周代宗法制度的兴盛,建立在商代已经打下的基础之上,商、周两代宗法,构成了一个发展的序列。"③

那么,在前述基础上,我们可以得到如下几点认识:

其一,商代的社会组织形式是以父系家族为基础而存立的;家族组织是以血缘为基础的相对独立的统一体,血缘仍是其核心观念。

其二,家族内部已经有了阶梯式的严格的等级划分,因而等级的观念、家长的观念也成为了维持家族的核心观念之一。

其三,商代已经具备了明晰的以一对夫妇为存在形式的家庭,所谓一个"生育之家";这种家庭是在家族背景下的存在,它受到家族的制约,只是"生育之家",而不是独立的经济单位。因是家族的依附者,它的观念就必然要与家族的观念相一致。

其四,婚姻是政治利益的联结和保障,因而,其婚姻观念就必然受到政治利益与经济利益的制约;婚姻不考虑当事人个人的情感与意愿,它是以家族利益为旨归的。

如果说夏、商、周三代是一个就文化史意义上而言的基本同质的连续过程,那么前述的夏、商两代,基于血缘而走向宗法社会,实际上是反映了人们对社会治理的探索过程,也是人们认识成果的积累过程。其间包含的要义,就是在对血缘的分析与认识过程中对婚姻、家庭问题的不断认识与明晰,并终致走到周人成熟的严格、完整和高度理论化了的宗法制度。在这一制度中,具有清晰、明确的婚姻、家庭观念。

---

① 胡厚宣:《殷代婚姻家族宗法生育制度考》,《甲骨学商史论丛》,初集第一册,1948年版,此处转引自王宇信、杨升南主编:《甲骨学一百年》,社会科学出版社,1999年版,第470页。
② 陈梦家:《殷虚卜辞综述》,中华书局,1992年版,第373页。
③ 钱杭:《周代宗法制度史研究》,学林出版社,1991年版,第2、3页。

综合上述，这里所要说明的是，夏、殷两代的探索都是《周易》观念的基础和因由。《周易》是以自己的表述方式，将前述过程中，落实在宗法制度内涵里的种种婚姻、家庭的认识做了较为全面、明确的表达，其所表达的一系列观念，又是构成文化传统的中国长久古代史中的权威的价值观念。

第三节 《周易》的婚姻家庭观念

"《易》以道阴阳"，婚姻、家庭，男女之结合正是阴阳合和的典型事项，所以，《周易》的婚姻、家庭观念是它阴阳观念的一个具体的部分。在本质上讲，婚姻、家庭也是"象"，是《周易》述说阴阳大道的媒介，这就使得婚姻、家庭观念既有专门的卦象，又有散在不同卦、爻当中的有关资料。这些作为"象"而保留的资料，就义理角度而言，其所承载、所表述的观念，是夏、殷历史过程对婚姻、家庭问题长期探索的结果，同时也是周人在新的起点上对社会治理的理性认识。以下，我们就结合专门卦象和散在不同卦、爻当中的有关资料，抽绎、梳理、认识其观念。

一、《周易》的婚姻家庭观念概观

夏、商、周三代的文化传承虽一脉相连，制度相因，缓慢渐进，但发展至周代，在制度建设上却出现了极大的深化，这种深化与夏、殷制度的最大区别，就是立嫡之制、庙数之制、同姓不婚之制[①]，它是周人严整的高度理论化的宗法制度。殷周之际观念的这种大转变，也反映在《周易》的婚姻家庭观中，其观念是周家制度思想的直接表达，换言之，考察《周易》的婚姻家庭观是需要在周人宗法思想的整体背景下进行的。这里我们首先概观一下《周易》对婚姻家庭的总体理解。

《周易》讲天地阴阳，"近取诸身，远取诸物"，万物皆有阴阳，皆需要对立统一，人类自身也同样是一个对立统一的世界，婚姻嫁娶，男女合和

[①] "周人制度之大异于商者，一曰立子立嫡之制，由是而生宗法及丧服之制，并由是而有封建子弟之制，君天子臣诸侯之制；二曰庙数之制；三曰同姓不婚之制。此数者，皆周之所以纲纪天下，其旨则在纳上下于道德，而合天子、诸侯、卿大夫、士、庶民以成一道德之团体。""有立子之制而君位定；有封建子弟之制而异姓之势弱，天子之位尊；有嫡庶之制，于是有宗法、有服术，而至国以至天下合为一家。"王国维《观堂集林》，中华书局，1984年版，第453—454页，474页。

才是天地阴阳之正道,所以,在它的总体思路中,首先积极肯定了男娶女嫁、女随人适夫的必然之性,为天经地义的必然之理。《周易》中的《睽》《革》《随》三卦,集中、醒目地说明了这个道理,标示着它对婚姻家庭的总体理解。

《睽》(䷥),"睽"之本义是"目不相听"(《说文》),即两目相背、互相乖违不能和谐。卦的结构也正是这个意思。其卦下兑(☱)上离(☲):兑为泽,水性就下,本来就在下卦,愈益沉落;离为火,火性上炎,其在卦中本自处上,愈益上腾,这样看,下兑上离愈乖愈远,正是睽违乖背,无由相合之象。兑又为少女;离为中女,少、中二女同处一卦,犹此二女同居一室,表现出如泽与火不能相谐的乖违之象,所以《象传》说:"火动而上,泽动而下;二女同居,其志不同行。"二女同居,各有其志,不能同行。《周易正义》进一步解释:"中少二女共居一室,理应同志;各自出适,志不同行,所以为异也。"这里揭示了一个既含人的天然本性又受制于社会现实规律的必然之理——《说文》:"嫁,女适人也。"《白虎通》论及嫁娶名义时说:"嫁者,家也。妇人外成,以出适人为家。"妇人有外成之义,只有出嫁才能成家、才能安心。又女子出嫁曰"归"。女子出嫁适人,才算有了家,有了归宿。其实,"外成""归"并非女子与生俱来的天然本性,母系氏族社会恰与之相反,是男子"外成",最为典型的西安半坡仰韶文化遗址已经十分清楚地说明了这个问题:半坡人"在实行对偶婚的情况下,世系是从女方计算的,男子要到妻子的氏族去,男女双方分属于不同的氏族,丈夫不经常在妻子的氏族内生活,他们总是被妻族当作客体对待的"[1]。当然,在这时,对偶婚只有婚配意义,而没有稳定的夫妻共同生活的家庭的意义。妇人外成、谓嫁曰归是面对以父系男性为主体的宗法社会的家庭所立之论,而见之于史料,对这一观念的最早说明,就是《周易》。《周易》认为求取配偶、阴阳和谐是其天然之性,这是毋庸置疑的,所以卦义才是"二女同居,其志不同行",但满足天然本性的前提,是要顺乎社会的要求,所以女子得外成适人,这样,才可能以家的形式既满足其本性,顺乎自然之情,又合于社会要求,从而使之心安理得。而"归"则又有从一而终的意思。女子出嫁成家,不但不事二夫,而且大义只为夫家负责,所以说"归"。作为无法否认的道理,《睽》通过卦象的组合,已经将上述含义十分明确地予以了揭示。

与《睽》卦所表现的女子之情相类的是《革》卦。《革》(䷰)为不安现

---

[1] 石兴邦:《半坡氏族公社——考古资料反映的我国古代母系氏族社会制度》,陕西人民出版社,1979年版,第92页。

状,求取变革之义。其卦取象同样是"二女同居,其志不相得"(《象传》)。其卦下离中女,上兑少女。《周易正义》说:"中、少二女而成一卦,此虽形同而志革也。一男一女,乃相感应;二女虽复同居,其志终不相得,志不相得则变必生矣。"二女同居,犹女在娘家,尚未嫁人之时,其与兄弟姐妹共居处,这时,女子心不安宁,只有找到丈夫,"一男一女乃相感应",适人成家才会安稳。《革》卦取义于"变""更革",而取象于二女同居,可见周人对女子外成的认识。《睽》《革》两卦所申之义简洁明了、确定不移。这说明了《周易》在男女婚姻问题上的清晰认识。后来的《白虎通》较浅切地申释了《周易》所讲的这个道理:"人道所以有嫁娶何? 以为性情之大,莫若男女,男女之交,人伦之始,莫若夫妇。"嫁娶、夫妇,首先是人的天然性情的需要,是自然而然的规律,只有遵从了这一规律,才进而有所谓"人伦"——人的社会性,所以男娶女嫁,天经地义。

《随》卦则从男娶女随的角度,述说了男女之嫁娶另一个方面的要义。《随》(䷐),象征随从之意。其卦下震(☳)为雷、为动、为长男;上兑(☱)为泽、为悦、为少女。《周易程氏传》说:"兑为说(按,即悦),震为动,说而动,动而说,皆随之义。女,随人者也,以少女从长男,随之义也。"《周易集解》引郑玄曰:"震,动也;兑,说也。内动之以德,外说之以言,则天下之人咸慕其行而随从之,故谓之'随'也。"内卦长男具厚德而感动外卦之少女,女悦而相随,并且是阴柔顺逊之女,随阳刚健毅之男。该卦象活画出了男子以德、以礼主动相求于女子、女子悦怡其德而待之来求、阴柔顺随阳刚的情形。女待男求,以礼而行,这是周人的婚姻嫁娶观的另一个重要内涵。

这里三卦不仅递相说明《周易》肯定了人之性情,男娶女嫁、女随人适夫为天经地义,而且也透露着宗法社会对男婚女嫁的特有的理解和要求。

在上述《周易》的婚姻、家庭观里,我们看到了两个方面的倾向:

其一,认可"饮食男女,人之大欲存焉"(《礼记·礼运》),承认人的天然本性,有了它才有人类自身的存在与繁衍;其二,婚姻以正、以德,要合乎社会所要求的道德理想,而这种道德理想就是男权为主,男娶女随。

在《周易》婚姻观念中,将人性纳入了当时的社会道德之中,让情感与理性相统一,让家庭与社会相协调。这就是《周易》婚姻家庭观念的总体面貌,它既含有对人性情的理解,也在申示着严肃的社会观念。比之于夏、殷,它明显具有了更深程度的理性化,对人自身、对社会的理解都达到了一种深刻性和稳定性的水平。

二、娶妻、娶妾的观念

"周代的婚姻是成熟的专偶婚制。在贵族阶层中,上自天子、诸侯,下至卿大夫、士,普遍实行一夫多妻制。庶人实行一夫一妻制。"[①]周代的婚姻家庭形态如此,其婚姻的形成就其本质说,除传宗接代的直接目的外,它还是一种利益的组合。就贵族阶层而言,在宗法制度下,由于宗族的分化和分封制度,使宗族各自成为了政治性的独立体。周人奉行同姓不婚制,婚姻又成为了政治性的独立体的非同姓贵族间利益结合起来的重要纽带之一。为强化政治利益的关系,婚姻关系也就成为了政治关系的一个重要方面;贵族阶层作为垄断政治舞台的重要角色,他们的婚姻也注入了政治利益的色彩。婚姻的政治利益化,在周代便和当时的婚姻、家庭的现实一道,成熟地显现于社会观念之中,于是就有了《周易》如下诸种观念。

1. 关于娶妻的观念

(1)"贞"的观念

在男娶女嫁中,《周易》特别注重"贞",即正。得正则吉,失正则非"咎"即"凶"。"贞"是《周易》婚姻观中最重要的价值取向,"贞"在根本上关乎利益的保障,非"贞"则婚姻基础将遭到瓦解。

《周易》之"贞",有二重意义。一重是强调女子人格之正,一重是强调婚姻以正。

(2)女子的人格之正

先看女子的人格之正。

《随》(䷐),前文已涉及,该卦讲的是社会现象中时时可见的随从、随和的义理。最能集中表达"随"之意义的,莫过于女随男的婚姻嫁娶事物,因为只有男女婚姻,日常家庭之事才时时处处亲密接触,在这里,使家庭稳固的相随而和,便成为了生活中最大、最现实的课题。所以该卦取象于男女相随,其卦象的下震(☳)上兑(☱)其义也就十分清楚而又颇耐玩味——"兑少女,震长男,男行女随"(《诚斋易传》)。依照《易》例,八卦之中阴阳爻以少者为主,上兑阴少为阴卦,下震阳少为阳卦,所以说"阴顺阳"——是上兑少女顺随下震长男。卦的构成是"刚来而下柔,动而说(悦)"(《彖传》)。《易》理:阳为刚、为大、为尊;阴为柔、为小、为卑。阳刚之"震"前来,主动谦居于阴柔之"兑"的下面,以尊贵而谦居卑贱之下,则阳刚尊贵者之动,必使阴柔卑贱者和悦而相随。

---

① 谢维扬:《周代家庭形态》,黑龙江人民出版社,2005年版,第38页。

在这男动女悦、女随于男的婚姻之象中,卦辞强调了"贞"——"元亨,利贞,无咎"。"利贞"是它求吉避凶的关键。《周易正义》曰:"'元亨'者于相随之世,必大得亨通,若其不大亨通,则无以相随,逆于时也;'利贞'者,相随之体,须利在得正,随而不正,则邪僻之道,必须利贞也。"依《周易正义》之说,则"元亨"是前提,"利贞"是关键,当阴阳和合而"元亨"大得顺利之时,只有体"正"才会有"利",不正(即不贞)将涉入邪僻,而一入邪僻,则事物就反向转化,虽在"元亨",其前途也将非咎即凶。这里,面对女随于男的婚姻之象,卦辞从通体上强调了守"贞"之重要。

对此,该卦还有具体的说明。当女随人之时,女子要体正——自己有人格之正,这样随人才利而无咎,大得亨通。反之不守贞正以随,则咎害多而利益少。《随·六二》"系小子,失丈夫"王弼《周易注》:"阴之为物,以处随世,不能独立,必有系也。居随之时,体分柔弱,而以乘夫刚动,岂能秉志?"就卦象说,六二本与九五相应(参前卦象),如果守正专一,六二、九五将是很好的一对,但它不能"秉志"专一,犹妇人没有贞专之德,不能守正无邪,乘于初九阳刚之上,心有所动,就近附从于初九"小子","系"小"失"大,失去了本来相应的九五刚正丈夫。这是因不能守正而自食其果的显例。《随·六三》:"系丈夫,失小子;随有求得,利居贞。"就卦象看,三、四两爻均无正应,只有两相亲比,这样一来,六三求九四必有所得。爻辞便告诫,六三不可妄求,宜于安居守正。用之妇人,它说明,倾心附从阳刚丈夫,一定会受宠爱,这时应当广修美德,守正慎"求"。不然,必有"邪媚之嫌"(《周易本义》),就是说,人格之正,包涵着不能因势利便、以邪求宠而失于正道的谄媚相随。爻辞从阴爻的角度,说明了当女随于男之时,善守贞道的人格之正的重要。

《随》卦从通体到细微,再三说明了女子之"贞"——人格之正在随人过程中的重要。

《周易》明确否定无人格之正的女子。

《蒙·六三》(䷃)"勿用取女,见金夫,不有躬,无攸利。"《周易程氏传》就卦中诸爻的关系而体察,指出了"六三"的品性:"三以阴柔处蒙暗,不中不正,女之妄动者也。正应在上,不能远从,近见九二为群蒙所归,得时之盛,故舍其正应而从之,是女之见金夫也。女之从人当由正礼,乃见人之多金,说(悦)而从之,不能保有其身者也。"这里的女子不能守持贞正,没有人格自持。"金夫",郭沫若先生《中国古代社会研究》说周易时代:"资贝是当时的货币,资字亦从贝,金属的货币还未产生。"因而,这里不能把"金夫"理解为"多金钱之夫",一说当理解为《诗经·卫风·淇奥》"有匪君子,如金如锡,如圭如璧"之"金",比喻男子的美貌①。这些理解都不影响《蒙·六三》之爻的性质,从卦中诸爻的关系而体察,它确表现出不正的人格品性:竟然一见九二阳刚之男"得时之盛",地位煊赫,便急往从之,忘却了自己应当随从的上九正应丈夫,甚至"不有躬"——不能保有自己应当守持的人格品行,所以《象传》说:"勿用取女,行不顺也。"这样的女子之行自然是"无攸利"了,甚而竟至于"不能保有其身",在婚姻上不得善终。在关乎宗族、家族利益的婚姻当中,女子无自性、人格,只为追求一己的利益而忘却所入家族、家庭的利益,这是具有很大遗患的,因而这种无人格之正的女子一定要在被否定之列,《周易》将其作为观念,标示而出。

《姤》(䷫)"女壮,勿用取女"。《姤》卦下巽(☴)上乾(☰),象征"相遇"。在相遇之时,"一阴承五阳,一女当五男,苟相遇耳。非礼之正,故谓之'姤'。女壮如是,壮健以淫,故不可娶"(《周易集解》引郑玄)。《姤》之女子,之所以不可娶,就是因为她毫无原则,一阴在下,向上往求五个阳刚,一女当五男,只是与人苟且遇合,宣淫而已,这样的女子是不能与之长久维持婚姻的,因此《象传》断定此义云:"'勿用娶女',不可与长也。"这里同样强调了女子守持贞正、不可乱求的人格之正。在爻辞中又对此进一步具体深相告诫。《姤·初六》:"系于金柅,贞吉;有攸往,见凶,羸豕孚(通"浮")蹢躅(同"踯躅",不静也)。"在卦中,初六与九四相应,这里是说明,在下一阴而当上五阳之时,如无原则操守,不守贞正则有凶险。前一句是原则,告诫初六,其贞当如刚坚的"金柅","柅"是车上的刹车器,《周易正义》引马融说:"在车之下,所以止轮令不动者也。""金"强调"柅"的刚坚,实际上是喻示女子的原则、态度,只与自己相应的九四相遇合,而且坚持此态度要如"金柅"之刚坚不移,无任何因素可以改变。后一句是反面去描绘,如躁动轻浮,就必然遭遇凶险。初六阴柔在下,如同牝猪轻浮躁动,王弼《周易注》:"言以不贞之阴,失其所牵,其为淫丑,若'羸豕'之孚务'蹢躅'也。"以这样的状态有所前往,就必有凶险,所以必须牵系于九四。王弼《周易注》说明:"初六处'遇'之始,以一柔而承五刚,体夫躁质,得遇而通,散而无主,自纵者也。柔之为物,不可以不牵;臣妾之道,不可以不贞,故必系于正应,乃得'贞吉'也。"概括了该爻的爻旨要害。从该爻可见,其从正、反两面对《姤》之女子相诫之深,也见出《周易》对"壮健以淫"的坚决、深刻的否定。

在以宗法为根本的社会状态下,女子无人格之正,与人苟相遇合的这种现象所表露出的问题是严重的,如果证之以《左传》的据史纪实,则可见到,

---

① 杨瑞志:《汉语史论集》,齐鲁书社,2008年版,第65页。

无人格之正的"壮健以淫"的女子给宗族带来政治危机甚至国灭庙毁的不乏其例。这说明,在作为政治婚姻的宗法社会里,它曾是屡见不鲜的教训,因而,才能在《周易》当中有这样明确的表达,才作为一种成熟的认识——观念而出现。

《观·六二》(䷓):"窥观,利女贞。"窥观,指暗中窃看。在卦象,《周易集解》引侯果说:六二"得位居中,上应于五,窥观朝美,不能大观。处大观之时而为窥观,女正则利,君子则丑也"。是说女子虽处大观之时,也只能窥观,而不能大大方方仰观上国之光,这是女子的地位与身份决定的。在女子虽窥观,但能守正,也可得吉利,而男子窥观,便是丑行。这种同一行为而对男女评价尺度不同的鲜明对比,既说明了《周易》观念中的女子身份地位,也说明了女子认同其地位而自觉遵循社会规则的所谓"正"的意义。从另一个角度看,爻象也描述了当时观念的真实情形。处"观"之时,六二深处下卦之中虽与九五相应,终因群阴笼罩而不能观见美景;阴柔居中,犹如深闺女子,闺阁重重,不能看见外面世界,这时偷偷窥视,有失女子德行,所以爻辞诫以"利女贞"——守持贞正才有利,不能"窥观"。"窥观"是主体具有自觉意识的行为,放大了的形态,就是后世文学作品中的典型表达——《西厢记》中的崔莺莺、《牡丹亭》中的杜丽娘、《红楼梦》中的林黛玉等等。她们在自觉追求爱情——为自己的感受、心愿行动,而无虑其他。《周易》站在宗法思想的立场把正常的人性需求——自由追求爱情视为不正,强调需要"利女贞",否定了当事人的主体意志。它强调要以"礼"成婚才算是"正",这是宗法社会的道德要求。后来战国时的思想家孟子更是看穿了其中的利害,曾很动感情地强调:"丈夫生而愿为之有室,女子生而愿为之有家;父母之心人皆有之。不待父母之命、媒妁之言,钻穴隙相窥,逾墙相从,则父母国人皆贱之。"(《孟子·滕文公下》)他更明确地表达了当时的社会观念——不由正道而求取婚姻的是苟且行为,尤其是女子。"窥观"便因此而成为了被社会评价所否定、所鄙夷的行为。

上述诸卦、爻辞从正反两个方面强调了在婚姻过程中女子的人格、行为之正,它表达了《周易》的女子的人格观。要之,这里的女子人格之正,表达了宗法思想下的基本内容,即男权为主,女守正随男;女子无自主之性,一切行为服从社会的规制。

(3) 婚姻以正

《周易》的"贞",也规定着婚姻的基本方向,下面看婚姻以正。

前引《随》(䷐)卦是说明婚姻贞正的卦象,强调了婚姻的基本方向。《随·象传》又依卦构的意义指向,给予了进一步的解释,表达了经过西周的实践之后和社会新的发展变化而带来的对婚姻问题的进一步认识,对《易经》思想的更为深入的发掘。

"随,刚来而下柔,动而说(悦)。随,大亨,贞无咎"。它更深入地指明了在婚姻过程中女子宜"贞"宜静,男子宜动宜求。《随》卦下震为阳,为长男,为动;上兑为阴,为柔,为少女。阳刚前来,谦恭地居于阴柔之下,有感于阴,阳动而阴柔相感欣悦,乐于随从。这样,阳刚震动,阴柔相随,大得亨通。只有守持贞正,才没有咎害。在婚姻过程中,阴柔宜守正待求,不能自己急急往就阳刚,只有阳刚感应自己,自己欣悦相随才会"无咎"。女子非礼妄动,唯任自己的情感、意志,都将是难免其"咎"的。在《彖传》的说法里,一方面,综合了《易》理对女子非"贞"人格、行为的各种否定并引而伸之,另一方面,它也说明了《易经》所提观念的稳定性。《彖传》的这一解说,也同时表明了如下内涵:在婚姻问题上,它要求的不是全面符合人性的道理,而是要符合那一历史过程中社会要求的道理,那一社会的内涵不变,这个道理就不会变。《彖传》是把《易经》的观念说解得更加清晰化和深刻化了。当然,能相感动而追随,就一般的人性意义上说,也具有它的合理性,具有它理解、尊重人性的一面,这就是,在守正的前提下,《周易》承认情感的价值和意义。它还不是后来教条意义上的"存天理,灭人欲"。

《随》卦综合说明了婚姻的基本方向,《咸》《渐》两卦则从具体侧面说明了婚姻以正的方向、原则问题。《咸》卦从"取女"的角度说明了男子往求女子,要以正相求;《渐》卦从女子出嫁的角度,说明了女子出嫁要持正循礼而往。两卦从具体的侧面完整地展现了《周易》的婚姻以正的观念。

《咸》(䷞):"咸:亨,利贞;取女吉。"《咸》卦象征交感、感应。其卦下艮为阳,为少男;上兑为阴,为少女。该卦阴阳通感,交相应和。《周易正义》谓:"此卦明人伦之始,夫妇之义,必须男女共相感应,方成夫妇。"当交感之时,卦辞在肯定了必致亨通之后,接着即强调"利贞",说明男女"交感"以"正道"结为婚姻才能吉祥。《周易正义》说:"既相感应,乃得亨通;若以邪道相通,则凶害斯及,故利在贞正;既感以正,即是婚姻之善。"就卦象看,它是贞正获吉之象。少女居上而守正以待,少男在下向上求娶;阳刚居下卦,阳性上扬,阴柔居上卦,阴性就下,阴阳交感遂成婚姻。全卦是女贞而待,男子前往求娶之象。

《渐》(䷴):"渐,女归吉,利贞。"《渐》卦以女嫁的婚姻现象为喻,说明事宜渐进之理,这一比喻所用喻体——女嫁本身即是一个具有典型意义的"渐"的事物,是探讨《周易》婚姻观的"活"的资料。这个喻体的本来意义就是"女归吉,利贞"。《周易正义》:"归,嫁也。女人生有外成之义,以夫为家,故谓嫁曰'归'也。妇人之嫁,备礼乃动,故渐渐所施,吉在女嫁。"《周易折中》引胡瑗说:"天下万事,莫不有渐。然于女子,尤须有渐。何则？女子处于闺门之内,必须男子之家问名、纳采、请期,以至于亲迎,其礼毕备,然后乃成其礼,而正夫妇之道。"这里说明,女子之嫁,必须守贞持正,等待男子以礼来求,这样才是符合正道的婚姻,否则即是被社会评价所否定、所鄙夷的"钻穴隙相窥,逾墙相从"的私奔。"进之渐者,无若女之归,女归不以渐则是奔也。渐者为归,速者为奔,故女归以渐为吉。"(《周易折中》引郭雍)殷周之际是否已经有了后来办理婚姻事务的必要过程——纳采、问名、纳吉、纳征、请期、亲迎这六礼,史料不详,难以断定。但就上述诸卦所讲的内容看,婚姻过程的礼节是不会少的,所以《渐》卦侧重申明女归之吉是严格循礼而行的"渐",跨越礼节则不能使婚姻获吉。卦辞申明"利贞"——"女归有渐,得礼之正,故曰'利贞'也"(《周易正义》)。"渐"之义的旨归还是"贞"——嫁之过程所表达的"贞",它是在强调以正完成婚姻之事。

就《渐》之卦象而言,也为守正、贞正之事。卦象(☴☶),《周易程氏传》解释:"在《渐》体而言,中二爻交也。由二爻之交,然后男女各得正位。初终二爻,虽不当位,亦阳上阴下,得尊卑之正。男女各得其正,亦得位也。"就是说,"六二"与"九四",分别居下卦、上卦之中位,下阴爻上阳爻,两爻阴爻居阴位,阳爻居阳位,不仅各自得位居中,是居正规则之爻,而且,阴阳两相呼应,构成端正的和谐,以表明婚姻的《渐》卦来说,这是极其守正、贞正的状态。"初六"与"上九",虽说阴爻(初六)居阳位(初),阳爻(上九)居阴位(上),所居都不当其位,然而两爻居处的状态,是阳在上而阴在下,尊在上而卑在下,没能像"六二"与"九四"那样尽善尽美,但其主旨、大要合乎婚姻之事的规则,所以,《渐》之象,为端正之婚姻的典型。卦辞言"利贞",不是设戒之辞,而是卦象、卦义本身所固有的内涵,婚姻就是"利贞"的事物,"言女归之所以吉"的道理,就是"利于如此贞正也"(《周易程氏传》)。就卦象阴阳处位得体、和谐的性状看,《周易》说明,如此婚姻,恰如天之道、人之理。

《渐·彖传》阐释得更为明确、肯定:"渐之进也。'女归吉'也,进得位,往有功也。进以正,可以正邦也。其位,刚得中也。止而巽,动不穷也。"高亨先生解释这段话,清楚、确切:"卦辞云'女归吉'者,《渐》之初六为阴爻,为柔,居阳位;六二为阴爻,为柔,居阴位;六四为阴爻,为柔,居阴位。(第一爻为阳位,第二爻第四爻皆为阴位。)柔由初爻上进至第二爻第四爻皆得位,像女子出嫁,得主妇之位,称主妇之职,能持家政、佐丈夫、育子女,往而有功,故吉也。云'利贞'者,贞,正也;其进以正,则可以正其邦国,是利在于正也。《渐》之九五为阳爻,为刚,居上卦之中位,是为刚得中,像君得正中之道。君得正中之道,则能进以正,可以正邦矣。此是利贞之一义。其次,《渐》之下卦为艮,上卦为巽。艮,止也;巽,巽也,谦逊也。然则《渐》之卦象是静止而谦逊。君能静止而谦逊,不躁不骄,则其动皆和于正道,自有利而不穷困矣。此是利贞之又一义。"①婚姻家庭,就是社会的缩影、君臣关系之缩写,所以"贞"之利,表现在妇以正得位而实现其佐夫职责,因妇之正,而使得家道正,夫得以守家道之正而实现其自身职责与社会价值。

以上诸卦,使我们看到,以正通婚,守贞持正是《周易》婚姻观的核心。后来的《仪礼·士昏礼》本着此义,明确申示,男往求女,必须以礼为正。男家要礼仪周备,女家才肯嫁女,才能成就婚姻。杜佑《通典》整理此义,追溯道:"人皇氏始有夫妇之道;伏羲氏制嫁娶,以丽皮为礼;五帝驭时,娶妻必告父母,夏时亲迎于庭;殷时亲迎于堂;周制限男女之年,定婚姻之时,六礼之仪始备。"将婚姻以正、以礼的历史过程说得这样细致、肯定,或尚待推敲,但说它是一个由来已久的十分明确、十分肯定的观念,或当不误。至少,如前文所述,到了夏代,婚姻作为政治的内容之一,以正、以礼成婚,就变得不可避免了。

(4)周人完整的婚姻价值观

综观前述,在婚姻问题上,《周易》特别强调所娶女子的人格之正和以正成婚姻,即所谓"贞",这里面有几层最为重要的原因需要说明:

一,作为政治内容之一,婚姻关乎两个家族或两个利益集团所结成联盟的共同利害,因此,它必须持正,倘无女子的人格之正,就不能确保两者,尤其是男家的利益,甚至会造成利益的严重损害;以礼成婚为正,其根本意义是在行礼的过程中,每一步骤,都在庄重其事地确认两家所缔结的联盟,正因如此,婚姻必须考虑女子的人格之正和以礼成婚的婚姻之正,否则,联盟的基础就成了问题。

二,妻不仅是两个家族或利益集团的联结纽带,她更关乎夫家家族的现实利益和长远发展。作为家族发展的重要环节,女子不仅仅具有生育蕃衍的意义,她更具有侍奉宗庙的意义,即《礼记·昏义》所说的:"昏礼者,将合二姓之好,上以事宗庙,而下以继后世也。"身心不正、人格不端的人,就圣洁事宗庙、生育子女继后嗣这两重意义说来,其负面影响都是巨大的。作为妻子,在贵族阶级一夫多妻的家庭结构中具有重要地位和意义。在宗法制度的环境下,正妻所生育的长子是家族权利的法定继承者,妻不正直接影响其子,娶妻需其"正",是制度的必然要求。

---

① 高亨:《周易大传今注》,齐鲁书社,1979年版,第434页。

三是，妻为诸妾的首领和表率，这也要求其人格之正，只有妻正，妾才能被规范端正，家道内室才会因正而稳定。

《周易》能明确提出婚姻、女子的"贞"，以此作为婚姻事物的价值定向，它说明了殷周之际，宗法制度的成熟和周人自觉的理性精神。

从所见的周代文献，我们看到的是婚姻的神圣性和宗教性，如瞿同祖先生《中国法律与中国社会》所论：婚姻过程的"一切仪式都在宗庙举行，带有宗教性神圣性"。[①] 一切都通过宗庙的场合，追述于祖先、神明，用这一形式突出了它的神圣性和宗教性，这也正说明了周人将婚姻在社会中的意义看得特别重大，所以在《周易》这里揭橥其大端，由它所奠定的婚姻观，再经由《礼》学周延，就成为了周代完整的婚姻价值观。这一价值观，具有着非同一般的意义，周以来的文献，举凡涉及婚姻之事、男女之情无不以《周易》的这一观念作为价值判断的尺度，去观察评价具体的婚姻事物。可见，《周易》的这一观念在中国婚姻文化史上的重要意义。

2. 关于娶妾的观念

妾是文化史中一个极为醒目的现象。在中国传统文化中，这一现象严格说来是宗法制度走向成熟的产物，其转折是在殷末周初。对这一事物的阐释，见诸史籍，最早、相对完整的观念形态的表达是《周易》。在这里，将通过殷周文化的对比，在历史发展的动态过程中去认识《周易》"妾"的观念，透视该观念的内涵。

（1）关于"妾"的观念

妾是贵族阶层一夫多妻的婚姻形态下的产物。关于"妾"的理解，曾有比较明确的说法，如：

"妾者，接也，以时接见也。"（《白虎通》）

"妾，接也，以贱见接幸也。"（《释名》）

"妾者，接也，言得接见君子而不得为伉俪也。"（《汇苑》）

这是说，妾是嫡夫人——妻之外的男子的配偶，地位低下，身份特点是"贱"，它与"妻"有严格的区别——"妻者，齐也，与夫齐体。"（《白虎通》）妻与夫齐体，在对偶婚意义上，夫妻是平齐的存在，各具作用和价值；就宗法意义的家庭而言，妻与夫也是构成家庭的要素，缺一不可，所以妻之与夫为"齐体"，而妾虽与男子为配偶，却不是夫妻意义上的存在。妾既没有妻的名分、地位，也不享有作为妻子的一切社会认可的权利、待遇，它并不具备构成家庭要素的意义。上述，便是"妾"这种社会存在的基本内涵。

---

① 瞿同祖：《中国法律与中国社会》，中华书局，1981年版，第100页。

这种认识，或者说对家庭中诸妇间的价值及其严肃的等级态度之理解，其实是反映了周代以后的情况，在商代还并非完全如此，严妻妾之别的转折，是在宗法制度走向成熟的周代完成的。为更清楚地说明《周易》中"妾"的观念，我们有必要先看一下严妻妾之别的发展过程。

（2）商代的"妇""多妇""诸妇"现象

在商代很长的过程里，无妻妾的差别。见于卜辞，商代对王室的妇女称"妇""多妇"，研究者又统称之为"诸妇"。据《甲骨学一百年》的整理，在甲骨文中称"妇某"者95人，称"某妇"者13人，是一个相当庞大的群体。见于记载的这些王室妇女与周代绝然不同，她们虽然不全是周人所说的嫡夫人、正妻，但却一律平等地享有崇高的地位，在社会上发挥着和男人一样的作用。

首先，在商王的诸配偶中间，其称谓不同而地位都是相同的，没有贵贱之分。陈梦家先生《殷虚卜辞综述》说："商人致祭先王的配偶，其称上一代为母如母甲，称上二代或二代以上为妣或高妣，如妣己、高妣己。其称先王的配偶关系则曰'妻''妾''母'和'奭'"，"母、妻、妾义同故通"[①]。赵诚先生进一步释曰："妾字从䇂从女，表示出嫁的女子做了头饰，由大姑娘变成了媳妇，所以引申用来表示配偶之义，是非常自然的现象。在卜辞里，妾用作配偶义，与奭（引者按，此字即上引陈文中的'奭'）、母、妻同，无所谓贵贱、尊卑之别。"[②]

如果以材料较为多一些的武丁的三个"法定配偶"中的"妣辛"（妇好）、"妣戊"（妇婎）为例（另一位"妣癸"无直接证据，故从略），则更能说明商王的诸配偶中间，地位相同、没有贵贱之分这一事实。

1976年发现了未经盗扰的完整的妇好大墓，《殷墟妇好墓》说："墓主人应是殷王武丁的配偶妇好，死于武丁在世时（大约在武丁晚期），庙号称'辛'，即乙辛周祭谱中武丁三个法定配偶之一的'妣辛'。这样能确切断定墓主人和墓葬年代的殷墓，在殷墟发掘史上还是第一次。"[③]墓葬中器物的富盛与精美，说明了妇好生前的地位。这为我们提供了一个标本，可以因此而观察武丁其他妇的情况。如果将甲骨文频频记录的妇好行迹与同样频繁记录的武丁另外的妇——妇婎对比，就可见武丁诸妇平等的地位。

妇好主要率军征战，协助武丁安定天下，甲骨文记其征集军队，征伐各

---

① 陈梦家：《殷虚卜辞综述》，中华书局，1992年版，第379—380页。
② 赵诚：《甲骨文与商代文化》，辽宁人民出版社，2000年版，第128页。
③ 中国社会科学院考古研究所编著：《殷墟妇好墓》，文物出版社，1980年版，第3页。

不服从商王朝统治的方国,动用军队的人数有时以万计,这在当时是少见的庞大而雄壮的征伐规模;武丁的另一个妇——妇姘,则是奉商王之命执掌农业的重要人物,她不仅执掌农事过程,并且还能"受黍年"——获得好收成。农事不仅从解决衣食稳定社会的角度有它对王朝统治的决定性意义,在商代,酿酒也是大事情,起码关乎祭祀,所以妇姘的作用不比妇好征战的作用小。况且,妇姘也有率军征战的记录①。妇好、妇姘都曾主持祭祀,是把持过祭坛的主政人物。在主宰国家大事中,作为妇的妇好、妇姘具有同等的地位。② 她们都同样受到武丁无微不至的关怀。在她们生病或临产的时候,武丁求神问卜,以惴惴不安的心情细腻关注③。在殷王朝的有定则的轮番祭祀的周祭中,她们都同等地享受后代的祭祀④。虽然尚未见到妇姘之墓,无从得知妇姘是否有与妇好一样豪奢的葬式,但从甲骨文所记录的情况看,它们也真实而确切地说明了妇好、妇姘地位的平等,没有孰贵孰贱的差异。

其次,我们看到了,不仅武丁的妻子,商代的其他"妇",即"诸妇"也都在社会中具有她们的崇高地位和非同一般的作用。见之于赵诚先生的《诸妇探索》:"从好几个方面可以感到诸帚和商王的臣下有惊人的相似之处。"

---

① 中国社会科学院历史研究所编:《甲骨文合集》,中华书局,1982年版。
以下征引的隶定,从王宇信、杨升南主编《甲骨学一百年》所引。
关于妇好:
"今载王供人呼妇好伐土方。"(《甲骨文合集》6412页,《甲骨学百年》450页)
"王令妇好从侯告伐夷。"(《甲骨文合集》6480页,《甲骨学百年》450页)
"妇好其从沚或伐巴方,……戎陷于妇好立(位)。"(《甲骨文合集》6480页,《甲骨学一百年》504页)
妇好参加的战争有征伐土方、下危、巴方、夷、龙方。(《甲骨学一百年》500页)

关于妇姘:
征战,"妇姘伐龙"。(《甲骨文合集》6584页,《甲骨学一百年》450页);
管理农业,"帚姘呼黍于商丘。"(《甲骨文合集》9529页,《甲骨学一百年》450页)
"呼妇姘往黍。"(《甲骨文合集》9533页,正《甲骨学一百年》536页)
"妇姘受黍年。"(《甲骨文合集》9968、9972、9973页,《甲骨学一百年》520页)
"贞妇姘不其受年。"(《甲骨文合集》9757页,《甲骨学一百年》539页)
"贞乎妇姘黍,受年。"(《甲骨文合集》40079页,反+40079页,正《甲骨学一百年》684页)

② 主持侑祭、宜祭:"帚(妇)井侑母庚。"主持出兵祭社之"宜"祀"呼帚(妇)姘宜于磬京。"见赵诚《甲骨文与商代文化》,第144页。
③ "帚好弗疾齿""帚好亡囚""帚好孕"转引自赵诚《诸妇探索》,"贞妇好娩嘉。"(《甲骨文合集》6948正《甲骨学一百年》639页);为妇姘祈求福佑"御帚(妇)姘于母庚"见赵诚《甲骨文与商代文化》第154页。
④ 在对先王、先妣的统一的周祭次序中,第九旬为武丁奭妣辛(妇好),第十旬为武丁奭妣戊(妇姘)。见常玉芝《商代周祭制度》,中国社会科学出版社,1987年版,第116、117页。

"诸帚不仅是商王亲属,而且是可以带兵打仗、主持祭祀、负责农业、对外处理政事,而对商王朝有过贡献的女官,所以在商王朝的地位显赫。"①这些妇女,作为"诸帚"不仅地位平等而且在社会生活中参与大事,独当一面,俨然后世的大臣、诸侯,活跃在那一时代政治舞台的最重要的位置上。难怪有些研究者将她们指认为如同后世的女官,但尽管如此,仍与后世的女官有本质的区别。后世的女官不"主外",不参与社会事务,而商代"诸帚"则和男人并无两样。

这些情况,到了商代晚期,是有所变化的,它在当时的祭祀制度中反映得很明显。在周祭活动中,为了明确区别先妣世次,她们的名前都要冠上所配先王的名。它表明了,到这时开始强调妇女的从属地位。在祭祀时,只有直系先王的配偶,并曾立为正后者才能入祀,祭祀次序的安排又是以所配先王的次序为准。商代晚期随着传子制度的严格,帝乙、帝辛时对近世直系先王还有大量的单独祭祀,而先妣就不能都享有这样的特别祭祀。"从对先妣的祭祀来看,特祭实行得更严格,除了文丁之配外,其他诸妣一律不给予特殊祭祀。我们已知,对先王的特祭可以上推到五世(至武丁),但对先妣的特祭则只能上推二世,这就说明到了商代末期,女性的社会地位是越来越低了。"②同时"后"与"诸帚"之别也严格起来了。"帝乙长子曰微子启,启母贱,不得嗣。少子辛,辛母正后,辛为嗣。帝乙崩,子辛立,是为帝辛,天下谓之纣。"(《史记·殷本纪》)辛之贤不若微子启,且微子启为长男,然微子启"不得嗣"而"辛为嗣",其唯一原因就是辛母贵,为"正后"。这里,后与"诸帚"之别、嫡与庶之别,泾渭分明,贵贱分明。这些情况都说明,到了商代晚期,宗法制度已经走向了它的成熟阶段。

综合上述,说明了商代妇女作为妻、妾由平等而走向不平等的动态过程。在商代晚期以前,"诸帚"具有后世再也没有复现过的特殊的荣宠和崇高的地位,以及她们自身的独立而有尊严的人格。到了晚期,伴随着向严整的宗法制度的过渡,女性的地位开始下降了。而真正从理性自觉的角度,给予女性地位以严肃理解,使之具有了实质性转变的,正是殷周之际成熟的宗法制度的实现。对这一点,今见最早的观念形态的著述,便是《周易》。《周易》之中就包括了对"妾"的认识之深刻而完整的表达。

---

① 参见赵诚《诸妇探索》,《古文字研究》第十二辑,中华书局,1985 年版。
② 常玉芝:《说文武帝——兼略述商末祭祀制度的变化》,《古文字研究》,第四辑,中华书局,1980 年版。

(3)《周易》中"妾"的观念

《周易》中"妾"的观念,是周人宗法思想的明确表述,它不仅给予了周代及其后世整个古代社会中"妾"这种社会存在,以明晰而严格的定义般的阐述,而且还多角度地描绘了"妾"这一事物的诸种内涵。

《周易》中《渐》与《归妹》相连排列,彼此为综卦。两卦以取象设喻的方式,撷取生活中娶妻、娶妾事物来明卦义,但就在所取事物本身和对事物的评价中,表达了《周易》对该类事物的认识、判析和观念,这也是认识《周易》观念的依据。这里,《渐》讲的是"取女",《归妹》讲的多是"侄娣",前者为撷拾娶嫡夫人的事物,后者为采取娶妾的社会现象,以此两种事物,入卦明义。因而,在《归妹》卦中,就比较集中地表现出了《周易》的娶妾观念和对妾这一事物本身的新的定义。

《归妹》(䷵),卦辞云:"归妹:征凶,无攸利。"就卦象看,《归妹》卦说的是嫁娶之事。其象下兑(☱)上震(☳),王弼《周易注》:"妹者,少女之称也。兑为少阴,震为长阳,少阴而承长阳,说(悦)以动,'嫁妹'之象也。"《周易程氏传》把这一卦象与《渐》之卦象相对比,见出本卦所表达的更深层的意义:"《渐》,女归之得正也。男下女而各得正位,止静而巽顺,其进有渐,男女配合得其道也。《归妹》,女之嫁归也,男上女下,女从男也,而有说(悦)少之义。以说(悦)而动,动以说(悦),则不得其正矣,故位皆不当。""以说(悦)而动,动而不当,故凶。不当,位不当也;征凶,动则凶也。"《周易程氏传》说得是很清楚的,《渐》卦是"男下女",女子止静而待男子来求,这才叫"正"——所谓以礼而聘求,女子循礼,渐渐而往,这便是得其正道。而《归妹》正相反,"男上女下,女从男也",女子悦怡男子,不待来聘求而往从之,这就违反了"礼"之"正",有似于"奔",所以主动而往,必有"凶"。这里的取喻,就强调、突显了这样的观念:妾无如妻那样正式而周详的礼节、仪式的相聘求,所以对妾之往嫁指为不正而"征凶"。《周易》本意是在告诫循礼守正、渐次而行才能获得吉祥的行为要义,而取违反此义的奔竞行为为喻,以此告诫"征凶"。

再深入看《归妹》卦中之象:卦里中间四爻,都处不当位,也就是"失正",尤其"六三",非但不正,而且乘刚,完全是凶险形貌。"六三"爻辞为:"归妹以须,反归以娣。"《周易译注》今译:"六三,少女嫁出后引颈期盼成为正室,应当反归待时,嫁作侧室。"该爻辞的主要意旨:"归妹"是说的"嫁作侧室"为妾,而妾之事的本身因非正娶,而为不正,为凶险,此爻主导说明了妾之事物。又《周易集解》引崔觐曰"中四爻皆失位,以象《归妹》非正嫡,故'征凶'也"。《周易集解纂疏》:"中四爻皆失阴阳正位。庄公十九年《公羊传》'诸侯一娶九女'兑非长女,取象《归妹》媵妾而已,非正嫡也,故'征凶'。"依宗法制度,娶妻非正就是非嫡夫人,既非正嫡夫人,就是"妾",可见《归妹》正是以生活中娶妾事物而设喻的卦。

卦象、卦辞说明,该卦的喻象即为娶非正嫡夫人的妾。在当时社会中,妾既可娶,可以作为婚姻形态而存在,那么妾存在的社会意义是什么?《象传》引申发挥了其中的义理:"归妹,天地之大义也。天地不交,则万物不兴;归妹,人之终始也。"这里从宏观的角度说明了一夫多妻家庭样态中妾的意义:为了族类终而复始地生生不息,婚娶,当然包括娶妾,就如同天地阴阳相交泰而生息万物一样,是天经地义、不容置疑的。从这个意义上讲,生息就是妾存在的意义。

《归妹·初九》"归妹以娣,跛能履,征吉",就具体地描画了妾的价值和意义——宗法思想之下的价值和意义。

娣,即妾。《诗·大雅·韩奕》:"韩侯取妻,……诸娣从之。"毛传:"诸娣,众妾也。"《说文》:"娣,同夫之女弟也。"段玉裁注云:"同夫者,女子同事一夫也。"(《说文解字注》)就是说"娣"和丈夫所娶的嫡夫人共同侍奉丈夫。

关于周人娶妾现象的"侄""娣"概念,汉代学者说明,它是周代婚姻中的"媵"制。所谓"媵"制,《公羊传》庄公十九年传:"媵者何?诸侯取一国,则二国往媵之,以侄娣从。侄者何?兄之子也。娣者何?弟也。诸侯一聘九女,诸侯不再娶。"就是说,依"媵"制,诸侯一取九女,包括:侄,嫡妻兄之子;娣,嫡妻之妹和其他二国陪嫁的女子,妻妾计九人。《公羊传》隐公七年:"叔姬归于纪。"何休注:"叔姬者,伯姬之媵也。至是乃归者,待年父母国也。妇人八岁备数,十五从嫡,二十承事君子。"作为"媵"之女子,在嫡夫人出嫁时年岁尚幼,则须待嫁于父母之国,也就是"归妹以须",年齿已达则归而"承事君子"。这是礼制,违礼则不可。对春秋之前,是否有此严整的"媵"制,陈筱芳《春秋婚姻礼俗与社会伦理》曾提出质疑,但周代贵族实行一夫多妻制,妾的现象在当时为婚姻事实,史籍记述却是清晰而详赡的[①]。也就是说,礼制规则在春秋之前是否如汉代学者说得那样严整,学者间有争议,而妾的现象在周代的存在,学者并无异议。如果看一下王国维《殷周制度论》引公羊家之言,证明周人所立的传子嫡庶之制,那便是明确地相信周人立制之时就具有"媵"制,并且此种制度是周人新的政治治理的深刻理念与切实可行的做法:"礼,嫡夫人无子立右媵,右媵无子立左媵;左媵无子立嫡侄娣,嫡侄娣无子,立右媵侄娣;右媵侄娣无子,立左媵侄娣。"此种媵制包

---

① 参见陈筱芳《春秋婚姻礼俗与社会伦理》,巴蜀书社,2000年版。

括了从嫡而嫁的女子,也包括侄娣,前引《毛传》"诸娣,众妾也"是笼统地说明,媵制涵盖了侄娣,然而具体说来,还要分作媵与侄娣的不同,但都是说"媵"与"侄娣"皆为同嫁一夫而为一般意义上的"妾"属。

《周易》这里所说的娣,就是前述意义上的妾,同事一夫而异于作为妻的嫡夫人。《周易译注》通俗明白地解为:"古代以妹陪姊同嫁一夫,称妹曰'娣',犹'侧室'。"这些解释都是毫无问题的,它说明这是《周易》转述了当时的事实,同时《周易》也对此现象陈述了自己的观念。

在这里,《归妹·初九》爻又与"九二",共同述说了一事之两个侧面,王夫之《周易内传》说得很明白:"'归妹以娣'谓当归妹以娣之世也。此句统下九二言之。'娣',少女,谓三也(按,即前引六三爻之描述)。'跛能履''眇能视'分言之,而固相聊以成文,二爻之德相肖也。"(《周易内传》卷四)这是说,在言"归妹"之时的背景下,此卦"初九""九二"两爻德性相同而角度不同,它们互为补充,完整地说明了"归妹"之事。我们通观一下:"初九"爻辞,把"娣"比作"跛能履";《归妹·九二》又将其比作"眇能视",这就见出了妾的存在样态。《周易正义》解释"初九"爻辞:"虽非正配,不失常道,譬犹跛人之足然,虽不正,不废能履,故曰'跛能履'也。"《说文》"眇,目小也",人的眼睛一大一小,被视为不正,它和人之跛足一样,虽然不正,一个能履行走的功能,一个能履行视的功能,将其比之于妾,就是说,妾虽然不是正配,但她的功能仍在。

妾的功能是什么呢？首先要看婚姻的功能:"婚礼者,将合二姓之好,上以事宗庙,而下以继后世也。"(《礼记·昏义》)婚姻之主要功能包括了,一是事宗庙,一是广继嗣这样的内容。《归妹》说的"娣","能尽其道以配君子,而广其孕嗣以成其家,犹足之虽偏而能履地而行,不至于废也"(胡瑗《周易口述》)。《周易·鼎·初六》也在说明着相同的意义——"得妾以其子,无咎。"娶妾能履行生子的功能,所以没有咎害。该爻辞重复了同样的理由——这一形式,因能得子,便如同跛人之足,有目而眇,没有咎害,不能废弃。其次,再看这一观念的深层的现实意义。其意义正如恩格斯对私有制社会中婚姻家庭的分析,它"是由于大量财产集中于一人之手,而且这一财产必须传给这一男子的子女,而不是传给其他任何人的子女""其明显的目的就是生育确凿无疑是出自一定父亲的子女,而确定出自一定的父亲之所以必要,是因为子女将来要以亲生的继承人的资格继承他们父亲的财产"①。妾为丈夫

---

① 恩格斯:《家庭、私有制和国家的起源》,《马克思恩格斯选集》,第四卷,人民出版社,1976年版,第71、57页。

生出确定无疑的子女来继承财产，为丈夫家族的绵绵不绝生出传递人，在私有制社会妾便有了它存在的根据。这就是妾更为现实、更为具体的价值和意义。

《归妹·上六》"女承筐，无实；士刲羊，无血，无攸利"，与前述互补，该爻辞的义理展示了妾的另一个侧面，具体述说其实际的社会地位。

金景芳先生《周易讲座》解释为："筐血，都是讲的祭祀的事。可是这个筐没有实，里面没有盛东西，是空筐。羊没有血。这都说明不能进行祭祀。……奉祭祀只能由嫡，即夫人做，侄娣不能奉祭祀。"①婚姻两大主要功能，妾只能履行其一。事宗庙，行祭祀，不能由妾来作。妾生前不能奉宗庙祭祀，死后也不能与妻平齐，不能入宗庙，不能享受子孙的祭奠。这就意味着她们并不被视为家庭正式成员，没有资格参加家族的活动。而且在周人实行的以嫡夫人所生长子为全权合法继承人的制度中，妾所生之子只是充当预备人选、替补人选的角色。妾为丈夫所生的确定无疑的子女只是丈夫的财产、特权得以传递的一种万无一失的保障。从这个意义上看，妾和嫡夫人相比，她们确如跛人之足、有目而眇，虽不废能履、能视，但功能不甚健全。她们只能"接幸"于君子，为之生育子女，"而不得为伉俪"，不能被视为家庭正式成员。嫡贵妾贱，这就是妾在《周易》观念中的地位。后世甚至明确了其地位终生低贱——"妾虽贤，不得为嫡"（《白虎通》）。

《归妹·九二》："眇能视，利幽人之贞。"也在表明，"妾"作为社会事物，它的履危处贱的境地。"眇能视""跛能履"，出现的另一场合是《履·六三》："眇能视，跛能履，履虎尾咥人，凶；武人为于大君。"《履》卦大义，是说明人生践履要当心，象征小心行走。当此之时，"六三"本来就如同有先天的缺欠——"眇"与"跛"，又处"三多凶"的凶险之地，爻义所示，它如果不比常人更加倍地小心，那就只有在人生践履之中，和踩着虎尾一样，遭遇到猛虎夺命之口，凶险莫此为大；也如同刚暴蛮武之人为统帅，妄起战祸，玩火自焚。这里，它说明两个问题：其一，"眇能视""跛能履"本来就是先天的缺欠，在中国传统的文化心理中，他们与常人相比，已经失去了平等的条件，是不平等、有欠缺的客观存在；其二，这种存在本身就处于兢忧危惧之险境，爻辞告诫"凶"。同理，以"眇能视""跛能履"来说明"妾"的存在，其地位、处境恰如有欠缺之人的客观存在，也如"武人为于大君"的险境。《履》《归妹》两卦所示大义不同，而道理却毫无二致。在婚姻，它说明了"妾"之存在的境

---

① 金景芳讲述、吕绍纲整理：《周易讲座》，吉林大学出版社，1987年版，第351页。

地,是多忧多惧的,须比常人更加当心。"幽人"《易》中所在颇多,《周易译注》折中众家,一般解为"幽静安恬者"。"幽"在很多场合又释为"囚",见高亨先生《周易古经今注》:"《周易集解》引虞翻说'在狱中,故称幽人。'是虞释幽为囚。《易林·剥》曰:'执囚束缚,拘制于吏,幽人有喜。'是汉人亦释幽为囚,是也。《左传》襄公十七年,'遂幽其妻'。《太平御览·人事部》127引《尸子》:'文王幽于羑里。'幽并囚义。《荀子·王霸篇》:'公侯失礼则幽。'杨注:'幽,囚也。'《吕氏春秋·骄恣篇》:'劫而幽之。'高注:'幽,囚也。'"①王引之《经义述闻》也从虞翻说,释"幽人"为被拘囚之而议其罪之人②。若依这种说法,《周易》取"幽人"为象,就是说"妾"像被拘囚之人。那么,不论是自我主动地"幽静安恬",还是被动地遭囚,都是如同囚幽者一样,被摒除于当时社会正常的人群形态之外,都表达了一种被当时价值主流所否定的一种存在。一句话,在家庭之中,妾是一种不可得享与妻子具有平等地位的存在样态。综合上述两个方面:在《周易》中所理解的"妾"的地位,于婚姻、家庭中,便是处在与妻不能相提并论的低贱、多忧多惧的境地,几乎就是婚姻、家庭之中的"囚幽"者。

《易》中,又从另外一个视点,揭示着"妾"的存在意义。《归妹·六五》:"帝乙归妹,其君之袂,不如其娣之袂良。"《泰·六五》:"帝乙归妹,以祉元吉。""帝乙归妹"——帝王嫁女为惊世的隆重之事,《周易》对这一现象予以了撷取,而《归妹·六五》便从这一侧面,在与"帝乙归妹"之高贵夫人的对比之中讲出了妾的另一种存在意义。

《周易本义》:"六五柔中居尊,下应九二,尚德而不贵饰,故为帝女下嫁而服不盛之象。"这是说六五爻为帝女下嫁之象,这一象的内涵是,帝女尊贵,又嫁而为正夫人(即"君",《正字通》"夫称妇曰君"),所以只崇尚德行而不刻意显示服饰的华美("袂"衣袖,此代服饰)。而"娣"为"侧室",也就是"妾",无尊贵可言,只以美色事人,所以要修饰美艳。也就是《周易程氏传》揭示的"娣媵者,以容饰为事者也""六五尊贵之女,尚礼而不尚饰,故其袂不及其娣之袂良也"。《一切经音义》对"妾"之此义说得更明白,被宠幸的卑贱的妾是"媚以色事人得幸者也"。依如此意义看,妾的存在,还在说明着这样的事实:除掉为家族生育之外,其主要功能之一,是充当男子的玩偶,如恩格斯所说,它是人类的奢侈品,妾的存在,装潢着贵族之家的富贵,满足着夫的欲望,所以才更重其美颜华饰。由此也愈见出它卑贱的地位。

---

① 高亨:《周易古经今注》,中华书局,1984年版,第189页。
② 王引之:《经义述闻》,江苏古籍出版社,1985年据道光七年本影印版,第13、14页。

如果与《渐》卦相比较,《归妹》则更清楚地表明了女子以这种形式之入嫁人家的"不正"。就卦象而言,《渐》卦是"进以正,可以正邦也。其位,刚得中也"(《彖传》),而《归妹》则是"'征凶'。位不当也。'无攸利',柔乘刚也"(《彖传》)。高亨先生解释:"盖《归妹》之中间四爻,九二为阳爻居阴位,六三为阴爻居阳位,九四为阳爻居阴位,六五为阴爻居阳位,均为位不当,像人行事之进程中间各主要阶段皆处于不适当之地位,即皆处于不利之地位。"这样的状态,正说"归妹"之妾,地位非正,与《渐》之女子出嫁,"得主妇之位,称主妇之职,能持家政,佐丈夫,育子女,往而有功",恰成鲜明对照,女子的此种"征行",对该女子说来,不用说,是"无攸利"的。又有:"盖《归妹》之下卦是一阴爻(六三)在两阳爻(九三、初九)之上,上卦是两阴爻(上六、六五)在一阳爻(九四)之上,皆是柔乘刚,象弱者侵凌强者。"①这种"柔乘刚",弱者侵凌强者的现象,依经验常识,它说明的是弱者必辱,且"柔乘刚",刚坚在下,如坐针毡,永无宁日。这就是与娶妻之正的《渐》卦相比,而见出的作为"妾"之嫁娶的《归妹》一卦,对"妾"的存在及其现象的准确描述——"妾"自身是弱势、屈辱,永无宁日的一种家庭存在者。

若依《大象传》的说法,则妾的存在还具有另外一个意义:那就是,以多妇的形式,满足丈夫的情欲,使之不致于因贵族权势之优越的地位与条件而导致淫乱,损害形象,祸乱社会秩序。《大象传》说:"泽上有雷,归妹;君子以永终知敝。"这是说,既要保持夫妇家庭的"永终",又不致于因为淫乱,而敝坏夫妇家庭之道。《重定费氏学》引丁晏:"永者,夫妇长久之道,'永'则可以有'终';敝者,男女淫佚之行,'敝'则必不能'永',自然之理也。思其永而防其敝,君子有戒心焉。"这一意义的妾的存在,是一夫多妻制家庭形式得以长久存在的一个重要因由。对这种意义,《周易》没有详细述说,只是以告诫的方式作以提示,但其中仍然透露着那一社会制度下,对一夫多妻、对妾的存在理解或者说是提要式的解释。总之,妾也因这样的存在而获得意义。

(4)"跛能履""眇能视"的"天地之大义"

综观上述,对妾的认识,就《周易》的基本思想看,其间所涵纳的意义是"天地不交而万物不兴"(《归妹·彖传》),天地万物因阴阳交合而蓄生,妾的存在,起到了符合自然规律的作用。这是就天地之道的一般意义上所表明的因素,而深层次的特殊的文化背景,则是私有制的客观存在,私有制度下财产特权需要传递的保障这个根本问题在起作用,同时,它也是以男性为

---

① 高亨:《周易大传今注》,齐鲁书社,1979年版,第440页。

中心的私有制社会,男性具有相对的性自由的特权的表现。在《周易》中,对"妾"这一社会存在予以明确的定义,给出了较为完整的描述和清晰的价值定位,使宗法制度下的这一观念清晰而完整,也使它作为价值准则,在后来长久的中国封建社会史上发生着深刻的影响。

附带提及,在先秦,妾的另一个意义仍然不可忽视,那就是,"妾"作为政治、利益联盟部件的意义。对于"妾",所娶之女虽非正嫡,但仍要严格遵循不能纳娶同姓这一原则,因而这一婚姻行为便具有了政治、利益联盟的价值,是《昏义》"昏礼者,将合两姓之好"——婚姻另一主要功能的体现。崔明德先生对先秦政治婚姻事实的研究,曾得到过这样的结论:"媵婚之所以会在先秦政治婚姻中占有比较突出的地位,一是受上古亚血族婚姻遗俗和一夫多妻制的影响。二是认为媵婚可以起到'重继嗣'的作用。或者如《易·归妹》所说的'归妹以娣,跛能履,征吉'。如齐桓公三位夫人'皆无子',所以又有'如夫人者六人'。三是媵婚有助于扩大联姻范围,加强政治或军事联盟的阵容。"①凡此种种,妾虽然如"跛能履""眇能视",但仍被肯定为是"天地之大义"。

总体视之,在成熟的宗法制度下,"妾"具有其存在的理由,然而其自身的存在样态,却颇具人生的悲剧意味。

三、关于家庭的观念

《周易》在《家人》一卦所集中阐释的家庭观念,直接而充分地体现了周代的宗法思想。周代家庭中等级的清晰严肃,夫权、父权的绝对威严,以及治家的刚严作风等等,无不是周人制度的具体体现。作为一部思想著作,《周易》将家庭的观念表述得鲜明、精要,确立了周人对家庭问题的价值定向。

在周代成熟的专偶制婚姻形态下,家庭成分便显得很清楚:由夫、妻、子女构成了一个个具体的个体家庭,《家人》就是针对这样具体的家庭而阐释它的认识的。

《家人》(䷤)为卦下离(☲)上巽(☴),离为日为火,巽为木为风,《周易正义》释卦象:"火出之初,因风方炽;火既炎盛,还复生风:内外相成,有似家人之义。"这一解释,十分准确地把握了《周易》的义理和周人宗法制度的精神。它说明,卦象的示意是:火由木生,风助火势,火风相须相助;男女内外职分确定,由内而外、由外而内相辅相成,使得家道兴旺,生生不息,这是

---

① 崔明德:《先秦政治婚姻史》,山东大学出版社,2004年版,第27页。

"家人"最大的义理,也是卦象所示的重要的意义侧面。另外,离为中女,巽为长女,取象如此,又示意着《家人》之事于女子关系重大。同时,《家人》之义由内而外,也示意着家事端正,可使天下安定。这些都在说明,家庭是文明社会的细胞形态,是社会道德、政治的出发点,所谓"圣人教先从家始,家正而天下化之,修己而安百姓者也"(《周易集解》引陆绩)。这便是《周易》所表达的周人对家庭意义的认识和阐发。早在《象传》当中就对卦象所示的思想,作了颇为明确、全面的阐释:"家人,女正位乎内,男正位乎外;男女正,天地之大义也。家人有严君焉,父母之谓也。父父,子子,兄兄,弟弟,夫夫,妇妇,而家道正;正家而天下定矣。"

上述这些是《周易》家庭观的基本面貌,具体说来,《周易》当中对家庭主妇、丈夫(家长)都有明确的要求。以下即分而述之。

1. 对家庭主妇的要求的观念

卦象的示意,重在妇正,所以卦辞为:"家人:利女贞。"《周易》认为家庭之义,女子贞正是极为重要的。

女子之贞正,"女贞"之"利",首先体现在它的定位上。

"六二,无攸遂,在中馈。"这就是周人所理解的妇在家庭中的定位。该爻阴柔处下卦之中,处位得正,上应"九五"阳刚之夫,这便是妇女的家庭定位。这一定位具体的内涵是什么呢? 分析来看,它有较多侧面的意义。

其一,理论上说,妻与夫应该是阴与阳一样的对当意义上的平等存在,即《白虎通》所谓:"妻者,齐也,与夫齐体。自天子下至庶人,其义一也。"

在《周易》里,这种夫妻之"齐"的内涵已经述说得非常清晰了。它所认为的合理的家庭夫妻格局,其"齐",着意在阴、阳品质,内、外分别的天地之大义。在这样的认识下,著中明确申示,妇之存在的意义是"无攸遂"。遂,成也。句义是说妇无所成就,也就是,不能有主体意志,不可专断,不能由自己来成就任何事务。"无攸遂"尚嫌过于简约难明,如果参见周人的另一种文献,《周易》的说法就变得明确而醒目了。《尚书·周书·牧誓》是武王在牧野伐商时的一篇战争动员令,这里历数殷纣王的罪状,首罪即"牝鸡无晨,牝鸡之晨,惟家之索。今商王受(纣)惟妇言是用"。殷纣王的大罪之一,就是违背了重要原则,让妇有所成,妇人专断事务,如同母鸡鸣晓。殷纣王"惟妇言是用",是天怒人怨的昏聩行为,这和另几项罪过平衡观察,就尤见其"惟妇言是用"的意义。下面是"昏弃厥肆祀,弗答"——轻蔑对祖先的祭祀,不去祭享鬼神,不问这治国理政的头等大事,"郊社不修,宗庙不享"这种行为,是殷王纣自绝于鬼神天命的自我否定;接着是"弃厥遗王父母弟,不迪"——抛弃其兄弟骨肉,不以正道进用之——在家天下的当时,自弃于家人兄弟,断绝股肱支持,正是不可思议的昏聩;再是倚重、听信违法作乱、罪大恶极的人为官任事,这些恶人,纵使纣王暴虐于百姓,暴虐于商邑。这几项结合,构成了商纣王众叛亲离、自弃天人、无可救药、令人不能一刻容忍的亡国之君的形象。其失其罪,后几项不难理解,是必败必亡的清楚指标,然而这样不容置疑的罪恶,却与"惟妇言是用"相提并论,并且以之为首罪①,它从反向角度,说明了周人观念中对妇之定位,已经确然为"无攸遂"——不能有任何主体意识,其任何主体意志,都是酿成家国混乱的要素(这一点,在《诗经》有痛切鞭笞"哲妇倾城"之王政败象的诸诗篇;《左传》里也自觉择取繁多的事实,一再刻画、挖掘,作为乱政亡国的教训以警示为政者。正是从这些经籍开始,令"女祸"成为母题,延展于后世的史传、文学之中,作为观念形态而成为确定不移的价值判断标准)。

由"无攸遂"可见,在周初,因对妇女的认识而构成的具体的家庭观念中,妻与夫的"齐"是阴、阳——内、外的共存,而阴、阳——内、外之别,明严如泾渭。

其二,与"无攸遂"成为必然逻辑关系的是妇的"巽顺"。妇不得自主,只需要巽顺于夫。巽顺之德——阴顺于阳,坤顺于乾,这才是妇的价值所在,这也正是"无攸遂"的题中之义。

妇之巽顺,在《周易》中,不仅仅体现在《家人》一卦,作为成熟的观念,它还有多处表达。《恒》(䷟):"恒:亨,无咎,利贞,利有攸往。"《恒》卦讲恒久,它自然也包括家庭、婚姻的恒久。在这里,它所指出的"利贞",就在强调女对男的巽顺。《恒》(䷟)卦下巽(☴)上震(☳),震为雷,为长男,是为长阳;巽为风,为长女,是为长阴,卦的结构是长女从长男,长阴从长阳,"长阳长阴能相成也"王弼(《周易注》)。这种相成不止是阴阳交感,更是下巽风从上震雷,风随雷动,"雷风相与,巽而动,刚柔皆应,恒"(《恒·彖传》)。《易》理所谓恒久,是交感融洽,是阴柔顺从阳刚,《周易程氏传》说得清晰明确:"《恒》长男在长女之上,男尊女卑,夫妇居室之常道也。……震巽为《恒》也,男在女上,男动于外,女顺乎内,人理之常,故为恒也。"这样,卦辞所说的"利贞"就很清楚了,女子的"利贞"即表现为柔顺,女子能够恪守阴柔顺从本分,男动于外,女顺乎内,家庭才能恒久。反之,倘若女子不能守此柔顺贞正,不能巽顺,则家庭不能恒久。《小畜·九三》"舆说(脱)辐,夫妻

---

① 关于《尚书·牧誓》的写作年代曾有学者提出疑义,但 1976 年出土的《利簋》,其铭文记述了"甲子朝"武王"克昏"(战胜了昏纣)之事,证明《牧誓》所记有事实根据,非妄作之篇。作品为周初文献,篇中的观念为周人的观念。

反目",就是这一观念的表达。在《小畜》卦中,九三阳刚为丈夫,上面六四阴柔为妻子。九三处下卦之极,欲前行上进,可是被六四所制约阻碍,两相冲突,结果犹如车轮脱散了辐条而解体,车子被毁,它正像夫妻反目成仇,家庭解体。这里的六四,即不能守等级地位的本分,在上面凌乘阳刚丈夫,不能巽顺,行动专断,从而致使家庭破裂。《恒》卦与《小畜·九三》从正反两个方面说明了女子巽顺的内涵。

妇之巽顺,在《周易》中还照顾到了另一种情况,那就是一夫多妻的家庭。《剥·六五》(䷖):"贯鱼以宫人宠,无不利。"该卦中,六五居正位,下面四爻皆为阴爻,六五如同嫡妇人、王后,率领众妃承事君王。这情形和《诗经·周南·樛木·序》所表达意思差不多:"《樛木》后妃逮下也,言能逮下而无嫉妒之心焉"。郑玄于"南有樛木,葛藟藟之"笺云:"后妃能以惠下逮众妾,使得其次序,则众妾上附事之,而礼仪亦俱盛。"这是要求后妃能主内宫,和好众妾,以礼承事君王。以此比之家庭,则主妇之巽顺,还表现在能够和好众妾以承事君子。

以上这些说法,与《家人》之意参互发明,那么《周易》所强调的在家庭中妇须巽顺的要义就更加清楚了。

《周易》的这一观念,又为后来的文献所一再确认。《礼仪·丧服传》:"夫者,妻之天也。"《白虎通》:"夫者,扶也,扶以人道者也。妇者,服也,服于家事,事人者也。"班昭《女诫》:"夫者,天也,天固不可逃,夫固不可违也;行违神祇,天则罚之,礼义有愆,夫则薄之。"汉代还将"巽顺"发展成为女子的"三从之义"——"女者,如也(注:言如男子之教,而长其义礼者也),从如人也。在家从父母,既嫁从夫,夫殁从子也。《传》曰'妇人有三从之义'焉"(《白虎通》)。妇人终其一生都无由自主,这是《周易》所奠基的观念,它是宗法思想的重要组成部分。

其三是"在中馈"。这是家庭中妇的真正职事,是妇的另一个价值要点。馈,郑玄注《周礼》云:"进食物与尊者。"这里指在家中掌持膳食之事。《诗经·小雅·斯干》:"无非无仪,唯酒食是仪。"郑玄笺:"妇人无所专于家事,有非,非妇人也,有善,亦非妇人也。妇人之事,唯议酒食也。"家庭作为社会的细胞,和社会发生着必然的联系,因此其自身需要有形象,而形象的代言人只能是夫,妇则只能"在中馈""唯议酒食";家庭是缩小的社会,本身具有政治的意味,因此要谨防"牝鸡之晨",干扰其正常功能,《颜氏家训·治家篇》说破了这层意思:"妇主中馈,唯事酒食衣服之礼耳。国不可使预政,家不可使干蛊(按,干蛊,纠正家长的弊乱、过失),如有聪明才智,识达古今,正当辅佐君子,助其不足,必无牝鸡晨鸣,以致祸也。"

"在中馈"的观念,也是周人积淀已久的思想意识的凝练。《诗经·豳风·七月》是周人在灭商之前的古老民歌,作为一个历史画卷,它形象而真实的记述着周人的生活、思想和情感。诗中即清楚地表达了周人一般家庭的分工和格局,这种分工就是"女服事乎内,男服事乎外"(朱熹《诗集传》)。农事耕作、服役狩猎、参加社交活动等"外事"都由男人来做;中馈饮食,送饭田间,蚕桑衣裳之事,都由妇女来做。从这些可见的事实,也在证明,《周易》的思想由来已久,沉积深厚。

以上内容,表明了妇女在家庭中的具体定位及其所具有的价值,具备了这些内涵,才可谈得上"利女贞",才会对家庭的稳定与发展提供保障。

其次,"利女贞"除了上述巽顺守正之德,在《周易》中还有守持贞操的内涵,在上古文献中,《周易》最早集中而明确地提出了女子的贞操观。

《渐·九三》:"鸿渐于陆,夫征不复。妇孕不育,凶;利御寇。"王弼《周易注》:"'夫征不复'乐于邪配,则妇亦不能执贞矣;非夫而孕,故不育也。"爻辞的"凶"是指"夫凶"。九三处位不中,有失道之象,乐于邪配,久征而不回,致使其妇也不能守执其贞,非夫而孕,无颜养育。九三之"凶"由此而来。这里从丈夫致凶的角度强调了妇人当守贞操,女子失贞,丈夫致凶,家庭也由此致凶,不会稳固。与之相反,《渐》卦同时强调妇人守正执操,终于获吉。《渐·九五》:"鸿渐于陵,妇三岁不孕;终莫之胜,吉。"九五履正而居中,正气凛然,不涉邪道,故能守持贞操,其妇也能守正,虽丈夫远出,妇三年不怀身孕,但最终没有什么能阻碍夫妇的家庭之合而获吉祥。《恒·六五》从另一个角度,表明了对女子之贞的更深入的认识:"恒其德,贞;妇人吉,夫子凶。"德,这里特指阴柔之德,说的是"五"能恒久于妇道。王弼《周易注》:"居得尊位,为恒之主,不能制义,而系应在二,用心专贞,从唱而已。"五为尊位,该爻又为《恒》卦之主,所以王弼说它"居得尊位,为恒之主";虽说如此,该爻阴柔为妇道,能作为一家之主而制义倡导的应是"夫",因而该爻之德,又表现为"不能制义";六五与下卦之阳刚九二为正应,是妇从夫之象,所以说"系应在二,用心专贞,从唱而已"。能达于这些德性,不仅"妇人吉",而且家道吉。这里,发明了六五妇人能恒久其德,专贞从夫,而使家道恒久的大义。它是比《渐·九五》更为深刻的说明。这一意思,发展下来,就成了对女子更为苛刻的贞节要求——《恒·六五·象》传:"妇人贞吉,从一而终也。"《礼记·郊特牲》:"壹与之齐,终身不改,故夫死不嫁。"由前述可见,《周易》"利女贞"的观念当中包含着它对女子贞操的注重。贞操之中更为深层的意义,即为妇能"恒其德",这种贞操担当着对家庭稳固与否的因果结论。《周易》"利女贞"大义之中所包含的这一"贞操观",成为后世对女子要求的价值准则之一,其影响极为深远。

综合上述内容,我们大体看到了"利女贞",从女子角度来要求的基本内涵。对家庭中妇女的这些认识,在《周易》这里已经凝练为观念形态的东西,这些观念又终于成为了中国传统文化价值观的重要元素,深刻地影响着中国长久文化建设中的妇女观、家庭观。

2. 对丈夫(家长)的要求的观念

《家人》卦中同时展示了《周易》家庭观的另一个侧面——对丈夫(家长)要求的观念。在这里,它也相对完整地阐述了丈夫在家庭中的地位、作用和道德操守。

卦中的九五和六二恰成对应。六二阴爻处下卦中位,为主妇,是妇的典型;九五阳刚居上卦中位,为男性家长的典型,两者对应成为家庭。

《家人·九五》:"王假有家,勿恤,吉。"九五居君位,因而曰"王",假是至的意思。《周易折中》引龚焕说:"'假'与格(按,即"至")同,犹'奏假无言''昭假列祖'之'假',谓感格也。九五以阳刚中正居尊位,为'有家'之主,盛德至善,所以感格乎家人之心者至矣。王者家大人众,其心难一。有未假者,勿用忧恤而自'吉'也。……躬行有以感化之矣。"九五居尊位,明于家道,是一家之主。他的品性,既中且正,具有优良的风范,以自己的美德感动至所有的家人。这里突出了严正与恩仁的统一。《周易折中》引邱富国说:"五刚而得中,威而能爱,尽乎治家之道者,故人无不化,可以无忧恤而'吉'也。"这是对夫——家长的道德修养的要求。他既是一家之长,也是一家的榜样,有原则、有恩德,能感动、团结家人,使家道端正。这样,家庭才能保持稳定,健康发展,获得吉祥。

《家人·上九》:"有孚,威如,终吉。"孚是诚信,自己心怀真诚,家人对之信任。威,是威严。这一爻说明了家长之德的另一侧面——既信且威。王弼《周易注》:"凡物以刚猛为本者,则患在寡恩;以爱为本者,则患于寡威。故'家人'之道,尚威严也。家道可终,唯信与威;身得威敬,人亦如之;反之于身,则知施于人也。"王弼清楚地解释了上九爻辞,同时也将家长的德行、作风揭示出来了。家长"反之于身"——首先严格要求自己,先使身正然后以诚信和威严治家,家人信服,家道以正,终获吉祥。

在说明了家长需要具有这样的德行风范的同时,《家人》还较为细致地说明了家长治家风格的观点。

治家风格,《周易》突出了刚严之中寄托仁恩的思想。《家人·初九》:"闲有家,悔亡。"闲是防,防止邪恶。初六处下卦之初,为事之开端,在这里是说治家的开端,也就是组织家庭伊始。爻辞讲家长治家心细有方,在一开始就仔细刚严治理,防患于未然。王弼《周易注》说:"凡教在初,而法在始。家渎而后严之,志变而后治之,则'悔'矣。""悔亡"是因为治始。《诚斋易传》说得更明白浅切:"妇训始至,子训始稚,……初九处《家人》之初始,而用阳刚之严治,有防闲之远虑,一日之正,终身之正也,何悔之有?"成家伊始,即忧深思远,以阳刚之严而防微杜渐,《周易》对家庭的用心可谓良苦。与这一爻相辅说明问题的是九三爻。《家人·九三》:"家人嗃嗃,悔厉,吉;妇子嘻嘻,终吝。"嗃嗃,是众口愁怨声;嘻嘻是"骄佚喜笑之意"(《经典释文》)。九三处下卦之极,阳刚亢盛,有治家过严,家人"嗃嗃"愁苦之象。家人愁怨,当然有'悔'有'厉'。但是如此治家虽严格刚猛了一些,终会因为家道端正而获吉祥。相反,如果放纵家人,慢渎治家,妇人孩子笑闹嘻嘻、为所欲为,就可能家道失正,有羞辱之事发生,这样终至于憾惜。王弼《周易注》述此:"以阳居阳,刚严者也。处下体之极,为一家之长,行与其慢也,宁过乎恭;家与其渎也,宁过乎严。是以家虽'嗃嗃''悔厉',犹得吉也;'妇子嘻嘻'失家节也。"九三是突出了刚严的作风,告诫治家之术,不能慢渎放纵,与初爻一样,要谨慎闲防、刚严闲防,才终不至于憾惜。这里正是突出了于刚严之中寄托仁恩的理解。《朱子语类》说:"须是于正伦理处笃恩义,笃恩义而不失伦理。"恩义的惠爱与伦理的刚严的确是一对矛盾,对此,《周易》更加强调礼的规范,在规则之中可使家道端正而获吉祥,这本身就是仁恩大爱;在礼之刚严规范的前提下,笃诚地施以惠爱,恩义惠爱才不致使对象流于慢渎放纵,带来家道憾惜。《周易》通过这样的辩证处理,使得这对矛盾得以透彻认识,并追寻了其妥善解决的方法。

以上,《周易》从多角度说明了它对一家之长的理解。家长有优良的品德、笃诚的恩信,还有刚严谨慎、勤恳治家的作风,这便可使家道兴盛。

前文所述,分析了《周易》对家庭、妇、夫的诸侧面的认识,诸良善因素的综合,就是家庭发展的结果。有这样的家长治家,刚严而正,威孚而仁,又有那样柔顺贞正的主妇相协助,两者都以正立家,勤谨于家事,这样的家庭就自然会"富家,大吉"(《家人·六四》)。俞琰对此说明:"《礼运》云,父子笃,兄弟睦,夫妇和,家之肥也。岂以多财为吉哉?以顺居之,则满而不溢,可以保其家而长守其富,吉孰大焉!"(《周易折中》引)而这种状态的获得,是刚严而能感格家人的家长为主导,又以巽顺而守正的妇德、妇道为必要条件的。

我们看到,夫律己之严、治家之严;妇贞正而巽顺是《周易》所肯定、所强调的基本观点,如果将这一思想和周人的另一文献《诗经·大雅·思齐》赞颂周文王所表达的意思互相参证发明,则又可见家庭、家长的更深层的意义——"刑（按，即型，风范）于寡妻，至于兄弟，以御于家邦。"两相参证，不难见出，《周易》之谈家庭，绝不是对自然家庭的一般理解，而是将它看作社会的细胞形态，政治的最基本点，说到底就是《大学》里揭示的意义："古之欲明明德于天下者，先治其国；欲治其国者，先齐其家；欲齐其家者，先修其身"，"一家仁，一国兴仁；一人贪戾，一国作乱。"修身—齐家—治国—平天下，"齐家"是重要的环节，而"齐家"，夫妇的定位、品行又是尤其重要的问题，《周易》对男性家长的理解，对妇女人格及其地位的要求，以及所示的夫妇各自所具有的价值的观念，都反映了对宗法制度下的社会的关键问题的深入省察，因而才显示出它的经典意义。

小结　中国传统文化中关于婚姻、家庭的重要价值理念

以上，我们既从动态的视角考察《周易》婚姻、家庭观的历史积淀过程，也从横断面去观察《周易》本身的认识成果。这些考察或可使我们得到如下认识：

《周易》的婚姻、家庭观，是我们民族在长久的历史发展过程中，对人自身的不断认识的一项成果。这成果不是一时、一地、一些人所能完成的，它是一个民族历史的见证、智慧的见证。夏、商、周三代文化一以贯之，逐渐形成了《周易》对家庭文明的认识，而这一认识又是和逐渐成熟起来的宗法制度相关联的，或者说是宗法制度建设的必要部分、基础部分。从此，中国古典文化的指向就十分明晰了，家庭、政治相联一贯，家庭就获得了重大意义，不理解家、不能治家就无由理解社会、政治，就不可能具备从事社会活动、从事政事的起码素养，所谓"君子之道，肇端于夫妇，及其至也，察乎天地"（《中庸》）。由修治一身而及于夫妇家庭，于是就得到了自立、立人的能力，同时也便得到了洞察、把握天地之道的基础，又由此便可获得为政治人治理天下的自身条件。上述是历史、动态观察所看到的结果。

就横断面看，《周易》对家庭的认识，着眼对妇女的要求—对妇的若干理解—对夫的若干观点，这些都成为了整个中国封建社会在家庭问题上的价值标准，形成了那一历史过程中一个民族的文化心理结构，作为中国古典文化的要素，它标志着这一历史文化的气质、个性。《周易》的这些观念，在其后漫长的中国历史发展过程中起到了支配作用，从这个意义上说，作为历史的认识成果，《周易》是深刻的，它有着重大的无法回避的认识价值。

同时，我们也看到，在中国文化史中，婚姻、家庭关乎政治，伴随着中国封建政治的封闭性，作为一种理性的认识成果，作为一个历史过程的产物，《周易》的婚姻、家庭观也具有相当程度的局限性，它已经制约了人的发展，所以反映在中国文学、艺术史中才会有诸多由此而引发的悲剧作品。就这一点说，它也有重大的无法回避的认识价值。

总之，《周易》的婚姻、家庭观作为人们对社会探索的成果，它既是在过去社会实践基础上的深刻总结，也是对社会治理的重大发明，同时以其深刻性、符合宗法社会的规律性而体现了它的认识高度、价值高度，所以它成为了中国传统文化的重要价值理念、重要的价值坐标，并以此而深刻影响着中国传统文化的建设。认识中国传统文化，就不能不首先认识这一内核、这一纲领式的观念形态。

第十五章 《周易》崇尚素朴的审美观

第一节 天地大美,绚烂至极

《周易》观察事物的四个重要方面——"元、亨、利、贞","亨"是其中的主要内容之一,它述说的是事物的发展无"亨"则不行,而"亨"表达的是事物的美的状态。

事物顺遂发展,给予人的鲜明标志就是合理而完美的外在表现形式,"亨"与"美"为内在涵蕴与外在形式的表里关系。《周易》以"亨"表达着它对事物通顺畅达的把握,宣示着它在通顺畅达之审视中的审美观念。"亨"是观察事物的一个角度,也是整体把握事物的一个有机的组成部分,"元、亨、利、贞"互补互济而成就对事物的观察与把握,可见"亨"的地位和意义,同时也见出《周易》之审美态度,在其对待生生不息的事物中的意义——它是其中重大的有机的组成部分,其不可取代也不能须臾离开,它说明着审美态度是《周易》观念的重要组成部分之一。

《乾》卦之"亨",《子夏传》释为"通也"。《乾·文言》:"亨者,嘉之会也。"《周易正义》:"嘉,美也。言天能通畅万物,使物嘉美之会聚,故云'嘉之会也'。"后世之说《易》者,深深领悟此中内涵,都指明了嘉美之聚会,既是事物通达的条件,也是通达的事物呈现出的状态。《周易程氏传》:"亨者,嘉美之会也。"《周易本义》:"亨者,生物之通,物至于此,莫不嘉美,故于时为夏,于人则为礼,而众美之会也。"《汉上易传》:"亨者,天地之极通,众美之期会也。"可见"亨"是通,事物的通达,其条件为嘉美和谐之会,通达之事物映现给人的也是嘉美和谐之会,《易》中之"亨",即通,即嘉,即美。它表现了《周易》对待事物的态度——"亨"的观念,是对事物的存在与发展的观察角度和尺度,而这正是对美的把握与审视,"亨"的观念即是对美的审视的观念。

"《易》与天地准,故能弥纶天地之道。"(《系辞上传》)六十四卦象与卦爻辞准天地之存在,弥纶天地之道,在其中自然也映现着人们所不能忽略的一种客观存在——天地之大美。《周易》中所蕴含的美的法则、规律,被美学家做了若干揭示①,在这里,我们还看到,除触及了那些一般的美的法则、规律之外,《周易》又专列了《贲》卦来集中地讲述了它的审美态度,而这一观念代表了周人对美——映现着客观事物最合理、能通达现象——"亨"之认识的最根本的态度,它的深层蕴涵就是周人贵质尚真的意识,而这一意识是构成周人对待一切事物的基本价值取向。以下,即以《贲》卦为核心,对周人贵质尚真,推崇素朴的这一审美态度作多角度的观察、认识。

在《贲》卦当中,我们首先看到的是《周易》的作者对天地间原本所存在的大美的描述与赞叹。

《贲》(☲☶)之为卦,下离(☲)上艮(☶),象征文饰。卦辞:"亨,小利有攸往。"卦的状态是至美的——"亨",占断为"亨通,柔小者利于有所前往"②。

就卦象而言,本来就是"天地之大文,易知简能,而天下之理得。故纯乾纯坤并建以立《易》体,而阴阳刚柔各成其能;上清下宁,昼日夕月,水融山结,动行植止,不待配合而大美自昭著于两间"(王夫之《周易内传》)。天地间自有大文、大美,而《易》体又阴阳刚柔各成其能,昭示了天地间之文与美,表达了其易知而简能的品性,在《贲》卦,除涵盖了这些内容之外,从审美角度看,又自有一番景象和意趣。

《贲》下离为火,上艮为山,两相重叠,其彰明的是:"山下有火,文相照也。山之为体,层峰叠岭,峭险参差。直置其形,已如雕饰;复加火照,弥见文章,贲之象也。"(《周易集解》引王廙)这里说的是山体之形本身就具有的纯美的意蕴,它层层叠叠、变化多姿,如同雕饰,又加之通明火光朗照,愈发见出文饰章美,给人的视觉注入无可名状的大美形态,让人无法回避大美的感受。这是仅就其形体轮廓而言,从另一个角度又可见出:"山者,草木百物之所聚生也;火在其下而上照,庶类皆被其光明,为贲饰之象也。"(《周易程氏传》)草木百物聚生于山,争荣如锦,绚烂至极,所以用"贲"来名之。《说文》:"贲,饰也,从贝卉声。"贝,色彩明丽而繁多,萋斐成锦,最为耀眼夺目。

---

① 参见王振复《周易的美学智慧》,湖南出版社,1991年版;刘纲纪《〈周易〉美学》,武汉大学出版社,2006年版;陈良运《周易与中国文学》,百花洲文艺出版社,2010年版;蒋凡、张小平《〈周易〉对古典美学和文论批评的影响》,《内蒙古师范大学学报》(哲社版)1994年第1期等著述,均涉及了《周易》的美学问题,触及了《周易》中所揭示的若干美学原则与规律。
② 今译见黄寿祺、张善文《周易译注》,上海古籍出版社,1989年版,第188页。

声亦兼义的"卉",《说文》"卉,草之总名也。"百草之荣比之于采贝更为绚烂,姹紫嫣红,极尽其美。这样,贲之为饰就十分清楚了,它所说明的是天地之美至矣尽矣,无可名状。这样一些原本就动人无比的美,再加之光明照耀,其华其美、其动人心怀不言而喻。

上述可见,卦象概括、描述的是天地之大美,是绚烂至极的客观世界,是它们文饰着天地乾坤之道,标志着天地乾坤之道顺遂畅行,至为亨通,同时也使亨通之道呈现着嘉美,给人以审美的感受。审美是客观世界给予人,使人不可回避的主观感受。

由客观世界之象到"人心营构"的卦象,则是人们由对客观世界的认识而形成的理性把握,是由具体到抽象的提炼与概括,因而具体到对卦象的分析,则见出周人对美的理性认识。"亨"是通达,表现出的是美,是嘉美际会之文,给人的认识就是"物有饰而后能亨,故曰'无本不立,无文不行'。有实而加饰,则可以亨矣。"(《周易程氏传》)"本"与"文"都是亨的条件,《大易缉说》:"徒质则不能亨,质而有文以加饰之,则可亨,故曰:贲,亨。"这都是说明必须认识到"文"在事物发展中的意义,不能忽视"质",也不能忽视"文"。《彖传》则说明了文与质之于"亨"的辩证关系:"贲,亨,柔来而文刚,故亨。"——卦中"六二"柔小来居下卦之中位,以文饰"九三"阳刚,阴阳交贲互饰,故获亨通。就贲卦而论,"亨"实质上是刚柔、阴阳交饰的结果,也就是刚柔、阴阳相应,构成事物的和谐运行。因而,贲饰之美的本质并非是刻意的文饰以求形式之美,而是事物矛盾运动中的阴阳互补、互饰,这正是对和谐的追求,如此才构成"亨",才构成美。

在这里,进一步落实在卦象,以及对卦象的认识的时候,人们便对客观存在的美诉之于人,而使人获得感受的事实进行了理性的辨析,在观念上就有了文与质的认识,并在辨析中把它们加以区分——区分、综合的结果,就是对文饰的认识。

对文饰的意义之认识,并不是笼统的、含糊的,而是清晰到对文与质的把握上。《周易》说明,单看到文饰——阴阳和谐互饰的这种意义还不行,还必须把握文不能胜质,对于质的把握、维护才应当是最为根本的态度,这就是卦辞"小利有攸往"的意义所在。

《彖传》:"分刚上而文柔,故'小利有攸往'。"阴称小,虞翻说"小谓五"(《周易集解》),指的是卦中"六五",《周易尚氏学》:"五得中承阳,故曰'小利有攸往。'"是说六五之于上九,是以上九阳刚为质,阴小六五顺承上九阳刚,所以是"小利有攸往"。在这里,小还另有其义,《大易缉说》:"文盛则实必衰,苟专尚文,以往则流,故曰'小利有攸往'。小者,谓不可太过以灭其质也。"这是说，文为小而质为根本，文不能大于、强于质而"灭质"，故卦辞称"小利有攸往"。《周易玩辞》："'贲，亨'，谓内卦也；'小利有攸往'谓外卦也。二刚为质而以柔文之，则卦之内体，固有能亨之道也。及内之一刚分往居外，反使二柔为质，而以刚文之，卦之发用如此，岂堪大事哉？故'小利有攸往'而已。大抵以柔文刚则顺，以刚文柔则悖，盖其质既弱，文无所施也。"这是分析卦象的结构而指明的意义，说的是阳刚为质是《易》的崇尚，阳刚堪当大任，而阴柔弱小则不足以负重，故而内卦以两阳刚为质而阴柔文之则"亨"；外卦以刚文柔，虽阴阳互补、会通，终因阴爻柔弱不堪大任，不能为本而只能"小利有攸往"。《周易折中》引张振渊说，辩证地观察内、外卦，比《周易玩辞》讲得更进一层："'柔来文刚'，是当质胜之余，而以文济之；'刚上文柔'是当文胜之后，而以质救之，二者皆以质为主。"说明内外卦其实都是以刚为本、以质为主，不过是外卦文胜而已。上述种种说法，表面看有所不同，不相一致，实质上都是在说明文与质之关系，理当是以质为主，不能文胜于质，文一旦胜于质而流于浮华是不利的，它不是事物合理发展之本然所应有的状态。这是体现在《周易》中的对事物本身所具有的文、质现象的理性辨析。

综观前面的说法，它们皆讲明了《周易》承认天地之文的大美，但又没有停留在外在之美的现象，而是透过现象切入本质，事物无文则不行，故"柔来而文刚"之贲则"亨"；文胜质则不能使事物顺畅发展，必有质为本，突出质的根本作用和意义，所以当"刚上而文柔"以质救文之"贲"，只能"小利有攸往"，这一认识凸显了《周易》的清醒的理性精神，那就是在面对贲饰审美问题上，它突出了质的意义。

正因如此，才能看到："（刚柔交错）天文也；文明以止，人文也。观乎天文，以察时变；观乎人文，以化成天下。"（《彖传》）《易》弥纶天地之道，就是要依照天道之文的性质而实现人之文。刚柔交错为天之文，它表达了天道的亨通嘉美，人法天道之理，则是人之文当知其止，一如天之道，不是唯文而文。"止谓处于文明也。质必有文，自然之理。理必有对待，生生之本也。有上则有下，有此则有彼，有质则有文，一不独立，二则为文。非知道者，孰能识之？天文，天之理也；人文，人之道也。"（《周易程氏传》）不能不见文质之相互对待，也不能只见天之文，而不见天文之中的天道之质，在充分认识质——天道的基础上，尊重天道之文，文质相应而止于文明，不轻视质，不过乎文，这就是《周易·贲》卦所表明的对"贲"——也就是对审美的基本看法、基本态度。

第二节　尚质的贲饰,当保永贞之吉

天地之大美,绚烂至极,这是现象,本质是文依质而立,人事合于天地之道,必须求其质而继之以文,质为根本。这正如《周易折中》引梁寅说:"贲者文饰之道也。有质而加之文,斯可'亨'矣。朝廷文之以仪制而亨焉,宾主文之以礼貌而亨焉,家人文之以伦序而亨焉,官府文之以教令而亨焉。推之事物,凡有质者,无不待于文也,文则无不亨也。然既亨矣,而曰小利有攸往,何也?文饰之道,但加之文彩耳,非能变其实也。故文之过盛,非所利也,但小利于有攸往而已矣。世之不知本者,或忘其当务之急,而屑屑焉于文饰,虽欲其亨,亦安得而亨乎?"《贲》全卦各爻,正是强调了贞于质而求之文,不能舍质而妄求文饰的理念之于人生、社会的重大意义。

"初九,贲其趾,舍车而徒。"就说出了《周易》对待贲饰的态度。

王弼《周易注》:"在贲之始,以刚处下,居于无位,弃于不义,安夫徒步,以从其志者也。故饰其趾,舍车而徒,'义弗乘'之谓也。"初九最处卦下,是无位之地,而"车"依礼是有地位者的用具,是地位的文饰,所以初九宁可徒步而行也不妄求与自己地位不相匹配的"车",不做非分的虚浮的文饰炫耀。世俗以奢侈炫耀为荣,而知道者却能主动、自觉守其质。

初九不是没有贲饰的可能,马其昶对此说得很清楚:"二、四为车,初舍车而徒者,阳刚在下,葆其大朴,不比二,亦不应四也。……不受饰也。"(《重定费氏学》)初九虽无位,但近比于二,远应于四,皆可借助它们而为饰,赖之而炫耀自己。在其他卦中,阳应于阴,是顺理成章地作为感应沟通的和谐之事的,而在此卦之爻辞却明确说明既不比、也不应,强调的是它守质不移,葆其大朴,"贲其趾",绝不舍本逐末。它表达的是面对贲饰的更深层次、更为本真的态度,刘沅说:"初安于徒行,自贲其趾,盖以德义自荣,不以外饰为务。义不可乘,非故与世之贲相违也。"(《周易恒解》)《周易学说》马振彪按:"君子遵道而行,非以舍车而徒为贲,乃以守礼弗乘为贲也。"两说均指明了"初九"不是故意做作不假贲饰,并非故意与世俗相违而显示、高标自己,而是诚恳地朴以为饰,这正是守质、守德、守礼、贵真,达到质与文的真实统一,求得最为合理的文饰,所以《小象传》说它:"'舍车而徒',义弗乘也。"说的就是理性地把握自己,在贲饰问题上能选择最为合理的做法,不为世俗外力所左右,"义"所不容,坚决不为,所取的是自觉从容、坚持根本,尚质贵真、守正不移的态度。它的做法得到的正是持正守贞之吉。

在这一问题上,《贲》为典型、集中的卦例,其实通贯《周易》,守质、守德、贵真、守正不移,求取质与文的真实而合理的统一是周人对待文饰的基本态度。《履·初九》(☰)从"礼"的角度说明了这个问题。"初九,素履,往无咎。"《尔雅·释言》:"履,礼也。"《周易本义》:"履,有所蹑而进之义也。"《履》卦象征循礼而进,小心行走。处《履》之始,"初九"表达了守质、守朴、贵真的态度。王弼《周易注》:"处《履》之初,为履之始,履道恶华,故'素'乃无咎。""礼"本来就是人的文饰,这里处履之始,小心谨慎地对待礼、对待自己的行进,深明质与文而以质为本之大义,安于卑下朴素之礼,守正持真而不移。《周易本义通释》说:"《履》初言'素',礼以质为本也。'贲',文也,《贲》上言'白',文之极,反而质也。'白贲无咎',其即'素履往无咎'与?"这就是初九的守质,不求不称于质之文而徒然炫耀,不为世俗间之崇尚而迷乱心智,它依照这样的态度而往,真实地表现自己便无所咎害。《小象传》说:"'素履之往',独行愿也。"揭示了初九的心无杂念,守正持真不移。初九以这样的正道而直行,自然"往无咎"了,可见守质贵正是所有规避风险的根本法门。

《大过·初六》(☰)则又讲述了在非常时期真诚用礼,其实际情形仍是守正、守质、贵真的素朴。"初六,藉用白茅,无咎。"《大过》象征大为过甚,阳称大,卦的中四爻皆为阳刚,上下两阴柔不胜其重压,犹如"栋(栋梁)桡(曲折)",是事物反常、亟待整治的非常之时。初六当此时而一阴在下,而又阴处阳位,履非其正,其所承当的压力可想而知,因而它不得不以非常敬慎的态度面对阳刚,以此避免咎害。这种敬慎,就是真诚地待之以礼,而这里所取的极尽诚意之礼却表现为极其素朴。白茅,洁白的茅草;藉,垫在下面以承物。这是说,不用华贵隆重的礼器,而用洁白的茅草为垫,承藉摆放敬献尊者的物品,《周易集解》引侯果说:"以柔处下,履非其正,咎也。苟能洁诚肃恭不怠,虽置羞于地可以荐奉;况藉用白茅,重慎之至,何咎之有矣。"白茅朴素纯真、一片至诚可感的品质打动人心。敬慎之至,就是文之以本色质素,示人以质为本,守正不移,不求虚饰。《系辞上传》引孔子语:"苟错(措)诸地而可矣;藉之用茅,何咎之有?慎之至也。夫茅之为物薄,而用可重也。慎斯术也以往,其无所失矣。"其用可重,就重在本色素朴之真诚,而慎即慎于守其质,这里表现的也正是永贞之吉。

守素朴是守诚、守质、持真,然而礼并非皆质素,作为人之文,它有隆重繁缛的一面,但其所用必定是诚、是真,以真诚表现本质,所以隆重繁缛之礼与素朴一样,只要真诚而表达本色都是《周易》所认可的,也就是文的根本是诚而表达其质,这同样是守正不移。《观》(☰)卦象及其卦辞"盥而不荐,有孚颙若",说的就是盛德隆礼之中所表现出真诚的本色。"观"为观仰,其词作为涵纳着复杂心理活动的动作称谓,具有"赏玩之,详查之,久视之"①的意义,能够引起人们这样驻足品味的,必然是深有意味的形式。《周易正义》说:"观者,王者道德之美而可观者也。"就卦象而言也是完美的形象,卦下坤(☷),上巽(☴),坤为顺,巽亦为顺随,全卦和谐地围绕九五阳刚之主;阳刚振起,诸阴相从;九五在上,美德风范足可为下所观仰,这是盛德之文。卦辞强调的则又是隆重的礼仪之文。盥,为古代祭祀宗庙时用香草滤酒灌地以求神、降神的礼仪,《周易集解》引马融:"进爵灌地以降神也,此是祭祀盛时。"颙,敬也,《周易正义》"严正之貌"。这里是指仰观"盥"礼,令人产生诚信、敬肃之心,随同礼仪的指示而不断使自己的心灵领悟、同化于礼仪的意义。隆重的祭祀,隆重的礼仪,表达人们对神灵的诚敬。这种祭祀礼仪,从诚敬感化神、人的角度说,人之文与人之内心之诚是一致的,在这个意义上讲,它表达了人的品质、本色——这里的文既是人们内心世界的真实映现,也是人们节律自我以达到"神道设教"之效果,用来影响、指导人们的一种规范。荐,祭祀中向鬼神敬献祭品之礼。卦辞是说,观祭祀之礼,至"盥"就已经足够了,那种礼敬、诚信之仪足以对人彻底的感召,其余节目不必观已经达到了感动人心、领略礼仪的意义与完美,自觉接受了教化之目的。这样看来,《观》不论是道德之美的展示,还是礼仪之美的演绎,它们都的确是一种美的展演,是文的一种境界。对这样隆重而繁缛的礼仪,《周易》予以充分肯定,这表明无论繁简,诚信、真实是根本,礼仪形式与事物的本质相对应,便达到了"文"的真实,获得了"文"的品质和意义,"文"不能离开质。

同样的道理,《贲》《履》《大过》之卦强调素朴之"白贲""素履""藉用白茅",本质上讲究的都是"文"的真实,守持住礼的本色。无论是隆礼繁文,还是极为简朴的素白,都是以质为本的客观事物本真面貌的如实映现,是天地之道的实际表达,这才是《周易》所强调的本义。

《贲·六二》:"贲其须。"仍在说明阳刚为质,文以质为本。

六二上承九三,两爻均处得其位而无应,阴柔之六二专意亲比紧承于阳刚之九三,犹如人之胡须,附着、文饰于三之"面"。王弼《周易注》说六二:"得其位而无应,三亦无应,俱无应而比焉,近而相得者也。须之为物,上附者也。循其所履,以附于上,故曰'贲其须'。"卦象的"贲其须",其意义又如《周易恒解》说:"阴随阳而动,文附质而行""刚为质,柔为文,文不附质,焉得为文?"指明的就是,二如胡须而附着于三之面,无面何来胡须,胡须只是

---

① 姜亮夫:《楚辞学论文集》,上海古籍出版社,1984年版,第244页。

面之文饰,须当附于面之质,因而《小象传》说:"'贲其须',与上兴也。"须与面,六二与九三阴阳合志、相通而一同兴动。很明显,这里说明的是质与文虽文质相须,却是以质为根本,需要阴从阳、需要守阳刚之质持正而不移。

《贲·九三》:"贲如,濡如,永贞吉。"直接说明守质守正,永贞则吉。

王弼《周易注》:"处下体之极,居得其位,与二相比,俱履其正,和合相润以成其文者也。既得其饰,又得其润,故曰:'贲如,濡如'也;永保其贞,物莫之陵,故曰:'永贞吉'也。"这是说九三与六二俱得位而相亲比,履正而文,故既贲且润,呈现了贲饰之美好状态,这一状态必须永久持正方可长保。《周易折中》引俞琰从另一个角度看"永贞吉":"文过则质丧,质丧则文弊,要当永久以刚正之德固守则吉。"三处下卦之极的"多凶"之位,虽得"贲如,濡如"之美,如不贞守就会呈文之弊而遭受凌辱,所以《小象传》说:"'永贞之吉',终莫之陵也。"可见,该爻居卦之中,突出的是慎守刚正之质,强调的是永贞之吉。其实,这也是全卦所看重的当贲之时的重要意义,那就是贲而不忘质,守质不移,获永贞之吉。

六四的白贲,更是进一步说明着文以附质、求质守正的重要与难能可贵——"贲如,皤如,乘马翰如;匪寇,婚媾"。

皤,《周易集解》:"亦白,素之貌也。"翰,《经典释文》引郑玄:"白也。"如,形容词尾。这里所描绘的整个贲饰,皆为白之素朴之貌。《周易参义》:"六四在离明之外,为艮止之始,乃贲之盛极而当反质素之时也,故云'贲如,皤如'。"《周易折中》引俞琰:"四当贲道之变,文返于质,故其象如此。"再就卦象而言,六四与初九相应,如乘白马奔而从之。这样,爻辞的本义便是说,贲饰以质为本,当其盛极之时更是要急往返本。然反质不易,而有"匪寇,婚媾"之说。四虽当位,却有九三为寇而隔阂,但其求质为正应,因而终成其事。《小象传》说:"六四当位,疑也;'匪寇婚媾',终无尤也。"《周易程氏传》:"四与初相远,而三介于其间,是所当之位为可疑也。虽为三寇仇所隔,未得亲于婚媾,然其正应,理直义胜,终必得合,故云'终无尤也'。尤,怨也,终得相贲,故无怨尤也。"《汉上易传》:"纯白无伪,谁能间之?始疑而终合,故曰'终无尤也'。"透过蔽障,还回纯白无伪,才能"终无尤也",而这却是难能之事。就人生体验与智慧而言,返本守朴是人生之难事。人之最大的敌人、最真实的遮蔽,莫过于世间荣耀之想,求取声名地位的愿望,无不乐以世间的肯认、赞美来享有自己人生的满足,难能识朴、守朴还回人生真相,远离祸害凶咎,而盛极之时的返本守朴,便尤为难能。就天地之道而言,一切荣华皆质之于素朴,透过荣华感知素朴,见出本相,也是难能之事。该爻的实质,就是再次申明《周易》所强调的贲饰返本,这种返本,虽有敌寇险阻相隔,也绝不彷徨,它正是守正不移的生动体现,同时它也是"永贞吉"的另一种形式的展演。在这里,《周易》的态度是明确的,表述是平易的,其间的道理却是鲜明而重大的,警示却是真诚而深刻的,同时给人以"'匪寇婚媾',终无尤也"——尽管艰难却可能终成其功的信心。总之,该爻是从更深层次上强调了"质"。

综合上述情形,我们可以看到,《周易》从多角度,反复强调的是贲饰作为人之文,作为人之认识客观世界的思想结晶,其表现是平易而理性的。"贲"是约束自我达于自律而完善社会自身的工具,而不是自我炫耀的虚假的美饰,离开了人之社会,离开了本质,文将毫无意义,所以不论是隆重繁缛的礼仪还是简朴的文饰,其根本都是真实地映现自身的本质,是本质的合理反映,宁可去其繁华归于素朴也不能淡化本质。它也同时告诫人们,只有永久守持其质,才是真正的贲饰,这宣示了《周易》的基本观念:尚质的贲饰,当其确保永贞之时才会获吉。只有这样对待贲饰,才能真实地求取贲饰之美。这是从永贞之吉的角度强调着《周易》贵质尚真的审美态度。

第三节　白贲尚质,因敦本而见出素朴的意义

从另一个角度看,所有的完美都是本质的反应,因而盛贲极饰必将返于素朴,绚烂之极而归于平淡,《周易》以素朴之极的"白贲"状态来强调本质原本存在的真实的美,这就是《周易》所强调的另一个侧面:白贲尚质,因敦本而看到素朴的意义。

六五居尊位而为《贲》卦之主,它集中反映了《周易》认识的贲饰本质及其对贲饰的态度。

"六五,贲于丘园,束帛戋戋;吝,终吉。"《周易本义》:"六五柔中,为《贲》之主,敦本尚实,得贲之道。"丘园,山丘园圃,喻朴素自然。上九远处卦终,有丘园之象;亦喻贤者守衷自处,不假雕饰。束帛,一束丝帛。戋戋,"浅小之意"(《周易本义》)。这是说,六五作为尊者、主者,自饰于朴素自然之丘园,以戋戋束帛为礼而诚恳求聘上九阳刚之贤的辅弼,共图治道。《周易恒解》:"五艮体得中,文明以止。柔中而密比于上九之贤,贲于丘园之中以求贤士""礼薄意厚,不过乎文""是能求贤自辅,以成贲之治者也"。《周易折中》按:"此爻居尊而返朴崇俭,亦可以易俗移风""若推其用,则化成天下。"

"吝,终吉"之义,则突出了《周易》尚刚、尚质的思想,这也是"贲道"的

主要内容。《周易尚氏学》:"下无应故'吝',上承阳故'终吉'。《象》谓'小利有攸往',以此。"六五之爻,下而无应,不免憾惜,但能够与上九阳刚密比相承,有阳刚之辅,这使得它"终吉"。《小象传》说:"六五之吉,有喜也。"

这里集中表达了《周易》的思想主旨,作为一卦之主,它包含了这样的思想内涵:首先是鲜明的敦本尚实的观念,丘园之朴素自然,束帛为礼之"礼薄意厚,不过乎文",都表达了敦本尚实之诚恳,是真正的"得贲之道",则贲之道的本质就是敦本尚实。其次,六五紧承上九阳刚,以阳刚为质,为本,表达了《贲》卦崇尚阳刚的一贯态度;然后,就卦象而言,其居艮体得中而能止,是止于文明,也就是说,《周易》理解的文明是止于本质之文,而不是过于雕饰的浮泛之美仪,这样才能成贲之治。总之,该爻表达的意思非常清楚,敦本尚实是贲道的实质所在,也是应当追求的贲饰理想。

这一思想也是《周易》一贯坚持的基本主张。《周易》之《萃》《升》卦中的爻辞重复出现"孚乃利用禴",在经文有限的文字中不惜篇幅地重复该句、该事,实为具有刻意强调其重要的意义。

"禴",《说文》《尔雅》作"礿",郭璞注:"新菜可汋。"(《尔雅·释天》)。《汉书·郊祀志》:"煮新菜以祭。"在祭祀与宴饮当中,这是以山野溪涧是处生长之青菜为祭品、菜肴,其意义如《左传》之说:"苟有明信,涧、溪、沼、沚之毛,蘋、蘩、薀、藻之菜,……可荐于鬼神,可羞于王公。"(隐公三年)对此,在《诗经》中,将现实生活的真实情形,曾作了形象的记述。《召南》的《采蘩》《采蘋》依《毛诗序》说,描述的就是诸侯夫人、大夫妻以"沼、沚之毛""蘋、蘩之菜"承祖先,奉祭祀。"于以采蘩,于沼于沚。于以用之公侯之事。"(《召南·采蘩》)"于以采蘋,南涧之滨;于以采藻,于彼行潦。……于以奠之,宗室之下。"(《召南·采蘋》)《大雅·行苇》则记述了以素朴之菜羞王公、睦九族:"敦彼行苇,牛羊勿践履。方苞方体,唯叶泥泥。……或肆之筵,或授之几。"祭祀之礼,修睦家族,是人之文,而文饰之要,就是敦本尚实、贵质存真,用新鲜野菜作为祭品、菜肴,昭示的是人的诚信——孚,文质相须,文质相贲,尽管是菲薄之至的野菜也可以荐于鬼神,羞于王公,《横渠易说》:"凡言'利用禴',皆诚素著于幽明之际。"这种礼仪之文表达的是人本身的品质,人的诚信,因而素朴的意义——敦本尚实,贵质存真,其所反映的实质是人的自信与自律。

《既济·九五》:"东邻杀牛,不如西邻之禴祭,实受其福。"王弼《周易注》:"牛,祭之盛者也。禴,祭之薄者也。……祭祀之盛,莫盛修德。故沼沚之毛,蘋蘩之菜,可羞于鬼神;故'黍稷非馨,明德惟馨'。是以'东邻杀牛,不如西邻之禴祭,实受其福'也。"人自身合于天道事理、道德性的作为具有征服力量,它可以取信于神、人,可以征服神、人,所以纵使是杀牛用牲之丰厚,倘非明德、无诚信也无济于事;苟有明德,"禴祭"之菲薄也同样征服鬼神,以此礼而礼贤,同样征服人心,这种诚意、明德都会让人实受其福。

回到《贲·六五》上说,对待贤人如同敬事鬼神,"贲于丘园,束帛戋戋",这种素朴之礼,真实可信,诚意昭然,必定会使贤人欣然而来,自己则"实受其福",这也是《小象传》"有喜也"之判断的要素之一。可见这一爻表明的是周人的基本认识,是周人的一贯思想在这里的明确宣示,落实到对待具体客观事物,体现的就是崇尚素朴的审美观念及其态度。

"上九,白贲,无咎"——以素白无华的文饰,结束了《贲》卦,宣告了贲饰的最高境界。王弼《周易注》:"处饰之终,饰终反素,故任其质素,不劳文饰,而无咎也。"《杂卦传》:"《贲》无色也。"这正是绚烂之极,归于平淡,素朴是造于自然真趣的纯美之极的至境。上九终得以这样的境界完成尚质贵真的心志,《小象传》:"'白贲无咎',上得志也。"

就《周易》经义的意义上说,《小象传》的"上得志"概括得非常适度,它从几个方面说出了上九在《贲》卦之终而完成贲饰全真守诚的使命,获得贲饰的真实内涵而落实其深得精髓要领的贲饰之志。

其一,它从阴柔贲饰阳刚,阳得阴而通,阴得阳以为本、为质的角度说明其所得到的贲饰至境。《周易尚氏学》:"言阳得阴而通也。《大畜》上九曰'道大行也',《损》上九曰'大得志',《益》九五曰'大得志',《颐》上九'大有庆',与此义皆同。"就是说,阳得阴而通,阴得阳以为本、为质,不独《贲》卦,也见诸其他卦义,这正是《周易》的基本看法、基本态度。

其二,《周易述》说:"上者,贲之成。《考工记》云:'画绘之事,后素功。'《论语·八佾》:'绘事后素。'郑彼注云:'素,白采也,后布之,为其易渍污,是功成于素之事也。'"素——白贲,这种本色为文饰之本真,是一切美饰所从出的根源;同时因为礼在质之后,是内容决定了文饰,所以质为上、为本。无论是《考工记》的画绘之事后于素而成其功,还是《论语》以绘事后于素来比喻礼在质后,它们都说明了回归到素,就是回归到了本、回归到了真,因而"白贲"既是文饰的质地也是文饰回归的最高境界。

其三,"白贲"不是无视于"文","贲"就是文饰,文具有其重大意义,《周易》专列《贲》卦讲文饰,就是宣示了文在人的实践活动中不可取代的地位。后来《左传》襄公二十五年引孔子:"《志》有之:'言以足志,文以足言。'不言,谁知其志?言之无文,行而不远。"《礼记·礼器》:"先王之立礼也,有本有文。忠信,礼之本也;义理,礼之文也。无本不立,无文不行。"也都是看到了文的客观地位。"文"是人对客观事物的揭示,对主观意愿的表达,没有

"文"就没有了人与人的交流,也没有了人与自然的联系。"文"正是人自身的思想能力、本质力量的表现,是人从事实践活动的武器,无"文",人则无法行进,因而"文"对于人的生存与发展说来,具有极其重要的地位。但"文"却不是人为巧饰而是自然之中所涵纳的绚烂。这里的"白贲"是对文华贲饰的另一种真实情况的挖掘,如《周易学说》引李士鉁说:"上九贲之终,绚烂之极,归于平淡,由文返质,文明止矣。"质本身就绚烂之极,贲止于此就止于了"文明",人之文的水平正是对质认知水平的表达,止于质的真实情形是止于了人的真正能力,止于了人对客观事物的感受、认识与把握,过此而加入了人为巧饰,淡化了质就不是真正的"文明"了。再从追求美的艺术规律的角度看,苏轼说:"凡文字,少小时须令气象峥嵘,彩色绚烂,渐老渐熟,乃造平淡;其实不是平淡,绚烂之极也。"(《与二郎侄一首》)事物之质本身就具有绚烂的五彩,常人、俗情不过是遮蔽于现象的五彩对质视之不见而已,其实,在本质上,它也是对质之认知能力不足的表现,只有"渐老渐熟",只有透过现象而窥到天道自然之本真的人才能看到"白贲"之饰的本然品质。换言之,能够懂得"白贲"之绚烂,正是得道、守道者的基本认识、基本态度。《周易折中》引蒋悌生说:"甘受和,白受采,其贤于五彩彰施远矣。"应该看到白贲作为接受五彩之质地,它比五彩之彰施更为本质、更为鲜明。当其不被具体的五彩之巧所割裂的时候,它是涵纳着五彩的一个整体、一个武库,是贤于五彩的更丰富的存在,而这——白贲与五彩之关联,却是一个不易被感知的辩证关系①。

再就《贲》全卦的意义而言,如龚焕的总结:"贲之为言饰也,谓饰以文华也。然以六爻考之,初之舍车而徒,五之丘园,上之白贲,皆质实而不事文华者也。四之皤如贲于初,二之贲须附于三,惟三之贲如濡如,乃贲饰之盛,而即有永贞之戒者,惧其溺于文也。如是则古人之所贲者,未始事文华也,亦务其本实而已。本实既立,文华不外焉。徒事文华,不务本实,非古人所谓贲。"(《周易折中》引)这里说的是,《周易》之贲所认识的是不假人为主体介入,不被割裂,不要突出带着人的主观色彩而蔽于对本质无知的狭隘的"文"。它要求的真正的"文"是摆脱人为雕饰之巧的归于大道、质素,保持自然本真之绚烂的素朴之美。追求到了质也就追求到了真正的文华,而不及质,或过于质的人为之饰,表现的是人没有得到质的无能为力,求质守质的文华才是《贲》卦的精神,是"古人所谓贲"。

---

① 参见黄寿祺、张善文:《周易译注》,上海古籍出版社,1989年版,第194页。

综合以上的展示和分析可见,对这些贵质存真的意义关注,使《周易》的审美态度十分明确而周详。《周易》以《贲》全卦的次第、组合为主体,阐扬了周人的基本观念;也恰恰是前述种种因素的有机结合构成了《贲》全卦的性质:"亨",也构成了美。"亨"作为事物通达的标志,成为了"元、亨、利、贞"《周易》观察事物的四要素之一。质而言之,《周易》之"亨",是透视并强调了人对事物本质的认知与把握的能力。只有认知并把握了质才能"亨",这是求取通达的前提。求质而将质相应地表达出来,就是文,无文则不见质,因而文是"亨"的标识,是事物通达、嘉会的美的状态,这样才是见到了文质相须的真正的美。由此可见文华贲饰、审美活动在《周易》认识事物中的地位,同时也见出《周易》的审美态度。

第四节 《周易》崇尚素朴之审美观的影响

以上我们以《贲》卦为核心,观察、剖析了以崇尚文明而建树自己形象的周人关于贲饰的重要观念,在"郁郁乎文哉"的周人鲜明特色中,我们看到了其贲饰观念的核心却是崇尚"白贲"——尚质贵真的素朴。就思想观念而言,周人是深刻的,他们在此而转变了神、人之际对人的看法,不为以往纷繁缭乱的对神的描画所左右,不单向的以鬼神崇拜为旨归,而是在那些饰美神灵的说法之外看到了客观世界,并在客观世界的自然与人的真实存在中,既看到了具有铁律规则的自然,也看到了具有自己生存规律的人,在社会治理中以人为旨归而务实务本。这就是周人之文明的立点和意义,这也是周人对贲饰——文的规律的认识与运用,因而造就了"郁郁乎文哉"的周人绝不同于以往的社会文明。无疑,这种观念的进步是推动社会文明进步的重要原因之一。

就审美观念而言,《周易》认为真正的美——"白贲"——尚质贵真,以素朴为美的审美态度在中国文学史、美学理论史上都具有更为重要的意义。

首先,这一审美态度直接影响了中国文学史中第一部诗歌总集《诗经》的思想倾向和审美倾向。

《诗经》在整理成集的过程中注入了周人的敦本尚质的观念。《诗经》的作品,大多关注人生,务本务实,以写实的手法反映人生的基本现实,以严肃的态度表现对社会的深刻体验与强烈关怀。面对人生,它采取了现实、平和的态度,被孔子评价为"《诗》三百,一言以蔽之曰'思无邪'"(《论语·为政》),"乐而不淫,哀而不伤"(《论语·八佾》)。全部《诗经》具有对人生执着、宽容的温柔敦厚之风,在神、人之际,选取了客观面对人的现实的生活。这一思想倾向与《周易》关注人的态度及其敦本尚质的观念同出一辙。

在审美倾向上,《诗经》以浑朴自然、一片天籁之音而表现出它崇尚素朴的审美趣味。三百零五篇作品皆率直纯真,丝毫不做作,绝无雕镂痕迹,犹如造化生物,十分本真地刻画着生活、表达着情感。就在这种白贲素朴之中又表现出作品的无限绚烂,那就是生活、自然本身的美被客观、质朴地展示出来。"'灼灼'状桃花之鲜,'依依'尽杨柳之貌,'杲杲'为日出之容,'瀌瀌'拟雨雪之状,'喈喈'逐黄鸟之声,'喓喓'学草虫之韵。'皎日''嘒星'一言穷理;'参差''沃若'两字穷形:并以少总多,情貌无遗矣。"(《文心雕龙·物色》)这些被摹拟展现的"情貌"就是自然本真的绚烂之美;还有那些质朴无华而又千姿百态、美不胜收的心灵描摹,人们的情感、生活、自然的风物,……尽收大千世界的美妙,《诗经》以成功的艺术实践演绎了"白贲"之美的绚烂之极。《诗经》的审美倾向与《周易》尚质贵真的素朴审美观毫无二致。

《诗经》作为最具影响力的文学作品,随着被历代文学家反复关注,随着《诗经》"风""雅"的本质、特色作为后世品评诗歌的标准,这部诗歌集所承载的思想、审美倾向,其影响也就贯注于整个中国文学史。

其次,在中国美学理论史中,素朴之美是一个非常重要的理论范畴,它不断被强调,其意义不断被发掘,成为了贯穿于美学史中的不能忽视的追求目标。

《周易》素朴之美的观念被后来的周秦诸子最先自觉接受,并且予以了创造性的发挥,在诸子之时就发生了广泛的影响。

《老子》的"道"作为哲学概念,已经把"素朴"纳入了自己的理解:"道常无名,朴。虽小,天下莫能臣。"(《老子》三十二章)这里的"朴"是用来描绘"道"的特性的,但其内涵却是使用了"素朴"的意义,那就是,"道"是素朴的存在,如天地之性,浑然一体,不可分,不可离散,他通过"朴"说明了"道"的整体性与自然存在性。同时说明它是作为"天下莫能臣"的主宰者而存在,"朴"——道有着事物的本质意义,认识事物的本质、本真,就得回归到"朴","常德不离,复归于婴儿""常德乃足,复归于朴"(二十八章)。"朴"即"道"之质,即万物之根据,这正是前述《周易》之观念的具体化。而到了《庄子》,这一观念、这一哲学范畴,便被赋予了更多的美学意义,并将《老子》道的意义,也就是素朴之美推到了美的最高境界。"夫虚静恬淡、寂寞无为者,万物之本也。……静而圣,动而王,无为也而尊,素朴而天下莫能与之争美。"(《庄子·天道篇》)"淡然无极而众美从之。"(《庄子·刻意篇》)这里,执着追求生命意义①而"独与天地精神往来"(《庄子·天下篇》)的庄子认定道是美的根源,道的体性就是自然而然"虚静恬淡,寂寞无为""淡然无极"的"素朴",美与道同在,"素朴"也就成了美的最高存在。在对待世界意义、生命意义中,以法自然为追求的道家,给"素朴"之美确立了最为崇高的地位,随着道家在后来思想史、美学史中的巨大影响,"素朴"之美也就不断地获得其生命力而为历代艺术家所崇尚、所追求。

最有影响力的另一思想流派——儒家,也从自己的角度为"素朴"之美树立了高尚的地位。儒家更切近《周易》的思想,在"素朴"问题上强调的是守质求文、文质并重,"子曰:'质胜文则野,文胜质则史。文质彬彬,然后君子。'"(《论语·雍也》)"君子义以为质,礼以行之,孙以出之,信以成之。君子哉!"(《论语·卫灵公》)这些说法都是《周易》贲饰尚质、贞于质而求文的直接反映。在文与质的关系上,以质为主,文是为质而服务的,所以孔子强调"辞达而已矣"(《论语·卫灵公》)。在荀子那里,进一步说明了文与天然之性的关系。"性者,本始材朴也;伪者,文理隆盛也。无性则伪之无所加,无伪则性不能自美。性伪合,然后圣人之名一,天下之功于是就也。"(《荀子·礼论》)"伪"即是"为",人的后天的修为。素朴之性与"伪",是文以饰质而达到文质相贲的美的境界,它说明了在文质问题上,人自身努力的意义,同时也说明着质之不可或缺,无质则文将毫无意义。

儒道两家从不同的角度分立互补而造就了文学史、艺术史、美学史中"素朴"之美的崇尚,绝假存真,反对浮华绮丽,蔑视雕镂做作,关注质的意义,也就是关注人自身对事物本质的认知水平,这些作为一种审美取向成为了具有价值的追求,成为了一种鲜明、成熟的精神而贯穿于中国整个文学史、艺术史、美学理论史之中,经久而不衰。

小结 《周易》崇尚素朴之审美态度的价值

综观前文,在这里,我以小结的形式,提炼几点,对《周易》之崇尚素朴的审美态度的价值作以概要的说明。

第一,《贲》卦作为典型,它集中表达了《周易》的审美态度,这一审美判断的一个重要价值,就是鲜明而深刻地表达了周人的审美水平、理性水平。

---

① 参见李振纲《大生命视域下的庄子哲学》,人民出版社,2013年版。

美作为人类经验的重要组成部分是与人们的实践、体验以及所培育的心灵高度相连一致的,构成美不只是客观美的存在,更重要的是需要一个能够观照美的心灵和能够把握人自身的理性精神。在审美的这一领域,它更为充分地反映了《周易》天人合一的整体观,它让世界不再是一种静默的存在,而是一个可以倾听、可以被理解、可以进行交流的人与自然的有机的整体。《周易》就在这样一种状态中,表达了人的领略能力和观照经验,表现了人与整体环境的对话能力,其中也更清楚地表现了人的自我把握的理性精神。这些集中在它对事物的存在、发展的必然组成部分"亨"——美的认识上,表述了《周易》的审美观,而本质上,却是标志了周人挑骨剔髓、洞彻事物精要的能力。这种能力的价值,就是可以放之一切领域而收其功效。

第二,《周易》贵质尚真,崇尚素朴审美观的另一个重要价值,就是它提出了对待社会、对待美的一个尺度。这个尺度原本是天地之道的本真,是构成天地永恒秩序的原因,因而人法天地之道,就是要懂得、理解这样的尺度。无论是对待社会治理、社会生活,对待美,人们所要把握的度就是文质相须而以质、以真文本,这既是自然的真实存在,是其中的基本规律,也应当是人生、社会的真实存在与规律。在社会中,以质为本,就是以人的真实存在为本,用于治理社会的礼法刑名,不过是本之上的赍饰,任何过其度的文饰都是舍本逐末,戕害了本真。《周易》的这一个尺度,既适合于社会治理,也适合艺术与审美的追求,因而它成为了最有价值的范畴,让后来的人们不断地认识和张扬。

第三,作为一种世界观,它让人感知着个体人生对待生命所应该采取的态度,给予了人生一个原则性的意见。人必须以那样的天地之道为基准,体味、洞察生命的真相,认识到事物的本质,去掉人自己的虚假、矫饰,这样才能得到生命的真谛、自由的力量。在这种本质的观照中,它让人的生命过程变成了有意味的形式,是一种美的追求与享有的过程。《贲》卦之卦、爻及其文辞本身就像一首诗,展演着这种有意味的生命。它引领人们对人生做着艺术的品味,让人从生命本质的认识与把握中,达到对遮蔽了人们的具体的色彩——纷繁的人生功利色彩的超越,使人真正通达于人生的最真实也是最本质、最完美的境界。正因如此,无论在思想史还是在文学史、艺术史、美学理论史中,在这些关注、挖掘人的生命意义的领域里,《周易》敦本贵真、崇尚素朴的审美观念都影响深远。

总之,在《周易》崇尚素朴的审美观念的展现中,它其实已经超越了具体的审美领域而达于对社会、人生的根本理解和对治理社会、董理人生的深刻见识。

结　　语
——以人道为核心的《周易》精神

　　通过前文对《周易》观念的系列观察与剖析,我们看到的是周人的系统想法,而不是针对个别事物的临时、具体的思考,也不是思想的碎片。面对这些成为系统,具有深度,代表了中国历史上重要变革时期的思想水平,并成为我们整个民族文化奠基的思想成果,它说明的是我们民族整体的实践能力和思想概括的能力。"凡一学说的兴起,绝不是、也不可能由一个人在某一时期突然创造出来的。必然是前有所继承,经过若干年代的孕育酝酿,由无到有,由少到多,由小到大,由低级到高级,由没有系统到有系统。这从很长时期来看问题,仍然是综合了多少人的心思才力,在集体创造的基础上产生出来的。"[1]《周易》的观念系列也同样如此,它表达了我们民族的勤恳实践和共同追求。在我们民族的共同追求中,《周易》观念给人最清晰的印象就是对那种理想社会的描述,这种理想成为了在我国古代社会发展中具有极大感召力量的精神动力,成为了古代文化精神的标志。作为我们的文化经典,《周易》的这种精神,延续了几千年的历史,塑造了我们民族的历史文化,鼓舞了我们民族的前行。在结束了本书对《周易》观念观察与剖析的时候,在这种深刻的文化精神里,如果能够再提炼的话,那么我们所获得的最为强烈的感受和极为清晰的认知,就是在它的深层次中发挥着根本作用的那种人道精神。

　　这种人道精神曾使我们的文化史发生了根本的转变,它的重大标志就是殷周之际,人的意识的自觉。在当时是"周虽旧邦,其命惟新"的周人的新发现、新使命,而放在历史的过程中去观察,可以见出,这一新的带有根本性质的观念,奠基了后来中国长久文化史中的深层次的价值追求,因而,在本书的结束语中,笔者最后对《周易》的这一核心精神作以概要的阐释,以此来总结前面的观察与剖析。

---

[1]　张舜徽:《周秦道论发微》,中华书局,1982年版,第15页。

周人所表达的这种人道精神,我们可以从如下几个角度去认识。

首先,它表现于确认"生"在一切事物中具有最高意义。

蒙培元先生以现代哲学的视角透视《易经》,认为《易经》表现出的是一种"生机论"的生命哲学,其"更深刻的意义则是生命意义,《易经》最关心的是人类与自然界的生命现象,而不是其他"①。这一标志着《易经》本质意义的现象,在《易传》中就曾给予了特别的关注——"生生之谓易"(《系辞上传》),《周易集解》引荀爽说:"阴阳相易转相生也。"《周易正义》谓:"生生,不绝之辞。阴阳变转,后生次于前生,是万物恒生谓之'易'也。""天地之大德曰生。"(《系辞下传》)《周易正义》:"言天地之盛德,在乎常生,故言'曰生'。若不常生则德之不大;以其常生万物,故云'大德'也。"道阴阳之《易》,观察、体验出天地自然的永恒规律就是阴阳变转,后生次于前生,万物恒生。生是一切事物的起始,没有生,就没有主体,就没有变化,世界就是一个生生不息的变化过程,人之道合于天地之道,因而就必然重视生、尊重生,生是所有能称之为德中的最大的德,是天人之道的最高境界,由此而派生出对于人说来的人道精神,这一精神便成为了《周易》的本质精神,成为了它最深层次的追求,贯穿在六十四卦始终的这种人道精神,是《周易》从不同角度反复述说的主题。

《周易》开篇之乾坤,集中述说的就是"生"。"乾坤,其《易》之缊邪? 乾坤成列,而《易》立乎其中矣;乾坤毁,则无以见《易》;《易》不可见,则乾坤或几乎息矣。"(《系辞上传》)作为《易》之精蕴奥藏的乾坤,不仅是《易》的起始,其化育之功更是《易》变化之道赖之以成其功的根据,没有乾坤,就没有了《易》,而乾坤四德就是"元、亨、利、贞"——"生"。

"元","大哉乾元! 万物资始,乃统天。"(《乾·彖传》)"元者,善之长也。"(《乾·文言》)《周易正义》:"天之体性,生养万物。善之大者,莫善施生。元为施生之宗,故言元者善之长也。""至哉坤元,万物资生,乃顺承天。"(《坤·彖传》)《周易正义》:"言地能生养至极,与天同也。"乾坤作为"元"——通物之始,众善之长,"能以美利利天下"而领起《周易》,原本是很清楚的,就是因此而造就了一个生生不息的世界,由是而有了六十四卦系统,这一系统演绎的就是一个生的过程。在这个过程里,"《易》穷则变,变则通,通则久"(《系辞下传》),孕育着各种矛盾、各种特色的运动,其中表达的所有内容、指示的所有的吉凶悔吝等等,都是推寻生的希望,展演着兢兢忧畏、曲折生动的生的运动。《周易》让"生"获得了在天道人生中的最高意

---

① 蒙培元:《心灵超越与境界》,人民出版社,1998年版,第112页。

义。综观六十四卦,扑面而来,又不绝如缕,令人玩索不尽的就是这个"生"的意蕴。就在这个意蕴里,涵养着对人自身的尊重与护卫的精神,与殷人的崇尚杀伐蛮武形成了鲜明的对照。《周易》以其自身的崇尚——"古之聪明睿智,神武而不杀者夫,是以明于天之道,而察于民之故"(《系辞上传》)。天地之道,即《易》之道,它开创了一个具有全新意义的精神世界,生生不息的《易》就成了周人所建树的新文化的鲜明标志,而生的意蕴也成为了周人社会理想的深层内核。对我们的文化史建设具有重要意义的,就是《周易》把"生"标示为人之努力从事的所有事物中的最高境界、最终目标。

其次,与这个"生"必然相连的,就是《周易》的人道精神还具体地表现于对人的生存与发展的深切关怀。

人所赖以生存的重要条件是社会,《周易》所期望的社会、人生的至善境界是如同天之道一样——"元,亨,利,贞"。

《周易》通过《乾》《坤》之卦,道出了能够使人合理、顺遂地生存、发展的纲领性意见。《周易正义》阐释《乾》卦之四德:"《子夏传》云:'元,始也;亨,通也;利,和也;贞,正也。'言此卦之德,有纯阳之性,自然能以阳气始生万物,而得元始、亨通,能使物性和谐各有其利,又能使物坚固贞正得终。"乾坤本一体,二者为用才有了一切,而乾坤合其德的最直接、最鲜明的表现就是能使事物"元始、亨通","能使物性和谐各有其利,又能使物坚固贞正得终"。元是万物始生的光辉,亨是嘉美之会的通达,利是物之和谐的状态,贞是坚固守正的物的长久持存。《乾》"首出庶物,万国咸宁"(《乾·象传》);《坤》"坤厚载物,德合无疆;含弘光大,品物咸亨"(《坤·象传》)。乾坤是如此合理地创生、保障着芸芸万类,令其所创生的一切都"元、亨、利、贞",造就了"万国咸宁""品物咸亨"的世界,人效法乾坤——由社会而保障的人生,由人而创造的社会也理应如此。六十四卦中所表达的就是人效法乾坤之道,合理创造社会——社会有效地保障人生的这样的理想。在本书前述的诸观念之中所阐释的精神无不如此,《周易》全书可以说处处体现了对人的周全、细致、深切的关怀。

再次,真正地实现社会与人的良性关联,《周易》突出了在联系当中的沟通、体贴这个基本规律。依照卦序,《咸》卦的安排应该是具有深意的,它摆在了上、下经之交的承天而启人的位置上[①],说明的是天地之道能够达到

---

① 《周易》上经三十卦以《乾》始,以《离》终;下经三十四卦,以《咸》始。此卦序《周易正义》谓:"先儒皆以上经明天道,下经明人事。"尽管这种说法还存有异议,但它指出的上、下经的基本特色尚有可取,故这里参用此说。

"元、亨、利、贞"这个境界的一个深刻原因就是"咸"——交感、通感、感应；人而法天地之道,也应当具备"咸"的特征,"天地感而万物化生,圣人感人心而天下和平"(《咸·彖传》)。在关联当中能够感,并且感同身受,则将会无不创生、通达、和谐、正固,既达到了社会对人的关怀,也达到人对社会的良性护卫。这"咸"的达道保障了人生,它能够同天地之道一样"以美利利天下"(《乾·文言》)。《系辞传》总结《易》的精神时也充分地提示了这一点,"《易》无思也,无为也,寂然不动,感而遂通天下之故"(《系辞上传》)。道阴阳、法天地的《易》之道,不是殚精竭虑地思索得来,是无为而得。这无为的前提,就是只要能够懂得那天地之要素——阴、阳,以及它们的特性——"感",就能会通天下万事。这样,如前所述,就社会与人的关联而言,"感"便是一种理解与尊重的深刻的人道精神——社会对人的人道关怀,只有这样,社会才能良性运行,人生才能真正美好。

最后,对人的个体而言,《周易》的人道精神是奠立了由人生而伦理、由伦理而社会的原则。也就是人生—伦理—社会,以伦理为核心地位的社会观、政治观,它期望由人的具有完善的伦理道德修养而达到完满、和谐的社会理想状态,这是对于个体人而言的最完满的"生"的条件与境界。

《周易》认为,人之生存必须遵循伦理道德原则,这与天地自然之道是一致的。天地间的个体没有违逆天地自然之道而能够生存的,社会的理想状态是法天地之道而立,因而在社会中,个体的人也必须如同天地之生物服从天地之道一样,去遵从社会自身的规律与规则。就是说,一定的符合社会存在的伦理道德原则与个体生命的存在与良性发展具有一致性。个体的人,无视于社会的伦理道德,就等于无视于自己的存在,因而《周易》多角度地述说伦理道德,一部《周易》观变于阴阳而立卦,就是要"和顺于道德而理于义,穷理尽性以至于命"(《说卦传》)。让人把握住自己,谋求生存与发展。所谓"神而明之存乎其人;默而成之,不言而信,存乎德行"(《系辞上传》)。让《周易》的道理能够神奇而显明,就在于弄通、运用《易》理的人,倘能够通《易》理而修美其德行,就必定会默然而有所成就,不言而取信于人并自立于社会。

综观前面所剖析的诸种观念,我们可以看到,无论是《周易》言社会还是专门说人格,它都在深刻地揭示着人与社会的辩证关系,在这一关系中,个人取得社会的认可与支持,就必须具有合于社会规则的道德修养、人格建树,而社会欲良性发展,又必须关心每个成员的自身修养,没有个体人的良好修养也同样不会有社会的良善面貌。从这个意义上说,《周易》又是一部提供给人们成就良善品格的智慧的著述,张载说:"《易》为君子谋,不为小人谋。"(《正蒙》)能够具有"君子"般良善的品格,与社会同生共感,在社会中良性的生存与发展,这正是一种对个体人的最为人道的关怀。

总之,如果综合全书的观察与剖析,我们会十分清晰地看到这种以"生"为本质意义的人道精神,它周全而深刻,《周易》认为它是与天地之道同在的人事之道,是不可回避的、必须正视的天地、社会存在与发展的法则。作为文化史中的经典,《周易》就是这样以其鲜明的人道精神和深沉的悲天悯人的情怀辉映着整个中国文化,使这种精神与情怀成为中国文化的核心品质和崇高的价值追求,它也以此而造就了我们传统文化的鲜明特色。

主要参考文献

［清］阮元校刻：《十三经注疏》，北京：中华书局影印本，1979年版
宋元人注：《四书五经》，上海：世界书局，1936年版
［魏］王弼撰，楼宇烈校释：《王弼集校释》，北京：中华书局，1980年版
［唐］李鼎祚撰，［清］李道平疏：《周易集解纂疏》，北京：中华书局，1994年版
［宋］程颐撰：《伊川易传》，上海：上海古籍出版社，1989年版
［宋］朱熹撰：《原本周易本义》，上海：上海古籍出版社，1989年版
［宋］杨万里撰：《诚斋易传》，上海：上海古籍出版社，1990年版
［宋］苏轼撰：《东坡易传》，上海：上海古籍出版社，1989年版
［宋］朱震撰：《汉上易传》，上海：上海古籍出版社，1989年版
［宋］项安世撰：《周易玩辞》，上海：上海古籍出版社，1989年版
［明］来知德撰：《周易集注》，上海：上海古籍出版社，1990年版
［清］李光地撰：《御纂周易折中》，《四库全书》（第38册），上海：上海古籍出版社，1987年版
［清］陈梦雷撰：《周易浅述》，《四库全书》（第37册），上海：上海古籍出版社，1987年版
［清］惠栋撰：《周易述》，北京：中华书局，2011年版
［清］马其昶撰：《重定周易费氏学》，《续修四库全书》（第40册），上海：上海古籍出版社，2002年版
尚秉和撰：《周易尚氏学》，北京：中华书局，1980年版
马振彪著，张善文整理：《周易学说》，广州：花城出版社，2002年版
黄寿祺、张善文撰：《周易译注》，上海：上海古籍出版社，1989年版
高亨著：《周易古经今注》（重订本），北京：中华书局，1984年版
高亨著：《周易大传今注》，济南：齐鲁书社，1979年版
蒋凡著：《周易演说》，长沙：湖南文艺出版社，1998年版
金景芳讲述，吕绍纲整理：《周易讲座》，长春：吉林大学出版社，1987年版

李镜池著：《周易探源》，北京：中华书局，1978年版

蔡尚思编：《十家论易》，长沙：岳麓书社，1993年版

刘大均著：《周易概论》，济南：齐鲁书社，1986年版

张立文著：《周易思想研究》，武汉：湖北人民出版社，1980年版

周山著：《周易新论》，沈阳：辽宁教育出版社，1993年版

成中英著：《易学本体论》，北京：北京大学出版社，2006年版

朱伯崑著：《易学哲学史》，北京：昆仑出版社，2005年版

王国维著：《观堂集林》，北京：中华书局，1959年版

［清］皮锡瑞著：《经学通论》，北京：中华书局，1954年版

［清］皮锡瑞著：《经学历史》，北京：中华书局，1959年版

王葆玹著：《今古文经学新论》，北京：中国社会科学出版社，1997年版

［清］孙星衍撰：《尚书今古文注疏》，北京：中华书局，1986年版

王世舜著：《尚书译注》，成都：四川人民出版社，1982年版

蒋善国著：《尚书综述》，上海：上海古籍出版社，1988年版

［清］姚际恒撰：《仪礼通论》，北京：中国社会科学出版社，1998年版

［汉］司马迁著：《史记》，北京：中华书局，1975年版

［汉］班固著：《汉书》，北京：中华书局，1962年版

［南朝·宋］范晔著：《后汉书》，北京：中华书局，1965年版

杨伯峻注：《春秋左传注》，北京：中华书局，1981年版

《诸子集成》，北京：中华书局，1954年版

［汉］应劭撰，吴树平校释：《风俗通义校释》，天津：天津人民出版社，1980年版

杨向奎著：《宗周社会礼乐与文明》，北京：人民出版社，1997年版

钱杭著：《周代宗法制度史研究》，上海：学林出版社，1991年版

吕思勉著：《先秦史》，上海：上海古籍出版社，1982年版

刘泽华著：《先秦政治思想史》，天津：南开大学出版社，1984年版

侯外庐等著：《中国思想通史》，北京：人民出版社，1957年版

胡寄窗著：《中国经济思想史》，上海：上海人民出版社，1962年版

陈梦家著：《殷虚卜辞综述》，北京：中华书局，1988年版

于省吾著：《甲骨文字释林》，北京：中华书局，1979年版

王宇信等主编：《甲骨学一百年》，北京：社会科学出版社，1999年版

（日）岛邦男著：《殷墟卜辞研究》，上海：上海古籍出版社，2006年版

陈梦家著：《西周青铜器断代》，北京：中华书局，2004年版

唐兰著：《西周青铜器铭文分代史征》，北京：中华书局，1986年版

马承源著：《中国青铜器》，上海：上海古籍出版社，2003年版
郭宝钧著：《商周铜器群综合研究》，北京：文物出版社，1981年版
朱凤瀚著：《商代家族形态研究》，天津：天津古籍出版社，2004年版
常玉芝著：《商代周祭制度》，北京：中国社会科学出版社，1987年版
谢维扬著：《周代家庭形态》，哈尔滨：黑龙江人民出版社，2005年版
瞿同祖著：《中国法律与中国社会》，北京：中华书局，1981年版
北京大学历史系考古教研室商周组编著：《商周考古》，北京：文物出版社，1979年版
严文明著：《史前考古论文集》，北京：科学出版社，1998年版
邹衡著：《夏商周考古学论文集》，北京：文物出版社，1980年版
（美）张光直著：《中国青铜器时代》，北京：三联书店，1999年版
（美）张光直著：《中国考古学论文集》，北京：三联书店，1999年版
程平山著：《夏商周历史与考古》，北京：人民出版社，2005年版
（德）马克思著：《1844年经济学—哲学手稿》，北京：人民出版社，1979年版
（德）马克思、恩格斯著：《马克思恩格斯选集》四卷本，北京：人民出版社，1972年版
（德）马克思、恩格斯著：《德意志意识形态》（《马克思恩格斯全集》第三卷），北京：人民出版社，1960年版
（德）黑格尔著，贺麟等译：《精神现象学》，北京：商务印书馆，1997年版
（德）黑格尔著，贺麟译：《小逻辑》，北京：商务印书馆，1980年版
俞吾金著：《意识形态论》，北京：人民出版社，2009年版
蒙培元著：《心灵超越与境界》，北京：人民出版社，1998年版
[汉] 许慎撰：《说文解字》，北京：中华书局，1979年版
[清] 段玉裁撰：《说文解字注》，上海：上海古籍出版社，1981年版
[清] 郝懿行撰：《尔雅义疏》，上海：上海古籍出版社，1983年版
[清] 王念孙撰：《广雅疏证》，北京：中华书局，1983年版
[清] 王先谦撰：《释名疏证补》，上海：上海古籍出版社，1984年版
[清] 钱绎撰：《方言笺疏》，上海：上海古籍出版社，1984年版
[清] 江有诰撰：《音学十书》，北京：中华书局，1993年版
[清] 王引之撰：《经传释词》，长沙：岳麓书社，1984年版
[清] 王引之撰：《经义述闻》，南京：江苏古籍出版社，1985年版

后　　记

这本成为系统的读书札记，作为一个课题，得到了上海古籍出版社的推荐和诸位专家的鉴定、肯认，谨于此，对出版社和专家们表示深深的敬意与谢忱！因了这种支持，使本书获得国家社科基金的资助，修订得以更加顺利，这让我感怀不已。

旧曾多年忝列先秦文学教席。二十世纪八十年代初，有幸作为进修教师入姜亮夫先生门下修习"先秦文学"，以研读《诗经》为基点，深入古典学问，而先生讲授中，所花篇幅最多的却是小学与经学。因注重以语言学为根基，所以文字、音韵、训诂、古典文化走势皆分专题讲授，《毛诗》则以自学为主，先生答疑解惑。如此，修习了完整的一年，回校后，虽为中文系学生讲授"先秦文学"，却更多地沉迷于对经学的问津，又花了两年时间专心研读《段注说文》，深入了解、体味传统语言。这样的展开，自然使自己对中国古典的哲学、文化、文学沉浸愈深而不能自已。为进益所学，九十年代初开始，又先后入蒋凡、顾易生两位先生门下受业，继续攻读先秦文学、文学批评史。

研习《周易》，即追从蒋凡先生，而一入《周易》殿堂，则辛劳先生近二十年，为我的研读花费着心血。

这本札记所涉及的诸专题，用今天的话说，大多为"一级学科"，是专家的专门之学，一己为之，确属不量力之愚，然而，在《周易》，它们却是圆融无间的，作为有机整体，承载着这部经典的意义，欲认识其义理、价值而又使用现代语境去表述，分类研读、往复品味是无法回避的事情。虽如人评东坡的"八面受敌"读书法——"夫学必有所专，苏氏之意，将以班书（按，指班固《汉书》）为学与？则终身不能竟其业也，岂数过可得而尽乎？"然兴味所致，自知"钝根"，还是迷途不返。

期间，每有心得，即面陈于蒋凡师，先生从不倦于奖掖指导；每一稿成，则先生亲为审读，细到对语句的斟酌。数个专题，冉冉几近二十载，得沐师恩如此，可谓自己人生之幸事。

对《周易》，初衷所求，是以《周易》说《周易》，所有该书以外的中外古今理论、材料的研读都是辅助,通过它们尽量启发、印证自己研读《周易》的感受、认知,以达到分类个别研究,然后综合理解,努力求取一个近真的《易》理,品味这部经典的原貌,看取它在古代文明发展中的价值。

人说"一经通,百经备",在自己,虽说离"通"还很遥远,但如此研读《周易》,却得到了对中国古典哲学、文化、文学的更为亲切的领略,这种收获,或可算人生所得,足以慰怀。

感念我现在所奉职的上海财经大学。学校让我在图书馆工作十余年,使我作为一个驻馆读者,面对丰富的馆藏,以及现代图书馆馆际互借、文献传递的便利,得以有条件及时接触所需求的材料;清雅的图书馆环境,也让自己一直保持着一个清平的心境,从容优游地研读不辍,不断激发兴味,专注思考,终至于完成了各部分的写作。

《易》道广大,茫无涯涘,思索蠡测如此,所识之事,所持之论说,其是耶?非耶?尚祈方家正之。

李笑野
2015年5月于上海财经大学图书馆

图书在版编目(CIP)数据

《周易》的观念形态论 / 李笑野著. —上海：上海古籍出版社，2016.12(2023.4 重印)
(国家社科基金后期资助项目)
ISBN 978-7-5325-8317-1

Ⅰ.①周… Ⅱ.①李… Ⅲ.①《周易》-研究 Ⅳ.①B221.5

中国版本图书馆 CIP 数据核字(2016)第 291344 号

国家社科基金后期资助项目
《周易》的观念形态论
李笑野 著

上海古籍出版社出版发行

(上海市闵行区号景路 159 弄 1-5 号 A 座 5F 邮政编码 201101)
　(1) 网址：www.guji.com.cn
　(2) E-mail：guji1@guji.com.cn
　(3) 易文网网址：www.ewen.co
上海新艺印刷有限公司印刷

开本 787×1092　1/16　印张 19　插页 2　字数 331,000
2016 年 12 月第 1 版　2023 年 4 月第 2 次印刷
ISBN 978-7-5325-8317-1
B·980　定价：99.00 元

如有质量问题,请与承印公司联系